Thomas Brüsemeister · Klaus-Dieter Eubel (Hrsg.)

Evaluation, Wissen und Nichtwissen

Educational Governance
Band 5

Herausgegeben von

Herbert Altrichter
Xaver Büeler
Thomas Brüsemeister
Ute Clement
Martin Heinrich
Jürgen Kussau
Jochen Wissinger

Thomas Brüsemeister
Klaus-Dieter Eubel (Hrsg.)

Evaluation, Wissen und Nichtwissen

VS VERLAG FÜR SOZIALWISSENSCHAFTEN

Bibliografische Information Der Deutschen Nationalbibliothek
Die Deutsche Nationalbibliothek verzeichnet diese Publikation in der
Deutschen Nationalbibliografie; detaillierte bibliografische Daten sind im Internet über
<http://dnb.d-nb.de> abrufbar.

1. Auflage 2008

Alle Rechte vorbehalten
© VS Verlag für Sozialwissenschaften | GWV Fachverlage GmbH, Wiesbaden 2008

Lektorat: Stefanie Laux

Der VS Verlag für Sozialwissenschaften ist ein Unternehmen von Springer Science+Business Media.
www.vs-verlag.de

Das Werk einschließlich aller seiner Teile ist urheberrechtlich geschützt. Jede
Verwertung außerhalb der engen Grenzen des Urheberrechtsgesetzes ist
ohne Zustimmung des Verlags unzulässig und strafbar. Das gilt insbesondere
für Vervielfältigungen, Übersetzungen, Mikroverfilmungen und die Einspeicherung und Verarbeitung in elektronischen Systemen.

Die Wiedergabe von Gebrauchsnamen, Handelsnamen, Warenbezeichnungen usw. in diesem
Werk berechtigt auch ohne besondere Kennzeichnung nicht zu der Annahme, dass solche
Namen im Sinne der Warenzeichen- und Markenschutz-Gesetzgebung als frei zu betrachten
wären und daher von jedermann benutzt werden dürften.

Umschlaggestaltung: KünkelLopka Medienentwicklung, Heidelberg
Druck und buchbinderische Verarbeitung: Krips b.v., Meppel
Gedruckt auf säurefreiem und chlorfrei gebleichtem Papier
Printed in the Netherlands

ISBN 978-3-531-15586-9

Inhaltsverzeichnis

Thomas Brüsemeister & Klaus-Dieter Eubel
Evaluationsbasierte Steuerung,
Wissen und Nichtwissen – Einführung in die Thematik 7

Peter Wehling
Wissen und seine Schattenseite: Die wachsende Bedeutung
des Nichtwissens in (vermeintlichen) Wissensgesellschaften 17

Nils Berkemeyer
Schulleitung zwischen Evaluation und Organisation 35

Harm Kuper
Wissen – Evaluation – Evaluationswissen 61

Herbert Altrichter
Veränderungen der Systemsteuerung im Schulwesen
durch die Implementation einer Politik der Bildungsstandards 75

*Klaus-Jürgen Tillmann, Kathrin Dedering,
Daniel Kneuper, Christian Kuhlmann, Isa Nessel*
PISA als bildungspolitisches Ereignis. Oder:
Wie weit trägt das Konzept der „evaluationsbasierten Steuerung"? 117

Matthias Rürup
Zum Wissen der Bildungsberichterstattung.
Der deutsche Bildungsbericht als Beispiel und Erfolgsmodell 141

Urs Kiener & Moritz Rosenmund
Systembeschreibung als Science Fiction?
Zum Wandel der Beschreibung von Bildungssystemen 171

Bettina Fritzsche & Sabine Reh
„Ist schon viel Theorie dabei" – Zur Kommunikation zwischen
erziehungswissenschaftlicher Forschung und pädagogischer
Praxis in der prozessorientierten Schulentwicklungsforschung 187

Jürgen Kussau
Governance der Schule
im Kontext von Interdependenzen und sozialem Wissen 203

Roman Langer
Nicht Wissen hilft –
Evaluation in der Konkurrenz von Symbolisierungen 233

Ute Albert
Portfolio im Kontext von Evaluation 275

Uwe Schimank
Nichtwissen und funktionaler Antagonismus:
Nachtgedanken eines nachdenklichen Schulpolitikers 295

Die AutorInnen 313

Thomas Brüsemeister & Klaus-Dieter Eubel

Evaluationsbasierte Steuerung, Wissen und Nichtwissen – Einführung in die Thematik

In den europäischen Bildungssystemen sowie nun auch im deutschsprachigen Raum spielen Evaluationen eine zunehmende Rolle. Mit Bildungsstandards werden Kalibrierungssysteme eingeführt, die anschließende großflächige Evaluationen ermöglichen. Evaluationen werden aktuell zum Beispiel auf alle Schulen erstreckt, im Rahmen neu eingeführter Schulinspektionen, regelmäßiger Schülerleistungstests und schulischer Abschlussprüfungen. Der Gedanke einer Leistungserfassung führt in den deutschsprachigen Ländern zum Aufbau von Monitoringsystemen und zur regionalen und nationalen Bildungsberichterstattung. Ähnliche Entwicklungen hin zu einer evaluationsbasierten Steuerung (Altrichter/Heinrich 2006) lassen sich im Hochschulbereich, in der Berufsbildung und in anderen Bildungsbereichen beobachten.

In der Bildungsforschung widmet man sich dabei evaluativen Verfahren und Prozessen, mit deren Hilfe man Qualitätsgehalte von Bildungseinrichtungen zu steigern sucht. Angesichts einer ganzen Palette von evaluativen Maßnahmen, die von der Bildungspolitik zügig eingeführt und von der Bildungsforschung teilweise begleitet werden, findet sich jedoch kaum Zeit, sich jenseits des „Reformstresses" einmal mit Evaluationen in einem mehr überblickenden Sinn zu beschäftigen.

Eine Gelegenheit dafür bot die Tagung „Wissensformen der evaluationsbasierten Steuerung aus Sicht der Empirischen Bildungsforschung", die wir am 23. und 24. März 2007 an der FernUniversität in Hagen, im Institut für Bildungswissenschaft und Medienforschung, organisiert haben.[1] Die Beiträge zu dieser Tagung sowie einige wenige weitere, die wir hinzugenommen haben, sind in dem vorliegenden Buch dokumentiert.

---

1 Die Tagung erfolgte in Kooperation mit der Österreichischen Gesellschaft für Forschung und Entwicklung im Bildungswesen (ÖFEB), Sektion Schulforschung und Schulentwicklung, in persona Martin Heinrich.

Tagungen zum Thema Evaluation sind – wenn unser Überblick nicht trügt – derzeit zunehmend en vogue. Die Hagener Tagung allerdings scheint die erste gewesen zu sein, die vor den Schritt der Verbesserung von evaluationsbasierten Programmen mit Hilfe der begleitenden wissenschaftlichen Reflexion einen weiteren Schritt vorschaltete, nämlich eine Analyse von Nichtwissen, das durch Evaluationen unter Umständen mit erzeugt wird. Entsprechend war eine Anregung an die eingeladenen Referentinnen und Referenten, sich auch kritisch mit der Beobachtung auseinanderzusetzen, dass mit evaluationsbasierten Steuerungsmaßnahmen in der Regel die implizite Annahme verbunden ist, zu einem Mehr an Wissen zu gelangen und damit Bildungssysteme qualitativ gehaltvoller steuern zu können. Diese Annahme verdichtet sich in der zweifellos berechtigten Formel: „Mehr Evaluationswissen gleich bessere Steuerung". Angesichts von Schwierigkeiten nicht der *Erzeugung*, jedoch der *gezielten Verwendung* von evaluationsbasiertem Wissen, inklusive der Schwierigkeiten der Rückbindung an die Handlungspraxis verschiedener Akteure im Bildungswesen, ist es für die Empirische Bildungsforschung jedoch ebenfalls angebracht, sich mit der gegenteiligen These auseinandersetzen, dass auch Schwierigkeiten daraus erwachsen können, wenn man Evaluationswissen verwendet. Es gilt also zu bedenken, dass es eine Riskanz der Wissensverwendung gibt, die darin besteht, dass man Bereiche des Nichtwissens *im Zuge von Evaluationen* vergrößert – was dann vielleicht wiederum Anlässe bietet, gegenzusteuern und die Wissensverwendung zu verbessern. Es geht mithin um die Frage, ob und inwiefern ein Mehr an Wissen auch eine „dunkle Rückseite" hat, die von der Bildungsforschung bislang nicht hinreichend beobachtet wurde. Allgemeiner gesagt ist die Frage nach verschiedenen *Formen des Wissens* im Bildungsbereich aufgeworfen.

Ohne diese Frage an dieser Stelle auch nur annähernd beantworten zu können, lassen sich doch folgende bislang bestehende theoretische Herangehensweisen an das Thema Wissen und Evaluation erkennen:

(1) In organisationstheoretischen Kontexten wird Wissen in einem engen Zusammenhang mit Entscheidungen gesehen. Übernimmt man diese Sichtweise, dann werden im Bildungsbereich erhebliche Ressourcen in den Aufbau von Berichtssystemen gesteckt. Von der Bildungsforschung wird jedoch bemerkt, dass die Menge und die Qualität der Entscheidungen, die man auf der Basis von Berichten tatsächlich trifft, erheblich hinter die gesteckten Ziele zurückfällt (Terhart 2002). Diese Ansätze zur Kritik werden jedoch kaum mit bildungsökonomischen Analysen verbunden, die eruieren, welche Kosten mit dem Aufbau von Berichtssystemen verbunden sind, und welche gesellschaftlichen Kosten – inklusive der Transaktionskosten – entstehen, wenn sich an Berichtssysteme keine adäquaten Folgeentscheidungen anschließen.

Einleitung

Wenn die Qualität des Schulwesens wesentlich mit individualisierenden Formen des Unterrichts und der Förderung einzelner SchülerInnen zusammenhängt, wie internationale Forschungsbefunde nahe legen, dann muss gefragt werden, ob a) Systeme der Evaluation etwas dazu beitragen und genau *worin* die Leistung der Evaluationssysteme liegt. b) Zudem muss gefragt werden, welche Alternativen es gibt, Förderstrukturen auf anderen Wegen als durch Evaluationen aufzubauen. Damit ist eine Differenz zwischen Evaluationsstrukturen und Förderstrukturen benannt, die genauer auszuleuchten Aufgabe der Bildungsforschung wäre. Es gibt Anzeichen dafür, dass in Deutschland das Fördern in der Liste der bildungspolitischen Prioritäten zugunsten des Evaluierens nach hinten rutscht. Freilich ist es unbestreitbar notwendig, dass Förderstrukturen einer wissenschaftlichen Fundierung dringend bedürfen, zu denen wiederum Evaluationen ihren wichtigen Teil beitragen.

(2) Ein – wiederum kritischer – Blick auf Evaluationen findet sich in Betriebswirtschaft und Organisationssoziologie. Evaluations- oder Berichtssysteme ermöglichen im Prinzip, auf ‚Leistungsabweichungen' in den Schulen reagieren zu können, sei es auf der eigentlichen Leistungsebene, das heißt direkt in den Schulen; sei es durch intermediäre Systeme wie die Schulaufsicht und die Schulinspektion; sei es auf der Ebene der Zentrale durch ein Bildungsmonitoring. Die Mittel eines Berichtswesens sind jedoch größtenteils standardisiert. In diesem Sinne äußert sich kritisch der Betriebswirtschaftler Günther Ortmann. Standardisierung könne, so argumentiert er, zwar „Gleichbehandlung, Transparenz und so etwas wie prozedurale Fairness" implizieren (Ortmann 2003, 244). Standardisierung könne „aber auch genutzt werden, um andere zu unterdrücken und auszubeuten" (a.a.O., 245). Unter anderem werden nicht alle Akteure daran beteiligt, was überhaupt in Berichte eingehen soll. Zudem geschehe in der Audit-Society, so Ortmann (a.a.O., 245f.) explizit Bezug nehmend auf Michael Power (1997), unter Umständen Folgendes:

> „Wenn schon die jeweilige Leistung nicht allgemein beurteilt und also standardisiert werden kann, so doch die Prozedur der Leistungserstellung; wenn nicht sie, dann doch ihr Management; wenn nicht dieses, so wenigstens die Dokumentation des Management-Systems: [...] Ersatz, und Ersatz des Ersatzes, und Ersatz des Ersatzes des Ersatzes" (Ortmann 2003, 246).

Evaluations- und Prüfverfahren und ihre hohen Standards scheinen mitunter kaum an Leistungskerne heranzukommen und als bloße „rituals of verification" – so Michael Power – zu dienen.

(3) In den Begriffen der Educational Governanceforschung besteht die Vermutung, dass sich Evaluationen auf Regelungsstrukturen organisationaler Art konzentrieren und – in ihrer gegenwärtigen Art der Implementierung – nur be-

dingt auf Leistungsstrukturen beziehen, d.h. zum Beispiel auf Interaktionssysteme des Unterrichts (zum Unterschied zwischen Regelungs- und Leistungsstrukturen vgl. Schimank 2007, 253ff.). Damit verbunden ist eine Differenz zwischen der Tätigkeit des Berichtens einerseits und des Entwickelns andererseits. Unterstellt man, dass Arbeitseinheiten nur einmal pro Zeiteinheit verausgabt werden können, dann fehlen Ressourcen, die für das Berichten ausgegeben werden für die Entwicklung des Schulsystems. Für die gegenseitige Verrechnung von Regelungsstrukturen und Leistungsstrukturen fehlen derzeit jedoch sowohl begrifflich klar abgrenzbare Kriterien, wie auch bildungsökonomische Modelle.

Einen gewissen Ersatz, verbunden mit weiteren Zugangsmöglichkeiten, versucht die nun auch im deutschen Sprachraum aufkommende Educational-Governance-Perspektive zu erarbeiten (vgl. verschiedene Beiträge in Altrichter/Brüsemeister/Wissinger 2007). Mit diesem Ansatz wird *handlungstheoretisch* davon ausgegangen, dass Daten und Informationen durch Interpretationen von Akteuren innerhalb eines Mehrebenensystem relevant gemacht werden. Dies scheint vorauszusetzen, dass die verschiedenen Akteure in einem Mehrebenensystem zu ähnlichen Vorstellungen darüber gelangen müssen, was man mit Verfahrensweisen der Evaluation tun kann. Eine völlig offene Frage ist jedoch, wie weit diese Ähnlichkeit gehen muss, oder ob nicht gerade die Unterschiedlichkeit von Zugangsweisen und Handhabungen für ein komplexes System ebenfalls funktional oder effektiv sein kann. Kurz: Nicht jeder Akteur muss alles wissen; verschiedene Akteure in einem Mehrebenensystem könnten auf verschiedenen Ebenen relativ getrennt voneinander verschiedene Bedürfnisse hinsichtlich des Umgangs mit Wissen haben, so dass Akteure gerade von differenten Wissensarten profitieren könnten.[2]

(4) In professionstheoretischen Kontexten wird das mögliche Wissen von Evaluationen wiederum anders angesprochen. Wissen und Entscheidungen scheinen hier teilweise entkoppelt, insofern insbesondere „träges" oder implizites Wissen professioneller Akteure in den Blick gerät, das auf Erfahrungen im Umgang mit komplexen Handlungssituationen zusammen mit SchülerInnen und StudentInnen zurückgeht und sich nur schwer generalisieren lässt. Implizites Wissen ist freilich nicht auf Professionen begrenzt, sondern findet sich ebenso in

---

2   Vgl. den Vorschlag von Bähr 2006. Argumentiert wird in die Richtung, dass Bildungspolitik, Administration, Schulen als Körperschaften sowie Lehrkräfte je verschiedene Daten benötigen. In diesem Sinne – wenngleich radikaler – formuliert Brosziewski (2007), dass ein Bildungsmonitoring eine rein politische Beobachtung des Bildungssystems unternimmt (ähnlich auch Kussau im vorliegenden Band). Damit sagt ein Bildungsmonitoring im Grunde mehr über die Qualität der Bildungspolitik aus als über die Qualität der Schulen (so auch Lassnigg in seinem mündlichen Bericht auf der Tagung „New Educational Governance: Konzepte, Erwartungen und Erfahrungen", Herbsttagung der Kommission „Bildungsorganisation, Bildungsplanung, Bildungsrecht (KBBB)", Universität Gießen/Rauischholzhausen, 5.-6.10.2006).

organisationalen Kontexten. Während Evaluationen beinhalten, implizites Wissen in explizites Wissen zu transformieren, wurde die insbesondere in der beruflichen Bildungsforschung beobachtete gegenteilige Möglichkeit, nämlich die Verwandlung von explizitem in implizites Wissen, bei der Erforschung von Evaluationssystemen im allgemeinschulischen Bereich bislang kaum berücksichtigt. In Frage steht damit, in welchem Ausmaß die Professions- und die Organisationsbasis des Schulwesens überhaupt einer Steuerung mittels explizitem Wissen zugänglich ist. Diese an das von Luhmann und Schorr skizzierte Technologiedefizit erinnernde Frage sollte freilich nicht das Ende, sondern erst der Anfang der Forschung sein, durch Wissen transformierbare, durch Wissen weniger transformierbare und durch Wissen nicht transformierbare Bereiche auf empirischer Basis auszuleuchten.

(5) Die Implementationsforschung schließlich wirft die Frage auf, ob nicht getrennt von Evaluationen, die sich als besondere Verfahrensweisen zur Organisation von Wissen verstehen lassen, nicht auch Implementationen für sich genommen gesonderte Verfahrensweisen zur Vermittlung und Rezeption von Wissen darstellen. Zwar widmet sich die Bildungsforschung diesem Thema unter dem Begriff von Rückkoppelungssystemen (Kuper/Schneewind 2006). Man hat jedoch den Eindruck, dass dies ohne einen sehr ausführlichen Bezug auf die kritischen Erkenntnisse aus doch mittlerweile drei Jahrzehnten Implementationsforschung geschieht. Mithin geht man in der Diskussion von Rückkoppelungssystemen von einer „Dignität" von Daten aus (so Peek und Dobbelstein 2006, 56), die nur weiter zu systematisieren sei. Nach all dem, was wir wissen, ist diese ‚Dignität' jedoch eben nicht gegeben.

Zu den Beiträgen
Ohne dass wir die Referentinnen und Referenten der Tagung explizit auf eine *wissensanalytische Betrachtung* von Evaluationen oder gar auf die oben angesprochenen Themen verpflichten wollten, stehen für die künftige Bildungsforschung nach unserer Ansicht dennoch Fragen nach *verschiedenen Formen von Wissen* im Bildungsbereich im Raum. Welche Akteure haben und benötigen auf welchen Ebenen im Bildungswesen welches Wissen? Welche Formen des Wissens werden von Evaluationen transportiert? Wie wird durch Evaluationen das Wissen einer bestehenden Handlungspraxis bestärkt, wie eine veränderte Handlungspraxis konstituiert? Mit der Tagung sollte mithin eine Tür aufgestoßen werden, sich künftig verstärkt mit Wissensformen im Bildungsbereich auf einer wissensanalytischen Grundlage zu beschäftigen. Die Educational Governanceforschung bietet hierzu zunächst einmal eine offene Diskussionsplattform für verschiedene theoretische und methodische Zugänge an, wobei sie Bildungssysteme, als Mehrebenesysteme (Kussau/Brüsemeister 2007, 31-37; Altrich-

ter/Heinrich 2007, 64-69), als in sich differente Orte der Wissensproduktion und -verteilung versteht. Diese Perspektive der Handhabung von Wissen in einem Mehrebenensystem bedarf jedoch sicher der weiteren Ausarbeitung.

Entsprechend wurde ein Bezug zur Thematik der Educational Governance nicht vorausgesetzt, um für die Hagener Tagung ReferentInnen verschiedener Disziplinen dazu anzuregen, ihre je eigenen Sichtweise zu Evaluationen, Wissen und dem möglichen Nichtwissen darzulegen. Wissen und Nichtwissen sind dabei in je unterschiedlicher Intensität in den Beiträgen behandelt, so dass sich eine weitere thematische Untergliederung der Beiträge mehr oder weniger verbietet. Hierbei beziehen sich die Beiträge jedoch durchgängig auf das Schulsystem.

Peter Wehling (Augsburg) leuchtet als ‚critical friend' – der sich nicht originär mit dem Bildungssystem beschäftigt, als Soziologe jedoch ein Buch zum ‚Schatten des Wissens' verfasst hat (Wehling 2006) – aus dem Blickwinkel verschiedener Befunde der Sozialwissenschaften Bereiche des Nichtwissens aus, z.B. ein grundsätzliches „Nicht-Wissen-Können" sowie ein temporäres „Noch-Nicht-Wissen". Der Tenor seines Artikels lautet: In modernen Gesellschaften bestand bislang eine mehr oder weniger stillschweigende kulturelle Präferenz, Nichtwissen primär als zeitlich begrenztes Noch-Nicht-Wissen zu begreifen. Gegenwärtig scheint sich diese Ansicht zu ändern, insofern eine *Ko-Produktion* von Wissen und Nichtwissen stärker zur Kenntnis genommen wird.

Nils Berkemeyer (Dortmund) beleuchtet mit Blick auf die Schulleitung und die Schulentwicklung, wie im schulischen Kontext Informationen durch Evaluation erzeugt werden und inwieweit diese Informationen zu Wissen bei bestimmten Akteuren führen. Es geht dem Autor um die Abklärung der organisatorischen Voraussetzungen, die offensichtlich gegeben sein müssen, damit in einer Schule die sinnvolle Auseinandersetzung mit rückgemeldeten Informationen gewährleistet ist.

Harm Kuper (Berlin) reflektiert den Gewinn wissenschaftlicher Evaluation hinsichtlich der methodischen Systematisierung gegenüber der mehr oder weniger zufälligen praktischen Erfahrung. Gleichzeitig plädiert er dafür, einerseits die Differenz des wissenschaftlichen Wissens zum praktischen Erfahrungswissen, andererseits mögliche Probleme bei der Konfrontation des wissenschaftlichen Wissens mit dem praktischen Erfahrungswissen zu berücksichtigen. Des Weiteren wird hervorgehoben, dass die wissenschaftliche Validität des wissenschaftlichen Wissens in unmittelbarer Abhängigkeit zu den methodischen Designs von Evaluationsstudien zu sehen ist.

Herbert Altrichter (Linz) befasst sich in seinem Beitrag mit Veränderungen der Systemsteuerung im Schulwesen, die sich durch die Implementation von Bildungsstandards ergeben beziehungsweise ergeben sollen. Intendiert ist, mit Hilfe von Standards Zielwerte für die Systemleistung zu definieren, damit darauf bezogene Tests das „Steuerungswissen" produzieren, das eine rationale und effektive Steuerung des Bildungssystems ermöglicht. Im Mittelpunkt des Beitrags steht die Diskussion der Frage, auf welche Weise Bildungsstandards ihre erhofften Steuerungswirkungen entfalten können. Dazu wird zuerst der Stellenwert der „Standard-Politik" im Kontext der Bemühungen zur Modernisierung der Schulsysteme geklärt. Dann werden erste empirische Studien zur Einführung von Bildungsstandards interpretiert. Die Befunde sind wenig vielversprechend, zeigen sie doch (aus der Perspektive von Educational Governance) eine geringe Einbindung derjenigen Akteure, die innerhalb eines Mehrebenensystems Bildungsstandards handhaben sollen.

Klaus-Jürgen Tillmann, Kathrin Dedering, Daniel Kneuper, Christian Kuhlmann und Isa Nesse (Bielefeld) heben hervor, dass die PISA-Ergebnisse weniger rein sachdienlich von Akteuren der Bildungspolitik interpretiert, vielmehr für den Ausbau und die Stabilisierung der eigenen Macht- und Entscheidungsfähigkeit und die Herausstellung der eigenen Legitimation genutzt werden.

Matthias Rürup (Wuppertal) fungierte im Jahr 2003 als Koordinator bei der Erstellung des „Bildungsberichts für Deutschland: Erste Befunde", dem direkten Vorläufer des ersten – alle Bildungsbereiche einbeziehenden – deutschen Bildungsberichts aus dem Jahr 2006. An diesem Bildungsbericht wirkte Matthias Rürup als Mitarbeiter des DIPF ebenfalls mit, war aber weder in die konzeptionelle Arbeit, noch in die konkrete Erstellung des Berichts involviert. Die Haltung des „professional strangers" führt Rürup dazu, die verschiedenen Seiten des ersten Deutschen Bildungsberichts zu reflektieren und dabei vor allem dessen Stärken herauszustellen.

Urs Kiener und Moritz Rosenmund (Winterthur/Zürich) positionieren sich anders: In ihrem Beitrag, der nicht auf der Tagung präsentiert wurde, problematisieren sie für verschiedene Bildungsberichte der Schweiz die Unterschiedlichkeit der berücksichtigten Indikatoren und deren geringe Nachvollziehbarkeit. Nach den Beobachtungen der beiden Autoren ist vor allem die Neu-Zusammensetzung anderswo herausgelöster Elemente zu einem Ganzen bemerkenswert. Produziert wird kontingentes, also mehrdeutiges Wissen, dargestellt hingegen wird es als eindeutig.

Bettina Fritzsche und Sabine Reh (Berlin) beobachten im Rahmen qualitativer Forschungsbefunde schwierige Situationen der Wissensverwendung. In einem Forschungsprojekt, das nicht der Schulentwicklung diente, meldeten sie ihre wissenschaftlichen Daten einer ‚untersuchten' Schule zurück. Dabei stießen sie nicht allein auf die erwartbaren Unterschiede zwischen ihrem wissenschaftlichen Wissen und dem Wissen der Praktikerinnen, sondern wurden mit den vielfältigsten Komplikationen im Kommunizieren und wechselseitigen Verstehen wissenschaftlichen und praktischen Wissens konfrontiert. Diese ‚Knoten' müssten jedoch gelöst werden, wenn Evaluationen rückgemeldet werden, um einen Status quo zu verändern.

Jürgen Kussau (Konstanz) konzentriert sich in seinem Beitrag auf einen grundlegenden Begriff der Educational Governanceforschung, die Interdependenz. Er problematisiert die unterschiedlichen Abhängigkeiten, wie sie zwischen Akteuren innerhalb eines Mehrebenensystems vorherrschen und wendet sie auf die Wissensthematik an. Kussau gibt zu bedenken, dass Akteure sowohl durch Wissen, wie durch Nichtwissen aus Interdependenzen herausgelöst werden können. Wissen kann, im Sinne von Überlegenheit, unabhängig machen; ebenso verschafft jedoch auch Nichtwissen Freiräume von Interdependenzen. Kussau vermutet u.a., dass LehrerInnen die politisch relevanten PISA-Ergebnisse in ihrer täglichen Schularbeit vergessen müssen, um unterrichten zu können.

Roman Langer (Linz) beschäftigt sich mit der fragmentierten Struktur des Schulsystems. Grund dafür sind die unterschiedlichen Handlungslogiken der Akteure. Diese Fragmentierung kann nicht durch Evaluationen überwunden werden, da eine gemeinsame Problemsicht fehlt. Der vorherrschende Governancetyp des Bildungssystems, Konkurrenz, wirkt nach Ansicht von Langer in die gleiche Richtung der zunehmenden Trennung der Akteur-Praktiken. Die politisch initiierte Verschärfung der Konkurrenz führe dazu, dass Akteure ihr Handeln zunehmend auf das aktuelle Konkurrenzgeschehen konzentrieren und sich darum sorgen, ihre strukturelle Integrität zu verteidigen.

Ute Albert (Gummersbach), deren Beitrag wir ergänzend aufgenommen haben, geht auf die Behauptung der aktuellen Steuerungsdiskussion ein, dass flächendeckende Berichtssysteme gleichzeitig der System- *und* der Einzelschulentwicklung dienen. Diese Kopplung steht angesichts der Schwierigkeiten, die Schulen mit der Interpretation von externen Evaluationsdaten haben, in Frage. In dieser Situation sucht die Autorin nach Instrumenten, die andere Prioritäten setzen, nämlich zuerst Lernprozesse auf der Individual- und Schulebene festhalten, um dann anschließend auch der Rechenschaftslegung zu dienen. In der internationalen Bildungslandschaft sind Portfolios ein solches Instrument, das im Hochschulwesen sowie im Schulwesen eingesetzt wird. In Deutschland wird jedoch der Portfoliogedanke noch nicht einmal als eine Alternative zur bislang eingeschlagenen Praxis externer Evaluation erwähnt.

Uwe Schimank (Hagen) erlaubt sich, inspiriert durch eine Gastprofessur im „Pariser Exil" – und dort offenbar auch durch Heinrich Heine – „Nachtgedanken" zum Thema der Evaluation. Schimank, der der Tagung beiwohnte, versetzt sich hierbei in die Rolle eines Schulpolitikers. Wenn er Konsequenzen aus Evaluationsergebnissen zu ziehen hätte, befindet er sich – so sein Argument – in einer Entscheidungssituation, die sachlich durch gravierende Wissensdefizite gekennzeichnet ist. In dieser Situation bleiben dem Schulpolitiker dennoch deutliche Handlungsalternativen, und zwar im Sinne des „Backens kleiner Brötchen". Darunter versteht Schimank eine Politik der kleinen Schritte, die trotz des bestehenden Nichtwissens Wirkung zeigen kann.

Man kann also nicht nur, so ließe sich schlussfolgern, nach PISA Evaluation im Sinne einer Legitimation der Politik nutzen, wie Tillmann und sein Team hier im Buch zeigen. Sondern es ist auch eine andere Politik möglich.

Literatur

Altrichter, Herbert/Brüsemeister, Thomas/Wissinger, Jochen (Hg.) (2007): Educational Governance. Handlungskoordination und Steuerung im Bildungssystem. Wiesbaden: VS.

Altrichter, Herbert/Heinrich, Martin (2007): Kategorien der Governance-Analyse und Transformationen der Systemsteuerung in Österreich. In: Altrichter, Herbert/Brüsemeister, Thomas/Wissinger, Jochen (Hg.): Educational Governance – Handlungskoordination und Steuerung im Bildungssystem. Wiesbaden: VS, 55-103.

Altrichter, Herbert/Heinrich, Martin (2006): Evaluation als Steuerungsinstrument im Rahmen eines „neuen Steuerungsmodells" im Schulwesen. In: Böttcher, Wolfgang/Holtappels, Heinz Günter/Brohm, Michaela (Hg.): Evaluation im Bildungswesen. Eine Einführung in Grundlagen und Praxisbeispiele. Weinheim, München: Juventa, 51-64.

Bähr, Konstantin (2006): Erwartungen von Bildungsadministrationen an Schulleistungstests. In: Kuper, Harm/Schneewind, Julia (Hg.): Rückmeldung und Rezeption von Forschungsergebnissen – Zur Verwendung wissenschaftlichen Wissens im Bildungssystem. Münster, u.a.: Waxmann, 127-141.

Brosziewski, Achim (2007): Bildungsmonitoring in der Globalisierung der Bildungspolitik. In: Bemerburg, Ivonne/Niederbacher, Arne (Hg.): Die Globalisierung und ihre Kritik(er). Zum Stand der aktuellen Globalisierungsdebatte. Wiesbaden: VS, 135-148.

Kuper, Harm/Schneewind, Julia (Hg.) (2006): Rückmeldung und Rezeption von Forschungsergebnissen. Zur Verwendung wissenschaftlichen Wissens im Bildungsbereich. Münster, u.a.: Waxmann.

Kussau, Jürgen/Brüsemeister, Thomas (2007): Educational Governance: Zur Analyse der Handlungskoordination im Mehrebenensystem der Schule. In: Altrichter, Herbert/Brüsemeister, Thomas/Wissinger, Jochen (Hg.): Educational Governance. Handlungskoordination und Steuerung im Bildungssystem. Wiesbaden: VS, 15-54.

Ortmann, Günther (2003): Regel und Ausnahme. Frankfurt a.M.: Suhrkamp.

Peek, Rainer/Dobbelstein, Peter (2006): Benchmarks als Input für die Schulentwicklung – das Beispiel der Lernstandserhebungen in Nordrhein-Westfalen. In: Kuper, Harm/Schneewind, Julia (Hg.): Rückmeldung und Rezeption von Forschungsergebnissen. Zur Verwendung wissenschaftlichen Wissens im Bildungsbereich. Münster, u.a.: Waxmann, 41-58.

Power, Michael (1997): The Audit Society. Rituals of Verification. Oxford, u.a.: Oxford University Press.

Schimank, Uwe (2007): Die Governance-Perspektive: Analytisches Potenzial und anstehende konzeptionelle Fragen. In: Altrichter, Herbert/Brüsemeister, Thomas/Wissinger, Jochen (Hg.): Educational Governance. Handlungskoordination und Steuerung im Bildungssystem. Wiesbaden: VS, 231-260.

Terhart, Ewald (2002): Wie können die Ergebnisse von vergleichenden Leistungsstudien systematisch zur Qualitätsverbesserung genutzt werden? In: Zeitschrift für Pädagogik 48, Heft 1, 91-110.

Wehling, Peter (2006): Im Schatten des Wissens? Perspektiven der Soziologie des Nichtwissens. Konstanz: UVK.

Peter Wehling

Wissen und seine Schattenseite: Die wachsende Bedeutung des Nichtwissens in (vermeintlichen) Wissensgesellschaften

Einleitung: Mehr Wissen = effizientere Steuerung?

Ansätze zur „evaluationsbasierten Steuerung" in der Schul- und Hochschulpolitik setzen – bei allen Unterschieden zwischen einzelnen Evaluationskonzepten und -verfahren – im Kern darauf, durch mehr, detailliertes und stärker vereinheitlichtes Wissen zielgenauere Ergebnisse zu erreichen (Altrichter/Heinrich 2006, 56-57). Vor allem mittels regelmäßiger externer, standardisierter Tests und Bewertungen sollen die Leistungen von Bildungseinrichtungen vergleichbar gemacht, deren jeweilige Stärken und Schwächen aufgedeckt und die verfügbaren Ressourcen effizienter verteilt werden. Zudem soll durch die wiederholte Ergebnismessung der Wettbewerb zwischen den Schulen oder Hochschulen stimuliert werden, um dadurch eine kontinuierliche Verbesserung des gesamten Bildungssystems zu erreichen.[1]

So plausibel solche Politikkonzepte in Zeiten einer grassierenden Evaluations-, Markt- und Wettbewerbseuphorie zunächst erscheinen mögen – die zugrunde liegende Prämisse, mehr Wissen ermögliche bessere und rationalere politische Steuerung, ist alles andere als trivial und unproblematisch. Nicht zuletzt wird dabei eine wesentliche Einsicht der neueren Wissens- und Wissenschaftssoziologie vernachlässigt, wonach mehr Wissen zugleich auch mehr „blinde Flecken" hervorbringt und daher gerade in so genannten Wissensgesellschaften die Bedeutung des Nichtwissens stark zunimmt (zusammenfassend Wehling 2007a). Im Hinblick auf Evaluationen besteht ein solcher selbsterzeug-

---

[1] Zumindest im Hochschulbereich besteht in der Bundesrepublik Deutschland darüber hinaus ein mehr oder weniger offen ausgesprochenes Ziel darin, unter Schlagworten wie „Elite" und „Exzellenz" eine dauerhafte vertikale Differenzierung der Universitäten zu etablieren. Die Folge davon wird eine formelle oder informelle Hierarchisierung bislang als gleichwertig geltender Studienabschlüsse sein (vgl. Hartmann 2006).

ter blinder Fleck beispielsweise in der Ungewissheit darüber, inwieweit das gewonnene Wissen das „tatsächliche" Leistungs- und Tätigkeitsprofil der bewerteten Institutionen (oder Personen) erfasst oder „nur" etwas über deren jeweilige Fähigkeit verrät, sich den Anforderungen und Messkriterien der Evaluation anzupassen (Lange 2003, 181-182; Böttcher 2006, 45-46). Denn regelmäßige, standardisierte Bewertungen können sehr schnell verhaltensregulierende Wirkungen entfalten: „Man tut, was gemessen, und unterlässt, was vom Bewertungsraster nicht erfasst wird. Evaluation schafft so erst die Wirklichkeit, die sie zu bewerten vorgibt [...]." (Bröckling 2004, 78) Hieraus resultiert eine schwer durchschaubare Mischung aus Wissen und Nichtwissen darüber, was die Evaluierten in ihren jeweils spezifischen, nicht-standardisierten Handlungskontexten zu leisten imstande sind (oder wären). Offen bleibt, welche Schlussfolgerungen und Maßnahmen aus einer solchen Mischung abgeleitet und begründet werden können, und die Frage: „Was weiß man und was tut man, wenn man untersucht hat?" (Lange 2003, 179) besitzt keineswegs nur rhetorischen Charakter.[2]

Das Ziel meines Beitrags ist es allerdings nicht, unterschiedliche bildungspolitische Evaluations- und Steuerungskonzepte hinsichtlich ihrer Validität und Aussagekraft zu vergleichen, sondern ihre Hintergrundannahmen und impliziten Voraussetzungen im Licht der neueren soziologischen Diskussion über den Zusammenhang von Wissen und Nichtwissen kritisch zu überprüfen. Ich werde diesen Zusammenhang vorrangig auf einer allgemeinen wissens- und wissenschaftssoziologischen Ebene analysieren und mich auf das Feld der Bildungspolitik nur gelegentlich zu Zwecken der Illustration und exemplarischen Konkretisierung beziehen können. Im folgenden Kapitel möchte ich zunächst rekapitulieren, wie und weshalb der merkwürdige „Nicht-Gegenstand" Nichtwissen in den letzten 20 bis 25 Jahren zunehmende Aufmerksamkeit in der Soziologie gefunden hat. Daran anschließend werde ich einige wichtige begriffliche Präzisierungen und Differenzierungen des Nichtwissens vorstellen (Kapitel 3), um dann zu erläutern, weshalb man gerade in den gegenwärtigen so genannten Wissensgesellschaften von einer vielschichtigen „Politisierung des Nichtwissens" sprechen kann (Kapitel 4). Diese Politisierung stellt bislang als selbstverständlich erscheinende kulturelle Prämissen moderner Gesellschaften in Frage, etwa die Überzeugung, dass Wissen stets besser ist als Nichtwissen, und macht sie zum Gegenstand öffentlicher, durchaus kontroverser Auseinandersetzungen. In Kapitel 5 möchte ich unter einer primär wissenschaftssoziologischen Perspektive den er-

---

2   Altrichter und Heinrich (2006, 57) heben zu Recht hervor, dass der in diesem Zusammenhang gern verwendete Begriff des „Steuerungswissens" äußerst irreführend ist. Er suggeriere, in diesem Wissen seien die zu ziehenden Konsequenzen bereits in eindeutiger Weise enthalten. Tatsächlich seien Evaluationsergebnisse aber „nur" eine Information, die – wie jede andere – erst gedeutet werden müsse und zudem auf verschiedene Weise gedeutet werden könne.

wähnten wechselseitigen Steigerungszusammenhang, die „Ko-Produktion" von Wissen und Nichtwissen, etwas systematischer untersuchen und an Beispielen illustrieren. Ein kurzes Fazit schließt den Beitrag ab.

1. Nichtwissen als soziologischer Forschungsgegenstand

Es mag überraschen, dass die soziologische Beschäftigung mit dem ungewöhnlich erscheinenden Thema Nichtwissen eine recht lange Tradition aufweist. Einen frühen und entschiedenen Kontrapunkt zur Fixierung auf Wissen und Wissensakkumulation, die die Soziologie seit ihrer Entstehung im 19. Jahrhundert mit der modernen Gesellschaft teilt, setzte Georg Simmel in seiner 1908 veröffentlichten *Soziologie*. Simmel zufolge hängen gelingende soziale Beziehungen nicht allein davon ab, wie viel die Beteiligten voneinander wissen, sondern setzen „ebenso ein gewisses Nichtwissen, ein, freilich unermesslich wechselndes Maß gegenseitiger Verborgenheit voraus" (Simmel 1992, 391). Weitere wichtige Impulse erhielt die soziologische Beschäftigung mit dem Nichtwissen in der Folgezeit vor allem durch Robert Merton, der sich seit seinem berühmten Aufsatz über die nicht-antizipierten Folgen zweckorientierten Handelns (Merton 1936) wiederholt mit der Rolle des Unerkannten und Unerwarteten in sozialen Zusammenhängen befasst hat. Mertons Einfluss war allerdings auch wesentlich dafür verantwortlich, dass eine erste, um die Mitte des 20. Jahrhunderts einsetzende Phase der soziologischen Beschäftigung mit dem Nichtwissen, seinen Hintergründen und möglichen Konsequenzen stark funktionalistisch geprägt war. Im Vordergrund standen die positiven oder, wie es der US-amerikanische Soziologe Louis Schneider (1962) formulierte, die „eufunktionalen" sozialen Effekte des Nichtwissens.[3] Pointiert zum Ausdruck kommt diese Sichtweise in dem Fazit, das Wilbert Moore und Melvin Tumin 1949 am Ende ihres Aufsatzes „Some Social Functions of Ignorance" zogen: „It follows that ignorance must be viewed not simply as a passive or dysfunctional condition, but as an active and often positive element in operating structures and relations." (Moore/Tumin 1949, 795)

Eine zweite, wesentlich intensivere Phase der sozialwissenschaftlichen Beschäftigung mit dem Nichtwissen begann in den späten 1970er Jahren, ausgelöst und vorangetrieben einerseits durch die aufkommenden Risiko-, Technik- und

---

3   Eines der bekanntesten Beispiele für diese Blickrichtung ist Heinrich Popitz' kleine Schrift „Über die Präventivwirkung des Nichtwissens", worin er die positiven sozialen Effekte der Dunkelziffer bei Normverletzungen und Straftaten analysierte: „Kein System sozialer Normen könnte einer perfekten Verhaltenstransparenz ausgesetzt werden, ohne sich zu Tode zu blamieren." (Popitz 1968, 9)

Ökologiekonflikte, andererseits durch die sich etwa zeitgleich etablierende konstruktivistische Wissenssoziologie und Wissenschaftsforschung, die den aktiven, selektiven und kontingenten Charakter wissenschaftlicher Wissenserzeugung ins Blickfeld rückte. Etwas später, gegen Ende der 90er Jahre, kommt die Debatte um die „Wissensgesellschaft" hinzu, die – auf den ersten Blick vielleicht unerwartet – ebenfalls zu erhöhter Aufmerksamkeit für das Nichtwissen beiträgt (vgl. dazu unten Kapitel 4). Aus diesen unterschiedlichen Kontexten resultiert gegenüber der vorangegangenen, funktionalistisch geprägten Phase eine Reihe von Veränderungen des analytischen Blicks sowie der theoretischen „Rahmung" des Nichtwissens. Ich möchte hier nur die drei wichtigsten hervorheben (ausführlicher Wehling 2007a):

1. Das Nicht-Gewusste, Unerkannte, Übersehene erschien erstens nicht länger als primär sozial stabilisierend, sondern als unter Umständen hochgradig dysfunktional und gefahrenträchtig, etwa in Form unvorhergesehener Nebeneffekte bei der Nutzung riskanter Technologien wie der Kernenergie oder der landwirtschaftlichen Gentechnik.
2. Nichtwissen wurde zweitens nicht mehr einfach als homogener Gegenpol zum Wissen aufgefasst, sondern ausdrücklich als vielschichtiges, in sich differenziertes Phänomen begriffen (Smithson 1985), dessen Wahrnehmung und Bewertung gesellschaftlich stark variieren kann. Diese Einsicht führte in der Folgezeit zu einer Reihe von Klassifizierungs- und Differenzierungsversuchen des Nichtwissens (zum Beispiel Smithson 1989; Faber/Proops 1993; Kerwin 1993).
3. Nichtwissen wurde drittens nicht lediglich als Folge eines *Mangels* an exaktem, das heißt in der Regel wissenschaftlichem Wissen gedeutet, sondern ebensosehr als *Resultat* wissenschaftlicher Forschung und der technologischen Umsetzung ihrer Erkenntnisse. Für dieses Nichtwissen über die Implikationen und Konsequenzen wissenschaftlich-technischer Innovationen prägte der britische Wissenschaftstheoretiker Jerome Ravetz 1990 die Begriffe „man-made-ignorance" oder „science-based ignorance". Er charakterisierte dieses selbst-erzeugte Nichtwissen der Wissenschaft als „[...] an absence of necessary knowledge concerning systems and cycles that exist out there in the natural world, but which exist only because of human activities. Were it not for our intervention, those things and events would not exist, and so our lamentable and dangerous ignorance of them is man-made as much as the systems themselves." (Ravetz 1990, 217) Etwas später hat Niklas Luhmann (1997, 1106) diesen Zusammenhang auf die lakonische Formal gebracht: „Tatsächlich nimmt [...], vor allem auf Grund der wissenschaftlichen Forschung und allgemein mit zunehmender Komplexität des

Wissens, das Nichtwissen überproportional zu." Dies ist nicht allein in dem schon früher (etwa von Karl Popper) thematisierten Sinn zu verstehen, wonach jede neue Erkenntnis zugleich neue Fragen, und somit neues Nichtwissen, aufwirft. Angesprochen ist vielmehr ein komplexerer Zusammenhang, demzufolge mit (wissenschaftlichem) Wissen immer auch Nichtwissen gleichsam „mitläuft", zum Beispiel als Unkenntnis der Reichweite, Anwendungs- und Gültigkeitsbedingungen des gewonnenen Wissens.

Wenn diese Überlegungen nicht völlig aus der Luft gegriffen sind, dann wird damit die programmatisch im 17. Jahrhundert von Francis Bacon formulierte und später besonders prominent durch Max Weber bekräftigte moderne Erwartung fortschreitender Weltbeherrschung durch kumulativen Wissenszuwachs brüchig und zweifelhaft. Der Grund hierfür liegt nicht lediglich darin, dass in einer unendlichen Welt auch der Bereich des „Noch-Nicht-Gewussten" grenzenlos ist, sondern vor allem darin, dass selbst in den Bereichen, in denen wir über Wissen verfügen, dieses Wissen immer eine Art „Schattenseite" (Stocking 1998) in Form von blinden Flecken, Ausblendungen, unerkannten Voraussetzungen, unerwarteten Nebeneffekten und Ähnlichem mit sich führt. Auf diesen Zusammenhang von Wissensgewinn mit der Produktion von Nichtwissen werde ich in Kapitel 5 genauer eingehen; zuvor möchte ich einige begriffliche Präzisierungen und Differenzierungen des nicht gerade einfach zu handhabenden Negativbegriffs Nichtwissen skizzieren.

1.1 Was ist Nichtwissen? Definitionen, Abgrenzungen, Differenzierungen

Was „ist" Nichtwissen, wie lässt es sich theoretisch begreifen und von ähnlich erscheinenden Phänomenen wie etwa Irrtum oder Ungewissheit abgrenzen sowie in sich differenzieren? Diese Fragen werden in der sozialwissenschaftlichen und philosophischen Diskussion teilweise äußerst kontrovers beantwortet; ich möchte im Folgenden nur auf eine wesentliche begrifflich-theoretische Präzisierung eingehen sowie drei Unterscheidungsdimensionen des Nichtwissens vorschlagen.

Die theoretische Präzisierung betrifft den Begriff des Wissens und damit verbunden die Abgrenzung von Nichtwissen und Irrtum (hierzu ausführlicher Wehling 2006, 113-115). Versteht man Nichtwissen ganz allgemein als „Abwesenheit von Wissen", stellt sich die Frage, was hierbei unter Wissen zu verstehen ist. Verfehlt wird die Spezifik des Nichtwissens, wenn man Wissen in einem philosophischen Sinne auf *objektiv wahres*, überzeitlich gültiges Wissen einschränkt (Walton 2005); produktiver ist es, Wissen allgemeiner als erfahrungsbasierte *kognitive Überzeugungen und Erwartungen* zu verstehen, deren Wahrheitsgehalt jeweils klärungsbedürftig ist und strittig sein kann. Wissen umfasst, anders gesagt, in einer wissenssoziologischen Perspektive sowohl vage Ahnungen und bloße Vermutungen als auch allgemein anerkannte, „unumstößliche" Gewissheiten. Das heißt nicht, dass auf die Unterscheidung wahr-falsch einfach verzichtet werden sollte, sondern dass sie zu einer internen Differenz *innerhalb* des Wissens wird. Auf der Grundlage eines solchen Wissensbegriffs kann analytisch zwischen Nichtwissen als fehlendem Wissen und Irrtum als *unwahrem* Wissen unterschieden werden (Luhmann 1990, 169-172). Denn auch (und gerade) wer sich im Irrtum befindet, verfügt über (wenngleich trügerisches) *Wissen*, während Nichtwissen die „Abwesenheit" kognitiver Überzeugungen bezeichnet, also selbst von Vermutungen und Hypothesen darüber, was geschehen ist oder was sich ereignen könnte. „Ahnungslosigkeit" ist demnach in einem sehr buchstäblichen Sinne eine der radikalsten Formen des Nichtwissens.

Wie eingangs bereits erwähnt, hat die Erkenntnis, dass Nichtwissen nicht lediglich den amorphen, nicht weiter bestimmbaren Gegenpol zum Wissen, sondern ein vielschichtiges, in sich differenziertes Phänomen darstellt, entscheidend zu einem vertieften Verständnis der Problematik und ihrer gesellschaftlichen Relevanz beigetragen. Während viele Versuche, verschiedene Varianten des Nicht-Gewussten zu klassifizieren, auf der Gegenüberstellung polarisierter Idealtypen (etwa reduzierbares vs. irreduzibles Nichtwissen) beruhen, möchte ich mit dem *(Nicht-)Wissen*, der *Intentionalität* sowie der *zeitlichen Stabilität* oder *Dauerhaftigkeit* des Nichtwissens drei Dimensionen vorschlagen, mittels derer das Nicht-Gewusste differenziert werden kann und gesellschaftlich auch tatsächlich – teilweise äußerst kontrovers – unterschieden wird (hierzu ausführlicher Wehling 2006, 116-148). Auf diese Weise lässt sich erstens die Vielfalt von Zwischen- und Übergangsformen gut erfassen und zweitens der „unscharfe", umstrittene Charakter von Nichtwissens-Varianten adäquat zum Ausdruck bringen. Bei den Unterscheidungen in diesen drei Dimensionen handelt es wohlgemerkt nicht um objektive, „intrinsische" Eigenschaften des Nichtwissens, sondern um sozial zugeschriebene Charakterisierungen, um diskursive Deutungen dessen, was nicht gewusst wird, die immer auch bezweifelt werden und anders ausfallen können.

Die erste Unterscheidungsdimension, das *(Nicht-)Wissen* des Nichtwissens erfasst zwischen den idealtypischen Polen explizit gewusstes Nichtwissen („ich weiß genau, was ich nicht weiß") einerseits, ungewusstes oder unerkanntes Nichtwissen („ich weiß nicht, was ich nicht weiß") andererseits, eine Reihe von Zwischenformen (vermutetes, nicht genau bestimmbares Nichtwissen und Ähnliches). Es ist jedoch vor allem die Form des nicht-gewussten Nichtwissens (in der englischsprachigen Diskussion zumeist als *unknown unknowns* bezeichnet), die vor allem in den gesellschaftlichen Kontroversen um wissenschaftlichtechnische Risiken erhebliche Sprengkraft entfaltet (Grove-White 2001; Wynne 2002). Denn auf der Ebene empirischer Beobachtungen sind positives Wissen und unerkanntes Nichtwissen nicht voneinander zu unterscheiden: *Wissen* wir, dass eine neue Technologie keine schädlichen Folgen hat, wenn hierfür keinerlei empirische Hinweise vorliegen? Oder bedeutet dies lediglich, dass wir *ahnungslos* sind, wo, in welchen Zeiträumen und in welcher Form sich negative Konsequenzen zeigen könnten – oder sogar schon eingetreten sind?[4] „The more thorough the search has been, the more we can say that the outcome is no longer just ignorance, but positive knowledge that the thing does not exist. But in many cases, in the middle regions, it could be hard to say whether what we have is ignorance or (positive) knowledge." (Walton 1996, 140)

Die zweite Dimension, die *Intentionalität des Nichtwissens*, bezieht sich auf den Grad, in dem Nichtwissen auf das Handeln oder Unterlassen sozialer Akteure (Individuen, Gruppen, Organisationen) zurechenbar ist. Idealtypisch stehen sich hier die ausdrückliche und bewusste Zurückweisung mehr oder weniger gut bekannter Wissensinhalte („Nicht-Wissen-Wollen") auf der einen Seite sowie ein vollkommen unbeabsichtigtes (und insofern „unvermeidbares") Nichtwissen auf der anderen gegenüber. Im Hinblick auf das beabsichtigte Nichtwissen kann dabei unterschieden werden zwischen gewolltem eigenen Nichtwissen (selbstauferlegte Tabus o. Ä.) und dem Bemühen, andere unwissend zu halten, etwa durch Geheimhaltung, Verschleierungstechniken oder selektive Informationsweitergabe. In dieser Dimension spielen Zwischenformen wie fahrlässiges oder durch mangelnde Aufmerksamkeit und geringes Erkenntnisinteresse bedingtes (aber eben nicht *bewusst gewolltes*) Nichtwissen eine besonders wichtige Rolle: War beispielsweise der so genannte „Contergan-Skandal" Ende der 1950er, Anfang der 60er Jahre unvermeidbar oder hätte der Hersteller des Schlafmittels wissen können oder sogar müssen, dass der Wirkstoff Thalidomid schwere Missbildungen bei menschlichen Föten auslösen kann (Kirk 1999)? Intentionalität ist in diesem Zusammenhang somit nicht beschränkt auf die ausdrückliche Absicht, etwas zu tun oder zu unterlassen, sondern stellt eine Form der (im konkreten Fall immer bestreitbaren) Zurechnung und Zurechenbarkeit des Nichtwissens auf soziale Akteure dar.

---

4 Das sowohl prominenteste als auch dramatischste Beispiel für solche (wissenschaftliche) Ahnungslosigkeit stellt die massive Schädigung der stratosphärischen Ozonschicht („Ozonloch") durch Fluor-Chlor-Kohlenwasserstoffe (FCKW) dar. Nachdem um 1930 mit der industriellen Herstellung und Nutzung der FCKW begonnen worden war, kam mehr als 40 Jahre lang niemand auf den Gedanken, diese als stabil, ungiftig und nicht-brennbar gepriesenen synthetischen Substanzen könnten irgendwelche negativen Wirkungen in der oberen Erdatmosphäre auslösen (vgl. Böschen 2000).

Die *zeitliche Stabilität des Nichtwissens* schließlich erfasst die Möglichkeit oder Unmöglichkeit, Nichtwissen in Wissen zu überführen. Idealtypisch stehen sich hier ein grundsätzliches „Nicht-Wissen-Können" sowie ein immer nur temporäres, kurzfristiges „Noch-Nicht-Wissen" konträr gegenüber. In vielen Fällen ist es äußerst schwierig, vorab zu bestimmen, ob und weshalb man gegenwärtig Nicht-Gewusstes prinzipiell nicht wissen kann oder schon in nächster Zukunft in Erfahrung bringen wird. *De facto* hat man es daher zumeist mit Zwischenformen zu tun, bei denen zunächst offen bleibt, ob es sich um vorübergehende Wissenslücken oder um lang anhaltendes, wenn nicht gänzlich unüberwindliches Nicht-Wissen-Können handelt. In modernen Gesellschaften besteht allerdings eine eingespielte, mehr oder weniger stillschweigende kulturelle Präferenz dafür, Nichtwissen primär als zeitlich begrenztes Noch-Nicht-Wissen zu begreifen, so dass die Beweislast im Konfliktfall in der Regel bei denen liegt, die von unüberwindlichen Erkenntnisbarrieren ausgehen.

2. Die „Politisierung" des Nichtwissens in Wissensgesellschaften

In allen drei Dimensionen tritt Nichtwissen nicht als ein fest umrissener und eindeutig definierter „Gegenstand" auf, sondern erweist sich als hochgradig interpretations- und deutungsabhängig. Damit erweitert und öffnet sich das Fragespektrum einer Wissenssoziologie des Nichtwissens: Zu untersuchen ist nicht mehr „nur", wer was nicht weiß und warum nicht, worüber Wissen produziert wird und worüber nicht, wie das vorhandene Wissen verteilt und zugänglich gemacht wird oder welchen sozialen Akteuren von anderen Unkenntnis und Ahnungslosigkeit zugeschrieben wird. Von zentraler Bedeutung ist vielmehr auch: In welcher Form wird das Nichtwissen wahrgenommen (und anderen zugeschrieben), weshalb wird es so und nicht anders wahrgenommen, zum Beispiel vorwiegend als erkannte und temporäre Wissensdefizite und nicht als unerkanntes oder unüberwindliches Nichtwissen? Ins Blickfeld kommen mit solchen Fragen die Umrisse eines Phänomens, das sich als die „Politisierung des Nichtwissens" (gerade) in so genannten Wissensgesellschaften beschreiben lässt (hierzu ausführlicher Wehling 2007b).

Die These einer zunehmenden Politisierung des Nichtwissens in der Wissensgesellschaft verknüpft drei unterschiedliche Aspekte und soziologische Beobachtungen:

a. Erstens wird das Nichtwissen, und zwar gerade das Nichtwissen der Wissenschaft, gesellschaftlich verstärkt wahrgenommen und thematisiert. Dabei werden auch die Gründe für dieses (wissenschaftliche) Nichtwissen mehr und mehr zum Gegenstand öffentlicher Debatten. Die von dem Wissenschaftshistoriker Robert Proctor (1995, 8) formulierte Frage „Why do we know what we know, and why don't we know what we don't know?", wird auf diese Weise zu einem *politischen*, kontrovers diskutierten Thema.

b. Hierbei kommen zweitens plurale, teilweise divergierende, wenn nicht sogar unvereinbare gesellschaftliche Wahrnehmungen, Definitionen und Bewertungen des Nichtwissens ins Spiel: Wo die einen „nur" klar erkannte Wissenslücken sehen wollen, verweisen andere auf mögliche *unknown unknowns*, also völlig ungeahnte und unvorhersehbare Überraschungen. Und ist Nichtwissen tatsächlich in erster Linie ein temporäres, durch gezielte Forschung überwindbares Phänomen – oder stößt man bei bestimmten Fragen auf unüberwindbare Grenzen des Wissens?[5] Fragen nach Qualität, Ausmaß, Relevanz und möglichen Konsequenzen dessen, was nicht gewusst wird, werden auf diese Weise politisiert – und man kann beispielsweise den gesellschaftlichen Konflikt um die so genannte „grüne" Gentechnik in weiten Teilen als eine Auseinandersetzung um die Bewertung des wissenschaftlichen Nichtwissens in diesem Technologiefeld interpretieren.

c. Drittens werden bislang kulturell tief verwurzelte und institutionell verfestigte Gewissheiten und normative Überzeugungen moderner Gesellschaften im Umgang mit Wissen und Nichtwissen in Frage gestellt und verlieren zumindest die Selbstverständlichkeit, mit der sie bisher Gültigkeit beanspruchten. Dies betrifft wohl am stärksten und auffälligsten die sehr grundlegende Prämisse, dass Wissen in (fast) jedem Fall von Vorteil und dem Nichtwissen vorzuziehen ist. Anders formuliert: Nichtwissen galt und gilt in der Regel als gesellschaftlich legitimationspflichtig, Wissen und Wissen-Wollen dagegen nicht. Diese für das Selbstverständnis moderner Gesellschaften zentrale und konstitutive Annahme gerät in jüngster Zeit von verschiedenen Seiten unter Druck: Grundsätzlich wird fragwürdig, ob Wis-

---

5   Mit kritischem Blick auf die Evaluation von Schulen hat Jörg Ruhloff ein sehr pointiertes Plädoyer dafür gehalten, die Grenzen des Wissen-Wollens und Wissen-Könnens anzuerkennen: „Die Evaluation von Schulen scheint mir pädagogisch darum verwerflich zu sein, weil sie das vielleicht wichtigste Element von Pädagogik zu zerstören geeignet ist, und zwar dies, dass wenigstens Pädagoginnen und Pädagogen bewusst sein sollte, dass wir in einer bestimmten Hinsicht gar nichts wissen (können). Die Evaluation von Bildungseinrichtungen ist allenfalls auf eine ‚Bildung' zugeschnitten, deren höchste Ambition die Erreichung des Bewusstseins ist, dieses und jenes noch nicht zu wissen und darum stets lernbereit zu bleiben. Dieses Nochnicht-wissen ist behext von der Vorstellung des Machen-Könnens, während das Bewusstsein des Nichtwissens aufgeklärt ist von der Skepsis über die Zulänglichkeit unseres Wissens, die aus der kritischen Einsicht in dessen Voraussetzungsabhängigkeit und begrenzte Reichweite folgt." (Ruhloff 2004, 1, Herv. i.O.)

senssteigerung in allen Fällen die beste Option ist, wenn dieses zusätzliche Wissen immer auch zusätzliches Nichtwissen mit sich bringt, und zwar häufig in der schwer durchschaubaren und beherrschbaren Form des unerkannten Nichtwissens. Zudem zeichnen sich konkrete gesellschaftliche Kontexte ab, in denen mehr Wissen nicht nur keine tragfähigen Handlungsperspektiven eröffnet, sondern auch belastend wirken kann, so dass Nichtwissen tatsächlich „eufunktional" wäre.[6] Das prominenteste Beispiel hierfür ist das „Recht auf Nichtwissen" in der prädiktiven Gendiagnostik (Damm 1999; Wehling 2003); letztere sucht nach genetischen Dispositionen von Individuen für erblich (mit-) bedingte Erkrankungen (unter anderem einige Krebsarten, Demenzkrankheiten, Huntington-Krankheit), die in der näheren oder ferneren Zukunft mit einer bestimmten Wahrscheinlichkeit – aber möglicherweise auch überhaupt nicht – ausbrechen werden. Ist es für die Betroffenen immer hilfreich, solche Dispositionen zu kennen, wenn weder Erfolg versprechende Präventions- noch Therapieangebote zur Verfügung stehen? Oder ist Nichtwissen unter diesen Bedingungen nicht die bessere, oder zumindest eine gleichermaßen legitime Option?

Darüber hinaus ist es gerade in so genannten Wissensgesellschaften schlicht die „explodierende" Quantität des Wissens und des Wissbaren, die Individuen und Organisationen zunehmend zu Strategien der selektiven Wissensaufnahme zwingt – und damit zu einer Neubewertung des Nichtwissens. Denn, etwas überspitzt formuliert: „Wissenswachstum steigert die Menge dessen, was nicht verarbeitet werden kann." (Howaldt et al. 2004, 80) Die individuellen oder organisationalen Kapazitäten zur Wissensaufnahme und -verarbeitung sind in der Regel begrenzt und in jedem Fall bindet Informationsverarbeitung Kapazitäten, die dann für andere Ziele und Aufgaben nicht mehr zur Verfügung stehen.[7] Im Extremfall kann eine sei es beabsichtigte, sei es unbedachte Überfrachtung mit Wissen und Informationen die Handlungsfähigkeit von Individuen oder Organisationen erheblich einschränken oder sogar lahmlegen: Das Übermaß an Wissen erzeugt Orientierungslosigkeit, wenn und weil keine plausiblen Auswahl-, Relevanz- und Bewertungskriterien zur Verfügung stehen, oder es führt zu Überfor-

---

6   Vgl. Schneider (1962, 504): „Ignorance is eufunctional in cases or conditions in which knowledge would mean the revealing of information that would be directly and simply painful to have and no other significant consequences would occur."

7   Die so genannte „Rational-Choice"-Theorie hat hierauf mit der Konzeption des „rationalen Nichtwissens" („rational ignorance") reagiert (zum Beispiel Caplan 2001). Demnach ist Nichtwissen dann rational, wenn die (auch nicht-monetären) Kosten zusätzlicher Informationsbeschaffung höher sind als deren Nutzen. Problematisch an dieser Rationalitätsannahme ist allerdings, dass man in vielen Situationen vorab weder die Kosten noch den Nutzen weiteren Wissensgewinns auch nur halbwegs verlässlich abschätzen kann.

derung und Überlastung, weil die Aufnahme, Bearbeitung und Weitergabe von Wissen und Informationen zu viele organisationale Ressourcen in Anspruch nimmt oder entsprechende Ressourcen gar nicht verfügbar sind. Solche Effekte sind auch bei der evaluationsbasierten Steuerung keineswegs auszuschließen. So vermuten beispielsweise Altrichter und Heinrich (2006, 57), „dass die Fähigkeit der ‚staatlichen Steuerleute' aus Evaluationsinformationen konstruktive Entwicklungsschritte abzuleiten, durchaus unterschiedlich verteilt ist". In Teilen der neueren Literatur zum Wissensmanagement wird auf die skizzierte Situation mit Handlungsempfehlungen wie „intelligente Wissensabwehr" und „intelligentes Vergessen" (Howaldt et al. 2004, 115) oder „positive" und „schützende Ignoranz" (Schneider 2006, 76-99) reagiert. Schließlich wird Nichtwissen sogar als „Erfolgsfaktor" individuellen oder organisationalen Handelns herausgestellt und dafür plädiert, Wissensmanagement durch ein bewusstes „Management der Ignoranz" zu ergänzen (Schneider 2006). In solchen Formulierungen zeichnet sich ein scharfer Kontrast und Kontrapunkt zu dem vor allem von Michel Foucault (1977) analysierten, für moderne Gesellschaften konstitutiven „Willen zum Wissen" ab. Zwar bleiben Schlagworte und Strategien wie „intelligente Wissensabwehr" oder „schützende Ignoranz" bisher überwiegend programmatisch. Dennoch lässt sich an ihnen ablesen, dass (vermeintliche) Wissensgesellschaften nicht einfach auf einem permanenten Wachstum des Wissens beruhen; vielmehr beginnt das Verhältnis von Wissen und Nichtwissen auf eine neue Art problematisch zu werden und bedarf bewusster Gestaltung (Wehling 2006, 328-336). Die Annahme, Wissen sei in jedem Fall „besser" als Nichtwissen, büßt gerade angesichts dramatisch erweiterter Informationsmöglichkeiten und prinzipiell verfügbarer Wissensressourcen an Plausibilität ein. Es bleibt im Einzelfall gleichwohl ein schwieriger Balanceakt zu entscheiden, ob Wissensgewinn oder Wissensabwehr die aussichtsreichere Strategie darstellt.

3. Die Ko-Produktion von Wissen und Nichtwissen

Wie eingangs angekündigt, werde ich mich in diesem Kapitel genauer mit der Frage beschäftigen, aus welchen Gründen und aufgrund welcher Faktoren „mit zunehmender Komplexität des Wissens" das Nichtwissen zunimmt, und dies sogar „überproportional", um Luhmanns Formulierung nochmals zu zitieren. Wie lässt sich diese paradox anmutende „Ko-Produktion" von Wissen und Nichtwissen erklären? Luhmann selbst bietet hierfür eine allgemeine und formale Theorie des Beobachtens und Unterscheidens an, die aber empirisch unterbestimmt bleibt (zur Kritik Wehling 2006, 187-227). Er entwickelt den Begriff des Nichtwissens unmittelbar aus der Form der Beobachtung, die als Einheit und

Differenz von Unterscheiden und Bezeichnen konzipiert wird (Luhmann 1992, 155). Während Wissen die *bezeichnete* „Innenseite" einer Unterscheidung darstelle, bilde Nichtwissen die *unbezeichnete* „andere Seite" des Wissens. Dieses Nichtwissen könne zwar seinerseits beobachtet, also unterschieden und bezeichnet werden, doch entstehe dadurch erneut eine unmarkierte Seite, also (neues) Nichtwissen. Demnach kann „Wissensakkumulation (...) nur zu einer progressiven Reproduktion von Nichtwissen führen, nicht jedoch zu einer allmählichen Umwandlung von Nichtwissen in Wissen" (Luhmann 1995, 177). Diese Überlegung trägt entscheidend zur Entzauberung selbsternannter „Wissensgesellschaften" bei; sie bleibt jedoch recht abstrakt und bietet wenig Anknüpfungspunkte für empirische, wissens- und wissenschaftssoziologische Analysen. *Wie* und *weshalb* eine „Unterscheidung" (oder wissenschaftliche Erkenntnis) ihre „andere Seite" abdunkelt; inwieweit dies „unvermeidlich" oder auf Handeln/Unterlassen sozialer Akteure zurechenbar ist; *ob, wann* und *wie* das selbsterzeugte Nichtwissen erkannt werden kann, lässt der systemtheoretische Zugriff offen. Will man den in Luhmanns These angesprochenen Zusammenhängen auf die Spur kommen, darf Wissenserzeugung (und insbesondere wissenschaftliche Wissenserzeugung) nicht ausschließlich als Gebrauch von (sprachlich vermittelten) Unterscheidungen begriffen werden, sondern muss als in die natürliche und soziale Welt eingreifende, materiale Praxis analysiert werden. Vor diesem Hintergrund lassen sich vier wesentliche Faktoren benennen (ein eher institutionell geprägter sowie drei überwiegend kognitive), die für die Ko-Produktion von Wissen und Nichtwissen Ausschlag gebend sind (Wehling 2006, 253-273).[8]

1. Der erste dieser Faktoren könnte auf den ersten Blick als theoretisch etwas trivial erscheinen, ist aber praktisch äußerst folgenreich, nämlich die Selektivität der (im weitesten Sinne) *institutionellen* (das heißt wirtschaftlichen, politischen, rechtlichen, organisationsspezifischen etc.) Rahmenbedingungen des Wissensgewinns. Diese *Rahmenbedingungen* rücken bestimmte Themen und Gegenstände des Wissens in den Vordergrund – und belassen dafür andere mehr oder weniger im Schatten des Nichtwissens. Robert Proctor spricht in diesem Zusammenhang von der „social construction of ignorance" und führt aus: „Ignorance is socially constructed by outright censorship (admittedly rare), by failures to fund, by the absence or neglect of interested parties, and by efforts to jam the scientific airwaves with

---

[8] Diese Zusammenhänge sind bisher zumeist mit Blick auf naturwissenschaftlich-technisches Wissen untersucht worden. Es bleibt eine gleichermaßen notwendige wie schwierige Aufgabe, solche Überlegungen mit Blick auf sozialwissenschaftliche Wissenspraktiken und -formen (wie Meinungsumfragen, Evaluationen im Bildungswesen und Ähnlichem) zu präzisieren und zu modifizieren.

noise." (Proctor 1995, 13) Dabei handelt es sich nicht allein um mehr oder weniger bewusste, politisch oder wirtschaftlich motivierte Entscheidungen, bestimmte Themen und Zusammenhänge *nicht* zu erforschen. Vielmehr spielen auch subtilere, stärker latente Einflussfaktoren eine wesentliche Rolle, beispielsweise die Belohnungsstrukturen der Forschungsinstitutionen, wissenschaftliche Moden oder politische und gesellschaftliche Themenkonjunkturen.[9]

2. Einen der drei überwiegend *kognitiven Faktoren* bei der Ko-Produktion von Wissen und Nichtwissen stellt die Perspektivität und Selektivität wissenschaftlicher Theorien dar. Die grundlegenden Einsichten hierzu hat der Mediziner und Wissenschaftsforscher Ludwik Fleck bereits in den 1930er Jahren formuliert, sie sind jedoch lange Zeit unbeachtet geblieben. Wie Fleck (1993, 44) hervorgehoben hat, „ist die Entdeckung mit dem sogenannten Irrtum unzertrennlich verflochten; um eine Beziehung zu erkennen, muß man manche andere Beziehung verkennen, verleugnen, übersehen".[10] Hierbei geht es freilich weniger um ein simples „Nicht-zur-Kenntnis-Nehmen" objektiv existierender und „eigentlich" sichtbarer Phänomene, sondern um die jeweils spezifische, diskursive und/oder experimentelle Konstitution, um das „Zugänglich-Machen" von Erkenntnisgegenständen (etwa: das „Leistungsniveau" von Schülerinnen und Schülern), wodurch andere Möglichkeiten des wissenschaftlichen Zugangs begrenzt, verdeckt oder ausgeschlossen werden. Fleck verwies in diesem Zusammenhang noch auf einen zweiten Nichtwissen erzeugenden Faktor, nämlich die „Beharrungstendenz" etablierter Wissenssysteme. Er verstand darunter nicht lediglich eine passive Trägheit, sondern ein sehr aktives Element, das sich durch die folgenden vier Charakteristika beschreiben und differenzieren lässt: „1. Ein Widerspruch gegen das System erscheint undenkbar. 2. Was in das System nicht hineinpaßt, bleibt ungesehen, oder 3. es wird verschwiegen, auch wenn es bekannt ist, oder 4. es wird mittels großer Kraftanstrengung dem Systeme nicht widersprechend erklärt." (Fleck 1993, 40) Vor diesem Hintergrund ist es nicht überraschend, dass wissenschaftliche Theorien neben dem Wissen zugleich einen mehr oder weniger großen „Hof" teils gewussten, teils unerkannten Nichtwissens hervorbringen.

3. Wissenschaftliches Wissen – und dies gilt zweifellos auch für sozialwissenschaftliches Wissen – beruht zu einem entscheidenden Anteil auf der expe-

---

9 „Belohnt" im Sinne von Reputation, Karrierechancen und zusätzlichen Drittmitteln werden häufig technik- und apparateintensive Forschungen, in denen standardisierte, repräsentative Massendaten erzeugt werden (vgl. mit Blick auf die Medizin Proctor 1995, 267-68).
10 Statt von „Irrtum" sollte in diesem Zusammenhang besser von „Nichtwissen" gesprochen werden (s. oben Kapitel 3).

rimentellen „Dekontextualisierung" (Bonß et al. 1993a, 1993b) oder „Rekonfiguration" (Knorr-Cetina 1995) der Forschungsgegenstände. Diese Rekonfiguration beinhaltet, so Knorr-Cetina, drei Aspekte: „Natürlich" vorkommende Objekte werden erstens beim Eintritt in den experimentellen (Labor-)Kontext in ihren Eigenschaften verändert (zum Beispiel durch Reduktion auf einzelne Komponenten, Reinigung etc.), sie werden zweitens aus ihrer räumlichen Umgebung und drittens aus ihrem zeitlichen Entstehungskontext, Entwicklungsrhythmus etc. herausgelöst. Auf diese Weise sind experimentelle Strategien des Wissensgewinns in der Lage, sowohl die Erkenntnisgegenstände also auch die Rahmenbedingungen des Versuchs zu standardisieren und zu kontrollieren. Das gewonnene Wissen wird vergleichbar, reproduzierbar und verallgemeinerbar gemacht. Diese Erkenntnisstrategie ist einerseits äußerst effektiv und produktiv, bringt aber andererseits als ihre Kehrseite „Ausblendungsverluste" (Bonß et al. 1993a, 60) mit sich hinsichtlich des Verhaltens und der Eigenschaften nichtstandardisierter (Forschungs-)Objekte in einer nicht-kontrollierten und in der Regel nicht-kontrollierbaren Umwelt. Zugespitzt formuliert: Dem zunehmend differenzierten, detaillierten Wissen über die „rekonfigurierten" Forschungsgegenstände im Labor entspricht ein tendenziell wachsendes Nichtwissen über die „realen" Objekte in ihren „tatsächlichen" Umwelten (Tetens 2006, 44). Diese Diskrepanz kann um so größer werden, je mehr das standardisierte, dekontextualisierte Wissen dazu übergeht, kontextspezifisches, lokales Wissen zu verdrängen und diskursiv zu entwerten.[11] Doch selbst wenn man diese Diskrepanz reflexiv erkennt und berücksichtigt, bleiben Ungewissheit und Nichtwissen hinsichtlich der Gültigkeits- und Anwendungsbedingungen des de-kontextualisierten Wissens. Inwieweit man dieser Situation durch Strategien der „Rekontextualisierung" des Wissens begegnen kann, wie von Bonß et al. (1993a, 1993b) vorgeschlagen, bleibt offen und klärungsbedürftig.

4. Die vierte Dimension der wissenschaftlichen Ko-Produktion von Wissen und Nichtwissen ist mit der zuletzt skizzierten eng verknüpft, lenkt aber das Augenmerk darauf, dass Wissensobjekte und technische Artefakte nicht le-

---

11 Solche Entwertungseffekte sind bei standardisierten Schul-Leistungsmessungen keinesfalls auszuschließen: „Das Leistungsniveau der Schülerinnen und Schüler einer Schule hängt stark von deren sozialen Kontextbedingungen ab. Ein ‚ranking' von Schulen, das diesen Aspekt vernachlässigt, ist nicht zulässig. Dennoch kann niemand garantieren, daß es angesichts der zu erwartenden plakativen Darstellung von Untersuchungsergebnissen zu hinreichend differenzierten Urteilen kommt." (Lange 2003, 182, Herv. i. O.). Auch unabhängig davon ist fraglich, welche Aussagekraft „dekontextualisierte" Testergebnisse für vielschichtige, langfristige und „nachhaltige" Lern- und Bildungsprozesse von Schülerinnen und Schülern haben.

diglich vorhandene Kontexte „ausblenden", sondern gleichzeitig neue, häufig unbekannte und unerwartete Wirkungshorizonte eröffnen. Das naturwissenschaftliche „Paradebeispiel" hierfür sind die bereits erwähnten FCKW, deren unvorhergesehene Eigendynamik die obere Erdatmosphäre zu einem Wirkhorizont menschlichen, wissenschaftlich-technischen Handelns werden ließ, ohne dass dies zuvor antizipiert worden wäre. Doch auch sozialwissenschaftliche Wissensobjekte und -praktiken, wie Schülerleistungstests oder leistungsbasierte Hochschulevaluationen, können ein „Eigenleben" entwickeln und neuartige, zuvor ungeahnte Effekte hervorrufen, die zudem, ähnlich wie das „Ozonloch", häufig nur schwer empirisch beobachtbar sind. So können beispielsweise Schulen dazu übergehen, Testfragen regelrecht zu trainieren oder Schülerinnen und Schüler, die das Resultat zu verschlechtern drohen, von den Tests fernzuhalten (Lange 2003, 181). Unter Umständen geben Lehrkräfte, um negative Konsequenzen schwacher Ergebnisse zu verhindern, sogar Hilfestellungen während der Prüfungen oder versuchen die Ergebnisse zu manipulieren, wie es etwa für England berichtet wird (Menden 2007). Einige solcher Effekte, die geeignet sind, die Zuverlässigkeit des gewonnenen Wissens massiv in Frage zu stellen, mögen zwar antizipierbar und kurzfristig durch Gegenmaßnahmen korrigierbar sein. Welche mittel- und langfristigen Folgen eine Dauerevaluation von Bildungseinrichtungen und -systemen haben könnte, ist möglicherweise jedoch ähnlich unvorhersehbar, wie es die Konsequenzen der Freisetzung von FCKW aus Kühlschränken und Spraydosen waren.[12]

4. Fazit

Gerade die expandierende Nutzung von Wissen und Informationen hat in den letzten Jahren – in einer nur auf den ersten Blick paradoxen Entwicklung – die Aufmerksamkeit für das Nichtwissen erhöht und geschärft. Wissenssteigerung wird zunehmend auch im Hinblick auf ihre Schattenseite, die (möglicherweise sogar überproportionale) Zunahme des Nichtwissens, wahrgenommen und beurteilt. Dabei pluralisieren und politisieren sich die analytischen wie auch die nor-

---

12 Presseberichten zufolge hat sich in England in jüngster Zeit eine Debatte über Sinn und Unsinn regelmäßiger Schülerleistungs-Tests entwickelt. Das General Teaching Council (GTC), die Aufsichtsbehörde für Lehrstandards, hat in diesem Zusammenhang die Abschaffung der drei nationalen Leistungstests in ihrer bisherigen Form gefordert, mit denen Schülerinnen und Schüler im Alter von sieben, elf und 14 Jahren geprüft werden. Das gegenwärtige System, so eine vom GTC in Auftrag gegebene Studie, produziere „demotivierte und gestresste Schüler" und bringe „gelangweilte Teenager" dazu, frühzeitig die Schule zu verlassen (Menden 2007).

mativen Bewertungen des Nicht-Gewussten: Zunehmend thematisiert werden einerseits grundsätzliche Grenzen des Erkennbaren wie auch die möglichen Gefahren des unerkannten Nichtwissens, andererseits wird – scheinbar gegenläufig – die positive Rolle des (bewussten) Nichtwissens als Schutz vor Informationsüberlastung hervorgehoben. Rationalität gesellschaftlichen Handelns kann in dieser Situation nicht mehr ohne weiteres mit dem Streben nach weiterem Wissen gleichgesetzt werden, sondern muss sich durch einen reflektierten Umgang mit dem Spannungsverhältnis von Wissen und Nichtwissen ausweisen (Wehling 2002).

Literatur

Altrichter, Herbert/Heinrich, Martin (2006): Evaluation als Steuerungsinstrument imRahmen eines „neuen Steuerungsmodells" im Schulwesen. In: Böttcher,Wolfgang/Holtappels, Heinz Günter/Brohm, Michaela (Hg.): Evaluation im Bildungswesen. Weinheim/München: Juventa, 51-64.
Böschen, Stefan (2000): Risikogenese. Prozesse wissenschaftlicher Gefahrenwahrnehmung: FCKW, DDT, Dioxin und Ökologische Chemie. Opladen: Leske + Budrich.
Böttcher, Wolfgang (2006): Bildungsstandards und Evaluation im Paradigma der Outputsteuerung. In: Böttcher, Wolfgang/Holtappels, Heinz Günter/Brohm, Michaela (Hg.): Evaluation im Bildungswesen. Weinheim/München: Juventa, 39-49.
Bonß, Wolfgang/Hohlfeld, Rainer/Kollek, Regine (1993a): Soziale und kognitive Kontexte des Risikobegriffs in der Gentechnologie. In: Dies. (Hg.): Wissenschaft als Kontext – Kontexte der Wissenschaft. Hamburg: Junius, 53-67.
Bonß, Wolfgang/Hohlfeld, Rainer/Kollek, Regine (1993b): Kontextualität – ein neues Paradigma der Wissenschaftsanalyse. In: Dies. (Hg.): Wissenschaft als Kontext – Kontexte der Wissenschaft. Hamburg: Junius, 171-191.
Bröckling, Ulrich (2004): Evaluation. In: Bröckling, Ulrich/Krasmann, Susanne/Lemke, Thomas (Hg.): Glossar der Gegenwart. Frankfurt a.M.: Suhrkamp, 76-81.
Caplan, Bryan (2001): Rational Ignorance versus Rational Irrationality. In: Kyklos 54, 3-26.
Damm, Reinhard (1999): Recht auf Nichtwissen? Patientenautonomie in der prädiktiven Medizin. In: Universitas 54, 433-447.
Faber, Malte/Proops, John (1993): Evolution, Time, Production and the Environment. 2., erw. Auflage. Berlin, u.a.: Springer.
Fleck, Ludwik (1993): Entstehung und Entwicklung einer wissenschaftlichen Tatsache. Einführung in die Lehre vom Denkstil und Denkkollektiv. Frankfurt a.M.: Suhrkamp.
Foucault, Michel (1977): Sexualität und Wahrheit. Der Wille zum Wissen. Frankfurt a.M.: Suhrkamp.
Grove-White, Robin (2001): New Wine, Old Bottles. Personal Reflections on the New Biotechnology Commissions. In: Political Quarterly 72, 466-472.
Hartmann, Michael (2006): Die Exzellenzinitiative – ein Paradigmenwechsel in der deutschen Hochschulpolitik. In: Leviathan 34, 447-465.
Howaldt, Jürgen/Klatt, Rüdiger/Kopp, Ralf (2004): Neuorientierung des Wissensmanagements. Paradoxien und Dysfunktionalitäten im Umgang mit der Ressource Wissen. Wiesbaden: Deutscher Universitätsverlag.

Kerwin, Ann (1993): None Too Solid: Medical Ignorance. In: Knowledge: Creation, Diffusion, Utilization 15, 166-185.
Kirk, Beate (1999): Der Contergan-Fall: eine unvermeidbare Arzneimittelkatastrophe? Stuttgart: Wiss. Verlagsgesellschaft.
Knorr-Cetina, Karin (1995): Laborstudien. Der kultursoziologische Ansatz in der Wissenschaftsforschung. In: Martinsen, Renate (Hg.): Das Auge der Wissenschaft. Baden-Baden: Nomos, 101-135.
Lange, Hermann (2003): Qualitätssicherung in Schulen. In: Brüsemeister, Thomas/Eubel, Klaus-Dieter (Hg.): Zur Modernisierung der Schule. Bielefeld: transcript, 175-183.
Luhmann, Niklas (1990): Die Wissenschaft der Gesellschaft. Frankfurt a.M.: Suhrkamp.
Luhmann, Niklas (1992): Ökologie des Nichtwissens. In: Ders.: Beobachtungen der Moderne. Opladen: Westdeutscher Verlag, 149-220.
Luhmann, Niklas (1995): Die Soziologie des Wissens: Probleme ihrer theoretischen Konstruktion. In: Ders.: Gesellschaftsstruktur und Semantik, Bd. 4. Frankfurt a.M.: Suhrkamp, 151-180.
Luhmann, Niklas (1997): Die Gesellschaft der Gesellschaft. 2 Bde. Frankfurt a.M.: Suhrkamp.
Menden, Alexander (2007): Unterm Rad. Härtetests im Namen der Lehre: In England wird Kritik am Prüfungswahn der Schulen laut. In: Süddeutsche Zeitung, Nr. 134 (14.6.2007), 17.
Merton, Robert K. (1936): The Unanticipated Consequences of Purposive Social Action. In: American Sociological Review 1, 894-904.
Moore, Wilbert/Tumin, Melvin (1949): Some social functions of ignorance. In: American Sociological Review 14, 787-796.
Popitz, Heinrich (1968): Über die Präventivwirkung des Nichtwissens. Tübingen: Mohr.
Proctor, Robert (1995): Cancer Wars: How Politics Shapes What We Know and Don't Know About Cancer. New York: Basic Books.
Ravetz, Jerome (1990): The Merger of Knowledge with Power. London/New York: Mansell.
Ruhloff, Jörg (2004): Evaluation und „Autonomie" von Schulen. In: Heitger, Marian et al.: Kritik der Evaluation von Schulen und Universitäten. Würzburg: Ergon, 1-13.
Schneider, Louis (1962): The role of the category of ignorance in sociological theory: an explanatory statement. In: American Sociological Review 27, 492-508.
Schneider, Ursula (2006): Das Management der Ignoranz. Nichtwissen als Erfolgsfaktor. Wiesbaden: Deutscher Universitätsverlag.
Simmel, Georg (1992): Soziologie. Untersuchungen über die Formen der Vergesellschaftung. Gesamtausgabe, Bd. 11. Frankfurt a.M.: Suhrkamp.
Smithson, Michael (1985): Toward a Social Theory of Ignorance. In: Journal for the Theory of Social Behaviour 15, 151-172.
Smithson, Michael (1989): Ignorance and Uncertainty. Emerging Paradigms. New York, u.a.: Springer.
Stocking, Holly (1998): On Drawing Attention to Ignorance. In: Science Communication 20, 165-178.
Tetens, Holm (2006): Das Labor als Grenze der exakten Naturforschung. In: Philosophia Naturalis 43 (1), 31-48.
Walton, Douglas (1996): Arguments from Ignorance. University Park, PA.: Pennsylvania State University Press.
Walton, Douglas (2005): Pragmatic and Idealized Models of Knowledge and Ignorance. In: American Philosophical Quarterly 42 (1), 59-69.
Wehling, Peter (2002): Rationalität und Nichtwissen. (Um-)Brüche gesellschaftlicher Rationalisierung. In: Karafyllis, Nicole/Schmidt, Jan (Hg.): Zugänge zur Rationalität der Zukunft. Stuttgart/Weimar: Metzler, 255-276.

Wehling, Peter (2003): Das Recht auf Nichtwissen in der Humangenetik - ein „Irrläufer" in der Wissensgesellschaft? In: Allmendinger, Jutta (Hg.): Entstaatlichung und soziale Sicherheit. Verhandl. des 31. Kongresses der Dt. Gesellsch. für Soziologie in Leipzig 2002. 2 Bände und CD-ROM. Opladen: Leske + Budrich. (CD-ROM).

Wehling, Peter (2006): Im Schatten des Wissens? Perspektiven der Soziologie des Nichtwissens. Konstanz: UVK.

Wehling, Peter (2007a): Wissen und Nichtwissen. In: Schützeichel, Rainer (Hg.): Handbuch Wissenssoziologie und sozialwissenschaftliche Wissensforschung. Konstanz: UVK (im Erscheinen).

Wehling, Peter (2007b): Die Politisierung des Nichtwissens: Vorbote einer reflexiven Wissensgesellschaft? In: Ammon, Sabine/Heineke, Corinna/Selbmann, Kirsten/Hintz, Arne (Hg.): Wissen in Bewegung. Vielfalt und Hegemonie in der Wissensgesellschaft. Weilerswist: Velbrück Wissenschaft, 221-240.

Wynne, Brian (2002): Risk and Environment as Legitimatory Discourses of Technology: Reflexivity Inside Out? In: Current Sociology 50, 459-477.

Nils Berkemeyer

Schulleitung zwischen Evaluation und Organisation

Vorbemerkung

Die derzeitige Tendenz, Schulsysteme datenbasiert beziehungsweise evaluationsbasiert zu steuern, scheint zu einem regelrechten Boom innerhalb der Bildungsadministration wie auch der Wissenschaft[1] zu werden. Dabei ist das Verhältnis zwischen Bildungsadministration und Bildungsforschung neu justiert und vielleicht enger als je zuvor. Denn vornehmliche Aufgabe der quantitativ ausgerichteten Bildungsforschung ist es, Daten zu produzieren, die dann von der Bildungsadministration zur Steuerung des Schulsystems herangezogen werden. Die in diesem Prozess stattfindenden Übersetzungsleistungen sind keineswegs immer nachvollziehbar oder anders formuliert, das Verständnis solcher Übersetzungsleistungen ist zu nicht unerheblichen Teilen perspektivdeterminiert (siehe Tillmann in diesem Band). Nun sind solche Übersetzungsleistungen nicht nur an der Schnittstelle zwischen Wissenschaft und Bildungsadministration notwendig und beobachtbar, sondern auch an der Schnittstelle zum eigentlichen Objekt der Steuerungsabsicht, den Schulen. Der vorliegende Beitrag möchte sich dieser durch die Schulleitung markierten Doppelschnittstelle von Organisation, Schulleitung und Evaluation[2] widmen. Dabei geht es weniger darum, die Möglichkeiten des Umgangs mit unterschiedlichen (externen) Evaluationsverfahren im Einzelnen (siehe hierzu Kuper in diesem Band) auszuloten, als vielmehr um die grundsätzliche Überlegung, wie Schulleitung als rechenschaftspflichtiger Akteur zwischen Organisation und Evaluation auf die derzeit zahlreichen externen In-

---

1 Damit ist allerdings nur ein im Grunde kleiner Teil der empirischen Bildungsforschung gemeint, der derzeit jedoch enormen Einfluss auf die Entwicklungen innerhalb der Disziplin und teilweise auch auf politische Entscheidungsprämissen zu haben scheint.
2 Evaluation wird in diesem Beitrag als Platzhalter für externe Anforderungen, Erwartungen und Steuerungsabsichten verwendet, wie sie beispielsweise in Verfahren der Schulinspektion und Leistungsmessung manifest werden.

terventionen reagieren kann, ohne sich selbst dabei dauerhaft zu überlasten. Eine denkbare Antwort scheint in der bewussten Nutzung von Strategien begrenzter Rationalität (Schimank 2005) zu liegen, die als entscheidungsvorbereitende Verfahren über das Potenzial verfügen, Organisation zu stärken und Schulleitung somit strukturell und prozessual zu entlasten.

Um die Plausibilität dieser Annahme zu begründen, werde ich zunächst die von mir angenommene Ausgangslage der Schulsystemsteuerung skizzieren und dann meine Argumentationsschritte vorstellen.

1. Ausgangslage und Gang der Argumentation

Momentan ist folgende Ausgangslage erkennbar[3]: Schulsystemsteuerung beziehungsweise Schulgovernance (Brüsemeister 2004) wird verstanden als Koordination im Mehrebenensystem Schule.

Altrichter/Brüsemeister/Heinrich (2005) haben sehr plausibel drei Phasen der Entwicklung der Schulgovernance beziehungsweise der Schulsystemsteuerung beschrieben, wobei die derzeitige dritte Phase als evaluationsbasierte Steuerung bezeichnet wird. Sie ergänzt beziehungsweise löst die erste Phase traditioneller Schulentwicklung und Schulautonomie im Sinne von Organisationsentwicklung und die zweite Phase ab, die durch Kopplung von Elementen aus der ersten Phase und die neu hinzukommende Rechenschaftslegung gekennzeichnet ist. Formen evaluationsbasierter Steuerung setzen auf Zentralisierung, da sie so kostengünstiger durchzuführen sind, sowie auf Daten, die Präzision bei der Steuerung versprechen, gleichermaßen. Solchen Daten beziehungsweise Informationen werden in diesem Steuerungsmodus eine erhebliche Bedeutung zugesprochen. Sie sollen als Basis für die zentralen steuerungsrelevanten Entscheidungen dienen, wobei diese Basis – so der vermeintliche Vorteil – hoch rational ist, da sie eben in Folge methodengeleiteter wissenschaftlicher Verfahren gewonnen wird. Ist das System so erst einmal vermessen, wächst die Hoffnung, mit zunehmendem Systemwissen die „richtigen Stellschrauben" und „Hebel" zu finden und bedienen zu können. Dass dabei ein mechanistisches Bild genutzt wird, das weder pädagogischem Denken nahe steht, noch in politikwissenschaftlichen Diskursen über Steuerung von Bedeutung ist, bleibt gegenwärtig zumeist unreflektiert. Die empirisch angelegte „Aufklärung des Systems" scheint jedenfalls etwas einseitig zu verlaufen. Bekannte Befunde der eigenen Disziplin wie vor

---

3 Die Bestimmung einer Ausgangslage, auf der dann eine Argumentation aufgebaut werden soll, ist zumeist lückenhaft, verkürzt, mitunter einseitig und somit problematisch. Dennoch ist die Unterlassung der Angabe über den Ausgangspunkt einer Argumentation aber unbedingt zu vermeiden, wenn Missverständnisse und Fehldeutungen verhindert werden sollen.

allem auch der Nachbardisziplinen werden noch nicht hinreichend berücksichtigt.

Zusammenfassend lassen sich derzeit drei sich ergänzende und bestärkende Entwicklungen konstatieren:

1. Verwissenschaftlichung (Rationalisierung) der Steuerung des Schulsystems (z.B. Tests, Schulinspektion, Sozialindex, Diagnostik);
2. neue (erneute) Hoffnung auf „Wenn-Dann-Kausalitäten" (Entscheidungstechnologie);
3. Zentralisierung der Systemsteuerung.

Der entscheidende Treiber dieser Entwicklung ist ganz offensichtlich die äußerst positiv besetzte Vorstellung von durch Wissenschaft bereitgestellter Rationalität, aus der sich dann quasi automatisch Kausalitäten ergeben.[4] Dabei wird jedoch vergessen, dass eine rationale Entscheidungsgrundlage keineswegs eine rationale Entscheidung erzwingt (Kuper 2005). Rationalität wird von den Befürwortern evaluationsbasierter Steuerung geradezu im Sinne eines Summum bonum verstanden und im Zuge dieser Prämisse Information über Argumentation gesetzt. Dabei wird übersehen, dass die Erwartungen, die Praktiker und Wissenschaftler mit Argumentationen verbinden, sehr unterschiedlich sind (‚Angemessenheit' im einen und ‚Wahrheit' im anderen Fall; Dewe/Ferchhoff/Radtke 1992). Die diesen Orientierungsmustern zu Grunde liegende Codierung ist nur bedingt kompatibel (Baecker 2007, 267ff.). Zudem wird kaum auf die m.E. zentrale Unterscheidung zwischen Daten, Information und Wissen geachtet. Die Folge ist eine Vermischung unterschiedlicher Qualitäten: Daten sind noch keine Informationen und Informationen sind noch längst kein Wissen (Tetens 2004).

Tetens verweist zusätzlich auf die Zeitdimension menschlichen Denkens und mögliche Konsequenzen für den Umgang mit Informationen:

> „Auf diesen Zeitrhythmus, dieses Zeitmaß menschlichen Redens, Denkens und verständigen Hörens nehmen die computerbasierten Datentechnologien nicht die geringste Rücksicht. Verglichen mit der Zeit, die es nun einmal braucht, einen Gedanken zu denken, ein Argument zu entwickeln und einem anderen verständig zuzuhören, muss man von einer Raserei der technischen Datenproduktion sprechen" (ebd., 16).

---

4 Zur Kritik an solchen Rationalitätsmythen vgl. ausführlich Willke (2004, 2003, 2002) sowie Schaefers (2002).

Weiter warnt Tetens vor der Gefahr, „in den Daten- und Informationsschwemmen zu ertrinken, wirkliches Wissen zugunsten der Jagd auf immer neue Daten, auf die isolierte brandaktuelle, aber oftmals völlig irrelevante Information zu verspielen und zu verlieren" (ebd., 17).

Das Zitat deutet einen weiteren, derzeit noch wenig beachteten Aspekt an: Die Zwanghaftigkeit der Datenproduktion, die aufgrund eines „Getriebenseins" entsteht. Getrieben von Legitimationszwängen und der Erwartung, Probleme lösen zu können, verheißen Daten einen objektiven und unbestreitbaren Ausweg aus dieser, von Wissenschaft, Bildungsadministration und Öffentlichkeit definierten Zwangssituation. Doch genau das Einlassen auf dieses verheißungsvolle Angebot kann sich zu einem faustischen Pakt entwickeln, in dem sukzessiv die Abhängigkeit von Daten erzeugt und die Abwesenheit von Daten und Informationen mit Handlungsunfähigkeit gleich gesetzt wird.

Es gilt noch auf einen letzten Punkt aufmerksam zu machen, der in der gesamten Diskussion derzeit deutlich zu kurz kommt und die Frage beinhaltet, was evaluationsbasierte Steuerung eigentlich steuern will und wie das zu steuernde Objekt beschaffen ist. Die Frage lautet also, ob Schulen in einer Systemarchitektur evaluationsbasierter Steuerung in der Lage sind, die ihnen implizit zugewiesene Rolle erfüllen können. Die Annahmen gehen jedenfalls davon aus, dass durch eine empirisch gesättigte Beschreibung der Organisationsleistungen (Schülerleistungen, Qualität des Unterrichts, Lehrerkooperation, Führungsverhalten der Schulleitung, etc.), geradezu automatisch Veränderungsnotwendigkeiten aufgezeigt und Veränderungsprozesse in den Organisationen aufgrund der empirischen Evidenzen in Gang gesetzt werden.[5] Die im Kontext der Schulinspektion angestrebten Zielvereinbarungen mögen hierfür ein gutes Indiz sein. Der bloße Glaube an solch eine Einfachheit des Prozesses und die damit verbundene Vorhersagbarkeit organisationalen Verhaltens auf externe Steuerungsansprüche erweist sich allerdings als wenig rational. Insofern ist an ein längst bekanntes Bild zu erinnern, das ganz offensichtlich nur ungern zur Kenntnis genommen wird, obwohl sich viele Akteure des Schulsystems und solche die mit diesem befasst sind, dort gut wiedererkennen können:

„Stell Dir vor, Du bist entweder Schiedsrichter, Trainer, Spieler oder Zuschauer bei einem unkonventionellen Fußballspiel: Das Spielfeld ist rund; mehrere Tore sind über die gesamte Kreisfläche verstreut platziert; man kann den Platz betreten oder verlassen, wann man will; beliebig viele Bälle können eingeworfen werden; man kann sagen ‚Dies ist mein Tor', und zwar immer und so oft man will; das Spielfeld liegt auf einer abschüssigen Ebene; dabei spielt jedermann so, als sei es ihm völlig Ernst" (March, zitiert nach Terhart 1986, 211).

---

5   So beispielsweise im Reformprogramm einer neuen Bildungsökonomie bei Böttcher 2002.

Dieses von March stammende Bild scheint in der Tat näher an der Realität zu sein, als die derzeit vorfindbaren Maschinenvorstellungen des Schulsystems, die wie ein Rückfall in längst überwundene Zeiten wirken.[6] Diese wenigen, sehr zugespitzten Ausführungen sollen vorerst genügen, um für die Risiken evaluationsbasierter Steuerung zu sensibilisieren.

Vor diesem Hintergrund möchte ich mich nun mit einer derzeit oft vernachlässigten Seite evaluationsbasierter Steuerung beschäftigen, nämlich mit den Schnittstellen von Schulleitung zwischen Evaluation und Organisation. Dabei werde ich meine Argumentation in drei Schritten führen:

1. Schulleitungen haben sich verstärkt mit einem strukturell angelegten Organisationsdefizit der Schule auseinanderzusetzen (Spannungsverhältnis von Organisation und Profession)
2. Dieses wird im Zuge evaluationsbasierter Steuerung zunehmend sichtbar (Erhöhung der Fremdreferenz).
3. Eine Strategie der Abmilderung dieses Defizits könnte in der Institutionalisierung von Entscheidungsprozessen begrenzter Rationalität zu sehen sein (Stärkung der Organisation).

Aus der hier vorgeschlagenen Argumentation ergibt sich – dies soll nicht verschwiegen werden – ein impliziter Glaube an die Sinnhaftigkeit komplexer Schulentwicklung (Rolff 1998) beziehungsweise an die Möglichkeit einer Mehrebenenkoordination. Allerdings wird dies nicht in einfachen „wenn-dann" Mustern oder Input-Output-Modellen gelingen (vgl. hierzu Willke 2004), da das ‚Spielfeld' Schulsystem hierfür nicht konzipiert ist.

2. Betrachtungsweisen der Organisation Schule

Zur Begründung des ersten Argumentationsschrittes ist es notwendig, sich mit Beschreibungsversuchen der Schule als Organisation auseinanderzusetzen, da nur so das von mir unterstellte Organisationsdefizit deutlich wird. Als Organisationsdefizit – dies sei zum besseren Verständnis vorne weg gesagt – bezeichne ich im Folgenden die Tatsache, dass für die zunehmend steigenden Kopplungen[7]

---

6 Die hier sehr scharf formulierte Ausgangslage soll nicht im Sinne einer grundsätzlichen Verneinung der Nutzung empirischen Wissens für die Weiterentwicklung des Schulsystems verstanden werden. Sie ist lediglich in dieser Schärfe formuliert, um Gefahren und Probleme stärker sichtbar zu machen (vgl. hierzu auch Kotthoff 2003).

7 Es ist derzeit noch nicht entschieden, ob es sich dabei eher um operative oder strukturelle Kopplungen handelt. Zur Unterscheidung dieser beiden Kopplungsmodi vgl. Luhmann (1997).

im System keine, beziehungsweise eher zufällig äquivalente organisationale Operationsstellen geschaffen werden und insofern die Wahrnehmung und Verarbeitung der extern gesetzten Steuerungsimpulse nur schwer realisierbar sind. Schulen reagieren auf solche Impulse oftmals erst ex post (z.b. durch die Einrichtung einer AG, die sich mit bestimmten Daten befasst). Dies führt nicht selten zu gedrängten und überhasteten Entscheidungsvorbereitungen und Entscheidungen. Hinzu kommt, dass die Zuständigkeit für diese Prozesse nicht „normal" ist, sondern mitunter den Charakter einer „Strafarbeit" oder eines (dienstrechtlich betrachtet) notwendigen Übels besitzt. Auch dies ist Ausdruck eines Organisationsdefizits der Schule. Darum gilt es künftig, organisationale Rollen stärker als bislang zum üblichen Aufgabenspektrum der Professionellen zu zählen. Hierzu gehört beispielsweise der Ausbau institutionalisierter Schnittstellen (siehe unten). Eine Akzeptanz hierfür wird es aber nur geben, wenn diese als sinnvoll für die Kerntätigkeit des Unterrichtens erfahren werden (vgl. für dieses Argument Kotthoff 2003, 415ff.).

Exkurs: Relevante Befunde der soziologischen Organisationsforschung
Bevor einzelne Befunde erziehungswissenschaftlicher Organisationsforschung dargestellt werden, wird zunächst über einige wesentliche Befunde aus der allgemeinen Organisationsforschung berichtet, da sie bestehende Organisationsbilder zu irritieren vermögen. Klaus Türk hat zum Wandel des Organisationsverständnisses sieben Punkte als wesentlich festgestellt:

1. „Komplexität (statt Simplizität): Abkehr von einfachen Organisationsprinzipien und reduktionistischen Erklärungen; Bemühungen, Komplexität begrifflich zu erfassen.
2. Heterarchie (statt Hierarchie): Annahme, dass Organisationen multizentrisch aufgebaut sind und nicht nach einfachen hierarchischen oder zentralistischen Prinzipien funktionieren.
3. Holographie (statt Mechanik): In Anlehnung zur Laser-Holographie werden Organisationen als ganzheitliche Systeme begriffen, die aber nur ‚in den Köpfen' jedes einzelnen Organisationsmitgliedes bestehen.
4. Unbestimmtheit (statt Determinismus): Verhalten in Organisationen ist nicht deterministisch vorhersagbar, sondern aufgrund seiner Dynamik stochastischer Art.
5. Wechselseitige Beeinflussung (statt lineare Kausalität): Organisationen sind nur als Systeme interdependenter Variablen zu verstehen, die sich gegenseitig beeinflussen.
6. Morphogenese/Gestaltwandel (statt Statik): Organisationen entwickeln sich ständig, und zwar als Gestalten, Figurationen.

7. Perspektivität (statt Objektivität): Verhalten in Organisationen und dessen Beschreibung ist Ergebnis kognitiver Prozesse; es gibt Organisationen nicht als davon abgelöste ‚objektive' Realität (Türk 1989, 27).

Diese knappe Zusammenfassung organisationstheoretischer Erkenntnisse der vorwiegend soziologischen Organisationsforschung genügen bereits, um nachdrücklich darauf aufmerksam zu machen, dass die Anstrengungen für das Verständnis von Organisationen deutlich intensiver als zuvor der Komplexität, Perspektivität und Dynamik von Organisationen Rechnung zu tragen versuchen (für aktuellere Befunde vgl. Allmendinger/Hinz 2002). Dies mögen auch die Gründe sein, warum sich die Erziehungswissenschaft zunehmend, jedoch noch nicht hinreichend, mit Fragen der Organisationsforschung befasst.

Dabei ist die Betrachtungsweise der Schule als Organisation keineswegs neu, allerdings nicht sonderlich verbreitet. Die meisten der vorliegenden Erkenntnisse stammen aus der Rezeption angloamerikanischer Studien (Bidwell 1965; Scott 2005; Weick 1976; zusammenfassend Terhart 1986 sowie Kuper 2001). Im Kontext evaluationsbasierter Steuerung scheint hingegen ein einseitiges Bild von Schule im Gebrauch zu sein. In Folge dessen dürften die Erklärungen für die unterstellten Prozessverläufe nicht unerhebliche Defizite aufweisen.

Im Folgenden wird jeweils ein Aspekt stellvertretend für einen Theorieansatz vorgestellt, wobei es sich hier nur um die in der Erziehungswissenschaft relativ häufig rezipierten Ansätze handelt[8]:

- Nach wie vor ist es plausibel, die Mehrebenenstruktur des Schulsystems mittels bürokratietheoretischer Elemente zu beschreiben, da beispielsweise die immer noch gängige Erlasskultur top-down Weisungen beinhaltet, die zweckrational und im Sinne einer Detailregelung umzusetzen sind. In dieser Sichtweise wird das Problem erkennbar, pädagogische Prozesse extern (durch die Bildungsadministration) regeln zu wollen (vgl. exemplarisch Höhmann 2002).
- Zur Erklärung von Defiziten im Schulsystem und in der Einzelorganisation wird immer wieder auf die von Weick (1976) für das Schulwesen explizierte Konzeption der „losen Kopplung" verwiesen. Lose Kopplung bezeichnet die konstitutive und funktionale (dies wird nicht immer beachtet) Beschaffenheit eines Systems, die sich durch „eine beträchtliche Selbstständigkeit

---

8 Für die unterschiedlichen Beschäftigungsformen und Rezeptionsweisen vgl. Groß 1974; Niederberger 1984; Terhart 1986; von Saldern 1991; Rolff 1993; Altrichter/Posch 1996; Dalin 1999; Schratz/Steiner-Löffler 1999; Göhlich 2001; Kuper 2001; Bonsen 2003; Böttcher/Terhart 2004; Tacke 2005; Merkens 2006; Zlatkin-Troitschanskaia 2006; Berkemeyer/Brüsemeister/Feldhoff 2007.

ihrer Einzelelemente auszeichnet, wobei dies sowohl eine hohe Unsteuerbarkeit und Unberechenbarkeit wie andererseits auch eine hohe Flexibilität bei der Einstellung auf neue Umweltbedingungen impliziert" (Terhart 1986, 211). Während die bürokratietheoretischen Ansätze die Steuerungsproblematik also auf den Widerspruch zwischen pädagogischer Freiheit und administrativer Regelung gründen, wird Weick folgend die „Unsteuerbarkeit" als konstitutives Architekturmerkmal des Systems anerkannt.

- Aus dem Umfeld sogenannter neoinstitutioneller Organisationstheorien konnte für Schulen festgehalten werden, dass sie von unterschiedlichen und mehrdeutigen Zielsetzungen sowie einer begrenzten Technologisierbarkeit des Kernprozesses (vgl. auch Luhmann/Schorr 1979; 1988) gekennzeichnet sind. Damit wird dem Erziehungssystem insgesamt, aber gerade auch der Einzelorganisation ein Defizit hinsichtlich der Explikation der von ihr verfolgten Zwecke (Ziele) einerseits und dazu genutzten Mittel (Methoden) andererseits zugewiesen.
- Andere Autoren haben mikropolitische Ansätze auf Prozesse der Schulentwicklung übertragen und dadurch nachgewiesen, dass sich Schulen durchaus auch als Machtarenen beschreiben lassen, in denen es um Fragen der Definitionsmacht von Problemen sowie Kämpfen um Verfügungsrechte geht. Damit wird die stillschweigend hingenommene Harmonisierung und Homogenisierung von Lehrerkollegien, die sich auch aus den Befunden Lorties (2002) speisen, entlarvt.
- Im Kontext organisationskultureller Überlegungen konnte gezeigt werden, dass sich Schulen nicht nur durch ein bestimmtes Klima (Fend 1998), sondern auch durch bestimmte kulturelle Merkmale beschreiben lassen. In einer eher grundlagentheoretischen Hinsicht werden hierbei Formen und Anwendungen von Symbolisierungen untersucht; in einer deutlich pragmatischeren Variante geht es um einen besonderen Teilaspekt schulischer Kultur: Organisationslernen.
- In Anlehnung an systemtheoretische Überlegungen zur Organisation werden Entscheidungsprozesse in Schulen verstärkt in den Fokus gestellt. Hier liegen bislang allerdings nur erste theoretische Transferansätze vor (Kuper 2001). Solchen Ansätzen folgend kann zum einen von unterschiedlichen Entscheidungslogiken und zum anderen von vielfältigen Prozessformen des Entscheidens ausgegangen werden (Weick 1985). Beide Aspekte lassen die Annahme rationalen Entscheidungshandelns im Sinne wissenschaftlicher Kategorien fragwürdig werden.
- Auch Konzepte des Change Managements werden zunehmend auf die Entwicklungsprozesse in Schulen angewendet (Brohm 2004; Holtappels 2007). Damit wird die Übertragung von Aspekten des Managements auf die Schule

weiter vorangetrieben und so gleichsam auf das vor allem im deutschen Sprachraum in Schulen häufig konstatierte Führungs- und Leitungsproblem in Schulen hingewiesen.
- Schließlich wird aktuell die vermeintliche Gegensätzlichkeit von Profession (Lehrerautonomie) und Organisation (Schulautonomie) verstärkt unter Einbeziehung organisations- wie professionstheoretischer Aspekte diskutiert (Klatetzki/Tacke 2005; Merkens 2006; Berkemeyer/Brüsemeister/Feldhoff 2007). Diese Diskussion verweist performativ auf die bisher deutlich unterschätzte „Anwesenheit" von Organisation in der Profession, womit sowohl ein Organisations- wie auch ein Professionsdefizit sichtbar werden.

Diese bisherigen erziehungswissenschaftlichen Auseinandersetzungen mit der Schule als Organisation beziehen sich zumeist nur auf einen theoretischen Ansatz und darum kritisiert Kuper (2001) zurecht, dass die Anwendung organisationstheoretischen Wissens auf die Schule zumeist einseitig ausfällt und somit immer nur bestimmte Spezifika in den Blick rücken. Kuper rekonstruiert dabei drei implizite Rezeptionshypothesen der Erziehungswissenschaft (vgl. Tab. 1).

Tabelle 1: Zur Logik der Rezeption organisationstheoretischer Arbeiten in der Erziehungswissenschaft

Theorie	Implizite Hypothesen	Richtung der Ausarbeitung des Ansatzes
Bürokratieansatz (Weber) zweckrational, geschlossen	Interdependenzthese	Eingeschränkte päd. Autonomie; Konsequenzen für Sozialisation
Neoinstitutionalismus (Weick; Orton/Weick; Meyer Rowan) Umweltabhängig	Indifferenzhypothese	Beschreibung von Umweltrelationen Staat vs. Markt zur Bearbeitung der Fremdreferenz
Kulturansätze (Rutter, Fend, Helsper) Wertintegrierend	Identitätshypothese	Aufklärung der black box; Gestaltbarkeit

Die Rezeption des bürokratietheoretischen Ansatzes impliziert – so Kuper – eine Interdependenzthese, so dass die Ausarbeitung dieser Argumentationsrichtung zur Überbetonung eingeschränkter pädagogischer Autonomie, sowie den daraus resultierenden negativen Konsequenzen für die Sozialisation der Schülerinnen und Schüler gelangt. Ein exemplarischer Beleg hierfür kann in der Arbeit „Die bürokratische Schule" von Vogel (1977) gesehen werden.

Während Rezeptionen, die sich auf den Bürokratieansatz nach Weber stützen, die Abhängigkeit der Schule vom administrativen System betonen, entsteht in der Rezeptionslinie um Weick ein gegensätzliches Bild. Nun ist die Unterstellung, dass Schule und administratives System und sogar die Schule in sich nur lose gekoppelt sind und somit Einflussnahmen grundsätzlich schwierig erscheinen, problematisch. In der Rezeption wird Weicks Ansatz jedoch mitunter zu einseitig ausgelegt und zwar im Sinne eines zu behebenden Defizits. Aus einem lose gekoppelten System müsse dem zufolge ein stärker gekoppeltes, durch Kooperation und Vernetzung geprägtes Gebilde werden. Bei einer solchen Interpretation der Weickschen Überlegungen wird jedoch nicht berücksichtigt, dass lose Kopplungen durchaus systemfunktional sind, dies hat Weick selbst oft genug betont. Über die Kopplungsstellen und die Möglichkeiten ihrer Einrichtung und Ausgestaltung wird insgesamt jedoch nur wenig nachgedacht.

Drittens komme es bei der Rezeption von Organisationstheorien, die sich auf den Kulturbegriff stützen, zu einer impliziten Identitätsannahme, da diese Ansätze vor allem die Gestaltbarkeit von Organisationen in den Blick nähmen. Dies sei wiederum ein Bereich, der von der Pädagogik gut verstanden werden kann. Kuper (2001) schlägt darum vor, unter Zuhilfenahme der systemtheoretischen Organisationstheorie Luhmanns und des dort zentralen Entscheidungsbegriffs, eine Synthese der zuvor benannten vorzunehmen. Dies sei möglich, da sich alle organisationstheoretischen Richtungen mit Hilfe des Entscheidungsbegriffes rekonstruieren ließen.

Entscheidend für die hier zu verfolgende Argumentation ist nicht die Fokussierung auf einen Ansatz, wobei mir scheint, dass der Vorschlag von Kuper derzeit der weitest reichende ist, sondern die Absicht aufzuzeigen, dass erst einmal alle Beschreibungen sinnvoll sind, da sie auf bestimmte Spezifika der Organisation Schule aufmerksam machen. Zudem wird durch die Anerkennung der Beschreibungsvielfalt die Annahme von allein rationalen Prozessverläufen in Schulen desavouiert.[9]

Schulen können gleichermaßen als sich selbst gestaltende Handlungseinheiten, wie auch als zelluläre Haufen oder fremdbestimmte Dienststelle aufgefasst werden. Ganz gleich aus welcher Beschreibungsrichtung die Annäherung erfolgt, lässt sich ein Organisationsdefizit in der einen oder anderen Weise feststellen. Ich werde dies im Folgenden an einer Betrachtung zu konkretisieren versuchen,

---

9   Zu bemerken ist, dass organisationstheoretische Überlegungen insgesamt zu selten schultheoretisch reflektiert sind und dadurch wertvolle Einsichten der erziehungswissenschaftlichen Schultheorie ungenutzt bleiben.

die die Organisation vor allem unter dem Aspekt ihrer Schnittstellen in den Blick nimmt (vgl. Abb. 1).

Abbildung 1: Schulleitung im Spannungsfeld organisationaler und administrativer Anforderungen

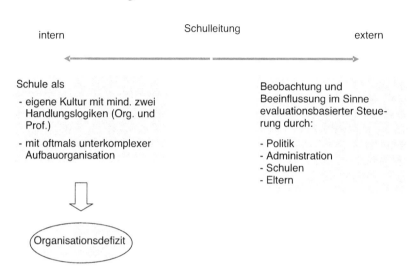

Abbildung 1 fokussiert auf die Schnittstelle von Organisation und Umwelt, die in besonderer Weise von der Schulleitung besetzt wird. Dabei stellt sich die Organisation als Einheit mit mindestens zwei Handlungslogiken beziehungsweise kulturellen Orientierungsmustern dar. Einerseits im Sinne eines klassischen Professionsverständnisses und andererseits als Organisation, die im Zuge von vergrößerter „Autonomie" (Heinrich 2006) immer stärker und bedeutungsvoller für den Lehrberuf zu werden scheint. Zudem ist die Organisation durch Unterkomplexität ihrer Organisiertheit gekennzeichnet, die sich im Grunde (noch) ausschließlich nach Bedürfnissen der Profession ausrichtet.

Demgegenüber steht eine breite Öffentlichkeit, die sich aus recht unterschiedlichen Akteuren zusammensetzt, wobei im Kontext von Maßnahmen evaluationsbasierter Steuerung im Folgenden ausschließlich die Akteure aus Bildungsadministration und Wissenschaft interessieren.

Diese Betrachtungsweise ist in gewissem Sinne auf die in der Überschrift implizit enthaltene Problemstellung zugeschnitten, die Schulleitung als Akteur zwischen inneren und äußeren Anforderungen konzipiert. Sie steht damit zwischen den Polen ‚Schule' und ‚Bildungsverwaltung'. Natürlich ist sie Organisationsmitglied und Teil des Kollegiums, aber eben nur dann, wenn die Betrachtungsperspektive anders gewählt wird. Fend (2006) formuliert in seiner neuen Theorie der Schule:

> „Schulleiterinnen beziehungsweise Schulleiter müssen übergeordnete politische Vorgaben an die örtlichen Besonderheiten anpassen und dabei mit den Kollegen ‚auskommen', Lehrkräfte die Lehrpläne und Lehrbücher an die Lernmöglichkeiten der Klasse anschlussfähig machen und dabei auch vor den Eltern bestehen" (ebd., 181).

Fend situiert hier – weitgehender als ich es tue – eine Vielzahl von Prozessen als einen „dazwischen liegenden Adaptionsprozess". Dieser erfolge auf der Grundlage rationaler Entscheidungen, die im Sinne der Rational Choice-Theorie Kosten und Nutzen optimieren. Diese Annahme Fends wird im Folgenden nicht geteilt. Vielmehr werde ich argumentieren, dass die Organisation Schule nicht ausreichend auf ihren besonderen „Dazwischen-Status" ausgerichtet ist, der eben durch Abhängigkeit und Unabhängigkeit, Gestaltbarkeit und Nicht-Gestaltbarkeit, Organisiertheit und Professionsgemäßheit gekennzeichnet werden kann (vgl. hierzu Helsper 2002). Diesen Mangel bezeichne ich nachstehend als Organisationsdefizit der Schule, genauer als Defizit bei der Beachtung, Beobachtung und Besetzung organisationaler Schnittstellen.

Im Folgenden soll diese Komplexität reduziert werden, indem auf die Schnittstelle der Organisation Schule zur externen Evaluation (evaluationsbasierte Steuerung) fokussiert wird, wobei im Besonderen die Möglichkeiten der Schulleitung zur Bearbeitung dieses Problems berücksichtigt werden sollen. Zuvor erfolgt eine Einordnung verschiedener Evaluationsverfahren und der mit ihnen verbunden Möglichkeiten, Wissen zu generieren.

3. Evaluation: Entscheidungshilfe und Steuerungsinstrument?

Bislang wurde in allgemeiner Form über evaluationsbasierte Steuerung gesprochen, ohne dabei verschiedene Formen der Evaluation genauer zu unterscheiden. Dieses Defizit soll im Folgenden zumindest ansatzweise behoben werden. Hierzu soll zunächst die in Abbildung 2 nach vier Kriterien vorgenomme Unterscheidung verschiedener Evaluationsformen herangezogen werden, wobei je zwei dieser Kriterien das Ende eines Kontinuums bezeichnen. Ein Kontinuum ist durch die Pole „intern" und „extern", das andere durch die Pole „Wahrheit" und „Angemessenheit" gekennzeichnet. Während die Charakterisierung von Evaluationen als intern beziehungsweise extern zum gängigen Sprachgebrauch der

Schulentwicklung(sforschung) gehört (vgl. zusammenfassend Bauer 2004), sind die Kriterien ‚Wahrheit' und ‚Angemessenheit' mit Blick auf Evaluation nicht so geläufig, anders als im Falle der Wissensverwendungsforschung (Dewe 1988; Dewe/Ferchhoff/Radke 1992). In Anlehnung an den dort geführten Diskurs unterscheide ich nun praxisgemäße Verfahren der Evaluation, die sich eher an Angemessenheit orientieren und wissenschaftliche Verfahren der Evaluation, die sich eher an Wahrheit orientieren (Luhmann 2002). Diese Unterscheidung ist bedeutsam, weil sie auf eine strukturelle Überforderung von Schulen aufmerksam macht, wenn lediglich pauschal gefordert wird, man möge sich evaluieren. Wissenschaftliche Formen der Evaluation stehen Schulen nur in sehr begrenztem Maße zur Verfügung. Sie können solche kopieren, nachahmen, etc., aber kaum selbstständig entwickeln. Dies gelingt selbst der Wissenschaft zum Teil nicht immer hinreichend (Wottawa/Thierau 2003; Bortz/Döring 2002).

Abbildung 2:   Formen von Evaluation

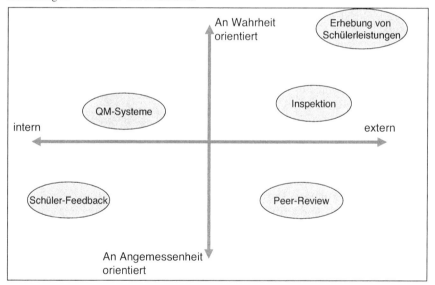

Wie Abbildung 2 zeigt, lassen sich Feedbackverfahren und Peer-Review als typisch professionsgemäße Verfahren verstehen. Damit ist jedoch nicht gemeint, dass sie willkürlich verlaufen und somit zufällig sind. Vielmehr soll betont werden, dass sich solche Verfahren an Kriterien und Werten der Professionsgemeinschaft ausrichten. Vermutlich wird man darum auch feststellen können, dass es sehr unterschiedliche Varianten und Formen solcher Verfahren gibt. Sie unterliegen im Gegensatz zu wissenschaftlichen Verfahren einer geringeren Regelungsdichte, zumindest gilt das für den Moment der Planung und Erstellung des Evaluationsdesigns. Hat man sich erst einmal auf etwas verständigt, erhalten Regeln eine wichtige und zentrale Stellung, da nur ihre Bekanntgabe und Einhaltung notwendige Vertrauenswürdigkeit gegenüber dem Instrument und den durchführenden Personen erzeugen können (man denke an die Regel der Anonymität, Offenheit und Ehrlichkeit bei Antworten, Kommunikationsregeln beim Prozess der Rückmeldung, etc.).

Qualitätsmanagementsysteme stellen eine Zwitterform der Evaluation dar. Sie sind, dies hängt im Einzelnen allerdings sehr vom QM-System ab, bemüht, beide Kontinua in beiden Ausprägungsweisen zu berücksichtigen (Rolff/Kempfert 2005; Schratz/Iby/Radnitzky 2000; Gonon et al. 1999; Arnold/Faber 2000).

Schließlich sind derzeit vermehrt Evaluationsverfahren zu beobachten, die extern durchgeführt werden (im Übrigen ohne Einverständnis der Schulen. Dies ist bei den Qualitätssystemen grundsätzlich anders und natürlich auch beim Peer-Review) und sich eher an wissenschaftlichen Wahrheitskriterien, denn an Angemessenheit zu orientieren versuchen. Für den Fall der Schulinspektion müsste allerdings noch weiter geklärt werden, welchem Typus sie zuzurechnen ist, da sie in gewisser Weise ein zum Teil bewusst angelegtes Mischmodell ist, indem mitunter Lehrkräfte (ehemalige Schulleiter) Kollegen evaluieren und sich dabei an allgemeinen Standards orientieren. Das Ergebnis ist allerdings nicht verhandelbar, sondern Resultat des Inspektionsteams.[10]

Welches Wissen wird nun im Zuge dieser Evaluationsverfahren erzeugt? Die Frage ist womöglich bereits falsch gestellt, da sie suggeriert, dass definitiv Wissen erzeugt wird. Dies ist aber unter Rückgriff auf Tetens (2004) nicht gleich ausgemacht. Darum sollte besser gefragt werden, welche Informationen durch Evaluation erzeugt werden und inwieweit diese Informationen zu Wissen bei welchen Akteuren führen. Dazu gehört auch die Frage, ob ein und dieselbe Information zu gleichem oder zumindest aber ähnlichem Wissen bei unterschiedlichen Akteuren führt. Zumindest bei der Rezeption der PISA-Ergebnisse beziehungsweise genauer gesagt bei den durch die PISA-Studie entstandenen Informationen konnten verwunderliche Wege des Wissens und des Nicht-Wissen-Wollens beobachtet werden. Und dies, obwohl niemand die Ergebnisse an sich (also ihren Wahrheitsgehalt) selbst ernsthaft in Zweifel gezogen hätte.

Noch komplizierter wird es, wenn gefragt wird, wie sich die unterschiedlichen Evaluationsverfahren zueinander verhalten. Wenn sie sich ergänzen oder bestätigen, scheint die ‚Welt der Evaluation' in Ordnung. Was aber geschieht im

---

10 Diese Einschätzung trifft zunächst für das Inspektionssystem in NRW zu, dürfte aber in ähnlicher Weise auch für andere Bundesländer gelten.

Falle von Widersprüchen und Friktionen bei den durch Evaluation erzeugten Ergebnissen? Wie kann dann auf den unterschiedlichen Ebenen des Systems gehandelt werden? Eine aktuelle Studie des Instituts für Schulentwicklungsforschung (IFS) verweist am Beispiel des Vergleichs von Ergebnissen der Schulinspektion und solcher aus Leistungsstudien auf mögliche Widersprüche und Friktionen (Manitius 2007).

Trotz der bestehenden Ungewissheiten wird für externe Formen wissenschaftlicher Evaluation derzeit jedenfalls unterstellt, dass sie steuerungsrelevantes Wissen hervorbringt (vgl. hierzu auch die Diskussion bei Kuper 2005, 75ff.). Im Folgenden verzichte ich aber auf eine weitere ausführliche Auseinandersetzung mit der Frage, was durch Evaluation gewusst werden kann.

Wenn man unterstellt, dass die Erzeugung von massivem Druck einerseits und die immensen Probleme bei der Übersetzung der Ergebnisse in die tägliche Schularbeit andererseits, die sich durch externe Evaluation ergeben, nicht intendiert sind, dann ist es für die Argumentation vielmehr von zentraler Bedeutung, deren nichtintendierte oder transintentionalen Effekte (Schimank 2002) in Rechnung zu stellen. In dem Augenblick – so mein zweiter Argumentationsschritt – indem dieser Druck auf die Schule prallt, zeigt sich in besonderer Weise deren organisatorisches Defizit. Schulleitungen sind, allein schon qua Rollen- und Aufgabenzuschreibung, notorisch mit der Aufgabe überlastet, nach außen politisch korrekt auf die Ergebnisverkündigungen zu reagieren und im Inneren der Organisation die Reparaturarbeiten zu koordinieren und zu überwachen.[11] Dieses strukturelle Dilemma verstärkt den ohnehin schon immensen Druck zusätzlich.

So lässt sich als Zwischenfazit festhalten, dass weder Organisation noch Profession oder Evaluation (zentrale Systemsteuerung) allein, aber auch nicht ihre derzeitige Kombinationsform Anlass zur Hoffnung geben, die aufgegebenen Probleme zu lösen. Dieses pessimistische Zwischenfazit basiert wesentlich auf der bislang dargelegten Analyse der Kopplungsstruktur des Schulsystems, die – wie exemplarisch gezeigt – noch weitgehend defizitär ist. Nicht zuletzt deswegen, weil dort, wo im Kontext evaluationsbasierter Steuerung Kopplungen beziehungsweise Schnittstellen eingerichtet werden, diese zu stark auf technologische Kausalitätsvorstellungen gründen.

---

11   Dies gilt freilich nur bei schlechten Ergebnissen, wovon allerdings nicht wenige Schulen in Deutschland betroffen sind.

4. Rationalisierung von Schulleitungshandeln durch Nutzung von Strategien begrenzter Rationalität

Für Szenarien evaluationsbasierter Steuerung (z.B. Rückmeldung von Schüler- und Schülerinnenleistungen oder Schulinspektionsergebnissen) können mindestens drei grundsätzliche Reaktionsmuster der Schulleitung unterstellt werden. Diese drei idealtypisch zu verstehenden Reaktionsmuster werden nachstehend allesamt als Folge einer Mängel aufzeigenden Rückmeldung durch die Schuladministration interpretiert.

1. *Rückzug (Organisationsschmollen):* Die Schulleitung nimmt die Ergebnisse zur Kenntnis, ohne sie weiter für interne Prozesse der Schulentwicklung zu nutzen. Vielmehr werden die Ergebnisse in Frage gestellt, die Sinnhaftigkeit der Aufbereitung und der Rückmeldestrategie bestritten und die fehlende Anerkennung geleisteter Arbeit beklagt. Die Schulleitung kann hierbei eine Vorreiterrolle einnehmen, um die Organisation und das Kollegium aktiv zu schützen oder aber sie vermeidet Interventionen und die Initiierung von Aktivitäten, die als Reaktion auf die Ergebnisse gedeutet werden könnten. Beide Reaktionsweisen können aus einer äußeren Beobachtungsperspektive als „Organisationsschmollen" aufgefasst werden. Über die tatsächliche Qualität der in diesem Reaktionsmuster auffindbaren Gründe ist zumeist allerdings nur wenig bekannt.
2. *Attacke (einsame Organisationsrevolution):* Das zweite Reaktionsmuster stellt das extreme Gegenteil zum Organisationsschmollen dar. Hier versucht die Schulleitung in Form eines übersteigerten Aktionismus, so schnell wie möglich das Kollegium in Veränderungsprozesse einzubinden und somit gleichzeitig die Anerkennung der rückgemeldeten Daten zu „erzwingen". Der Wunsch nach einer Verbesserung künftiger Rückmeldung dominiert hier das Schulleitungshandeln. Problematisch ist dieses Reaktionsmuster, da die Schulleitung Gefahr läuft, am Kollegium vorbei zu agieren, Ängste und Sorgen einerseits zu überspielen und andererseits neu zu bedienen. Initiierte Aktivitäten der Schulleitung werden hierbei vom Kollegium schnell als „Alibimaßnahmen" entlarvt oder aber die Sinnhaftigkeit und Wirksamkeit der Maßnahmen wird in Abrede gestellt. Im Extremfall findet eine innerliche Kündigung des Kollegiums statt, so dass die Organisationsrevolution zur einsamen Veranstaltung der Schulleitung wird. Die Folge kann der Rückzug der Schulleitung sein. Diesmal aufgrund der Reaktion des Kollegiums auf die Reaktion der Schulleitung und nicht der Schuladministration.
3. *Aufbau neuer Organisationsstrukturen (mühsamer Organisationswandel):* Das dritte Reaktionsmuster lässt sich als idealtypisches Reaktionsmuster im

Sinne der Schulentwicklung begreifen. Die Schulleitung nutzt die Situation der Rückmeldung in erster Linie nicht um unmittelbar auf die Ergebnisse zu reagieren, sondern um die Kapazitäten und Kompetenzen der Organisation zu prüfen, mit denen auf die Ergebnisse reagiert werden kann. Derzeit dürften viele Schulen noch nicht hinreichend auf solche Rückmeldungen vorbereitet sein. Folgende Fragen müssten in der Organisation geklärt sein: Wer bereitet die Ergebnisse für die organisationsinterne Kommunikation vor? Wer kann dabei benötigte Übersetzungsleistungen bereitstellen? Wer kann die Informationen mit hilfreichen Kontexten rahmen und vor allem welche Strukturen bietet die Organisation hierfür an? Es geht hierbei also darum, die Möglichkeit einer sinnvollen Auseinandersetzung mit den rückgemeldeten Informationen zu gewährleisten. Erst wenn dies sichergestellt ist, können mit höherer Wahrscheinlichkeit zweckmäßige Folgeentscheidungen erwartet werden.

Unter Einbeziehung der organisationstheoretischen Erkenntnisse ist es nun bedeutsam zu betonen, dass alle drei Muster mit Hilfe organisationstheoretischer Annahmen durchaus rational (im Sinne der Nutzung von organisationstheoretischen Erklärungsmodellen, vgl. Kap. 2) erklärbar werden. Daraus folgt, dass es bestimmte Strukturen und Einstellungen gibt, die dieses und nicht ein anderes Handeln nahe legen. Dies wird zu selten bedacht, wenn sich Enttäuschungen über Reaktionsweisen auf Leistungsrückmeldungen manifestieren (Kohler 2005). Die Zuschreibung von wünschenswerten Reaktionsmustern durch die Wissenschaft oder die Bildungsadministration reicht allein nicht aus. Die Organisation als ganze, nicht nur die Schulleitung, muss die Notwendigkeit erkennen, wenn sie in einen sinnvollen Prozess der Verarbeitung solcher Informationen eintreten möchte. Der Vorteil dieser Einsicht bestünde dann in der Möglichkeit, rückgespiegelte Informationen begründet (da organisational bearbeitet) zurückweisen oder annehmen zu können. Dies ist ein wesentlicher Unterschied zu einer unbegründeten Ablehnung a priori.

Die hier intendierte organisationale Bearbeitung kann – so mein Vorschlag – unter Nutzung von Strategien begrenzter Rationalität erfolgen. Diese Strategien stellen die aus guten Gründen anzunehmende Unwahrscheinlichkeit idealer Rationalität in Entscheidungssituationen in Rechnung und versuchen, die Wahrscheinlichkeit für rationale Entscheidungen zu steigern. Schimank formuliert die Extreme in Entscheidungssituationen, wobei Strategien begrenzter Rationalität gewissermaßen einen mittleren Bereich markieren, folgendermaßen (siehe auch Schimank, in diesem Band):

„Entweder muten sie den ‚Entscheidungsträgern' zuviel zu, verlangen ihnen also mehr Rationalität des Entscheidens ab, als realistischer Weise erwartbar ist. Oder die Entscheidungsbeobachter gehen ernüchtert davon aus, dass man jeglichen Rationalitätsanspruch fahren lassen sollte, womit die ‚Entscheidungsträger' aus jeglicher Verantwortung entlassen werden" (Schimank 2005, 39)

Das im Zitat verwendete Personalpronomen „sie" kann in diesem Kontext durch Wissenschaft und Bildungsadministration gleichermaßen ersetzt werden, wobei die hier vorgelegte Argumentation davon ausgeht, dass wir es mit übersteigerten Rationalitätsannahmen zu tun haben. Des Weiteren wird argumentiert, dass die Schulorganisation nicht hinreichend auf Folgeentscheidungen im Anschluss an Rückmeldungen von schulspezifischen Ergebnissen vorbereitet ist, Strategien begrenzter Rationalität hierfür aber eine gewinnbringende Alternative darstellen können. Strategien begrenzter Rationalität lassen sich als positive Wendungen inkrementalistischer Entscheidungsprozesse verstehen, die durch reaktive Problemfixierung, Vermeidung von Überraschungen und spontanen Veränderungen, der Planung nur kleiner Schritte und durch bloße kurzfristige Bedürfnisbefriedigung gekennzeichnet sind (a.a.O., 237ff.).

Schimank unterscheidet vier solcher Strategien:

1. *Aktive Problemsondierung:* Hierbei geht es darum, entstandene sowie künftig potenziell auftretende Probleme zu analysieren und bearbeitbar zu machen, indem auf Verfahren der Beratung (Nutzung externer Rationalität), Partizipation (interne Rationalität) und Kreativität (interne, zumeist verborgene Rationalität) zurückgegriffen wird. Alle drei Verfahren haben die Möglichkeit Entscheidungen, die künftiges Handeln mitbestimmen, rationaler zu treffen. Sie bieten aber keine Garantien. Dies ist als Erkenntnis mindestens ebenso wichtig.

2. *Mehrheitsentscheidungen und Empathie:* Die oben benannte Partizipation beinhaltet nicht notwendig eine Beteiligung am Entscheidungsprozess selbst und muss darum auch streng von Mehrheitsentscheidungen unterschieden werden. Diese sind allerdings dann problematisch, wenn die am Entscheidungsprozess beteiligten Akteure überwiegend ihre eigenen Interessen in den Vordergrund stellen. Darum muss bei Mehrheitsentscheidungen darauf geachtet werden, dass die Entscheidungsbeteiligten emphatisch zum Entscheidungsgegenstand eingestellt sind. Gemeint ist die Verständigung der Akteure auf übergeordnete Interessen (Gerechtigkeit, Fairness oder auch Gesamtmaximierung von Nutzen).

3. *Mixed Scanning:* Die Strategie des Mixed Scannings beschreibt ein Planungs- und somit Entscheidungsvorgehen, das durch eine „Zweistufigkeit des Entscheidens" (a.a.O., 356) gekennzeichnet ist. Diese Strategie erlaubt

es, auch Unbekanntes oder nur wenig Bekanntes in Entscheidungsprozesse mit einzubeziehen, indem in einem ersten Entscheidungsprozess verschiedene Pfade der Entwicklung zur Entscheidung gestellt werden und erst in einem zweiten Schritt Detailentscheidungen getroffen werden, die bei der Planung von Entwicklungsverläufen oftmals blockierend wirkend können.
4. *Something Better:* Diese Strategie setzt auf die Ausnutzung der für eine Entscheidung zur Verfügung gestellten Zeit. Allerdings nicht, wie häufig zu beobachten im Sinne eines Aufschiebens, sondern durch die Suche nach Alternativen. Nicht die erstbeste Lösung wird quasi als Entscheidung selbst genutzt, sondern anderen Lösungsmöglichkeiten zur Seite gestellt. So kann die Pluralität von Lösungen Rationalität steigern.

Die hier vorgestellten Strategien begrenzter Rationalität sind nun keineswegs spektakuläre Neuerungen in der Beobachtung und Beschreibung von Entscheidungsprozessen. Dies ist aber gerade der Reiz dieser Strategien. Sie versprechen keine ultimative Rationalitätssteigerung, sondern lediglich eine gemäßigte Erhöhung der Gesamtrationalität einer Organisation oder eines gesellschaftlichen Teilbereichs. Zudem lassen sie sich zumindest teilweise aufgrund ihrer strukturellen Anforderungen gut beobachten und sind somit zur Erfassung durch externe Beobachter von Entscheidungsprozessen relativ gut erkennbar.

Die vier Strategien sind derzeit auch in Schulen vorfindbar, aber eben noch nicht als zu bezeichnender Wissensbereich des Professionswissens verfügbar.

Abbildung 3:   Formen begrenzter Rationalität in Schulen

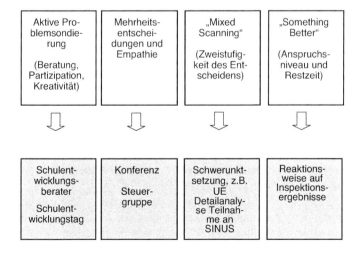

Abbildung 3 zeigt schulische Bereiche und Phänomene auf, die im Sinne der Realisierung von Strategien begrenzter Rationalität aufgefasst werden können. *Schulentwicklungsberatung* wird in zahlreichen Einzelprojekten realisiert. Sogenannte Schulentwicklungstage sind gängiges Mittel in Schulentwicklungsprozessen, die speziell zur Problembearbeitung (auch im Sinne von Kreativität) und für die Ermöglichung von Lernprozessen durchgeführt werden.

Schulische Konferenzen und Steuergruppen (Berkemeyer/Holtappels 2007) können als Gremien betrachtet werden, die Rationalität durch Mehrheitsentscheidungen steigern. Gerade schulische Steuergruppen, die sich durch ein gemeinsames Interesse an der Entwicklung der Schule auszeichnen, können als Rationalität steigerndes Gremium angesehen werden, das einerseits Mehrheitsentscheidungen trifft (steuergruppenintern) und andererseits Mehrheitsentscheidungen so vorbereiten kann, dass die übergeordneten Ziele, die mit der Entscheidung verfolgt werden, deutlich erkennbar sind.

Die Strategie des *Mixed Scanning* kann die Rationalität der Fokussierungsentscheidung steigern, die bei Schulentwicklungsprozessen erforderlich ist, wenn sie erfolgreich sein wollen. Dabei kann beispielsweise eine Grundsatzentscheidung getroffen werden, die den künftigen Prozess auf Unterrichtsentwicklung fokussiert. Erst in einem zweiten Schritt werden Details für die weiteren Entwicklungsschritte zur Entscheidung gebracht; so kann beispielsweise die Teilnahme an Programmen angestrebt werden, die speziell fachdidaktisches Wissen der Mathematik und der Naturwissenschaften vermitteln (vgl. z.B. SINUS, Prenzel/Doll 2004).

Strategien des *Something Better* könnten den Umgang mit Rückmeldeergebnissen insgesamt bereichern. Rückmeldungen werden bei dieser Strategie nicht ad hoc oder gar nicht genutzt, sondern als Anlass verstanden, Entscheidungen vor dem Hintergrund verschiedener Alternativen zu treffen. Alibiaktionismus, der sich durch geschickte Etikettierung auszeichnet (wir machen nun Unterrichtsentwicklung) und trotzdem die Inspektoren zunächst zufriedenstellen dürfte, könnte so vermieden werden.

Diese Ausführungen stellen lediglich einen ersten, noch sehr groben Transferversuch dar, der jedoch aufzeigen konnte, dass Strategien begrenzter Rationalität in Schulen vorfindbar sind und ihre bewusste Nutzung durchaus Vorteile für Entscheidungsprozesse in Schulentwicklungsverläufen haben kann. Deutlich wurde zudem, dass Strategien begrenzter Rationalität immer organisational verankert sein müssen und eine bewusste und intensivere Nutzung somit die Schulorganisation insgesamt ausbauen und stärken würde.

So plausibel und einleuchtend der Ansatz begrenzter Rationalität auch erscheinen mag, so birgt er einige Tücken in sich, auf die hier noch hinzuweisen ist. Die analytische Darstellung bei Schimank scheint zunächst ein gemeinsames

Auftreten der vier Typen nicht nahezulegen und zugleich eine Gleichartigkeit der Typen zu suggerieren. Bei näherer Betrachtung lassen sich Strategien begrenzter Rationalität aber als ineinander verschachtelte Entscheidungsprozesse denken. Dabei kann es vorkommen, dass Beratung als Strategie begrenzter Rationalität auf Strategien des Mixed Scanning oder Something Better verzichtet, gerade wenn die Beratungsleistung die Vermarktung eigener Produkte impliziert. Auch die Mehrheitsentscheidung kann zur bloßen Bedürfnisbefriedigung verkommen, wenn dies den kulturellen Gepflogenheiten einer Organisation entspricht. Es könnten also gerade Kombinationen der verschiedenen Strategien sein, die eine wenn auch begrenzte Rationalisierung wahrscheinlich werden lassen. Es gilt genau hinzuschauen, also eine empirische Bestandsaufnahme von Entscheidungsprozessen in Schulen, geordnet nach bestimmten „Entscheidungsfeldern", vorzunehmen (vgl. hierzu den theoretischen Ansatz bei Kuper 2001).

Was lässt sich aus diesen Ausführungen nun für Schulleitungshandeln folgern? Schulleitungen sind gut beraten, zumindest wenn man den obigen Ausführungen folgen mag, in Bezug auf eine sicherlich anzustrebende Rationalisierung von Entscheidungsprozessen dreierlei zu berücksichtigen:

1. *Entscheidungsprozesse und -verläufe beobachten:* Nur wer als Schulleitung die Entscheidungswege, und zwar vor allem die inoffiziellen, kennt, kann Entscheidungen sinnvoll vorbereiten. Es gilt also, die Entscheidungsprozesse der Organisation erst einmal genau zu beobachten.
2. *Entscheidungen stärker organisieren:* Um Zufälligkeiten bei Entscheidungsfindungen eher als bislang zu vermeiden (vgl. zum „garbage can"-Ansatz zusammenfassend Terhart 1986), sollten Entscheidungsprozesse erstens deutlicher als solche gekennzeichnet und zweitens in Schulen stärker organisiert werden. Dabei kann es hilfreich sein, Entscheidungsgremien intermediär zu verankern. Damit ist gemeint, dass sie nicht ausschließlich organisationsförmig zu konstituieren sind, sondern auch Elemente von Profession aufweisen (Berkemeyer/Brüsemeister/Feldhoff 2007).
3. *Einsatz von Strategien begrenzter Rationalität:* Diese Strategien geben zum einen Hinweise auf sinnvolle Organisationsformen von Entscheidungen und zum anderen auch auf die Gestaltung beziehungsweise auf Gütemerkmale des Entscheidungsprozesses (so etwa im Something Better).

Würde die Schulleitung sich so profilieren, dann übernähme sie die Rolle eines Entscheidungsbeobachters und -vorbereiters, wobei vor allem Schnittstellenentscheidungen beobachtet würden. Dadurch könnten sowohl Rückzugstendenzen als auch blinde Schulentwicklungsattacken vermieden werden.

Diese skizzenhafte Diskussion hat noch nicht darauf hingewiesen, dass evaluationsbasierte Steuerung selbst auch als Strategie begrenzter Rationalität aufgefasst werden kann, was die Komplexität der zu beobachtenden Entscheidungen steigert. In einem Mehrebenensystem Schule müsste dann nach Anschlussmöglichkeiten von Entscheidungen auf den jeweiligen Ebenen gefragt werden. Auch hierfür könnten Strategien begrenzter Rationalität bedeutsam sein. Dies aber führt die hier angestellten Überlegungen über das eigentliche Ziel hinaus.

5. Fazit und Ausblick

Der Beitrag hat versucht, die Anforderungen, die an Schule im Rahmen evaluationsbasierter Steuerung entstehen, mit Hilfe des Begriffs der Schnittstelle zu diskutieren und zu analysieren. Zunächst konnte unter Rückgriff auf organisationssoziologische Ansätze und deren Rezeption in der Erziehungswissenschaft gezeigt werden, dass die Organisation Schule und die in ihr ablaufenden Prozesse keinesfalls unter Nutzung rein rationaler und maschinenförmiger Erklärungsansätze verstehbar sind. Damit wurde das vielfach zu wenig berücksichtigte „Steuerungsobjekt" evaluationsbasierter Steuerung wieder stärker in den Fokus gerückt. Im Anschluss wurden einige klärende Unterscheidungen in Bezug auf unterschiedliche Evaluationsverfahren vorgeschlagen. Dabei wurde einerseits auf die potentielle Divergenz von Informationen über ein und dieselbe Schule durch unterschiedliche Evaluationsverfahren hingewiesen und andererseits der Unterschied zwischen Daten, Informationen und Wissen betont und somit zugleich auf notwendige Übersetzungsleistungen an den im Zuge evaluationsbasierter Steuerung entstehenden Schnittstellen aufmerksam gemacht. Dadurch wurde zugleich betont, dass unmittelbare und direkte Steuerung durch Evaluation höchst unwahrscheinlich ist, beziehungsweise genauer: Direkte Steuerungswirkungen im intentional erdachten Sinne dürften zumindest bei der momentanen Akteurkonstellation im bundesdeutschen Schulwesen unwahrscheinlich sein.

Trotz dieser skeptischen Einschätzungen muss konstatiert werden, dass der Druck auf die Schulen durch die Verschärfung von Verfahren evaluationsbasierter Steuerung erhöht wird. Dieser Druck, so wurde weiter argumentiert, kann innerhalb der Organisation durch Strategien begrenzter Rationalität besser kanalisiert werden und zu rationaleren Entscheidungsprozessen führen. Die Nutzung solcher Strategien ist als Stärkung der Organisationsstruktur zu deuten, die nachhaltig durch die Schulleitung initiiert und unterstützt werden kann. Strategien begrenzter Rationalität – so mein Argument – bieten wichtige Hinweise zur Einrichtung und Gestaltung von organisationalen Schnittstellen und zudem eine höhere Wahrscheinlichkeit der Vermeidung von „Schnellschüssen" und spontanen Befriedigungsstrategien in Folge von Rückmeldungen durch die Schuladministration. Es wird also behauptet, dass die Nutzung von Formen begrenzter Rationalität

- die Wahrscheinlichkeit sinnvoller Organisationsentscheidungen steigert,
- die Schulleitung dadurch entlastet,
- und externe Verfahren der Evaluation in Organisationsprozesse einbindet.

Freilich sind dies augenblicklich vorwiegend Behauptungen, die noch weitgehend ohne empirische Basis im Schulbereich auskommen müssen. Immerhin konnten erste Untersuchungen zu schulischen Steuergruppen, in denen die Schulleitung mitwirkt, zeigen, dass Steuergruppen als Gremium durchaus im oben erläuterten Sinne agieren und wirken (Berkemeyer/Holtappels 2007; 2006).

Insgesamt wird jedoch die empirische Forschung über die Schnittstellen des Schulsystems deutlich zunehmen müssen, will man über Steuerungsprozesse und deren Wirkungen etwas erfahren. Dabei wird eine entscheidungstheoretische Forschung die Referenzrahmen der Entscheidungssysteme beziehungsweise der Akteure stärker in den Blick nehmen müssen. Die sich derzeit formierende Governanceforschung könnte hier wichtige Erkenntnisse liefern. Dafür muss es ihr jedoch gelingen, ihre derzeit vornehmlich theoretische Ausrichtung einerseits durch eine noch stärker als bislang interdisziplinäre Ausrichtung und andererseits durch umfangreiche empirische Arbeiten zu ergänzen. An Gesprächspartnern und Forschungsgegenständen jedenfalls würde es ihr nicht mangeln.

Literatur

Allmendinger, Jutta/Hinz, Thomas (Hg.) (2002): Organisationssoziologie. Wiesbaden: Westdeutscher Verlag.
Altrichter, Herbert/Posch, Peter (Hg.) (1996): Mikropolitik der Schulentwicklung. Förderliche und hemmende Bedingungen für Innovationen in der Schule. Innsbruck: Studienverlag.
Arnold, Rolf/Faber, Konrad (2000): Qualität entwickeln – aber wie? Qualitätssyteme und ihre Relevanz für Schule: Einführung und Überblick. Seelze: Kallmeyer.
Baecker, Dirk (2007): Form und Formen der Kommunikation. Frankfurt a.M.: Suhrkamp.
Bauer, Karl-Oswald (2004): Evaluation – via regia zu besserer Qualität in Schule und Unterricht? In: Holtappels, Heinz Günter/Klemm, Klaus/Pfeiffer, Hermann/Rolff, Hans-Günter/Schulz-Zander, Renate (Hg.): Jahrbuch der Schulentwicklung Band 13. Daten, Beispiele und Perspektiven. Weinheim/München: Juventa, 161-184.
Berkemeyer, Nils/Holtappels, Heinz Günter (Hg.) (2007): Schulische Steuergruppen und Change Management. Weinheim/München: Juventa.
Berkemeyer, Nils/Brüsemeister,Thomas/Feldhoff, Tobias (2007): Steuergruppen als intermediäre Akteure in Schulen. Ein Modell zur Verortung schulischer Steuergruppen zwischen Organisation und Profession. In: Berkemeyer, Nils/Holtappels, Heinz Günter (Hg.): Steuergruppen und Change Management. Weinheim/München: Juventa, 61-85.

Berkemeyer, Nils/Holtappels, Heinz Günter (2006): Steuergruppen als organisationsinterner Akteur zur Qualitätssicherung und Qualitätsentwicklung? In: Eder, Ferdinand/Gastager, Angela/Hofmann, Franz (Hg.): Qualität durch Standards? Beiträge zum Schwerpunktthema der 67. Tagung der AEPF. Münster, u.a.: Waxmann, 173-186.

Bidwell, Charles E. (1965): The School as a Formal Organisation. In: March, James G. (Ed.): Handbook of Organizations. Chicago: Rand McNally.

Böttcher, Wolfgang (2002): Kann eine ökonomische Schule auch eine pädagogische sein? Weinheim/München: Juventa.

Bonsen, Martin (2003): Schule, Führung, Organisation. Eine empirische Studie zum Organisations- und Führungsverständnis von Schulleiterinnen und Schulleitern. Münster, u.a.: Waxmann.

Bortz, Jürgen/Döring, Nikola (2002): Forschungsmethoden und Evaluation. 3. Auflage. Berlin: Springer.

Böttcher, Wolfgang/Terhart, Ewald (Hg.) (2004): Organisationstheorie in pädagogischen Feldern. Wiesbaden: VS.

Brohm, Michaela (2004): Management des Wandels. Die Theorie des Change Managements und die schulpolitische Praxis. In: Böttcher, Wolfgang/Terhart, Ewald (Hg.): Organisationstheorie in pädagogischen Feldern. Wiesbaden: VS, 173-190.

Brüsemeister, Thomas (2004): Schulische Inklusion und neue Governance. Münster: Monsenstein & Vannerdat.

Dalin, Per (1999): Theorie und Praxis der Schulentwicklung. Neuwied: Luchterhand.

Dewe, Bernd (1991): Beratende Wissenschaft. Unmittelbare Kommunikation zwischen Sozialwissenschaftlern und Praktikern. Göttingen: Verlag Otto Schwartz & Co.

Dewe, Bernd/Ferchhoff, Wilfried/Radtke, Frank-Olaf (1992): Das „Professionswissen" von Pädagogen. Ein wissenstheoretischer Rekonstruktionsversuch. In: Dewe, Bernd/Ferchhoff, Wilfried/Radtke, Frank-Olaf (Hg.): Erziehen als Profession. Zur Logik professionellen Handelns in pädagogischen Feldern. Opladen: Leske + Budrich, 70-91.

Fend, Helmut (1998): Qualität im Bildungswesen. Schulforschung zu Systembedingungen, Schulprofilen und Lehrerleistung. Weinheim/München: Juventa.

Fend, Helmut (2006): Neue Theorie der Schule. Einführung in das Verstehen von Bildungssystemen. Wiesbaden: VS.

Göhlich, Michael (2001): System, Handeln, Lernen unterstützen. Eine Theorie der Praxis pädagogischer Institutionen. Weinheim: Deutscher Studien Verlag.

Gonon, Philipp/Hügli, Ernst/Landwehr, Norbert/Ricka, Regula/Steiner, Peter (1999): Pädagogik bei Sauerländer. Qualitätssyteme auf dem Prüfstand. Die neue Qualitätsdiskussion in Schule und Bildung – Analyse und Perspektiven. Pädagogik bei Sauerländer. Dokumentation und Materialien Band 5. Schweiz: Verlag Sauerländer.

Groß, Eberhard (1974): Einführung in die Bildungssoziologie Band 1. Institution, Organisation, Familie,Vorschulerziehung. Bad Heilbrunn: Klinkhardt.

Heinrich, Martin (2006): Autonomie und Schulautonomie. Die vergessenen ideengeschichtlichen Quellen der Autonomiedebatte der 1990er Jahre. Münster: Monsenstein & Vannerdat.

Helsper, Werner (2002): Lehrerprofessionalität als antinomische Handlungsstruktur. In: Kraul, Margret/Marotzki, Winfried/Schweppe, Cornelia (Hg.): Biographie und Profession. Bad Heilbrunn: Klinkhardt, 64-102.

Höhmann, Katrin (2002): Was wird durch eine Lehrplanrevision verändert? Eine Einführung der hessischen Rahmenpläne (1993-1997) in innovationstheoretischer Perspektive. Berlin/Bern: Peter Lang.

Holtappels, Heinz Günter/Berkemeyer, Nils (Hg.) (2007): Steuergruppen und Change Management. Weinheim/München: Juventa.

Kempfert, Guy/Rolff, Hans-Günter (2005): Qualität und Evaluation. Ein Leitfaden für Pädagogisches Qualitätsmanagement. Weinheim/Basel: Beltz.

Klatetzki, Thomas/Tacke, Veronika (Hg.) (2005): Organisation und Profession. Wiesbaden: VS.
Kohler, Britta (2005): Rezeption internationaler Schulleistungsstudien. Münster, u.a.: Waxmann.
Kotthoff, Hans-Georg (2003): Bessere Schulen durch Evaluation? – Internationale Erfahrungen. Münster, u.a.: Waxmann.
Kuper, Harm (2001): Organisationen im Erziehungssystem. Vorschläge zu einer systemtheoretischen Revision des erziehungswissenschaftlichen Diskurses über Organisation. In: Zeitschrift für Erziehungswissenschaft 4 (1), 83-106.
Kuper, Harm (2005): Evaluation im Bildungssystem. Stuttgart: Kohlhammer-Verlag.
Lortie, Dan C. (2002): Schoolteacher. Second Edition. Chicago: The University of Chicago Press.
Luhmann, Niklas (2002): Die Wissenschaft der Gesellschaft. Frankfurt a.M.: Suhrkamp, Lizenzausgabe für die Wissenschaftliche Buchgesellschaft.
Luhmann, Niklas (1997): Die Gesellschaft der Gesellschaft. Frankfurt a.M.: Suhrkamp
Luhmann, Niklas/Schorr, Karl E. (1979): Das Technologiedefizit der Erziehung und die Pädagogik. In: Zeitschrift für Pädagogik 25, 345-366.
Luhmann, Niklas/Schorr, Karl E. (1988): Refexionsprobleme im Erziehungssystem. 2. Auflage. Frankfurt a. M.: Suhrkamp.
Manitius, Veronika (2007): Die Qualität des Unterrichts Bremer Grundschulen im Spiegel von Schulinspektion und der IGLU Studie. Eine Qualitätsorientierte Analyse der Schulinspektionsberichte zu Bremer Grundschulen mit einer vergleichenden Einordnung zu den Befunden aus IGLU 2001. unveröffentl. Diplomarbeit. Dortmund.
Merkens, Hans (2006): Pädagogische Institutionen – Pädagogisches Handeln im Spannungsfeld von Individualisierung und Organisation. Wiesbaden: VS.
Mittelstraß, Jürgen (2001): Wissen und Grenzen. Philosophische Studien. Frankfurt a.M.: Suhrkamp.
Niederberger, Josef M. (1984): Organisationssoziologie der Schule. Motivation, Verwaltung, Differenzierung. Stuttgart: Enke.
Prenzel, Manfred/Doll, Jörg (2004): Bildungsqualität von Schule (BIQUA). Münster, u.a.: Waxmann.
Rolff, Hans-Günter (1993): Wandel durch Selbstorganisation. Theoretische Grundlagen und praktische Hinweise für eine bessere Schule. Weinheim/München: Juventa.
Rolff, Hans-Günter (1998): Entwicklung von Einzelschulen: Viel Praxis, wenig Theorie und kaum Forschung – Ein Versuch, Schulentwicklung zu systematisieren. In: Rolff, Hans-Günter/Bauer, Karl-Oswald/Klemm, Klaus/Pfeiffer, Hermann (Hg.): Jahrbuch der Schulentwicklung Band 10. Daten, Beispiele und Perspektiven. Weinheim/München: Juventa, 295-326.
Saldern von, Matthias (1991): Erziehungswissenschaft und Neue Systemtheorie. Berlin: Duncker und Humboldt.
Schaefers, Christine (2002): Der soziologische Neo-Institutionalismus. Eine organisationstheoretische Analyse- und Forschungsperspektive auf schulische Organisationen. In Zeitschrift für Pädagogik 48 (6), 835-855.
Schimank, Uwe (2002): Handeln und Strukturen. Einführung in die akteurstheoretische Soziologie. 2. Auflage. Weinheim/München: Juventa.
Schimank, Uwe (2005): Die Entscheidungsgesellschaft. Komplexität und Rationalität der Moderne. Wiesbaden: VS.
Schratz, Michael/Iby, Manfred/Radnitzky, Edwin (2000): Qualitätsentwicklung. Weinheim/Basel: Beltz Verlag.
Schratz, Michael/Steiner-Löffler, Ulrike (1999): Die lernende Schule. Arbeitsbuch pädagogische Schulentwicklung. 2. Auflage. Weinheim/Basel: Beltz.
Scott, Richard W. (2005): Evolving Professions: An Institutional Field Approach. In: Klatetzki, Thomas/Tacke, Veronika (Hg.): Organisation und Profession. Wiesbaden: VS, 119-141.
Tacke, Veronika (2005): Schulreform als aktive Deprofessionalisierung? Zur Semantik der lernenden Organisation im Kontext der Erziehung. In: Klatetzki, Thomas/Tacke, Veronika (Hg.): Organisation und Profession. Wiesbaden: VS, 165-198.

Terhart, Ewald (1986): Organisation und Erziehung. In: Zeitschrift für Pädagogik 32, 205-223.
Tetens, Holm (2003): Zwischen Wissensgesellschaft und Bildungskanon: Was muss Schule leisten?. In: Grimm, Andrea (Hg.): Loccumer Protokolle. Die Zukunft der Lehrerbildung. Loccum.
Türck, Klaus (1989): Neuere Entwicklungen in der Organisationsforschung. Stuttgart: Enke.
Vogel, Peter (1977): Die bürokratische Schule. Unterricht als Verwaltungshandeln und der pädagogische Auftrag der Schule. Kastellaun: Aloys Henn Verlag.
Weick, Karl E. (1976): Educational organizations as loosely coupled systems. In: Administrative Science Quarterly 21, 1-19.
Willke, Helmut (2004): Atopia. Frankfurt a.M.: Suhrkamp.
Willke, Helmut (2003): Dystopia. Frankfurt a.M: Suhrkamp.
Willke, Helmut (2002): Heteretopia. Frankfurt a.M.: Suhrkamp.
Wottawa, Heinrich/Thierau Heike (2003): Lehrbuch Evaluation. 3. Auflage. Bern: Huber.
Zlatkin-Troitschanskaia, Olga (2006): Steuerbarkeit von Bildungssystemen mittels politischer Reformstrategien. Frankfurt a.M.: Peter Lang.

Harm Kuper

Wissen – Evaluation – Evaluationswissen

1. Einleitung

Der Bedeutungszuwachs von Evaluation ist eine Facette eines bemerkenswerten Reformprozesses im Bildungssystem. Bemerkenswert ist er insbesondere aufgrund seiner Ausrichtung auf die operativen Vorgänge im Bildungssystem. Nachdem Reform in der Vergangenheit primär mit der Veränderung äußerer organisatorischer Strukturen von Bildungseinrichtungen verbunden war (Friedeburg 1992), zielt Evaluation auf die Abläufe in den Organisationen des Bildungssystems. Man könnte auch – um einen bildhaften Vergleich zur Welt elektronischer Datenverarbeitung zu bemühen – dominante bisherige Reformstrategien als Veränderungen der hardware des Bildungssystems bezeichnen, während mit Evaluation verbundene Reformschritte dessen software betreffen – und zu dieser software gehört das Wissen der im Bildungssystem arbeitenden, handelnden, Entscheidungen treffenden Personen ebenso wie die Information, die dabei genutzt wird. Die Metapher einer Umprogrammierung der software passt auch zu einer gegenwärtig verbreiteten Reformsemantik. Im Zusammenhang mit dem Ausbau von Evaluation wird vom Wandel von der Input- zur Outputsteuerung des Bildungssystems gesprochen. Mit Evaluation sollen Folgen von Handlungen im System sichtbar gemacht werden, um Folgenverantwortung zu stärken und um zukünftiges Handeln an empirisch belegten Erfahrungen ausrichten zu können. Diese Intention erscheint auf den ersten Blick so plausibel wie einfach. Wieso sollte man in einem gesellschaftlich und individuell so wichtigen und folgenreichen Bereich wie der Organisation von Bildungsprozessen das Handeln an tradierten Vorstellungen der Angemessenheit ausrichten und hinsichtlich seiner Konsequenzen Ungewissheit akzeptieren, wenn es möglich sein sollte, die Effekte des Handelns durch Evaluation zu beobachten und sowohl zum Kriterium für die Beurteilung der Qualität des Handelns als auch zum Ausgangspunkt für erfahrungsbasierte Entscheidungen machen zu können?

In dieser reduzierten Formel werden Reformmotiv und Leitbild für eine outputorientierte Steuerung des Bildungssystems deutlich. Wie jede Reform beinhaltet auch diese Gestaltungschancen und Risiken, die erst bilanziert werden können, wenn hinreichende Erfahrungen mit den neuen Steuerungsmodellen vorliegen. Gegenwärtig ist zu konstatieren, dass sich insbesondere für das Schulwesen eine institutionelle Struktur ausdifferenziert, die eine verstetigte Evaluation der Leistungen von Schulen tragen wird; insofern lässt die Reform auch die hardware des Bildungssystems nicht unberührt. Teile dieser institutionellen Veränderung sind bspw. Einrichtungen der Bundesländer, die Bildungsstandards (Klieme u.a. 2003) fachbezogen operationalisieren und regelmäßige, flächendeckende Schulleistungstests administrieren; eine veränderte Relation zwischen Schulaufsichtsbehörden und Schulen sowie eine betonte Eigenverantwortung einzelner Schulen. In dieser Struktur wird über regelmäßige Evaluation ein für das Schulwesen verhältnismäßig neuer Typ von Wissen generiert und für praktische Entscheidungen im System zur Verfügung gestellt. Die wissenschaftliche Reflexion der durch Evaluation ausgelösten Prozesse hat begonnen (etwa Stamm 2003; Kuper/Hartung 2007). Inwiefern das handlungsleitende Wissen für die operativen Vollzüge im Bildungssystem nachhaltig verändert wird, ist aber eine bislang weitgehend ungeklärte Frage. In diesem Beitrag sollen einige Vorschläge zur analytischen Rahmung dieser Frage unterbreitet werden. Dazu wird zunächst ein allgemeines Modell des Steuerungswissens im Bildungssystem skizziert; anschließend wird anhand einiger methodischer Aspekte am Beispiel bereits etablierter landesweiter Schulevaluation der Informationsgehalt für praktische Entscheidungen erörtert; den Abschluss bildet die Darstellung eines Modells zur Analyse der praktische Wissensverwendung.

2. Die Grundstruktur input- und outputorientierten Steuerungswissens

Unabhängig von konkreten Informationslagen bzw. dem materialen Gehalt von Steuerungswissen lassen sich abstrakte Strukturen der Wissensverwendung in Systemen identifizieren. Diese Strukturen verweisen auf grundlegende Systemvoraussetzungen für die Generierung und Anwendung von Wissen. Mit der Unterscheidung von Input- vs. Outputsteuerung ist diese Ebene der Struktur des Bildungssystems angesprochen. Sie lehnt sich an eine Konzeption der Maschinentheorie an, die Leistungen eines Systems als Transformation von Ressourcen (Inputs) in Produkte (Outputs) modelliert. Für Steuerungszwecke ist von Belang, ob ein System über die Input- oder die Outputfaktoren kontrolliert werden kann.

Luhmann (2000, 260ff.) bezeichnet diese beiden Optionen mit den Begriffen der Konditionalprogrammierung und der Zweckprogrammierung.

Inputorientierte Steuerung setzt bei den Bedingungen an, unter denen ein System arbeitet; sie entspricht daher der Konditionalprogrammierung. Auf die traditionelle Steuerungspraxis des Bildungssystems lässt sich das Modell der Konditionalprogrammierung gut anwenden (vgl. Abb. 1).

Abbildung 1: Konditionalprogrammierung

Eine Regulierung des Systems erfolgt hier fast ausschließlich über die Standardisierung der Handlungsbedingungen. Für Schulen wird das in erster Linie durch Ressourcen für die räumliche und personelle Ausstattung, formale Qualifikation des Personals sowie inhaltliche Rahmungen des Handelns in Schulen durch Curricula erreicht, aber auch durch die Verrechtlichung der Schule. Die grundlegende Annahme dieses Modells besteht darin, über die Homogenisierung der Ausgangsbedingungen des Handelns in Schulen die Gleichheit der dort erbrachten Leistungen zu sichern. Wenn die Bedingungen an verschiedenen Schulen gleich sind – so die implizite Logik dieses Konditionalprogramms – dann ist auch die Qualität des zu erwartenden Outputs gleich. Die Zurückhaltung gegenüber dem Output als steuerungsrelevantem Faktor ist in diesem Modell unter anderem unter Hinweis auf die mangelnde technologische Kontrollierbarkeit des Outputs (schulisches Lernen) durch die Gestaltung von Prozessen im System legitimiert worden. Den theoretischen Kern dieser Argumentation bildet die These eines strukturellen Technologiedefizits des pädagogischen Handelns (Luhmann/Schorr 1979). Demnach sind nur sehr eingeschränkt situationsübergreifend generalisierbare Kausalerklärungen verfügbar, die das Eintreten eines erwünschten Outputs auf bestimmte im System kontrollierte Prozesse zurechnen. Die Effekte der Handlungen im System seien daher sehr instabil bzw. mit nicht im System beeinflussbaren Faktoren verkoppelt und könnten nicht zum Ausgangspunkt zielgerichteter Steuerung gemacht werden. Hinsichtlich der Verbindung zwischen Prozessen und Output baut dieses Steuerungsmodell daher auf eine „logic of confidence and good faith" (Meyer/Rowan 1992, 40). Auf eine Kontrolle des Outputs bzw. eine Zurechung von Unterschieden des Outputs auf die Qualität der Prozesse wird verzichtet. Die Gleichheit der Ausgangsbedingungen wird als hinreichendes Mittel für die gleiche, kompetente und effektive Ausführung der Prozesse angesehen. Die Folgenverantwortung für das Handeln im System wird dann entweder individualisiert oder der Interpretation durch die Akteure überlassen.

In Hinblick auf das für die Handlungen im System verfügbare Wissen geht das Modell der Konditionalprogrammierung von einer Annahme aus, die mit Parsons (Parsons/Platt 1990, 326) als „relative Schwäche der kognitiven Grundlagen beruflicher Kompetenz" bezeichnet werden kann. Gerade durch Evaluation sollte aber – einer optimistischen Lesart folgend – Wissensgrundlagen und kognitive Strukturierung systematisierbar sein. Insofern kann Evaluation als Veränderung der im Bildungssystem verfügbaren Technologiemenge angesehen werden, die für Steuerung an der Schnittstelle zwischen systeminternen Prozessen und Outputs operationalisierbar sind. In der Sprache der Systemtheorie liegen darin die Ansatzpunkte für eine Zweckprogrammierung. Die Übertragung dieses Modells auf ein outputgesteuertes Bildungssystem ist in der Abbildung 2 skizziert.

Abbildung 2: Zweckprogrammierung

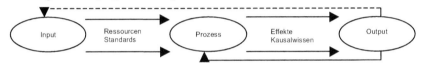

In der Outputsteuerung werden Entscheidungen gerahmt durch Zielerwartungen und Kontrolle der Zielerreichung. Beide Elemente sind in der Zweckprogrammierung des Bildungssystems vorhanden. Eine Formulierung der Zielerwartungen erfolgt durch Bildungsstandards (Klieme u.a. 2003), mit denen Entscheidungshilfen nicht mehr nur auf Unterrichtsinhalte begrenzt bleiben, sondern mit denen Kompetenzerwartungen für den Abschluss schulischer Lehr-Lern-Prozesse gesetzt werden; die Vorgabe von Bildungsstandards bezieht die Inputseite in den Steuerungsprozess ein. Sie setzt gleichzeitig Kriterien für die Beurteilung des Outputs, der als Effekt der systeminternen Prozesse interpretiert wird. Leitend ist dabei die Annahme der kausalen Zurechnung von Outputs auf das Handeln im System. Dieses Modell sieht zwei mögliche Rückkopplungsschleifen vor, die ihm eine zeitlich rekursive Struktur verleihen. Unter der Annahme stabiler kausaler Relationen zwischen Prozess und Output kann die Beurteilung des Outputs Ausgangspunkt für eine systematische Variation von Prozessen werden; im gegenwärtigen Diskurs der outputorientierten Steuerung des Bildungssystems wird dieser Aspekt insbesondere unter dem Stichwort der an Evaluation anschließenden Schulentwicklung behandelt. Darüber hinaus sind ausgehend vom Output Rückfragen an die Angemessenheit und Vergleichbarkeit der Handlungsvoraussetzungen des Systems, also den Input, zu stellen. Dieser Aspekt spielt im aktuellen Diskurs insbesondere in Hinblick auf die Fairness des Vergleichs organisatorischer Einheiten eine Rolle (Arnold 1999).

Die schematische Gegenüberstellung von Konditional- und Zweckprogrammierung zeigt, dass die Umstellung von der Input- zur Outputsteuerung sich nicht auf die Frage der Bereitstellung outputbezogener Informationen reduzieren lässt. Vielmehr sind weitreichende Konsequenzen für die zeitliche (Rekursivität), sachliche (Kausalinterpretation) und soziale (Verantwortungszurechnung) Dimension des Wissens über das Handeln im Bildungssystem mit dem Reformvorhaben der Outputsteuerung verbunden. Die längerfristigen Folgen für die habitualisierten und institutionalisierten Formen der Generierung und Verwendung von Wissen sind gegenwärtig kaum abzuschätzen. Einige sensible Punkte dieses komplexen Feldes lassen sich vor dem Hintergrund der folgenden Überlegung kennzeichnen. Im Kontext der Outputsteuerung kommt der Evaluation eine besondere Bedeutung zu, weil mit ihr wissenschaftlich validiertes Wissen als Ressource für praktische Entscheidungen mobilisiert wird. Die wissenschaftliche Validität dieses Wissens steht in unmittelbarer Abhängigkeit zu den methodischen Designs von Evaluationsstudien. Sie definieren auch die Möglichkeiten und Restriktionen für die praktische Nutzung. Inwieweit diese mit praktischem Nutzungsbedarf in Übereinstimmung stehen, ist eine offene empirische Frage. Der folgende Absatz möchte dazu einige Anregungen bieten.

3. Evaluationsstudien und ihr Informationsgehalt am Beispiel landesweiter Lernstandserhebungen

Der Gewinn wissenschaftlicher Evaluation gegenüber der mehr oder weniger zufälligen praktischen Erfahrung liegt in der methodischen Systematisierung. Gerade diese Systematisierung bedingt jedoch eine gewisse Indexikalität des wissenschaftlichen Wissens und seiner Ausdrucksformen, die bei der Übertragung in einen praktischen Kontext nicht nur Verständnisprobleme aufwerfen kann, sondern auch auf eine eigenständige Verwendungslogik trifft, die sich vom wissenschaftlichen Wissen her nicht determinieren lässt. Eine Methodologie von Evaluationsstudien, die praktisches Steuerungswissen generieren, hat daher einerseits die Differenz des wissenschaftlichen Wissens zum praktischen Erfahrungswissen, andererseits mögliche Probleme bei der Konfrontation des wissenschaftlichen Wissens mit dem praktischen Erfahrungswissen zu berücksichtigen. Vereinfacht gesprochen ergeben sich aus der Differenz beider Wissensformen die für Steuerung zu nutzenden Informationsgewinne; die Verwendungslogik wissenschaftlichen Wissens in der Praxis kann allerdings das Risiko bergen, dass diese Informationsgewinne nivelliert werden und nicht zum Tragen kommen.

Entlang einiger methodischer Stichworte zu Evaluationsstudien wird dieses Verhältnis von Informationschancen und Verwendungsrisiken im Folgenden skizziert. Dabei muss darauf hingewiesen werden, dass die über die Verwendung von Evaluationswissen getroffenen Aussagen nicht beanspruchen, die tatsächliche Verwendung zu charakterisieren. Sie weisen vielmehr auf mögliche Risiken der Verwendung hin, auf die in einer fallbasierten Vorstudie für ein Projekt der Rezeptionsforschung Hinweise gefunden wurden (Kuper/Hartung 2007).

3.1 Aggregationsniveaus der Datenauswertung

Der Informationsgehalt von Evaluationsstudien – das gilt insbesondere für landesweite Lernstandserhebungen an Schulen (vgl. die Beiträge in Kuper/Schneewind 2006) – entsteht unter anderem durch die Aggregation von Leistungsdaten, die bei Individuen erhoben werden. Die aggregierende Auswertung von Daten ist ein grundlegendes Prinzip der statistischen Analyse. Im Mittelpunkt der statistischen Datenauswertung stehen Verteilungscharakteristika von Variablen. Im Falle von Lernstandserhebungen sind das in erster Linie die fachbezogenen Kompetenzen von Schülern. Verteilungen ergeben sich in Ansammlungen individueller Fälle, die wiederum im Schulsystem durch unterschiedliche organisatorische Ebenen – Klassen, Klassenstufen, Schulen, Schulformen, Bundesländer – vorgegeben sind. Verteilungscharakteristika sind die durchschnittliche Ausprägung einer Variablen und die Unterschiedlichkeit ihrer Ausprägung in einer definierten Gesamtheit einzelner Fälle. Die Ausprägung von Variablen bei Individuen wird dagegen in der statistischen Datenanalyse kaum zum Gegenstand. Das liegt unter anderem daran, dass statistische Daten in Bezug auf Individuen das größte Risiko von Messfehlern in sich tragen. Erst in der Aggregation von Daten, d.h. in der Analyse ihrer Verteilung, liegen die Möglichkeiten der Bestimmung und statistischen Kontrolle von Messfehlern. Somit ist sowohl die Informationsqualität (Reliabilität) als auch der Informationsgehalt (Verteilungscharakteristika in Gesamtheiten) abhängig von der Datenaggregation.

Der praktische Nutzen der Datenaggregation liegt in der Bereitstellung von Referenzrahmen für den Vergleich und die Beurteilung von Schülerleistungen. Der Erfahrungshorizont von Lehrern ist normalerweise auf einzelne Schulklassen oder allenfalls die einzelne Schule begrenzt. Wird die Verteilung von Leistungen innerhalb dieses Erfahrungshorizontes als soziale Bezugsnorm für die Leistungsbeurteilung gewählt, ergeben sich erhebliche Probleme der Vergleichbarkeit und der Fairness, da von nennenswerten Unterschieden der Leistungsverteilungen auch zwischen Klassen und Schulen ausgegangen werden muss (Ingenkamp 1977). Die aggregierte Auswertung von Evaluationsdaten transzendiert den Erfahrungsrahmen, der für Lehrer zwangsläufig durch die Tätigkeit an einzelnen Schulen oder in einzelnen Klassen eingeschränkt ist. Sie eröffnet die Möglichkeit des Vergleichs, die aufgrund der Einschränkungen des Erfahrungshorizonts der einzelnen Lehrer verschlossen bleiben. Dazu gehören die Vergleiche der Leistungsverteilungen einzelner Einheiten (Klassen, Schulen) oder die Verortung der Leistungsverteilungen einzelner Einheiten in der Gesamtheit der Verteilung von Ländern.

Die Interpretation aggregierter Daten verlangt eine gewisse Abstraktion von einzelnen Fällen, denn im Zentrum der Aufmerksamkeit stehen soziale Handlungseinheiten. Hierin sehen die Adressaten von Evaluationsergebnissen in der Schulpraxis auch vielfach einen erheblichen Gewinn (Schneewind 2006). Gleichwohl kollidiert die mit der Aggregation von Daten verbundene Abstraktion oft mit dem Interesse von Praktikern, die Evaluationsergebnisse im Kontext ihrer Erfahrungshorizonte zu interpretieren, die durch die Arbeit mit einzelnen Schülern in Schulklassen bestimmt sind. Die durch Aggregation eröffnete Möglichkeit eines systematischen Vergleichs unterschiedlicher Handlungseinheiten (Klassen, Schulen) im Bildungssystem bleibt daher oft unbeachtet.

3.2 Querschnittdesign der Evaluation

Die landesweiten Lernstandserhebungen werden in den meisten Fällen im jährlichen Turnus in einem Querschnittdesign durchgeführt. Damit ist eine zeitliche Struktur der Datenerhebung beschrieben; die Daten werden pro Schülerkohorte einmalig an einem Stichtag in einer bestimmten Klassenstufe erhoben. Die jährliche Wiederholung der Evaluation bezieht immer die wechselnden, sich jeweils auf dieser Klassenstufe befindenden Schülerinnen und Schüler ein. Die Evaluationsdaten bieten damit Momentaufnahmen über die Verteilung von Leistungsmerkmalen von Schülerkohorten zum Erhebungszeitpunkt. Streng genommen lässt ein solches Querschnittdesign keine Aussagen im Sinne einer Outputanalyse zu. Eine detaillierte Outputanalyse erforderte erstens eine Verbindung von Leistungsdaten zu prozessbezogenen Daten und zweitens eine Analyse von Veränderungen der Leistung in Abhängigkeit von Prozessen. Beides verlangt in einem Längsschnittdesign erhobene Verlaufsdaten.

Eine praktisch belangvolle Interpretationsmöglichkeit, die mit diesem Erhebungsdesign möglich ist, ist die Trendanalyse. Dabei werden Trends von Merkmalsverteilungen auf Aggregatniveau – also etwa in Bezug auf Schulen – dargestellt. Bei der einer Interpretation von Trends sind wiederum erhebliche Abstraktionen zu erbringen; die erhobenen Leistungen können nicht mehr Individuen zugerechnet werden, sondern sozialen (organisatorischen) Einheiten, die über den Austausch der individuellen Mitglieder hinweg einen kontinuierlichen Bestand haben. Über mehrere Erhebungszeitpunkte könnte damit der Frage nachgegangen werden, ob die aggregierten Leistungscharakteristika sich verändern resp. konstant bleiben und ob es dafür in Anbetracht der Prozesse in den organisatorischen Einheiten plausible Interpretationen gibt. Derartige Trendanalysen könnten die Praxis einer „experimentierenden Schule" begleiten, in der Prozesse systematisch variiert und eventuelle Folgen anhand der Trendinformation interpretiert werden.

Neben dieser recht komplexen Verwendung der Trendinformationen aus Lernstandserhebungen gibt es Nutzungspraktiken, die sich auf die Querschnittinformationen begrenzen. Dabei werden keine Verbindungen zwischen den Ergebnissen der aufeinander folgenden Erhebungswellen gezogen. In dieser Auswertung dominiert der Vergleich des aktuellen Leistungsstands der Schüler einer Klasse oder Schule mit einer Referenzgruppe. Oftmals wird dabei ein Handlungsbedarf nur für den Fall unterdurchschnittlicher Leitungsergebnisse gesehen. Eine systematische Nutzung des gesamten Informationsspektrums wird in dieser Variante nicht erreicht und es besteht das Risiko, die Verwendung der Evaluationsdaten auf eine Alarmfunktion zu reduzieren.

3.3 Testtheorie

Die Entwicklung fachbezogener Kompetenztests nach den Gütekriterien wissenschaftlicher Messung ist eine der herausragenden Leistungen im Kontext landesweiter Lernstandserhebungen. Weithin durchgesetzt haben sich Verfahren der Rasch-Skalierung von Leistungsdaten (Carstensen u.a. 2004). Diese lösen sich von der Grundannahme eines deterministischen Verhältnisses zwischen dem Antwortverhalten einer Person in einem Test und den Personeneigenschaften, auf der die klassische Testtheorie beruht; statt dessen wird ein probabilistisches Verhältnis zwischen den Personeneigenschaften und Eigenschaften von Testaufgaben angenommen. Auf dieser Grundlage lassen sich mit rasch-skalierten Leistungstests zwei latente Eigenschaften unabhängig voneinander modellieren – die Kompetenz von Personen und die Schwierigkeitsgrade von Aufgaben. Das Verfahren erlaubt die Dimensionierung von Kompetenzen in inhaltlich definierte Teilbereiche und die Konstruktion von Tests, mit denen unterschiedliche Kompetenzniveaus diagnostiziert werden können.

Der praktische Nutzen dieser testtheoretischen Konstruktion liegt insbesondere in der Diagnose gradueller Differenzen der Kompetenzen von Schülern und Schülergruppen. Sie ist eine Voraussetzung für den Vergleich und für die Darstellung der Veränderung von Kompetenzen. Eine Verkopplung dieser technischen Eigenschaften von Tests zu praktischen Entscheidungen – etwa in Bezug auf die curriculare Gestaltung des Unterrichts – ist insbesondere in den Bereichen möglich, in denen schulisches Lernen als kumulativer Prozess erfolgt. Besondere Aufmerksamkeit kommt dabei den Aufgaben eines Tests zu, da die angemessene Auswahl von Testaufgaben einerseits die Validität eines Kompetenztests verbürgt und andererseits über die Testaufgaben am leichtesten eine Verbindung zur Planung und Durchführung von Unterricht gezogen werden kann. Dabei darf jedoch nicht außer Acht gelassen werden, dass die Aufgaben in der Testtheorie und dem Einsatz im Unterricht sehr unterschiedlichen Verarbeitungsmechanismen unterliegen, was Risiken für Missverständnisse birgt. Diese Differenz beruht zum einen darauf, dass in der Testtheorie mit Wahrscheinlichkeiten für die vollständige Lösung einer Aufgabe kalkuliert wird, während die Bearbeitung von Aufgaben im Unterricht von den Lehrern immer auch in Hinblick auf faktisch erbrachte Teillösungen beobachtet und beurteilt wird; der testtheoretische Status einer Aufgabe als Indikator für eine latente Personeneigenschaft (Kompetenz) und ihr unterrichtspraktischer Status als konkreter Anlass der manifesten Darstellung und Entwicklung von Leistungen sind nur sehr eingeschränkt ineinander zu überführen. Eine starke Fokussierung auf die einzelnen Aufgaben – die in der praktischen Verwendung von Evaluationsergebnissen oft beobachtet werden kann – lässt unter Umständen das abstrakte Konstrukt der Kompetenz aus dem Blick geraten. Eine praktische Verwendung des weiteren – und damit notwendig abstrakteren – Referenzrahmens für den Vergleich von Schülerleistungen auf den Aggregatebenen des Schulsystems würde damit unterlaufen.

3.4 Fairer Vergleich von Entscheidungseinheiten

Das Problem der Fairness des Vergleichs in der Schulleistungsmessung stellt sich, da die Entscheidungseinheiten im Schulsystem (Klassen, Schulen, ...) nur bedingt für die erreichten Leistungskennwerte verantwortlich gemacht werden können. Schülerleistungen werden von einer Vielzahl von außerschulischen Faktoren beeinflusst; im Kontext der Schulleistungsforschung wird insbesondere auf die soziale Herkunft von Schülern als wirkmächtiger Variable verwiesen (Ehmke u.a. 2004). Um fair vergleichen zu können, müssen derartige Einflüsse in Rechnung gestellt werden oder es werden Einheiten miteinander verglichen, die hinsichtlich ihrer Voraussetzung ähnlich sind. Sofern die entsprechende Datengrundlage verfügbar ist, wird die Vergleichbarkeit in der statistischen Verarbeitung von Leistungsdaten durch die Ermittlung von Erwartungswerten gewährleistet. Diese geben an, welche Leistungskennwerte von Schülern oder Schülergruppen aufgrund ihres sozialen Status erwartbar wäre. Von praktischem Interesse sind in diesem Verfahren des fairen Vergleichs die empirischen Abweichungen von den Erwartungswerten. Diese geben Hinweise auf die relative Effizienz von Entscheidungseinheiten. Weichen die Leistungen einer Klasse oder Schule von den Erwartungswerten ab, so kann eine Erklärung, die sich auf den Einfluss der außerschulischen Faktoren begrenzt, als unwahrscheinlich gelten. Die Auswertungstechnik erlaubt somit die Identifikation besonders effizienter (best practice) und ineffizienter Einheiten. Durch die Kontrolle der außerschulischen Einflüsse auf die Leistungen können geläufige Fehlzuschreibungen unterdurchschnittlicher Leistungswerte auf außerschulische Faktoren unterbunden werden.

Die Rückmeldung von Daten aus fairen Vergleichen an die praktischen Handlungseinheiten des Schulsystems eröffnet ein komplexes Feld möglicher Risikoabwägungen. So ergeben sich aus dem Verfahren der Ermittlung von Erwartungswerten aufgrund korrelativer Beziehungen zwischen Leistungsdaten und den Prädiktorvariablen zwangsläufig positive und negative Abweichungen empirischer Werte von den Erwartungswerten; eine eventuelle absolute Effizienzsteigerung innerhalb der Gesamtheit aller einbezogenen Einheiten kann ebenso wenig festgestellt werden wie die Effizienzsteigerung einer einzelnen Einheit, solange nur die relativen Positionen einzelner Einheiten im Referenzrahmen der verglichenen Einheiten für den Vergleich ausschlaggebend sind; ebenso können die Veränderungen relativer Positionen einzelner Einheiten auch auftreten, wenn diese ihre Effizienz nicht steigern, sobald sich der Referenzrahmen verschiebt. Wenn praktisch belangvolle Schlussfolgerungen aus dem Vergleich der relativen Position von Handlungseinheiten gezogen werden sollen – etwa im Sinne der Aufforderung zur verstärkten Anstrengung an relativ ineffiziente Einheiten und im Sinne der Übertragung von Erfahrungen an relativ effiziente Einheiten – sind erstens Vergleiche in einer weitgehend konkurrenzfreien Umgebung und zweitens die Darstellung der Folgen dieser Schlussfolgerungen in nachfolgenden Vergleichsuntersuchungen wünschenswert.

4. Die Anwendung des Evaluationswissens

Die Darstellungen des vorangegangenen Absatzes sollten die Kontingenz des Informationsgehaltes von Evaluationsstudien und der aus ihnen gezogenen Schlussfolgerungen gezeigt haben. Evaluation trägt zur Rationalisierung von Entscheidungen im Bildungssystem bei, insofern sie eine methodisch kontrollierte, prinzipiell intersubjektiv nachvollziehbare Information bereitstellt; zwingende Schlussfolgerungen über ein weiteres praktisches Vorgehen legt sie nicht nah. Auch wenn gelegentlich derartige Erwartungen aus der Praxis an Evaluation formuliert werden, ist eine Zurückhaltung in Fragen der praktischen Schlussfolgerungen keine Schwäche der Evaluation – die praktischen Entscheidungsträger können von dieser Verantwortung durch die Evaluation nicht entlastet werden. Wohl aber liegt es in der Verantwortung der Evaluation, praktisch belangvolle Information bereitzustellen, die aus der praktischen Erfahrung selbst nicht generiert und validiert werden können. Die wissenschaftliche Methodik ist dabei unerlässlich. Die Verantwortung praktischer Entscheidungsträger für die Deutung von Evaluationsergebnissen ist erforderlich, weil nur Praktiker über die Detailkenntnis lokaler Handlungsbedingungen und „vor Ort" wirksamer Einflussfaktoren auf Evaluationsergebnisse verfügen. Eine auf den jeweiligen Handlungskontext bezogene Erklärung von Evaluationsergebnissen kann daher nicht von der Evaluation selbst, wohl aber von den Praktikern erwartet werden. Die Evaluation bietet somit für die Diskussion, Abwägung und Reflexion praktischer Entscheidungen einen Anlass bzw. Argumentationskontext. In der Bezugnahme auf die Evaluation ist freilich die methodische Bedingtheit und thematische Begrenzung ihrer Ergebnisse von großer Bedeutung. Um Evaluationsergebnisse als Basis der Verständigung und Begründung praktischer Entscheidungen nutzen zu können, wäre eine methodenkritische Einstellung der Nutzer daher hilfreich.

Eine Relativierung der Bedeutung von Evaluationswissen für die Praxis wird von der Verwendungsforschung schon seit geraumer Zeit nahe gelegt (Weiss 1986). Da Entscheidungen durch Evaluation nicht determiniert werden können, wird in dieser Tradition vorgeschlagen, die Logik der Verwendung nicht durch den spezifischen Informationsgehalt der Evaluation zu erklären, sondern durch die Interessen der Entscheidungsträger. Diese Position läuft Gefahr, das Kind mit dem Bade auszuschütten, da der Unterschied zwischen einer auf praktischer Erfahrung beruhenden Information und einer methodisch kontrollierten Information für argumentative Verwendungen unbeachtet bleibt. Sehr überzeugend ist an dieser Position allerdings der Hinweis auf die soziale resp. institutionelle Einbettung der Verwendung von Evaluationswissen; deren Dynamik wird durch die verbleibende Unsicherheit in der sachlichen Dimension von Evaluation in Gang gesetzt. Vor diesem Hintergrund ist die Brisanz der Frage, an welche Adressaten Evaluationsergebnisse zurückgemeldet werden, verständlich. Insbesondere die Reaktionen in der Öffentlichkeit, aber auch die Reaktionen in hierarchisch organisierten Systemen bergen Unsicherheitspotenziale. In der sozialen Dimension führt Evaluationswissen unter Umständen zur Komplexitätssteigerung in Entscheidungssituationen – und damit zu einer Vermehrung von Entscheidungsrisiken.

Ein gängiger Mechanismus der Bewältigung dieser Entscheidungsrisiken ist Professionalität. Insofern ist eine empirisch zu beantwortende Frage, ob sich Strukturen professioneller Arbeit durch die Verfügbarkeit von Evaluationswissen verändern. Rüschemeyer (1972) legt ein Schema zur Identifikation der Anforderungsstruktur professioneller Arbeit vor, das auf die Situation der Rezeption von Evaluationsergebnissen übertragbar ist. Als bestimmende Merkmale professioneller Arbeit identifiziert er die Orientierung an einem gesellschaftlichen Zentralwert, wie etwa Gesundheit, Gerechtigkeit oder Bildung, und die Begründbarkeit des Handelns durch eine in akademischer Ausbildung und berufspraktischer Erfahrung erworbene Wissensstruktur. Beide Merkmale sieht er als variabel an; so kann der Zentralwert unstrittig und konsensuell weitgehend abgesichert sein (Gesundheit) oder selbst fortlaufend Gegenstand einer Auseinandersetzung zwischen interessensgebundenen Parteien (Gerechtigkeit); das Wissen kann einerseits durch empirische Forschung legitimiert sein (Medizin) und andererseits selbst das Ergebnis von institutionell legitimierten Entscheidungen (Recht). In diesem Modell werden die Dimensionen der Zieldefinition und der Mittelwahl in der professionellen berücksichtigt. Da beide variabel gehalten werden, lassen sich verschiedene Muster professionellen Wissens konstruieren. Es kann davon ausgegangen werden, dass die Legitimation professionellen Handelns in der Öffentlichkeit, ihre organisatorische Einbettung und die Relation der Professionellen zu den Klienten von der Struktur des professionellen Wissens nicht unbeeinflusst bleibt. Evaluationswissen tangiert beide Dimensionen – sie wirft über die Operationalisierung von Schülerleistungen die Frage nach der Interpretation des Zentralwertes auf und verändert die empirische Information über Zusammenhänge zwischen praktischen Entscheidungen in und Effizienz von Systemen. Über die Folgen der Evaluation im Bildungssystem für die professionelle Wissensstruktur seiner Akteure ist bislang wenig bekannt. Wohl aber kann bereits jetzt festgehalten werden, dass die Umstellung auf Outputsteuerung verkürzt interpretiert wird, wenn Prozessvariablen keine Berücksichtigung finden. Professionalität dürfte sich dabei als eine der ausschlaggebenden Prozessvariablen erweisen – in der Evaluation der Leistungen des Bildungssystems und in der Verarbeitung von Evaluationswissen.

Literatur

Arnold, Karl-Heinz (1999): Fairneß bei Schulsystemvergleichen. Münster, u.a.: Waxmann.
Carstensen, Claus H./Knoll, Steffen/Rost, Jürgen/Prenzel, Michael (2004): Technische Grundlagen. In: PISA-Konsortium Deutschland (Hg.): PISA 2003. Der Bildungsstand der Jugendlichen in Deutschland – Ergebnisse des zweiten internationalen Vergleichs. Münster, u.a.: Waxmann, 371-388.
Ehmke, Timo/Hohensee, Fanny/Heidemeier, Heike/Prenzel, Manfred (2004): Soziale Herkunft. In: PISA-Konsortium Deutschland (Hg.): PISA 2003. Der Bildungsstand der Jugendlichen in Deutschland – Ergebnisse des zweiten internationalen Vergleichs. Münster, u.a.: Waxmann, 225-278.

Friedeburg, Ludwig von (1992): Bildungsreform in Deutschland. Geschichte und gesellschaftlicher Widerspruch. Frankfurt a.M.: Suhrkamp.
Ingenkamp, Karlheinz (1977): Die Fragwürdigkeit der Zensurengebung. Weinheim: Beltz.
Klieme, Eckhard/Avenarius, Hermann/Blum, Werner/Döbrich, Peter/Gruber, Hans/Prenzel, Manfred/Reiss, Kristina/Riquarts, Kurt/Rost, Jürgen/Tenorth, Heinz-Elmar/Vollmer, Helmuth J. (2003): Zur Entwicklung nationaler Bildungsstandards – Eine Expertise Frankfurt a.M.: Band 1 der Reihe Bildungsreform. Bonn: BMBF (http://www.bmbf.de/pub/zur_entwicklung_nationaler_bildungsstandards.pdf).
Kuper, Harm/Hartung, Viola (2007): Überzeugungen zur Verwendung des Wissens aus Lernstandserhebungen In: Zeitschrift für Erziehungswissenschaft 10 (2), 214-229.
Kuper, Harm/Schneewind, Julia (2006): Rückmeldung und Rezeption von Forschungsergebnissen. Zur Verwendung wissenschaftlichen Wissens im Bildungsbereich. Münster, u.a.: Waxmann.
Luhmann, Niklas (2000): Organisation und Entscheidung. Opladen/Wiesbaden: Westdeutscher Verlag.
Luhmann, Niklas/Schorr, Karl-Eberhard (1982): Das Technologiedefizit der Erziehung und die Pädagogik. In: Luhmann, Niklas/Schorr, Karl-Eberhard (Hg.): Zwischen Technologie und Selbstreferenz. Frankfurt a.M: Suhrkamp, 11-40.
Meyer, John W./Rowan, Brian (1992): Institutionalized Organizations: Formal Structure as Myth and Ceremony. In: Meyer, John W./Scott, William Richard (Eds.): Organizational Environments. Ritual and Rationality. Newbury Park: SAGE Publications Inc., 21-44.
Parsons, Talcott/Platt, Gerald M. (1990): Die amerikanische Universität. Ein Beitrag zur Soziologie der Erkenntnis. Frankfurt a.M.: Suhrkamp.
Rüschemeyer, Dietrich (1972): Doctors and lawyers. A comment on the theory on the professions. In: Pavalko, Ronald M. (Ed.): Sociological Perspectives on Occupations. Itasca: Peacock, 26-38.
Schneewind, Julia (2006): Wie Lehrkräfte mit Ergebnisrückmeldungen aus Schulleistungsstudien umgehen. Ergebnisse aus Befragungen von Berliner Grundschullehrerinnen. Berlin: Rau, Schneewind & Partner.
Stamm, Margrit (2003): Evaluation und ihre Folgen für die Bildung. Münster, u.a.: Waxmann
Weiss, Carol H. (1986): The Many Meanings of Research Utilization. In: Bulmer, Martin/Banting, Keith G./Blume, Stuart S./Carley Michael/Weiss, Carol (Eds.): Social Science and Social Policy. London: Allen and Unwin, 31-40.

Herbert Altrichter

Veränderungen der Systemsteuerung im Schulwesen durch die Implementation einer Politik der Bildungsstandards

Bildungsstandards werden gegenwärtig als zentrale Elemente einer Politik zur Modernisierung des Schulwesens propagiert. Sie sollen Zielwerte für die Systemleistung definieren; darauf bezogene Tests sollen jenes „Steuerungswissen" produzieren, das eine erneuerte – rationale und effektive – Systemsteuerung des Bildungswesens ermöglicht, die letztlich zur Verbesserung seiner Leistungsfähigkeit führen soll. Im Mittelpunkt dieses Beitrags steht die Diskussion der Frage, auf welche Weise Bildungsstandards ihre erhofften Steuerungswirkungen entfalten können. Dafür greife ich auf erste empirische Erfahrungen mit der Implementation einer Politik der Bildungsstandards in Österreich zurück. *Nicht* ist Gegenstand dieses Beitrages eine prinzipielle Diskussion der Chancen und Gefahren von Bildungsstandards (Altrichter/Posch 2004). In einem ersten Schritt will ich den Stellenwert der „Standard-Politik" in dem Szenario der aktuellen Bemühungen zur Modernisierung der Schulsysteme klar machen. Daran anschließend werden in Kapitel 2 Ergebnisse empirischer Studien zur Einführung von Bildungsstandards vorgestellt und in Hinblick auf ihr Potential zur Veränderung des Steuerungssystems im Schulwesen interpretiert. In Kapitel 3 werden schließlich weiterführende Überlegungen in Hinblick auf Chancen und Probleme der Implementierung eines neuen Konzepts der Bildungssteuerung zur Diskussion gestellt. Meine Argumentation bezieht sowohl ihre Politik-Beispiele als auch ihre empirische Basis aus Österreich; an einige Stellen sollen Verweise zur Situation in Deutschland zu Vergleichen und Diskussionen einladen.

1. Bildungsstandards und Modernisierung des Schulwesens

Seit den 1990er Jahren erleben die deutschsprachigen Bildungssysteme eine sich intensivierende Diskussion über ihre ‚Modernisierung' (Brüsemeister/Eubel 2003), die sich als eine Suche nach einer Veränderung der Regelungsstruktur und nach neuen effektiveren Steuerungsmitteln interpretieren lässt, die Ökonomie und Leistungsfähigkeit des Schulwesens gewährleisten sollen. Diese Modernisierungsdiskussion hat sich in einer – für diese Bildungssysteme atemberaubend raschen – Folge von Reformen niedergeschlagen, in der sich wechselnde Schwerpunkte zeigen, die die Veränderung von Reformhoffnungen und gesellschaftlichen Stimmungen bezüglich des Schulwesens reflektieren. An anderer Stelle (Altrichter/Heinrich 2007) haben wir *drei Phasen* unterschieden, in denen die Konturen einiger Trends zur Veränderung der Systemssteuerung, die von Clark (1997) und Schimank (2002a) für die internationale Transformation der Steuerung von Hochschulen herausgearbeitet wurden, wieder zu erkennen sind.

Zu Beginn der 1990er Jahre setzte die Bildungspolitik in Österreich (und in den meisten anderen deutschsprachigen Schulsystemen) auf das Konzept *Schulautonomisierung,* das die bis dahin dominierende Steuerung des Schulsystems durch staatliche Input-Regulierung (z.b. Festlegung von Prüfungsanforderungen über gesetzliche Vorgaben; inhaltliche Festlegungen über Lehrpläne; Präzisierung von Standards über Lehrmittel und -bücher; zentrale Mittelausstattung; zentrale Lehrerzuordnung; Fend 2001, 41) zurücknehmen, Gestaltungsspielräume für Einzelschulen öffnen und Initiativen zur Steigerung ihrer Qualität und zur Anpassung an lokale Potenziale und Bedürfnisse stimulieren sollte. In der zweiten Hälfte der 1990er Jahre verschob sich das Interesse auf Instrumente, die die *interne Steuerbarkeit von Einzelschulen* zu festigen beabsichtigten (z.B. Aufwertung der Schulleitung, Schulprogramme, Qualitätsmanagement) und die mit neuen externen Stimuli für die Entwicklung experimentierten (z.B. Vergleichsarbeiten, Aufgabenbeispiele).

Nicht unbedingt ausgelöst durch den „PISA-Schock", aber massiv verstärkt durch den dadurch ausgelösten Druck, Handlungsfähigkeit in dieser krisenhaften Situation zu zeigen (Dedering et al. 2007)[1], setzte die Bildungspolitik seit 2001 in den meisten deutschsprachigen Schulsystemen auf die *Stärkung schulexterner und schulübergreifender Steuerungselemente:*

> Die Phase der „Stärkung der Selbstverantwortlichkeit von Lehrpersonen, Lehrerteams und Schulen in der methodisch-didaktischen Arbeit" erfordere eine „komplementäre Strategie bei der Planung von Unterricht und schulbezogenen Entwicklungen. Ihr entspricht die Erstellung von Standards für Grundkompetenzen, mit denen

---

1 Vgl. dazu auch den Beitrag von Klaus-Jürgen Tillmann et al. in diesem Buch.

eine zeitgemäße Grundbildung definiert, ihre Umsetzung gefördert und ein prüfender Blick darauf ermöglicht werden soll. Bildungsstandards sollen zeigen, inwieweit Schulen ihre Kernaufgabe der Vermittlung von allgemein als notwendig angesehenen Kompetenzen erfüllen. Sie wollen der Autonomie einen Rahmen geben und durch Setzen von Maßstäben die Verantwortlichkeit stärken." (Lucyshyn 2006, 3)

Die zentralen Instrumente dieser „dritten Phase" der Steuerungsreform sind

- die Vorgabe von *Bildungsstandards,* deren didaktische Exemplifizierung durch *Aufgabenbeispiele* und die regelmäßige und flächendeckende Durchführung von darauf bezogenen *Tests (Lernstandserhebungen),* deren Ergebnisse wieder ins System zurückgefüttert werden sollen, um dort „Entwicklungen" auszulösen, die zu mehr Qualität und Leistungsfähigkeit führen sollen.
- Einer ähnlichen Logik folgen die von den meisten deutschen Bundesländern (nicht aber in Österreich) formulierten *Qualitätsrahmen* und die darauf bezogenen *Schulinspektionen*: Die Qualitätsrahmen signalisieren wie die Bildungsstandards Ziele und Bewertungskriterien; die Schulinspektionen produzieren wie die Lernstandserhebungen differentielle Informationen für Schulen.

Die „Standard-Politik", die auch in Österreich seit 2000 durchgängig in allen Regierungsübereinkommen vertreten ist, wurde als eine logische Fortsetzung oder Ergänzung der Reformbemühungen seit der Autonomie-Politik propagiert. Gleichzeitig wurden ihr jedoch neue Akzente und Umgewichtungen alter Politikmerkmale zugeschrieben, die in Summe den Kern der Innovationslogik dieser neuen Politik bilden:

(1) Die Vorgaben zu Schulprogrammerstellung und Qualitätsmanagement waren weithin verfahrensbezogen und mit der Aufforderung an Schulen gekoppelt, sich in Schulprogrammen eigenständig Ziele festzulegen oder durch schulisches Qualitätsmanagement Rückmeldung zu verschaffen. Dagegen werden durch die Standard-Politik *inhaltliche und messbare Ziele/Ergebnisse für Unterricht explizit und relativ konkret extern festgelegt.*
(2) Diese Zielvorgaben im Verein mit den Aufgabenbeispielen, die zu ihrer Konkretisierung angeboten werden, *verbessern die Unterrichtsarbeit,* so die Innovationshoffnung.
„Somit zielt das Arbeiten mit Bildungsstandards auf eine Verbesserung der Unterrichtsqualität und auf eine bewusste Reflexion des eigenen Anspruchsniveaus und der Unterrichtsqualität." (Lucyshyn 2006, 14)

(3) Die Idee der „Gestaltungsspielräume" der Autonomiephase wird in Richtung einer „Autonomie der Wege" spezifiziert (Heid 2003; Böttcher 2007). Die *Existenz von Gestaltungsspielräumen und innerbetrieblichen Steuerungsinstrumenten* ist Voraussetzung für die Möglichkeit einzelschulischer Verantwortungsübernahme und -zuschreibung.
(4) Die *Zielerreichung* soll (nicht nur, aber auch) *extern* durch landesweitvergleichende Überprüfung der Leistungen gemessen werden.
(5) Die dabei gewonnen Daten werden ins System zurückgespielt und bieten das notwendige „Steuerungswissen", das sowohl den Einzelschulen als auch den höheren Systemebenen eine rationale Basis für *gezielte Qualitätsentwicklung* bietet.
(6) Diese führt zu einer *Steigerung schulischer Leistungsfähigkeit und Leistungen,* womit auch die *öffentliche Rechtfertigung der schulischen Tätigkeit* besser erbracht werden kann.

2. Ergebnisse von evaluativen Studien zur Implementation der Bildungsstandards

Die Einführung von Bildungsstandards kann als Politik zur Veränderung der „Systemsteuerung" im Bildungswesen verstanden werden. Dass aber die zielgerichtete „Steuerung" komplexer sozialer Systeme so einfach nicht ist, wissen wir aus Bildungspraxis, Politikwissenschaft, Innovationsforschung, Wissensverwendungsforschung etc. zur Genüge. Die Figur des „Steuerungswissens" ist ein zentraler Baustein in Argumentationen für evaluationsbasierte Steuerungssysteme: Durch systemweite, standardbezogene Testung von Schülerleistungen sollen Informationen über die Erreichung von Standardzielen zur Verfügung gestellt werden, aus denen verschiedene Systemakteure Steuerungs- und Entwicklungsmaßnahmen ableiten sollen. Durch die assoziative Verknüpfung der Begriffe „Steuerung" und „Wissen" entsteht der Eindruck, dass es besondere Wissensformen gäbe, die für Systemsteuerung besonders geeignet wären, aus denen Steuerung direkt erwüchse oder mit deren Hilfe Steuerung besonders leicht und besonders effektiv möglich wäre. Wir haben an anderer Stelle (Altrichter/Heinrich 2006) argumentiert, dass der suggestive Begriff „Steuerungswissen" über einige *kritische Punkte* dieses anspruchsvollen Programms hinwegtäuscht:

- So lässt sich aus den Ergebnissen der Lehrplanforschung (Vollstädt et al. 1999; Höhmann 2002; Wiater 2006) extrapolieren, dass eine Weiterentwicklung des Unterrichts allein durch die *konkreten kompetenzorientierten Zielbeschreibungen* in den Bildungsstandards ziemlich unwahrscheinlich ist.

- Dass *Aufgabenbeispiele* durch „Vorbild" eine Weiterentwicklung des Unterrichts erbringen, ist allenfalls eine langfristige Aufgabe und erfordert konzentrierte Propagierung und Qualifizierung durch Fortbildung und Schulmanagement.
- Wenn kurzfristige Veränderungen etwas ‚bewirken' könnten, dann vielleicht das für die deutschsprachigen Schulsysteme neuartigste Element, die *Tests*. Aus den bisher vorliegenden Begleituntersuchungen zu großflächigen Leistungsvergleichsstudien weiß man allerdings, dass es LehrerInnen und SchulleiterInnen nicht leicht fällt, die Informationen über Leistungsstände ihrer SchülerInnen zu verarbeiten und in konstruktive Entwicklungsinterventionen umzusetzen (Peek 2004; Schrader/Helmke 2004a und b; Gathen 2006; Groß Ophoff et al. 2006; Maier 2006).

Auf den ersten Blick zeigen sich also einige potentielle „Bruchstellen", die wohl auch die Ursache für relativierende Bemerkungen sind, die in Texten, die die „Standard-Politik" propagieren, zu finden sind:

„In der bildungspolitischen Diskussion ist in Deutschland noch weitgehend ungeklärt, wie die Standards an den Schulen implementiert werden, wie oft und nach welchen Regeln Schulen zukünftig evaluiert werden usw." (Klieme 2004, 629)
„In der Folge zeigte sich jedoch, dass von politischen Grundsatzbeschlüssen bis zu funktionierenden Praxismodellen ein weiterer Weg ist, als die Einfachheit und Überzeugungskraft der Grundidee [der Bildungsstandards] dies nahe zu legen scheint." (Freudenthaler/Specht 2005, 8)

In Österreich läuft seit Herbst 2004 eine *Pilotphase II* der Arbeit mit Bildungsstandards, in der ca. 140 Volks- und Hauptschulen sowie Gymnasien aller Bundesländer mit Standards und Aufgabenbeispielen arbeiten. Seit Sommer 2005 wurden auch Pilotversionen der standardbezogenen Tests (zunächst der Mathematikstandards auf der 8. Schulstufe) im Feld erprobt (Lucyshyn 2006, 4). Ab dem Schuljahr 2007/08 sollen standardbezogene Schülerleistungen durch flächendeckende jährliche Tests überprüft werden; die Ergebnisse sollen durch speziell ausgebildete LehrerInnen lokal ausgewertet und zentral verarbeitet werden und an die SchülerInnen (individuell), an die jeweils betroffenen LehrerInnen (für ihre Klassen) und (aggregiert) an die Schulverwaltung rückgemeldet werden (Lucyshyn 2004, 11; Steuergruppe 2004, 2). In der Zwischenzeit liegen schon einige Evaluationsstudien vor, deren Ergebnisse für eine erste Diskussion der Wirkungshoffnungen[2] und -zweifel, die die „Standard-Reform" begleiten, genutzt werden sollen.

2.1 Vorliegende Untersuchungen

A) Befragungen von Lehrkräften der Pilotschulen mit Fragebögen
Von der staatlichen Schulforschungseinrichtung „Zentrum für Schulentwicklung" wurden bisher zwei Untersuchungen veröffentlicht, mit denen in der Erprobungsphase der Bildungsstandards eruiert werden sollte, „ob der Entwicklungsstand der Standards selbst und die Bedingungen ihrer Implementation die Voraussetzungen für eine positive Unterrichtswirksamkeit erfüllen." (Freudenthaler/Specht 2005, 12) Die *erste Untersuchung* wurde am Ende der *Pilotphase I* (Freudenthaler/Specht 2005; Freudenthaler et al. 2004) durchgeführt. Die *zweite Untersuchung* per Fragebogen erfolgte ein Jahr nach Beginn von *Pilotphase II* (Freudenthaler/Specht 2006). Im Rahmen einer Diplomarbeit befragte Freytag (2006) im Mai 2006 (also während Pilotphase II) die *LehrerInnen an den sechs Wiener Pilotvolksschulen* mit einem Fragebogen, der an Beer (2007) angelehnt war; zusätzlich führte die Autorin fünf Interviews mit ExpertInnen.

B) Befragung von Wiener Lehrkräften mit Fragebögen
Beer (2007) hat in Pilotphase II eine schriftliche Befragung aller Wiener SchulleiterInnen sowie einer Zufallsstichprobe von (je nach Schultyp zwischen 15 - 25%) Wiener LehrerInnen aller Primar- und Sekundarschulen I durchgeführt.

C) Interviewbasierte Fallstudien über Pilotschulen
Aiglsdorfer und Aigner (2005, 140) haben die Art der Nutzung von Bildungsstandards und die Lehrereinstellungen gegenüber dieser Innovation an zwei ausgewählten Pilotschulen der Pilotphase II in zwei Bundesländern untersucht. Hölzl/Rixinger (2007) haben ein Jahr später – ebenfalls in Pilotphase II, aber nach der ersten probeweisen Anwendung der standardbezogenen Testverfahren – diese beiden Schulen nach einem vergleichbaren Fallstudienkonzept noch einmal untersucht und die weiteren Entwicklungen der Standardimplementierung in diesen Schulen ausgewertet. Im Rahmen ihrer schon erwähnten Fragebogenerhebung über Pilotphase II führten Freudenthaler/Specht (2006) am Ende des Schuljahres 2004/05 auch eine „qualitative Tiefenstudie" an ausgewählten Standorten

---

2 Die Langfassung dieses Beitrags enthält eine Analyse der Wirkungsvorstellungen der Standard-Politik am Beispiel der Konzepte von Klieme et al. 2003 (bzw. Klieme 2004); Specht/Freudenthaler (2004) und Helmke (2004) sowie der österreichischen Implementationsstrategie (Lucyshyn 2004a; 2006; Specht 2006a; Steuerungsgruppe 2004).

durch, bei welcher PilotlehrerInnen, FachkoordinatorInnen und SchulleiterInnen interviewt wurden.

D) Rückmeldungen der Pilotschulen im Erprobungsprozess
Im Prinzip könnten auch die Informationen aus den Rückmeldungen, die LehrerInnen der Pilotschulen über ihre Erfahrungen der Standard- und Aufgabenbeispielerprobung auf elektronischem Wege an die Projektleitung senden, interessante Daten liefern. Eine systematische Auswertung wurde bisher meines Wissens nicht veröffentlicht.

Zusammenfassend kann man also sagen, dass die bisher veröffentlichten Studien zum Großteil das *Erleben und die Einschätzungen der Lehrpersonen*, zu einem geringeren Teil jene von SchulleiterInnen, durch unterschiedlich strukturierte *Befragungsmethoden* dokumentieren. Demgegenüber werden die *Sicht- und Erlebensweisen anderer Akteure*, vor allem jene der SchülerInnen, aber auch jene von Schulaufsichts- und VerwaltungsbeamtInnen, FortbildnerInnen und Eltern, die *tatsächlichen Handlungen* aller Beteiligten und die *Effekte* des gesamten settings nicht erfasst. Bei allen Studien sind – aufgrund beschränkter Untersuchungsgruppen oder Unklarheiten beim Vergleich der tatsächlich erfassten Gruppe mit der Population – gewisse Vorbehalte in Hinblick auf die Reichweite der Ergebnisse angebracht. Die Analyse wird daher nach übereinstimmenden Tendenzen in den verschiedenen Studien suchen; ihre Ergebnisse sind als Hypothesen zu verstehen, die der weiteren Überprüfung bedürfen.

Ich werde diese Untersuchungen im Folgenden entlang einiger Fragen diskutieren, die für die Analyse veränderter Steuerung im Schulwesen aus einer Governance-Perspektive bedeutsam sind. Die sozialwissenschaftliche Governance-Forschung untersucht das Zustandekommen von Steuerung, von sozialer Ordnung und sozialen Leistungen unter der Perspektive der *Handlungskoordination zwischen verschiedenen sozialen Akteuren in komplexen Mehrebenensystemen* (Schimank 2007a; Altrichter/Brüsemeister/Heinrich 2005; Kussau/Brüsemeister 2007). Die *Transformation* von Steuerung zu analysieren bedeutet, Unterschiede in der Handlungskoordination der beteiligten Akteure im Zeitverlauf erfassen und interpretieren zu wollen.

Wie kann man nun die Veränderung von Systemsteuerung in einer Governance-Perspektive untersuchen? Wir haben kürzlich an anderer Stelle einige wesentliche Kategorien für Governance-Analysen herausgearbeitet und in ihrem Potenzial und Beschränkungen diskutiert (Altrichter/Heinrich 2007). Ich frage im Folgenden,

(1) welche Akzeptanz und Einstellungen zur Innovation sowie Bereitschaften der Akteure, sich an der Implementation zu beteiligen (vgl. Kap. 2.2),
(2) welche Kompetenz, diese Innovation umzusetzen, und tatsächliche Praxis dieser Innovation (vgl. Kap. 2.3),
(3) welche (neuen) Formen der Handlungskoordination zwischen relevanten Akteuren (vgl. Kap. 2.4) sowie
(4) welche strukturellen Stützungen der angestrebten neuen Praxis (Kap. 2.5) sich aus diesem Material ablesen lassen.

Frage (3) zielt also direkt auf das Kernelement governance-theoretischer Erklärungen, auf Modi der Handlungskoordination zwischen verschiedenen sozialen Akteuren (genauer Altrichter/Heinrich 2007, 64ff.). Die restlichen Fragen thematisieren gleichsam die Chance von „Strukturbildung" für eine neue Steuerungspraxis (a.a.O., 63f.). Beim Verstehen eines neuen Steuerungs"-systems" wird versucht, das Regelhafte einer Handlungskoordination, die natürlich darüber hinaus auch viele zufällige, „experimentelle" und ephemere Elemente enthält, herauszuarbeiten. Es interessiert „strukturierte Handlung", also wiederkehrende Handlungen und die Strukturen, auf die sie sich stützen. Mit Giddens (1992) unterscheide ich zwei „Strukturelemente"[3]:

- *Regeln oder Normen,* die in unterschiedlichem Maße institutionalisiert sein können (wie Gesetze, Verordnungen, Verträge, Handlungsanweisungen, informelle Rechte, „ungeschriebene Gesetze", Umgangsregeln, Gepflogenheiten usw.) und auf die sich Akteure explizit oder implizit berufen können und die ihre Handlungen legitimieren können.
- *Materielle und immaterielle Ressourcen* (wie Geld, Zeit, Kompetenz, Raum, Sinn, usw.) versetzen Akteure überhaupt erst in die Lage, Handlungen zu gestalten.

Frage (1) thematisiert die *akteurbezogene Seite des Elements „Normen",* die Bereitschaften, Intentionen, Motivationen, wertenden Weltsichten etc. der Akteure, mit denen sie sich zu den strukturellen Normangeboten positionieren. Frage (2) zielt auf das *akteurbezogene Komplement zu den strukturellen Ressourcen,* auf Fähigkeiten, Wissen, Kompetenzen, Handlungsprozeduren und Routinen der Akteure, die sie in Handlungskoordinationen einbringen und mit denen sie sich der strukturellen Ressourcenangebote bedienen können. Frage (4) blickt schließlich darauf, ob neue *strukturelle Regeln und Ressourcen* dem Handeln der Akteure angeboten werden.

---

3 Vgl. auch die parallelen Konzepte „Verfügungsrechte" und „Verfügungsfähigkeiten" bei Kussau/Brüsemeister (2007, 21ff.).

2.2 Akzeptanz, Einstellungen und Bereitschaften der Akteure

Eine positive Einstellung der Akteure zur Innovation ist eine wichtige Voraussetzung, an ihrer Implementation mitzuarbeiten (Lucyshyn 2006, 14). Was wissen wir über diesbezügliche Haltungen in der österreichischen Lehrerschaft?

Eine Annäherung an die „allgemeine Einstellung in der Lehrerschaft zu Bildungsstandards" versprechen die Ergebnisse von Beer (2007), weil nur in dieser Studie auch LehrerInnen außerhalb von Pilotschulen erfasst wurden. Aus den Rückmeldungen zu seinem Fragebogen nenne ich einige Ergebnisse: Bei Fragen danach, ob *Bildungsstandards ein neues Bildungsverständnis und einen Paradigmenwechsel in der Bildungspolitik beschreiben*, sind die befragten LehrerInnen sehr unterschiedlicher Meinung: Beispielsweise bejahen 50% die Frage, ob Bildungsstandards eine zeitgemäße Grundbildung definieren; ebenso viele verneinen sie (a.a.O., 177ff.). Größere Einigkeit gibt es in zwei weiteren Items: 72% der Befragten freuen sich *nicht* darauf, mit Bildungsstandards zu arbeiten, und 78% wollen *nicht*, dass Bildungsstandards den aktuellen Lehrplan ersetzen (a.a.O., 180).

Alle Items der Skala, die nach *positiven Auswirkungen von Bildungsstandards auf Lehrerkompetenz und Unterrichtsqualität* fragen, liegen deutlich unter dem theoretischen Mittelwert: Jeweils eine deutliche Mehrheit verneint einen (positiven) Einfluss von Bildungsstandards auf Unterrichtsqualität (82%), Lehrerprofessionalität (76%), Unterrichtsertrag (77%), Effektivität der Arbeit von Schulen (70%), diagnostische Kompetenzen (71%), Häufigkeit der Fortbildung (74%), Qualität der schulischen Arbeit (74%), Lehrerkooperation (80%) sowie Erleichterung der schulischen Arbeit (76%; a.a.O., 183ff.). Ebenso einheitlich skeptische Haltungen gibt es zu Fragen nach *(positiven) Auswirkungen von Bildungsstandards auf SchülerInnen:* Reduktion von Schulangst (92%), Reduktion von Selektionsdruck (92%), Erhöhung der Zahl der Bildungsabschlüsse (89%), Individualisierung des Unterrichts (88%), besseres Schülerlernen (87%), verbesserte Bildungschancen (77%) und Lösung der zentralen Probleme an Österreichs Schulen (92%) werden jeweils von einer deutlichen Mehrheit *nicht* erwartet (a.a.O., 187ff.).

In Beers (2007, 197ff.) Studie stehen HauptschullehrerInnen dem Bildungsstandardprojekt am kritischsten gegenüber, AHS-LehrerInnen relativ positiver.[4] Die befragten SchulleiterInnen sehen mehr „Auswirkungen von Bildungsstandards auf Lehrerkompetenz und Unterrichtsqualität" und zeigen mehr „Willen zur Mitarbeit" als LehrerInnen, ohne dass jedoch ihre Einstellungen über den

---

4 „Volksschulen" (VS) sind Primarschulen für 6 – 10jährige. „AHS" steht für Allgemeinbildende Höhere Schule, den gymnasialen Zweig des zweigliedrigen österreichischen Schulsystems auf der Sekundarstufe I.

theoretischen Mittelwert steigen würden (a.a.O., 201ff.). Entgegen den Erwartungen zeigen die befragten Pilotschul-LehrerInnen in beinahe allen erhobenen Faktoren eine signifikant kritischere Einstellung zu Bildungsstandards (a.a.O., 206ff.).

Freudenthaler/Specht (2006, 57) haben die „extrem pessimistische Sichtweise" von Beers Studie kritisiert. Ein Blick auf „unterschiedliche Facetten des Implementationsprozesses würde ein vielgestaltigeres Bild" mit auch positiven Bewertungen entstehen lassen. Ihre eigenen Untersuchungen beschränken sich auf LehrerInnen in Pilotschulen. Aus ihrer ersten Studie über Pilotphase I berichten sie (Freudenthaler/Specht 2005, 21ff.; vgl. auch Freudenthaler et al. 2004, 4ff.), dass Items zu *allgemeinen Intentionen* der Standard-Offensive, wie „Ziele der Schule transparenter machen" (72%), „Standards sind ein nützliches Instrument zur Qualitätssicherung" (73%) und „Standards können dazu führen, dass die Übergänge auf weiterführende Schulformen objektiviert werden und es mehr Chancengleichheit gibt" (70%) jeweils mehrheitlich zugestimmt wird. Allerdings gab es auch eine Reihe *allgemeiner Befürchtungen*, wie „noch zu vieles ist ungeklärt" (81% Zustimmung), „von Standards zu Schulrankings ist der Weg nicht weit" (75%), „der Blick auf Ergebnisse vernachlässigt Prozessdimensionen" (62%) und Standards wären „primär ein Instrument zur Kontrolle von Schule und Lehrern" (49%).

Nach Einschätzung von Hölzl/Rixinger (2007, 181) hat sich jüngst die Befürchtung, dass Bildungsstandards ein neues Instrument der Lehrerkontrolle und -bewertung wären, nach der Rückmeldung der Ergebnisse der standardbezogenen Tests verstärkt. Durch die Zuordnung der Ergebnisse zu Leistungsgruppen waren LehrerInnen in kleinen Hauptschulen (im Gegensatz zu Gymnasien) offenbar identifizierbar:

> „Ich glaube, dass das eine neue Art der Inspektion ist. Es kommt nicht mehr wie früher der Inspektor in die Schule, sondern jetzt wird anhand der Bildungsstandards leider – oder wahrscheinlich, das darf man gar nicht laut sagen – der Lehrer gemessen. […] Das wird aber vehement abgestritten." (Fachkoordinator Mathematik; zit. nach Hölzl/Rixinger 2007, 201)

Die befragten LehrerInnen befürchten weniger, dass die Konkurrenz zwischen Schulen durch die vergleichbaren Standardergebnissen steigen würde, als dass es zu Hierarchisierungen *in* der Lehrerschaft der Schule käme, die den Zusammenhalt des Kollegiums bedrohen (a.a.O., 202).

Auch bei der *Bewertung der konkreten Pilotversionen* der Standards gibt es sehr unterschiedliche Einstellungen (Freudenthaler/Specht 2005, 38 und 50): Für die Mehrheit entsprechen die Standard-Entwürfe „einem modernen Grundbildungskonzept" (69%), für viel weniger bringen sie „gegenüber Lehrplänen zusätzliche Klärung und Orientierung für die Unterrichtsarbeit" (27%). In der zweiten Studie von Freudenthaler/Specht zeigten sich einige Veränderungen gegenüber Phase 1 (vgl. umseitig Tab. 1): Die Klarheit über die Nutzung der Standards im Unterricht nahm von Phase 1 zu Phase 2 zu, ohne dass sich das entscheidend auf die wahrgenommene Nützlichkeit der Standards für den Unterricht ausgewirkt hätte (a.a.O., 16).

Tab. 1: Klarheit und Nützlichkeit von Standards für die Unterrichtsgestaltung

	HS + AHS *04*	VS 05	HS 05	AHS 05
Klar, wie Standards zur Unterrichtsgestaltung genutzt werden können	*23%*	74%	62%	53 %
Hilfreich für Diagnose des Lernstandes	*65%*	77%	63%	47 %
Hilfreich für Planung und Gestaltung von kompetenzorientiertem Unterricht	*42%*	71%	57%	45 %

(Prozentwerte der Bejahungen der Items; Quelle: Freudenthaler/Specht 2005, 36 & 42; 2006, 15f.)
Legende: HS = HauptschullehrerInnen, AHS = AHS-LehrerInnen, VS = VolksschullehrerInnen

Uneinigkeit herrscht unter den Befragten über die wahrgenommenen und vermuteten *Auswirkungen der Standards*: 47% der VS-, 32% der HS- und 25% der AHS-LehrerInnen in der Befragung vermuten, dass sich Standards positiv auf die Motivation der SchülerInnen auswirken, während jeweils 23% der HS- und AHS-LehrerInnen hier negative Auswirkungen sehen. 53% der VS-, 30% der HS- und 26% AHS-LehrerInnen nehmen positive Auswirkungen auf die Qualität des Unterrichts wahr (Freudenthaler/Specht 2006, 17).

VolksschullehrerInnen haben eine vergleichsweise positivere Einstellung zu Standards: Die Autoren meinen, dass Bildungsstandards auf der Grundstufe am stärksten auf ein „*Bedürfnis* der Lehrerinnen und Lehrer treffen, […] über klare Zielvorgaben für Lernziele zu verfügen, deren Erreichen an der Schnittstelle zur Sekundarstufe erforderlich ist." (A.a.O., 58) Umgekehrt vermögen an Gymnasien viele PraktikerInnen dem „Begriff von Grundkompetenzen nicht zu folgen" und halten ihn für „ein unzulässig verkürztes Verständnis des Bildungsauftrages" (a.a.O., 59).

Zusammenfassend scheinen die bisherigen Daten auf eine sehr skeptische (bei Beer 2007 und Freytag 2006) bis gemischte (bei Freudenthaler/Specht 2005; 2006) Haltung gegenüber Bildungsstandards bei LehrerInnen hinzudeuten, wobei die Skepsis bei den von Beer (2007) befragten Wiener LehrerInnen auch nicht durch den intensiveren Kontakt mit der Innovation in Pilotschulen abnimmt. Wenn das Ausmaß der erhobenen Skepsis sich auch zwischen den verschiedenen Untersuchungen unterscheidet (was mit unterschiedlichen Respondentengruppen und Erhebungsinstrumenten zusammenhängen könnte), würde wohl keiner der StudienautorInnen behaupten, dass es sich bei Bildungsstandards um eine Innovation handelte, auf die LehrerInnen gewartet hätten und für deren rasche Umsetzung entsprechende Bereitschaften und Einstellungen schon vorhanden wären. Dies ist nun auch wieder nicht so verwunderlich: Wenn Bildungsstandards tatsächlich der Paradigmenwechsel für die Schul- und Unterrichtspraxis sind, als der sie bildungspolitisch propagiert werden, so darf es nicht überraschen, dass sie in der bisherigen Praxis teilweise auf Unverständnis und Skepsis treffen. Die Frage ist dann, ob es im Implementationsprozess gelingt, gangbare Pfade zu den neuen Wert- und Sinnstrukturen für die Akteure aufzubauen.

2.3 Praktische Nutzung von Standards und Kompetenzen der Akteure

Die gestiegene Klarheit über Möglichkeiten der Nutzung von Standards hat sich offenbar in den Pilotschulen bisher nicht auf ihre tatsächliche Nutzung im Unterricht ausgewirkt (vgl. Tab. 2). Zwischen 2 und 11% der befragten LehrerInnen verwenden die angebotenen Bildungsstandards intensiv und regelmäßig für die Unterrichtsplanung, zwischen 31 und 58% nie. Bildungsstandards wurden demnach „noch nicht entscheidend in die Unterrichtsplanung miteinbezogen" (Freudenthaler/Specht 2006, 18). Die Daten tragen zu einer „ernüchternden Gesamtbilanz" bei. Echter Gewinn für LehrerInnen scheint selten zu sein und der Arbeitsaufwand wird kritisch eingeschätzt: Zwischen 41 und 57% der befragten LehrerInnen halten den Aufwand, der mit der Arbeit mit Bildungsstandards verbunden ist, für größer als den erzielbaren Nutzen; zwischen 17 und 33% sehen das umgekehrt (a.a.O., 56).

Tab. 2: Antworten auf die Frage „Verwenden Sie derzeit die Standards für Ihre laufende Unterrichtsplanung?"

	HS 04	*AHS 04*	VS 05	HS 05	AHS 05
intensiv und regelmäßig	*12 %*	*15 %*	11%	2%	2 %
hin und wieder	*64 %*	*50 %*	58%	51%	41%
nie	*24 %*	*35 %*	31%	47%	58%

(Quelle: Freudenthaler/Specht 2005, 31; 2006, 17)

Nach den Befunden von Aiglsdorfer/Aigner (2005, 226; ähnlich Specht 2006a, 33) konzentrieren sich die PilotlehrerInnen auf die „materiellen Aspekte der Neuerung"; sie sehen es als ihre Hauptaufgabe an, an der Evaluation der Aufgabenbeispiele mitzuwirken, nicht aber ihren Unterricht weiterzuentwickeln.

> „Die Erprobung der Standard-Beispiele wurde als eigenständige Aufgabe gesehen, die nicht mit dem ‚normalen' Unterrichtsgeschehen zusammenhängt. […] Unserer Einschätzung nach wird die Erprobung der Standard-Beispiele vom Großteil der LehrerInnen als Unterbrechung des laufenden Unterrichts angesehen" (Aiglsdorfer/Aigner 2005, 227)
> „Die meisten der Lehrerinnen und Lehrer setzen Bildungsstandards gleich mit Leistungsüberprüfungen und Tests. Manche sehen darin eher ein Element externer Kontrolle über LehrerInnen, andere ein begrüßenswertes Feedback über die eigene Wirksamkeit. Nur wenige aber entwickeln daraus ein Verständnis dafür, wie man Standards und Aufgabenbeispiele systematisch für die eigene Unterrichtsarbeit nutzen kann." (Specht 2006a, 33)

Offenbar nimmt ein großer Teil der Lehrkräfte – selbst in wahrscheinlich eher aufgeschlossenen Pilotschulen – die angebotenen Bildungsstandards und Aufgabenbeispiele nicht selbständig als willkommene Orientierung für ihre Unterrichtsplanung wahr. In den jüngsten qualitativen Fallstudien von Hölzl/Rixinger (2007, 203) erachten allerdings einige der befragten PilotlehrerInnen die Aufgabenbeispiele als „Bereicherung für den Unterricht und stellen diesen Sachverhalt auch über den anfallenden Mehraufwand". Einzelne LehrerInnen berichten davon, dass sie sich durch Formulierungen von Aufgabenbeispielen in ihrem Unterricht angeregt gefühlt hätten (a.a.O., 131ff. u. 169), während andere den Standards keine Bedeutung für ihren Unterricht zubilligen (a.a.O., 131 u. 170). Veränderungen, die sich durch Aufgabenbeispiele ergeben haben, betreffen die Intensivierung von Wiederholungen, weil die Problematik der Nachhaltigkeit des Lernens durch die komplexeren Beispiele bewusster geworden war (a.a.O., 132ff. u. 170) sowie mehr Augenmerk auf die sprachliche Formulierung von Antworten auf Mathematikbeispiele (a.a.O., 133). SchülerInnen erzählen, dass die Arbeit mit den Aufgabenbeispielen „teilweise auch interessanter als herkömmlicher Unterricht" (a.a.O., 172) gewesen wäre.

Ein Informationsproblem, das möglicherweise die Nutzung der Instrumente behindert, liegt nach Aiglsdorfer/Aigner (2005, 222) in der mangelnden Geläufigkeit der *Begriffe,* die zum Teil neu eingeführt werden: Lehrkräfte unterscheiden „kaum zwischen den Standards und den Aufgabenbeispielen" und zum Teil auch nicht den Tests. „Auffallend ist auch, dass ein großer Teil der befragten PilotlehrerInnen kaum den Begriff ‚Kompetenzen' verwendet, sondern vom ‚Kernstoff' oder ‚zentralen Inhalt' eines Unterrichtsfaches spricht."

Viel Kritik wird nach Hölzl/Rixinger (2007) an dem zu langen Zeitraum, der bis zur Rückmeldung der Ergebnisse verging, und an den zu späten Zeitpunkten der Testung geäußert (a.a.O., 175). Tatsächlich dauerte es bis zur Rückmeldung der Resultate der ersten Pilottestungen 6 bis 10 Monate (a.a.O., 108), nach Ansicht vieler Befragter ein zu langer Zeitraum, um konkrete Konsequenzen für den Unterricht zu ziehen. Die Autoren schließen aus ihren Interviewdaten: „Wenn das Feedback nicht verbessert wird, werden auch die Befürworter von Bildungsstandards unter den Lehrern überdrüssig." (A.a.O., 204)

Allein die Fallstudien von Hölzl und Rixinger (2007) basieren auf Daten, die nach der ersten Erprobung der *standardbezogenen Tests* erhoben wurden. In ihren Interviews finden sich ganz wenige Hinweise darauf, dass die Testergebnisse zu konstruktiven Prozessen der Reflexion und Weiterentwicklung von Unterricht in der Schule führen.

Die Umsetzung einer Neuerung erfordert aber nicht nur „guten Willen" (Akzeptanz), Loyalität zur Aufgabe und Wissen, sondern auch – wenn es sich um eine wirkliche Innovation handelt – neue *Kompetenzen*. Dieser Bedarf ist nicht nur bezüglich des Umgangs mit und der Interpretation von Evaluationsdaten zu vermuten, sondern auch – worauf Dubs (2006) hingewiesen hat – bezüglich kompetenzorientierter Unterrichts- und Curriculumentwicklung. Aufschlussreiche und differenzierte Informationen zu den für die Implementation von Bildungsstandards erforderlichen Kompetenzen gibt es in den hier besprochenen Studien wenige. An vielen Stellen wird jedoch von den befragten LehrerInnen Fortbildungsbedarf in Hinblick auf Grundinformationen zum Konzept und zur konkreten Umsetzung der Standards in der Unterrichtspraxis angemeldet (zum Beispiel Aiglsdorfer/Aigner 2005, 223). Zumindest laut Interviewaussagen gibt es dazu bisher zu wenige Angebote der Lehrerfortbildungseinrichtungen. Nach Auskunft zweier LandeskoordinatorInnen liegt das auch daran, dass zu wenige qualifizierte ReferentInnen vorhanden wären. Entsprechende Angebote wären jedoch in Planung (a.a.O., 224), was mit den Aussagen im offiziellen Implementationskonzept übereinstimmt, in dem von Bedarfserhebungen bei Lehrkräften und in Planung befindlichen Fortbildungsmodulen berichtet wird (Lucyshyn 2006, 20f.).

2.4 Orte und Instrumente der Handlungskoordination

Wenn eine Innovation greifen soll, dann müssen verschiedene Systemakteure nicht nur selbst auf neue Weise handeln, sondern auch ihre (partiell neuen) Handlungen auf neue Weise koordinieren, sonst verpuffen die Neuerungen gleichsam an den Schnittstellen zwischen den unkoordiniert dahin arbeitenden

Akteuren. Dies macht die Frage nach den *spezifischen Orten und Instrumenten der Handlungskoordination zwischen Systemakteuren* bedeutsam, die eventuell im Zuge der Standard-Reform entstehen und die geeignet sind, deren Intentionen steuerungstheoretisch zu stützen.

Im Hinblick auf die *Lehrer-Lehrer-Beziehung* wirkt die Arbeit mit Bildungsstandards in allen Schulformen „offenbar stimulierend auf die Zusammenarbeit in den Kollegien", vor allem auf die fachinterne Kommunikation (Freudenthaler/Specht 2006, 56 und 20f.; vgl. Tab. 3).

Tab. 3: Intensivierung der Zusammenarbeit

	HS 04	AHS 04	VS 05	HS 05	AHS 05
Zusammenarbeit im Kollegium			50%	48%	35 %
Zusammenarbeit im Pilotfach				63%	51%
Zusammenarbeit in der Klasse (fachübergreifend)				39%	29%
Lehrkräfte organisieren regelmäßigen Erfahrungsaustausch	*50 %*	*43 %*			

(Quelle: Freudenthaler/Specht 2005, 30; 2006, 21f.)

Um welche Art von Zusammenarbeit handelt es sich dabei? In der Fallstudie von Hölzl/Rixinger (2007, 128 u. 166) sind die befragten LehrerInnen uneinheitlicher Meinung, ob sich durch oder anlässlich der Einführung von Bildungsstandards die Lehrerkooperation intensiviert hätte; wo dies behauptet wird, bezieht sich dies auf fachbezogene Kommunikation. Aiglsdorfer/Aigner (2005, 225) haben versucht, die in ihren Interviews berichteten Tätigkeiten in den Pilotschulen den (ministeriell definierten) „möglichen Pilotaufgaben" zuzuordnen (vgl. umseitig Abb. 1). Wenn diese Kategorisierung etwas für sich hat, dann berichten LehrerInnen eher von *lockereren, informellen Koordinationsformen* („Erfahrungsaustausch"; in der Abbildung durch Fettdruck hervorgehoben), während stärker institutionalisierte, verbindlichere Formen einer dichten und kontinuierlichen Handlungskoordination (z.B. „Erarbeitung eines schulstufenübergreifenden Grundbildungskonzepts", „Homogenisierung der Kriterien der Leistungsbeurteilung" oder „Konsequenzen für Schulprofil ausarbeiten") seltener beobachtet werden.

Abb. 1: Häufigkeit der Durchführung der ministeriell definierten Pilotaufgaben

	ja	teilweise	nein
Fachintern: Erarbeitung eines schulstufenübergreifenden Grundbildungskonzepts			x
Gemeinsames Anforderungsprofil entwickeln			x
Kriterien der Leistungsbeurteilung homogenisieren			x
Erfahrungsaustausch über Standards im Unterricht	x		
Fachübergreifend: **Erfahrungsaustausch über Standards im Unterricht**		x	
Ergebnisse einer Standard-Überprüfung diskutieren		x	
Konsequenzen für Schulprofil			x
Schulentwicklung, Fortbildungsplanung überlegen			x

(Quelle: Aiglsdorfer/Aigner 2005, 225)

Wie steht es um die Einbeziehung anderer Akteure?

SchülerInnen wurden in den von Aiglsdorfer/Aigner (a.a.O., 221) untersuchten Pilotschulen über die kommenden Tests informiert und konnten keine Angaben über die Nutzung von Standards für ihre Lernplanung machen. Ein Jahr später hatten die interviewten SchülerInnen der gleichen Schulen durchwegs den Begriff „Bildungsstandards" gehört und assoziierten ihn vor allem mit Aufgabenbeispielen im Unterricht und mit Tests, nicht aber mit Kompetenzen (Hölzl/Rixinger 2007, 165).

Die interviewten *SchulleiterInnen* sahen für sich bisher offenbar keine ‚eigenständige Funktion' in der Standardentwicklung. So lehnte einer der Schulleiter ein Interview ab, „weil er kaum in die Arbeit mit Bildungsstandards involviert ist" (Aiglsdorfer/Aigner 2005, 142). Eine solche Haltung passt weniger gut zu Hoffnungen auf eine schulentwicklerische Orientierungskraft von Bildungsstandards, als zu traditionellen Bildern von Schulleitung, die sich auf Verwalten und Außenkontakte beschränkt und sich in den Unterricht nicht einmischt, der den pädagogischen Freiheiten der LehrerInnen anheim gestellt bleibt.

Schulaufsichtsbeamte wurden in den Interviews nie als relevante Bezugspersonen für die Standardentwicklung erwähnt. Die Beziehungen zu den *KoordinatorInnen der Standardentwicklung* wurden für das erste Jahr der Pilotphase II als sehr eingeschränkt beschrieben und bestanden „vor allem darin, dass die Schulen per E-Mail neue Materialien und Anweisungen erhalten und die PilotlehrerInnen die Rückmeldebögen zu den Aufgabentestungen an die Landes- beziehungsweise Fachkoordinatoren auf Landesebene schicken." (A.a.O., 224)

Eltern wurden an einer Schule mit einem Brief über die Tatsache der Teilnahme am Pilotversuch informiert; ElternvertreterInnen wurden Ergebnisse der ersten bundesweiten Feldtestung vorgelegt. An der anderen Schule erfolgten keine Informationen. Der Direktor sah auch keinen Sinn in Interviews mit ElternvertreterInnen (Hölzl/Rixinger 2007, 165). Auch an jener Schule, an der Informationen erfolgten, empfand die befragte Elternvertreterin diese als „zu dürftig" (a.a.O., 124). Es gibt also kaum Hinweise auf eine dichtere Koordination mit Anspruchsgruppen und auf eine Haltung der Rechenschaft (accountability) gegenüber den Eltern.

2.5 Strukturelle Vorkehrungen für die Nutzung von Bildungsstandards

Bisher wurde die Implementation von Bildungsstandards aus der Perspektive des Akteurtyps „LehrerInnen" betrachtet. Man kann und muss aber auch fragen, ob bei der Einführung der Bildungsstandards neue Strukturangebote zur Verfügung gestellt wurden. Dazu liefern die hier ausgewerteten Studien relativ wenige Informationen. Ich versuche mir mit eigenen und von anderen AutorInnen stammenden strukturbezogenen Einschätzungen zu helfen.

Die erste konkrete Frage lautet, ob *neue formelle und informelle Normen* (wie zum Beispiel Gesetze, Regeln, Verpflichtungen, Leitbilder, Losungen) ins System eingegeben und tatsächlich genutzt wurden, die die erwartete Verwendung der Standards unterstützen. Die Standard-Initiative ist von der Bildungspolitik als zentrale Neuerung kommuniziert worden, aber es fehlt – auch aufgrund der Entscheidung für „Regelstandards" – an klaren politischen Aussagen zu Funktion und Verbindlichkeit der Standards (Freudenthaler/Specht 2006, 59). Eine Anpassung der Leistungsbeurteilungsverordnung an das neue Konzept der Outputorientierung und der Nachhaltigkeit des Lernens scheint einem führenden Protagonisten der Standard-Reform als „dringend" (Lucyshyn 2006, 10).

Die zweite Frage lautet, ob *neue materielle und immaterielle Ressourcen* (wie Geld, Zeit, Raum, Materialien, Prozeduren, Instrumente), die die Standard-Nutzung unterstützen, ins System eingegeben wurden und tatsächlich genutzt werden. Zweifellos werden in das Standardprojekt beträchtliche Ressourcen investiert, zum Beispiel in Arbeitsgruppen, die Standards und Aufgabenbeispiele ausarbeiten, in die Wissenschaftlerteams, die die standardbezogenen Tests entwickeln und erproben (Lucyshyn 2006, 25f.), in die Arbeitszeit der KoordinatorInnen, in die Verteilung von Arbeitsmaterialien mit Aufgabenbeispielen usw. Genaue Zahlen dazu sind mir nicht bekannt. Aus einer Bemerkung von Specht (2006a, 31) könnte man allerdings schließen, dass auch dieses Projekt unter der „Forderung nach Kostenneutralität" steht. An einer der Fallstudien-Schulen von

Hölzl/Rixinger (2007, 187) erfolgte eine individualistische Lösung des Ressourcenproblems: Der Schulleiter berichtete, eine Reduktion der Unterrichtsverpflichtung für PilotlehrerInnen um eine Stunde mit dem zuständigen Schulaufsichtsorgan ausgehandelt zu haben. Außerdem hätte die Schule eine zusätzliche Aufwandsentschädigung bekommen, die die Kopierkosten für zwei bis drei Jahre deckt.

Wichtiger scheint jedoch die Überlegung, ob *Arbeitsstrukturen*, die für die Nutzung von Bildungsstandards wichtig sind, an den Schulen zur Verfügung stehen. Lucyshyn (2006, 10) nennt in diesem Zusammenhang die verpflichtende Erstellung von Schulprogrammen und schuleigene Rechenschaftslegung sowie mehr Autonomie für die Schulleitungen als notwendige Voraussetzungen für das Gelingen der Standard-Reform. Obwohl schon lange diskutiert und durch verschiedene Material- und Fortbildungsinitiativen unterstützt, ist eine Klärung des Stellenwerts dieser Instrumente von der Politik vertagt worden.

Eine dritte konkrete Frage lautet, ob die *Gestaltung des Implementationsprozesses selbst* geeignet ist, den Akteuren stützende Strukturen für den Übergang zu neuen Sicht- und Handlungsweisen zur Verfügung zu stellen. Für die Pilotphase I scheint dies eindeutig nicht gegolten zu haben: Nach den Befunden von Freudenthaler/Specht (2005, 29; vgl. auch Freudenthaler et al. 2004, 4) erhielten in dieser Phase 72% der befragten LehrerInnen keine laufende Unterstützung für die Verwendung der Bildungsstandards. 71% gaben an, zusätzliche Informationen, Unterstützungen und Schulungen zu benötigen, um Bildungsstandards für den Unterricht wirklich nutzen zu können. Wahrscheinlich auch aufgrund dieser alarmierenden Rückmeldung der EvaluatorInnen (Freudenthaler/Specht 2006, 60ff.) wurde das gesamtösterreichische Projektmanagement für die Pilotphase II auf eine neue Basis gestellt. Diese Maßnahme hatte offensichtlich Wirkungen: In der zweiten Studie hatten sich „die Qualität und der Transfer von relevanten Informationen gegenüber der Pilotphase I deutlich verbessert" (a.a.O., 19).

In den Fallstudien von Aiglsdorfer/Aigner (2005, 223) gibt es Hinweise darauf, dass die *Implementationsunterstützung* auch in Pilotphase II sehr unterschiedlich angekommen ist: In den beiden untersuchten Pilotschulen wurde eine laufende Unterstützung gar nicht beziehungsweise nur in geringem Maß wahrgenommen. Ein häufiger gehörter Kritikpunkt war, dass Unterstützungsmaßnahmen erst im Laufe der Pilotphasen angesichts von Problemen entwickelt wurden, Arbeitsmaterialien und Informationen häufig zu spät ankamen oder nachträglich korrigiert werden mussten (a.a.O., 231). Der Kontakt zwischen Landeskoordination und Schule wurde als sehr eingeschränkt beschrieben (a.a.O., 224). Ein Jahr später werden die laufende Information der LehrerInnen und die ihnen zur Verfügung gestellten Materialien noch immer unterschiedlich eingeschätzt, allerdings werden auch eine Reihe der Verbesserungen genannt (Hölzl/Rixinger 2007, 161).

Mögliche Gründe für die kritische Einschätzung der Implementationsunterstützung könnten in der *Beziehung zwischen LehrerInnen und RepräsentantInnen der Projektstruktur* liegen: Noch immer meinten 20 - 34 % der befragten LehrerInnen, dass ihre Ansichten und Anliegen im Zuge der Bildungsstandarderprobung nicht berücksichtigt würden (Freudenthaler/Specht 2006, 20). Sie könnten aber auch in der Projektstruktur selbst liegen: Die Information der Pilotschulen erfolgte durch zentrale Informationsveranstaltungen, zu denen die FachkoordinatorInnen geladen wurden und wohl auch durch schriftliches Material. Die FachkoordinatorInnen sollten die dabei gewonnene Information in ihrer Schule verbreiten. Es zeigte sich in den von Aiglsdorfer/Aigner (2005, 219ff.) untersuchten Schulen, dass sich die MultiplikatorInnen relativ gut über Bildungsstandards und ihre Implementation informiert fühlten, die weiteren LehrerInnen jedoch nicht. Dies ist ein wiederkehrendes Problem von *Kaskadenmodellen* der Implementation, die die Informationsweitergabe ökonomisieren wollen. Sie berücksichtigen zu selten, dass die MultiplikatorInnen nicht nur vor einer Aufgabe stehen, nämlich Projektintention und –aufgaben zu verstehen, sondern auch vor einer zweiten, nämlich diese Informationen in einer handlungsstimulierenden Form an ihre KollegInnen in der Schule zu kommunizieren, für die sie oft ebenfalls Vorbereitung brauchen.

3. Diskussion: Perspektiven und Schwierigkeiten der Implementation von Bildungsstandards

Im Folgenden soll das bisher entstandene Bild der Implementation von Bildungsstandards in Österreich durch einige kritische Rückfragen und weiterführende Überlegungen vertieft werden. Dadurch ergeben sich einige Hypothesen über Anforderungen an eine zukunftsträchtige Strategie der Implementierung von Bildungsstandards.

3.1 Standards als bildungspolitische Strategie

Dedering et al. (2007) haben gezeigt, dass im Anschluss an die überraschenden PISA-Ergebnisse und ihr mediales Echo für eine Reihe von deutschen Bundesländern das Problem entstand, bildungspolitische Handlungsfähigkeit zu demonstrieren. Ein Hauptinstrument war die neu entwickelte Standard-Strategie, die sowohl auf Kompetenzvorstellungen als auch auf Instrumente der Leistungsvergleichsstudien zurückgriff und daher geeignet schien, PISA-Problemen zu begegnen. Österreich erlebte seinen PISA-Schock erst 2004 (Altrichter/Heinrich 2007). Die Standard-Strategie war dagegen seit 2000 Regierungspolitik. So bot die Standard-Reform für die österreichische Bildungspolitik die Gelegenheit, zu argumentieren, dass schon vorsorglich gezielte Innovationsmaßnahmen eingeleitet worden waren.

Offenbar ist es der Bildungspolitik gelungen, eine „Kultur der Unvermeidlichkeit" (Goodson/Mangan 1992, 269), einen zwingenden öffentlichen Diskurs aufzubauen, Standards wären eine unvermeidliche Antwort auf das PISA-Debakel. In der medialen Öffentlichkeit gelten Standards als *die* Strategie zur Weiterentwicklung des Bildungswesens. Dies gilt nicht in gleicher Weise für die Lehrerschaft. Dort gibt es eher Zustimmung zu allgemeinen Statements über die Bedeutung der Standard-Reform und größere Skepsis bei konkreteren Fragen nach den speziellen Standards und ihrer Nutzung im Unterricht.

Allerdings wurde die Bildungsstandard-Reform – durch ihre erfolgreiche öffentliche Vermarktung – auch mit Erwartungen überladen: Sie sollte „schnelle einfache Lösungen für komplexe Probleme" bringen und „mehrere Fliegen mit einer Klappe" schlagen (Specht 2006a, 31), nämlich „das PISA-Problem, einen Teil der Strukturprobleme der Schulformensystematik, die Gerechtigkeitsfrage, das Problem der Zieldiffusion in einem mit immer mehr Aufgaben überladenen Schulwesen, das Problem der fehlenden Erfolgskontrolle. Und bei all dem bestand die Aussicht, ein bisschen auch die Lehrerschaft zu disziplinieren." (Ebd.)

Vor diesem Hintergrund erscheinen die bisherigen – unter „Pilotbedingungen" gewonnenen – Erfahrungen mit der Implementierung manchen ProtagonistInnen dieses neuen Steuerungsinstruments enttäuschend. Sie zeigen,

„[…] wie leicht das Wort von der Input- zur Output-Orientierung von den Lippen geht, wie schwierig aber dieser Paradigmenwechsel einzulösen ist, wenn wir vom Reich der Ideen und Konzepte in die Niederungen der Ebene kommen. […] Das Idealmodell outputorientierter Steuerung, der Regelkreis von Zielbestimmungen, Überprüfungen, Rückmeldungen, Entwicklungsmaßnahmen, Unterstützungssystemen und Verbesserungen […] hat seinen kritischsten Punkt, aber auch gleichzeitig seine größte Schwachstelle dort, wo *Ziele und Rückmeldungen in Entwicklungsarbeit und verändertes Unterrichtshandeln übersetzt werden* sollen." (Specht 2006a, 31 u. 33)

3.2 „Wirkungsdauer"

Die Enttäuschung über die bisherigen Implementationserfahrungen mag angesichts hochgespannter Hoffnungen verständlich sein. Kann man aber vor dem Hintergrund der Erfahrungen der Innovationsforschung ernsthaft in so kurzer Zeit eine Veränderung von Unterrichtspraktiken erwarten? Viele Innovationen der Reformpädagogik haben 70 bis 100 Jahre benötigt, um in nennenswertem Ausmaß in die Praxis einzugehen. Bei einer ‚gezielten Innovation', die von Bildungspolitik und zentraler Verwaltung mit höchster Priorität versehen wurde, sollte zwar nicht in Lebensaltern, aber immerhin in Legislaturperioden gemessen werden. Die Proponenten der österreichischen Standardentwicklung rechnen mit einer Innovationsdauer von fünf bis acht Jahren (Lucyshyn 2006, 9), Oelkers und Reusser (2007, 429) mit „bis zu zehn Jahren".

Die „Wirkungsdauer", die von der Einführung einer Innovation bis zu ihrem „Greifen" im Schulalltag veranschlagt wird, ist wahrscheinlich für *verschiedene Innovationsgegenstände* unterschiedlich. Bei manchen Neuerungen kann man sich Innovation durchaus als ein „langsames, allmähliches Einsickern in die Praxis" vorstellen. Ein Beispiel dafür scheint die Autonomiereform des österreichischen Schulwesens in den 1990er Jahren gewesen zu sein (Posch/Altrichter 1993). Durch sie wurden neue Gestaltungsspielräume und Instrumente (zum Beispiel schulautonome Lehrpläne, die „Schulprofilierung" erlauben) eingeführt, auf die eine nicht vernachlässigbare Zahl von Schulen offenbar schon gewartet hatte. Indem eine „kritische Masse" von Schulen diese neuen Möglichkeiten nutzte, wurde zusätzlich ein Mechanismus in Gang gesetzt, nämlich „Wettbewerbsdruck", der weitere Schulen dazu anregte oder zwang, diese Innovation ebenfalls aufzunehmen (Altrichter et al. 2006). Ein weiterer, möglicherweise wichtiger Unterschied ist, dass sich durch die Autonomiereform SchulleiterInnen und -kollegien als RepräsentantInnen der „Organisation Schule" angesprochen fühlten, während die Standard-Reform in ihrem Potenzial für Schulen offenbar bisher kaum erkannt wurde, sondern häufig als ein einzellehrer- oder höchstens fachgruppenbezogenes Angebot (miss-)verstanden wird.

Ein „Sicker-Modell" des Innovationsprozesses ist wahrscheinlich angemessener,

- wo die Innovation im Prinzip akzeptiert und die dafür notwendigen Qualifikationen vorhanden oder unter akzeptablen Bedingungen erwerbbar sind,
- wo durch das Aufgreifen der „innovativen Angebote" selbstverstärkende Mechanismen im System in Gang gesetzt werden,
- wo die Innovation eher komplex ist und eine längere Auseinandersetzung erfordert, um ihre Tiefendimensionen zu erfassen,

- wo es in der engeren Umgebung ausreichend förderliche und fordernde Strukturen gibt beziehungsweise die Akteure eigenen Nutzen aus der Innovation ableiten können.

Auf der anderen Seite kennen wir Innovationen, die nicht „langsam sickern", sondern die – wenn sie nicht klar neues Handeln verlangen und dadurch oft ‚konfrontierend' erlebt werden – recht rasch an bestehende Strukturen angepasst werden und damit Gefahr laufen, letztlich ihres innovativen Gehalts entkleidet zu werden. Nach unserer Analyse war die Einführung des neuen Landeslehrerdienstrechtsgesetzes in Österreich eine solche Innovation (Seel et al. 2006): In der (moderat) konflikträchtigen Situation seiner Einführung wurde die neue Organisation der Lehrerarbeitszeit als „bürokratisch veränderte Dokumentation einer inhaltlich nicht anders gestalteten Lehrertätigkeit" verkauft, um Kritik und Widerstände zu beschwichtigen. In der Folge war es dann sehr schwer, von diesem einmal eingeschlagenen Weg abzuweichen.

Es scheint also auch Innovationstypen zu geben, bei denen es gerade am Beginn der Implementation wichtig ist, neue Strukturen zu schaffen, die Auseinandersetzung erfordern und erst dadurch zu einer Reorganisation der Handlungskoordination der verschiedenen Akteure führen. Ich vermute, dass ein solcher Innovationstyp eher dort angemessen ist,

- wo die Akzeptanz der Innovation eher zweifelhaft ist und eine freiwillige „Tiefenauseinandersetzung" aufgrund von fehlenden Bereitschaften oder Qualifikationen nicht wahrscheinlich ist beziehungsweise
- wo eine oberflächliche Anpassung („den Buchstaben des Gesetzes entsprechend") möglich ist, die bürokratische Minimalerfordernisse erfüllt, aber nicht den innovativen Kern der Neuerung realisiert.

Im Falle der Bildungsstandards scheint mir nach den vorliegenden Ergebnissen die erste Bedingung („fehlende Akzeptanz") eindeutig gegeben; ob und in welchem Umfang die zweite Bedingung greift, wird davon abhängen, wie die „Verbindlichkeit" der Bildungsstandards umgesetzt, betrieben, beobachtet und sanktioniert wird.

3.3 Widersprüche der Standard-Strategie

In die bildungspolitische Strategie der Erhöhung der Leistungsfähigkeit von Schulen durch die Vorgabe und Testung von Bildungsstandards scheinen selbst einige Widersprüche eingebaut zu sein, die ihre Implementierung – zumindest auf der Basis der bisher proklamierten ‚Wirkungslogik' – behindern.

Ein ‚Auslöser' des Standard-Projekts liegt in der *Unwirksamkeit bisheriger curricularer Instrumente* für die Systemsteuerung in Richtung modernisierten Unterrichts. Die kompetenzorientierte Formulierung von Bildungsstandards und die beigegebenen Aufgabenbeispiele sind jedoch selbst curriculare Instrumente. Es ist höchst unwahrscheinlich, dass gerade durch sie eine tiefgehende Veränderung bewirkt werden könnte. Die angekündigte grundlegende Systeminnovation braucht also noch weitere Instrumente. Die entscheidenden „Hebel", auf denen die Reformhoffnungen liegen, sind wahrscheinlich die standardbezogenen Tests und noch mehr die Konsequenzen, die mit Testergebnissen verbunden sind. Auch in dem vielfach als Vorbild für Systemtransformation genommenen englischen Schulsystem gingen die Veränderungswirkungen weniger vom National Curriculum, sondern von der Veröffentlichung der Ergebnisse der *attainment tests* und den fokussierten Schulinspektionen aus.

Der Stellenwert der Testergebnisse für SchülerInnen, LehrerInnen und Schulen ist aber in der österreichischen Standard-Strategie weiterhin unklar. Einesteils haben Standards „Verbindlichkeitscharakter und werden überprüft" (Steuergruppe 2004, 1), und zwar gerade an den selektionsrelevanten Schnittstellen des Schulsystems. Anderenteils handelt es sich um „Regelstandards", die keine klaren Grenzen zeigen und nur „Orientierungsfunktion für die Schülerinnen und Schüler, die Lehrerinnen und Lehrer und die Schulen" (BMBWK 2004, 3) haben. Außerdem wird betroffenen Gruppen vorsorglich Immunität zugesichert: Überprüfungen von Standards wären keine „high stakes tests"; sie dürfen nicht „zum Anlass für eine Leistungsfeststellung bei den Lehrerinnen und Lehrern genommen werden" und ihr Ergebnis fließe „nicht in die Leistungsbeurteilungsverordnung ein" (Steuerungsgruppe 2004, 1 u. 3).

Dies mag gut gemeint sein, aber durch die bloße Veröffentlichung von Testergebnissen werden die angekündigten grundlegenden didaktischen Innovationen wohl kaum in Gang kommen. Das proklamierte Reformziel „outputorientierte Steuerung" muss Ziel- und Grenzwerte haben, an denen Steuerungshandlungen einsetzen. Sei es aus Vorsicht, wichtige MitspielerInnen vor den Kopf zu stoßen, sei es aus Unklarheit über notwendige und durchsetzbare strukturelle Einschnitte, wird derzeit die Antwort auf die Frage nach den Grenzwerten der Akzeptabilität und nach den Maßnahmen, die bei Überschreiten dieser Werte einsetzen, offen gehalten. *„Bildungsstandards und darauf bezogene Tests werden das gesamte Schulwesen grundlegend umbauen, aber für keine Gruppe der SystemmitspielerInnen spürbare Konsequenzen haben"*, scheint gegenwärtig die widersprüchliche Botschaft zu lauten. Die daraus entstehende Diffusität wird nach meinem Eindruck im System nicht als „Entwicklungsoffenheit" wahrgenommen. Vielmehr erzeugt sie Unsicherheit, was denn noch alles käme, und strategisches Handeln bei den Vor(aus)sichtigen. So konstatieren Freudenthaler/Specht (2006, 59), dass es an klaren politischen Aussagen zu Funktion und Verbindlichkeit der Bildungsstandards fehle – mit der Konsequenz, dass es unter solchen Bedingungen schwierig wäre, „die Praktiker an den Schulen von Reformkonzepten zu überzeugen und zu ernsthafter Mitarbeit zu bewegen, wenn unter den Planern und Protagonisten selbst noch Unklarheit besteht und keine klaren Botschaften kommuniziert werden" (Specht 2006a, 28). Bildungsstandards als Orientierungspunkt für die Systementwicklung zu formulieren, bedeutet andere Referenzsysteme für schulisches Handeln einzuführen. Diese sind in ihren Handlungskonsequenzen vielen SystemmitspielerInnen neu; sie müssen daher transparent – auch über Handlungs- und Strukturbeispiele – kommuniziert (und dann wieder kritisch geprüft) werden (Protokoll 2007, 2).

Fullan (1983) hat zwei grundlegend verschiedene *Innovationsstrategien* unterschieden (vgl. Abb. 2), eine „programmierte", die eher für einfache Innovationen in relativ kohärenten Situationen geeignet ist, und eine „adaptiv-evolutionäre", die eher zu komplexeren Innovationen in durch Unterschied und Widerspruch gekennzeichneten Situationen passt. Mein Plädoyer für „klare strukturelle Vorgaben" bedeutet nicht, hier einem „programmierten Innovationsansatz" das Wort zu reden, sondern vielmehr mündigen Akteuren der politischen und schulischen Arena Vorgaben und Entwicklungsspielräume klar zu machen. Nur wenn diese Spielräume in Hinblick auf die Entwicklung demokratischer und erzieherischer Werte wie auf die Entwicklung praktikabler und ökonomischer Handlungsformen akzeptabel erscheinen, ist es sinnvoll, in einen „adaptiv-evolutionären Prozess" einzusteigen, anderenfalls erscheint politisches Handeln angemessen.

Abb. 2: Unterschiedliche Ansätze der Curriculuminnovation

	Programmed approach	*Adaptive-evolutionary approach*
amount of change	small, step by step	big
curriculum technology	fixed, tested and known methods	adaptive, open methods
attitude of participants	agreement	conflict
integration/ organization	high integration	diversity
stability of environment	stable	unstable

(Nach Berman 1980 und Fullan 1983)

Ein kritischer Punkt dieser Argumentation liegt sicherlich in der längerfristigen Ausgestaltung des Verhältnisses von Zielen und Wegen, das ja eine Grundfigur der gegenwärtigen Autonomisierungs- und Steuerungspolitik darstellt: Heid (2003) hat die Politik der Standards dadurch gekennzeichnet, dass die ursprünglich proklamierte Autonomie auf eine „Autonomie der Wege" zurückgenommen wird, indem die Ziele schulischen Handelns mehr als zuvor zentral festgelegt würden. Böttcher (2007) argumentiert, dass längerfristig wahrscheinlich auch die Wege nicht offen gehalten bleiben können, weil ein neues Steuerungssystem ja Eingriffe erfordert, wenn der Output Handlungsbedarf signalisiert: Wo sollen Eingriffe erfolgen, wenn die Ziele stimmen, wenn nicht bei den „Wegen", bei den Formen „falscher Implementation von Standards" und bei „unangemessenen Unterrichtsmethoden". Folgerichtig rufen beispielsweise Freudenthaler/Specht (2006, 60) angesichts frustrierender Ergebnisse mit der bisherigen Implementation von Bildungsstandards nach einem erweiterten zentralen Zugriff auf die bisher relativ „autonomen" regionalen Implementationsprozesse. Sie fordern „größtmögliche Einflussnahme auf die Auswahl der Schlüsselpersonen und Multiplikatoren zu nehmen und diese Auswahl mit ebenso großer Sorgfalt und unter Verwendung klarer Auswahlkriterien zu treffen." (Ebd.)

Auf einen weiteren, vielleicht noch grundlegenderen Widerspruch der Politik der Bildungsstandards ist zu verweisen. Sie ist in einer Zeit schwindenden Vertrauens in die Selbstheilungskräfte der Schulen entstanden (Specht 2006b) und aus schwindendem *Vertrauen in die Fähigkeiten von LehrerInnen*, die durch PISA aufgezeigten Probleme aus eigener Kraft zu überwinden, gespeist.[5] Dem entspricht, dass nach Phasen der Schulmodernisierung, die auf mehr Gestaltungsfreiheit und schulinterne Steuerungsinstrumente setzten, verstärkt nach Instrumenten gesucht wurde, die zielgerichteter und rascher, als dies durch Selbstorganisationsprozesse in den Schulen zu erwarten wäre, PISA-relevante Entwicklungen stimulieren. Auf der anderen Seite benötigt die standardbasierte Umgestaltung des Schulwesens, weil sie ihre Ziele nicht durch direkte Intervention erreichen kann, die vermittelnde Umsetzung, die verständige Mitarbeit durch LehrerInnen und SchülerInnen (Specht 2006a, 31). Ein zentraler Baustein im Gebäude dieser Reform ist also die Fähigkeit der Selbststeuerung von LehrerInnen (und SchülerInnen; vgl. dazu Kap. 3.5). Deren Effektivität für Schulentwicklung wurde angesichts unterschiedlicher und differenzierter Evaluationsergebnisse jedoch von Bildungspolitik und Verwaltung zunehmend bezweifelt.

Im Übrigen gilt Ähnliches für die *Selbststeuerung der Einzelschulen*. Dieser Selbststeuerung, die für sich allein offensichtlich nicht effektiv genug war, sollen durch die Politik der Bildungsstandards Ziele und Kontrollen beigegeben werden. Gleichzeitig kann diese Politik ihre Wirkung nur entfalten, wenn nicht nur einzelne LehrerInnen, sondern auch SchulleiterInnen und die innerschulische

---

5 Vgl. Spechts (2006a, 31) Beobachtung, im Motivmix hinter der Standard-Strategie hätte sich die „Aussicht, ein bisschen auch die Lehrerschaft zu disziplinieren", befunden.

Koordination des Kollegiums verständig mit Zielvorgaben und Testergebnissen umgehen und entsprechende Organisations- und Personalführungsmaßnahmen treffen, die ernsthafte Auseinandersetzung mit den Testresultaten und entsprechende Entwicklungshandlungen fördern und fordern. Dass die „Selbststeuerung" von LehrerInnen und Schulen, allein dadurch, dass sie klare Zielvorgaben bekommt und dass sie kontrolliert wird, schon zu effektiveren Prozessen der Unterrichts- und Schulentwicklung führen wird, gehört zu den großen, hoffnungsvollen Hypothesen der Standard-Reform, für die es bisher keine empirischen Hinweise gibt.

Die Politik der Standards scheint in der Öffentlichkeit und bei den meisten Akteuren des Schulsystems unstrittig, nicht jedoch bei Lehrkräften. Oelkers/ Reusser (2007, 206) halten eine länger dauernde Entgegensetzung von Politik und Profession für unproduktiv und die *„Sicherung von Akzeptanz in der Profession"* für ein wichtiges Strategieelement. Oelkers und Reusser nennen folgende Bedingungen, unter denen LehrerInnen für diese Reform gewinnbar sind:

- Standards müssen LehrerInnen als *produktive Problemlösung und Erleichterung ihres Kerngeschäfts* erscheinen:
  „Lehrkräfte [...] arbeiten problemzentriert und unter Handlungsdruck in einem sehr komplexen und heterogen gewordenen Berufs- und Aufgabenfeld. Wer ihnen keine besseren Lösungen für ihre bestehenden Probleme anbietet, wird sie nicht erreichen. Bildungsstandards müssen als produktiver Beitrag zur Verbesserung des Kerngeschäfts erscheinen, was nicht allein einen hohen technischen sowie fachdidaktisch-theoretischen, sondern vor allem einen gewaltigen fortbildnerischen (sozialen) Aufwand verlangt." (Oelkers/Reusser 2007, 431)
- Der Nutzen für LehrerInnen könnte darin bestehen, dass Lehrkräfte „die Tests und ihre Ergebnisse zur Verbesserung des Unterrichts und zur Objektivierung der Leistungsbeurteilungen" nutzen (a.a.O., 418). Belege für diese Annahme finden die Autoren in der Forschung zur Implementation von Tests. Sie führen Schweizer Projekte an, die zeigen sollen, dass LehrerInnen Belastungsfolgen in Kauf nehmen, wenn ihnen Standards langfristig Nutzen bringen. Beide Beispiele scheinen allerdings eher den *„Rechtfertigungsnutzen"* von Standards zu betonen als die Stimulierung von *Unterrichtsentwicklung*. Viele Untersuchungen aus verschiedenen deutschen Bundesländern weisen derzeit darauf hin, dass es Lehrkräften schwer fällt, aus den Informationen externer Evaluationen konstruktive Schritte der Unterrichtsentwicklung abzuleiten und umzusetzen (Gathen 2006; Groß Ophoff et al. 2006; Maier 2006; Peek 2004; Rolff 2002; Schrader/Helmke 2004a; 2004b).

- Lehrerverbände könnten – wenn man das Beispiel USA nimmt – durchaus eine Stütze einer Politik der Standards sein, weil sie an „fachlichen" Arbeitszielen Interesse haben könnten, wenn die Testergebnisse *nicht mit empfindlichen Konsequenzen für einzelne LehrerInnen verbunden* sind. Ein Verzicht auf enge Kontrolle, Sanktionen und Misstrauen der Politik gegenüber LehrerInnen könnte – wie zum Beispiel in den skandinavischen Ländern – durchaus Element einer erfolgreichen Politik der Standards zu sein (Oelkers/Reusser 2007, 420; Protokoll 2007, 1).
„Was [Lehrkräfte] ablehnen, sind Tests, deren Ergebnisse Folgen haben über das hinaus, was sie für ihre Praxis nutzen können. Wenn das Verfahren fair ist, keine Lohnfolgen drohen und genügend Spielraum vorhanden ist, mit den Daten umzugehen, dann haben […] Lehrkräfte keine Schwierigkeiten mit Leistungstests, und dies um so weniger, wenn gute Aufgaben den Test ausmachen. Wenn dagegen Tests als repressiv oder als Bedrohung erfahren werden, lehnen die Lehrkräfte sie ab." (Oelkers/Reusser 2007, 418)
- LehrerInnen könnten die Standard-Reform eher akzeptieren, wenn ihre *Einwände berücksichtigt* werden, wie zum Beispiel die Gefahr der Verengung der Bildungsaufgabe, der Marginalisierung nicht getesteter Fächer und der Verschärfung der Fächerhierarchie, angemessener Zielniveaus für die mittleren und schwächeren SchülerInnen usw. (a.a.O., 424).

3.4 Lehrerlernen und das Lernen anderer SystemmitspielerInnen

In den zitierten Evaluationen wurden vor allem Daten von und über LehrerInnen gesammelt. Aus diesem Grund wissen wir auch relativ viel über Bereitschaften und Fähigkeiten für die standardbasierte Entwicklung bei diesen Akteuren. Oelkers und Reusser (2007, 423) sehen in der durch output-orientierte Steuerungsformen implizierten „Rückübersetzung von Output [i.e. Informationen über Testleistungen] in Input und Prozesse [i.e. Lernaufgaben und -aktivitäten]" das Kernproblem eines Outputmodells der Steuerung. Dieses entspricht einerseits strukturell der professionellen Kernkompetenz von Lehrpersonen, die darin besteht, „Ergebnisse oder fertigen Stoff in Prozesse zu verwandeln". Andererseits übersteigt es als Problem der *System*steuerung den Handlungs- und Einflussbereich einzelner LehrerInnen, weil „Rückverflüssigung" der *System*leistungen auf allen Ebenen ein Problem darstellt, an dessen Bearbeitung verschiedene MitspielerInnen des Mehrebenensystems (mit unterschiedlicher Verantwortung) mitwirken müssen, indem sie ihre Handlungen in neuer Weise koordinieren und dafür nach und nach förderliche Strukturen aufbauen.

Die erste Perspektive legt nahe, LehrerInnen als zentrale Akteure dieser Systemreform anzusehen. Und sie scheint dazu zu verführen, Lehrpersonen nahezu exklusiv mit aller Reformverantwortung zu belegen und gleichzeitig ihr Zurechtfinden in den neuen Arbeitsbedingungen aus einer phantasierten Beobachterperspektive kritisch zu kommentieren. Die zweite Perspektive öffnet den Blick für den Beitrag anderer MitspielerInnen und für die förderlichen und hinderlichen Strukturen, die allen Akteuren zur Verfügung stehen. Auf sie komme ich weiter unten zu sprechen; zunächst zur ersten Perspektive:

Die standardbasierte Reform kann nicht ohne Lehrerlernen funktionieren. Auf die Frage nach den Inhalten dieses Lernens hat die Wissenschaft oft methodische Qualifikationen in den Vordergrund gestellt: Lehrpersonen wären für das Verstehen und Interpretieren von Daten aus Lernstandserhebungen nicht genügend vorbereitet; Fortbildung, zusätzliche arbeitsplatzbezogene Unterstützungsleistungen und Berücksichtigung dieser Qualifikationen in der Erstausbildung werden gefordert. Das „Rückverflüssigungsproblem" erfordert aber nicht nur Methodik- und Statistikkenntnisse, sondern auch eine didaktische Antwort, die professionelle Kompetenz voraussetzt. Aus der Betrachtung des Outputs die richtigen Schlüsse für neue Prozesse und Inputs zu ziehen, stellt eine durchaus schwierige Aufgabe dar. Diese „Übersetzungsleistung" erfordert didaktisches Wissen und didaktisches Handeln. Genau dies erscheint mir bisher unterthematisiert (Ausnahmen: Dubs 2006; Reusser 2007), dass nämlich das Standard-Konzept von Schulen und PraktikerInnen ein neues Engagement bei Unterrichts- und Curriculumentwicklung sowie bei fachlichen und überfachlichen Koordinations- und Entwicklungsprozessen fordert. Dazu sind wahrscheinlich nicht nur ‚additive' Lernprozesse notwendig, in denen zu einer bestehenden Überzeugungs- und Kompetenzstruktur neue Elemente hinzugefügt werden. Vielmehr wird es sich in vielen Fällen um komplexe Lernvorgänge, um Prozesse des aktiven und reflexiven ‚Umlernens' handeln, die mit einem Wandel von Überzeugungen und dem Aufbau neuer Handlungsroutinen verbunden sind (Oelkers/Reusser 2006, 8), weil LehrerInnen keine ‚unbeschriebenen Blätter' im Umgang mit Leistungsinformationen, Unterrichtsplanung und -umsetzung sind. Die „Implementation" eines standardbasierten Unterrichtens wird erfordern, dass viele LehrerInnen bestehende handlungsbezogene Voreinstellungen („belief systems") erkennen, in Frage stellen und gelegentlich kognitiv negieren, sodann alternative Wahrnehmungs- und Handlungsoptionen erkennen und ausbilden, durch ihr Handeln förderliche Strukturen für dieses neue Handeln gestalten (was kooperative Prozesse mit verschiedenen sozialen Akteuren erfordert) und schließlich dieses Handelns wieder routinisieren.

Bei der Suche nach der Antwort auf die Frage, wie denn LehrerInnen lernen könnten, aus Evaluationsinformationen Konsequenzen zu ziehen und – wo nötig

– anderen Unterricht zu machen, ist man beim ersten Lesen des Gutachtens von Oelkers/Reusser (a.a.O., 432f.) frustriert: Die angebotenen Beispiele wie fachdidaktisch-pädagogisches Coaching oder Video-Analysen sind einesteils sehr plausibel, betreffen aber andererseits so zeit- und ressourcenintensive Formen einer „Re-Education", dass sie schwer als Unterstützungsstrategie „in der ganzen Breite" des Systems realisierbar erscheinen. Auf der anderen Seite unterstreichen diese Vorschläge die Ernsthaftigkeit der Kernaussage von Oelkers und Reusser, dass die Implementation von Bildungsstandards Lernen und Umlernen in langfristigen und intensiven Lernkontexten erfordert.

Lehrpersonen sind sicherlich Schlüsselakteure für das Gelingen des Standard-Projekts. Es gibt jedoch weitere Akteure im System, deren Handeln für das Gelingen der Systemreform wichtig sein könnte. In der Governance-Perspektive ist das Schulwesen als ein Mehrebenensystem (Altrichter/Heinrich 2007, 64; Oelkers/Reusser 2007, 415) bezeichnet worden. Ein Charakteristikum solcher Gebilde ist, dass die „Übergänge" zwischen verschiedenen Ebenen und Akteuren (Kussau/Brüsemeister 2007, 31ff.) prinzipiell prekär sind, weil sie gleichzeitig Übergänge zwischen verschiedenen Wissensformen und Handlungslogiken darstellen (zum Beispiel zwischen politischem Handeln, Verwaltungshandeln und Lehrerhandeln). Für die Koordination („Steuerung") eines Systems sind diese Übergänge ganz entscheidend. Relativ stabile Systeme entwickeln dafür spezielle „Brücken", wie Routinen, Umgangsformen, Verfahrensvorschriften, Instrumente, Traditionen oder Prüfverfahren, die der Brüchigkeit der „Brücken" und der Abschottung der Akteure entgegen arbeiten sollen. In Zeiten der Systemreform müssen diese Übergänge teilweise neu gestaltet werden (und stellen sich dabei als vielleicht stabiler als zuvor angenommen heraus), um eine neue Form der Systemkoordination zu erreichen, der nicht einige Akteurgruppen – durch „altbewährtes Handeln" – entgegenarbeiten. Aus diesem Grund erscheinen gerade die Koordinationsformen zwischen verschiedenen sozialen Akteuren in Zeiten der Systemtransformation der Untersuchung wert.

Die vorliegenden Evaluationsdaten weisen in die Richtung, dass LehrerInnen von sich aus wenig neue standardbezogene Koordinationsbeziehungen zu anderen Akteuren aufgebaut haben. Besonders auffällig sind die Nicht-Beteiligung der SchulleiterInnen und der Schulaufsicht in den von Aiglsdorfer/Aigner (2005) untersuchten Standorten. Dies könnte auch ein Resultat des Implementationsdesigns sein. Die Kommunikationskanäle scheinen jedenfalls de facto von einer zentralen Projektgruppe über „KoordinatorInnen" auf verschiedenen Ebenen zu den PilotlehrerInnen zu verlaufen, ohne dass die energische Mitwirkung von Seiten der Schulleitung oder -aufsicht notwendig ist. Dies könnte längerfristig ungünstig sein, wenn es darum geht, nicht nur einzelne LehrerInnen zur Unterrichtsentwicklung zu bewegen, sondern Verantwortung am Standort und in der Region für koordinierte Entwicklung und entsprechende Rahmenbedingungen zu übernehmen.

Eine besondere Bedeutung für die Systemtransformation kommt den Unterstützungs- und Kontextsystemen des Schulwesens zu. Fortbildung soll kurzfristig neue Qualifikationen (und eventuell neue Motivationen) aufbauen; Beratungsleistungen sollen Vor-Ort-Hilfe bei Evaluations- und Entwicklungsaufgaben leisten, Lehrerbildung soll längerfristig Motivationen und Qualifikationen für die neue Systemsteuerung aufbauen. Die hier geprüften Informationen weisen darauf hin, dass die Projektunterstützungsfunktion der Fortbildung in den Konzepten mitgedacht und im Aufbau ist, während beispielsweise die weitere Einbindung und Rolle der Kontextsysteme in der Standard-Reform wenig thematisiert wird. Beispielsweise fand gerade im Jahr 2006/2007 eine Restrukturierung und Studienplanerneuerung der österreichischen Lehrerbildung an Pädagogischen Hochschulen statt, für die die Standard-Reform kein wesentliches Orientierungsprinzip zu sein schien.

3.5 Unterrichtsentwicklung und Schülerlernen

Auch die Einbindung der Eltern und vor allem der SchülerInnen in das Standardprojekt erscheint zum jetzigen Zeitpunkt schwach ausgeprägt. Letzteres könnte Indikator einer widersprüchlichen Vorstellung von Unterrichtsentwicklung sein beziehungsweise einer solchen weiter Vorschub leisten.

Ein verbreitetes Konzept unterrichtlichen Handelns folgt einem Angebotsparadigma: LehrerInnen haben die Aufgabe, den Lernenden aufbereitete Inhalte anzubieten. Die Verarbeitung der Inhalte ist weitgehend Sache des Lernenden. Größtmögliche Homogenität in der Zusammensetzung der SchülerInnen einer Klasse gilt als wichtige Voraussetzung für den Unterricht. Durch sukzessives Ausscheiden der Schwächeren (Sitzenbleiben, Rückstellung, etc.) wird versucht, die Homogenität zu sichern. Dadurch wird es möglich, das Unterrichtsangebot auf einen Durchschnitt an vermuteten Lernvoraussetzungen hin abzustimmen, um den herum es zwar Abweichungen gibt, wobei man aber davon ausgeht, dass das Pensum von den Lernenden bewältigt werden kann.

Mit der Einführung von Standards wird aber ein Perspektivenwechsel angestrebt. Nicht das Angebot steht im Mittelpunkt, sondern die Lernaktivitäten, mit denen SchülerInnen erwartete Kompetenzen erwerben. Statt der Homogenitätsannahme gerät nun die Heterogenität der Schülervoraussetzungen in das Blickfeld. Es wird wichtig, die unterschiedlichen Lernvoraussetzungen der SchülerInnen zu identifizieren und individuell darauf abgestimmte Lernprozesse anzuregen und zu ermöglichen. Lehren wie Lernen werden zunehmend als hochgradig situierte und systemische Prozesse verstanden, in denen den individuellen Voraussetzungen und Aktivitäten der SchülerInnen ein zentraler Stellenwert zukommt. SchülerInnen werden dabei von RezipientInnen von Unterrichtsangeboten zu (Mit)KonstrukteurInnen der entstehenden Kompetenzen. Es handelt sich hier um einen tief greifenden Wechsel der Perspektiven, der bisher in der Diskussion über Standards kaum thematisiert wurde. Die eher enttäuschenden Ergebnisse der bisherigen Bemühungen um Einführung der Standards, die fehlenden Auswirkungen auf die Unterrichtsplanung und die Ausklammerung der Rolle der Lernenden (Freudenthaler/Specht 2006, 18ff.) könnten auch damit zusammenhängen, dass die Einführung der Standards eher unter einer Perspektive der technischen Umsetzung und nicht als Herausforderung eines neuen Verständnisses von Unterrichtsgestaltung gesehen wird.

Eine standardbezogene Reform darf SchülerInnen nicht als Planungsobjekte für Unterrichtsentwicklung konzipieren; Sie sind vielmehr als verantwortliche NutzerInnen der schulischen Angebote die ultimativen Zielpersonen der Reform. Gerade für die Nutzung der schulischen Angebote sollen Bildungsstandards ja entscheidende Zielorientierungen abgeben: SchülerInnen müssen Gelegenheit bekommen und dazu angeregt werden, in ihren Lernaktivitäten produktiv mit diesen Orientierungen umzugehen (vgl. auch Reusser 2007). Dies erfordert aber eine weitergehende Involvierung der Lernenden in das Standardprojekt, als sie dazu anzuhalten, die Standardtests „ernst zu nehmen". Instrumente für die Einbindung der SchülerInnen müssen nicht vollkommen neu erfunden werden. In den Traditionen schülerorientierten und offenen Lernens liegen eine Reihe von Instrumenten vor, wie zum Beispiel Wochenpläne oder Lernverträge, die zu bewussten Zielvereinbarung über Lernprozesse und -ziele genutzt werden können. Ein besonderes Problem für die Standard-Strategie stellen sicherlich *SchülerInnen mit schwächeren Schülerleistungen* dar. Die notwendigen Maßnahmen gehen hier sicher über die Entwicklung einer „Test- und Aufgabenkultur" hinaus (Oelkers/Reusser 2007, 424).

3.6 Individuelles Lernen, kollektives Lernen und Systementwicklung

Das „Rückverflüssigungsproblem" (Oelkers/Reusser 2007, 423) darf nicht allein ein Problem der Lehrpersonen bleiben, wenn durch Standards eine sinnvolle Entwicklung des Schulwesens inspiriert werden soll. Eine Schulreform ist ein komplexer systemischer Entwicklungsprozess, der leichter zu fordern als zu beschreiben und noch schwerer zu initiieren und zu steuern ist. Die beste Kurzbeschreibung, die uns zur Verfügung steht, lautet, dass Prozesse der *Systementwicklung* individuelle Lernprozesse erfordern, die in kollektive Lernprozesse eingebettet sind. Alle diese Lernprozesse müssen auf Interaktions-, Organisations- und Systemebene durch „Strukturen" gestützt werden, um sie relativ dauerhaft zu machen; nur dann spräche man von einer gezielten „Reform" mit einer erkennbaren Logik und nicht von einem undeutlichen „Oszillieren" des Systems. Sowohl das Lernen als auch der Aufbau von „neuen Strukturen" geschieht durch Handeln, das sich seinerseits auf bestehende und in Transformation befindliche Strukturen stützen muss.

Zunächst zum Charakter der *kollektiven Lernprozesse*. Lernen ist einesteils ein Vorgang individueller Aneignung, doch geschieht er anderenteils in einem sozialen Kontext, in dem das Anzueignende durch kommunikative und praktische Handlung praktiziert wird. Lernen bedeutet daher auch, Position gegenüber einer sozialen Praxis des zu lernenden Wissens zu beziehen und eine Identität als Mitglied einer speziellen ‚Praxisgemeinschaft' (die auch eine „Wissens- und Kompetenzgemeinschaft" ist) schrittweise aufzubauen (Lave/Wenger 1991).

> „Die Konstruktion von Sinn wird dabei nicht lediglich als individueller Prozess, sondern als situiert in den lokal gegebenen Schulstrukturen und -kulturen verstanden, was Prozesse der Schulentwicklung auslösen muss. Die Abhängigkeit des Lernens vom Vorwissen ist ebenso wichtig wie der soziale Kontext und die darin – als kollektive Formen der Sinnkonstruktion – stattfindende Interaktion und Kommunikation in Kollegien oder (informellen) Netzwerken. Zentral dabei ist, dass das Lernen die professionell geformten Mentalitäten, Überzeugungen, Gewohnheiten und eingeschliffenen Handlungsroutinen auch tatsächlich trifft und erreicht – und diese bearbeitbar werden." (Oelkers/Reusser 2006, 11)

Für eine Systemreform ergibt sich daraus, dass es auf überschulischer und einzelschulischer Ebene gelingen muss, *attraktive und kommunikationsintensive „Praxisgemeinschaften"* aufzubauen, in denen neue Wissensbestände und neue Überzeugungen gehört, *in actu* beobachtet, erprobt und so weit weiterentwickelt werden können, dass sie einesteils praktikabel für die alltägliche Gestaltung von Lehrerhandeln sind und anderenteils als wichtiger Bestandteil einer professionellen (Lehrer-, Schulleiter- usw.) Identität erscheinen.

Oelkers/Reusser (2007) nennen eine Reihe von Werkzeugen und Verfahren der Implementation, mit denen Entwicklungsprozesse zu einem standardbezogenen Steuerungssystem *strukturell gestützt* werden könnten (vgl. Abb. 3).

Abb. 3: Werkzeuge und Verfahren der Implementation
(nach Oelkers/Reusser 2007, 261ff.)

Werkzeuge und Verfahren der Implementation von Reformen auf ...		
Systemebene	**Schulebene**	**Unterrichts- und Klassenebene**
<ul><li>Ausgearbeitete Bildungsstandards und darauf bezogene Tests</li><li>Bildungsmonitoring</li><li>Rückmeldung von Ergebnissen</li><li>Rahmenlehrpläne, Kerncurricula, Lehrmittel</li><li>ICT-Werkzeuge, Schul- und Bildungsserver</li><li>Schulaufsicht und Schulinspektion</li><li>Reformprojekte und Modellversuche</li></ul>(Oelkers/Reusser 2007, 261ff.)	<ul><li>Schulleitung</li><li>Schulprogrammarbeit</li><li>Integrierte Selbst- und Fremdevaluation</li><li>Kooperation von Lehrkräften in Fachgruppen, Netzwerken und Lerngemeinschaften</li></ul>(Oelkers/Reusser 2007, 310ff.)	<ul><li>Aufgabenkulturen</li><li>Abrufbare Fach- und Leistungstests</li><li>Fachdidaktisch-pädagogisches Coaching</li><li>Videobasierte Unterrichtsreflexion</li><li>Angemessene Formen der Leistungsbeurteilung</li></ul>(Oelkers/Reusser 2007, 337ff.)

Tatsächlich „stützend" werden diese Werkzeuge und Verfahren, wenn

- die Akteure die normativen Einstellungen und die sachlichen und persönlichen Ressourcen (wie Zeit, Räume, Geld, Kompetenzen) haben, um diese „Strukturen" auch kontinuierlich zu praktizieren,
- die verschiedenen Akteure im Hinblick auf die zu praktizierenden „Strukturen" sich einigermaßen gleichsinnig verhalten und nicht – bewusst oder unbewusst – einander entgegen arbeiten,
- die verschiedenen, neu eingeführten Verfahren zueinander passen und einander gleichsam zuarbeiten, und nicht durch interne Widersprüchlichkeit, durch mangelnde Passung zwischen den Verfahren oder durch ‚innovation overload' Friktionen erzeugen,
- diese Strukturen institutionalisiert, d.h. durch formelle oder informelle Übereinkunft oder durch Routine „verstetigt" werden.

Die meisten der hier genannten „Verfahren" sind für das österreichische Bildungswesen keineswegs neuartig, sondern durch Pilotprojekte und Innovationsvorschläge bekannt. Auf der anderen Seite gibt es gerade bei solchen Instrumenten, die man als zentrale Stützstrukturen erwarten würde, eine Reihe von abgebrochenen oder stecken gebliebenen bildungspolitischen Entwicklungen. Schulische Selbstevaluation wurde durch eine gut gemachte *web site* (QIS o.J.) lanciert. Die Schulaufsicht wurde vom Ministerium (BMUK 1999) per Weisung verpflichtet, Schulen auf der Grundlage ihres jeweiligen Schulprogramms zu prüfen. Initiativen zur Etablierung von Selbstevaluation und Schulprogrammen sind jedoch versandet, weil nach Widerständen aus der Lehrervertretung weitere Schritte zur Umsetzung und gesetzlichen Verankerung aufgeschoben wurden. In seinem Bericht über die Schulaufsicht stellte der Rechnungshof (2006) vor kurzem u.a. fest, dass einheitliche Umsetzungsmethoden der oben genannten Weisung und die Festlegung konkret zu erfüllender Pflichten fehlten.

Auch die Reform des Lehrerdienstrechts (LDG), die Potenziale für innerschulische Strukturbildung enthielt, hat kaum zu Veränderungen der schulinternen Arbeits- und Verantwortungsstrukturen geführt. Anhand von Fallstudien in 18 österreichischen Schulen (Seel et al. 2006) wurde festgestellt, dass diese Neuerungen durch mangelnde Aufmerksamkeit auf die Implementation angesichts Widerstand von LehrerInnen in beinahe allen untersuchten Schulen im Sinne von „business as usual" implementiert wurden.

4. Die Implementation von Bildungsstandards: Kritik und Perspektiven

Die bisherige Arbeit zur Einführung von Bildungsstandards in Österreich befindet sich erst in einer Pilotphase. Die dafür gewählte Implementationsstrategie weist einige Probleme auf, die bei ihrer Fortführung in einer breiteren Implementation fatal sein können:

- *Aufbau von Entwicklungsqualifikationen:* Die bisherige Anlage des Implementationsprojekts setzt schul- und unterrichtsentwicklerische Qualifikationen und Motivationen voraus, die an den Schulen nicht in der erforderlichen Breite vorhanden zu sein scheinen. Der bisherige Wissensstand legt jedenfalls nahe, „dass nur innerlich gefestigte, institutionell starke und über stabile Kooperations- und Selbstlernkulturen verfügende Schulen mit einer entwickelten inneren Autonomie und Organisation in der Lage sein werden, beispielsweise

○ die durch ein Bildungsmonitoring oder durch Vergleichsarbeiten erzeugten Daten über die eigene Schule ohne massive Hilfe produktiv für die Weiterentwicklung zu nutzen,
○ oder eine Feingliederung und Ausformung eines Curriculums in Richtung eines schuleigenen curricularen Profils vorzunehmen" (Oelkers/Reusser 2006, 55)

- *Input-orientierte Reformstrategie, zuwenig Prozessbegleitung:* Der Großteil der Aufmerksamkeit ging bisher in Konzeptentwicklung, Instrumentententwicklung, Produktion von (immer besser gemachten) Werbe-/Informationsbroschüren und Materialien; zu wenig Energie floss in die nachfolgenden Phasen der Prozess-Begleitung, in qualitätsvolle Bearbeitung von Umsetzungsproblemen und Konflikten, Pflege der Handlungskoordination an den Schnittpunkten des Systems, entschiedenes und der spezifischen Innovation entsprechendes Umstellen von Normen und Ressourcen (Altrichter/Heinrich 2006). Diese output-orientierte Reform ist in ihrer Implementationsstrategie offenbar zu „input-orientiert":
  „Bisher wurde bei der Implementation von Bildungsstandards vor allem auf den technischen Ebenen der Formulierung von Standards und der Testentwicklung gearbeitet. Die erforderlichen Aktivitäten auf der Schul- und Unterrichtsebene werden vielerorts noch unterschätzt und kaum gesehen. Sie müssen dringend ebenfalls in einer langfristigen Perspektive verstärkt werden, wenn das zu etablierende Testsystem nicht wirkungslos bleiben oder sogar kontraproduktiv werden soll." (Oelkers/Reusser 2007, 427)

- *Systemreform oder partielle Anpassungen:* Die Standard-Reform ist oft als grundlegende *System*veränderung beschrieben worden. Ihre Implementation scheint aber in vielen Aspekten wie eine geringfügige „Anpassungs-" oder „Nachzieh-Reform" betrieben zu werden, die mit dem bestehenden Personal und mit geringfügigen strukturellen Anpassungen umzusetzen ist, weil bei den Systemakteuren mit weithin vorliegenden Bereitschaften und Fähigkeiten zu rechnen ist. Eine outputbasierte Reform, so viel scheint in der Zwischenzeit klar zu sein, erfordert aber eine komplexe Vielzahl individueller und sozialer Lernvorgänge, Wandel von Überzeugungen vieler Systemmitspieler ebenso wie von Strukturen, die bisher Orientierungspunkte boten.
  In den bisherigen Daten gibt es viele Hinweise darauf, dass sich ein solches Implementationsbewusstsein bisher nicht entfaltet hat: Die Standard-Reform wird im Feld oft als individuelle Aufgabe der betroffenen FachlehrerInnen angesehen und nicht als institutionelle Aufgabe von Schulen, Schulbezirken und Teilsystemen angenommen. Ebenso wurde die Veränderung und Wei-

terentwicklung der Koordinationsbeziehungen zu anderen SystempartnerInnen (Schulaufsicht, Fortbildung, Eltern) bisher offenbar nicht entschieden aufgenommen.

Die genannten Merkmale der bisherigen Einführung von Bildungsstandards in österreichischen Pilotschulen sind keine Einzelfälle. Sie sind uns auch aus anderen Innovationsbeispielen in deutschsprachigen zentralistischen Schulsystemen bekannt. Würde man die gewählte Strategie beibehalten, bestünde die Gefahr, dass mit großem Aufwand lediglich oberflächliche Veränderungen im System eingeführt werden, die die Aufmerksamkeit und Energie von LehrerInnen eine Zeit lang vom Lernen der SchülerInnen abziehen, statt ihnen zu helfen, sie eben darauf zu fokussieren.

Alte Verwaltungstraditionen und neues Zurückschrecken vor den Kosten und den Konsequenzen der Reform wurden zur Erklärung der Verengungen der Implementationsstrategie angeführt. Der Schweizer Bildungsexperte Hutmacher (1997) hat mit Blick auf die deutschsprachigen Länder behauptet, es bestünde eine traditionell verwurzelte und verbreitete Praxis, Reformen als Verwaltungsakte und nicht als Prozesse zu konzipieren. Bildungspolitik und Verwaltungen tendierten dazu, sich nach politischen Entscheidungen unter dem Druck des ‚Tagesgeschäfts' nicht mehr längerfristig um die Implementierung dieser Entscheidungen zu kümmern, sondern bald zum nächsten Geschäft überzugehen. Dabei würde übersehen, wie unterschiedlich Menschen politische Vorgaben interpretieren und wie wichtig die Investition in Kommunikation über die Intentionen von Regelungen und in die erforderlichen Rahmenbedingungen ist. Das Ergebnis sind oft Schnellschüsse, die im Hinblick auf erwünschte Effekte relativ wirkungslos bleiben, die aber oft zu negativen emotionalen Reaktionen und darauf folgender „Abhärtung gegenüber von oben kommenden Innovationsideen" bei den Betroffenen auf Schulebene und in den Bezirken führen.

In der Einschätzung von Specht schreckt letztlich die Politik vor einem wirklichen Paradigmenwechsel zurück:

„Geblieben ist aber das Verschließen der politischen Augen vor der Notwendigkeit, dass eine weitreichende Veränderung des Schulsystems auf der Grundlage von Bildungsstandards eine gewisses Volumen an Investitionen (und nicht nur einige bescheidene Umschichtungen) erfordert. Die Forderung nach ‚Kostenneutralität' ist ein unseliger und gefürchteter Mythos geblieben. Sie gibt dem ganzen Unternehmen einen Anstrich von Unernst und Improvisation, der nicht unbedingt dazu angetan ist, im Gesamtsystem den Eindruck zu erwecken, dass weit reichende Veränderungen anstehen." (Specht 2006a, 31)

Literatur

Aiglsdorfer, Bettina/Aigner, Maria (2005): Implementierung nationaler Bildungsstandards in Österreich. Untersuchung zur Einführung der nationalen Bildungsstandards an ausgewählten Hauptschulen der Pilotphase II. Unv. Diplomarbeit. Linz: Johannes Kepler Universität.

Altrichter, Herbert (2005): Curriculum implementation – limiting and facilitating factors. In: Nentwig, Peter/Waddington, David (eds.): Context based learning of science. Münster, u.a.: Waxmann, 35-62.

Altrichter, Herbert/Brüsemeister, Thomas/Heinrich, Martin (2005): Merkmale und Fragen einer Governance-Reform am Beispiel des österreichischen Schulwesens. In: Österreichische Zeitschrift für Soziologie 30 (4), 6-28.

Altrichter, Herbert/Heinrich, Martin (2006): Evaluation als Steuerungsinstrument im Rahmen eines „neuen Steuerungsmodells" im Schulwesen. In: Böttcher, Wolfgang/ Holtappels, Heinz Günter/ Brohm, Michaela (Hg.): Evaluation im Bildungswesen. Eine Einführung in Grundlagen und Praxisbeispiele. Weinheim: Juventa, 51-64.

Altrichter, Herbert/Heinrich, Martin (2007): Kategorien der Governance-Analyse und Transformationen der Systemsteuerung in Österreich. In: Altrichter, Herbert/Brüsemeister, Thomas/Wissinger, Jochen (Hg.): Educational Governance – Handlungskoordination und Steuerung im Bildungssystem. Wiesbaden: VS, 55-103.

Altrichter, Herbert/Posch, Peter (Hg.) (1999): Wege zur Schulqualität. Innsbruck: StudienVerlag.

Altrichter, Herbert/Posch, Peter (2004): Die Diskussion um Bildungsstandards in Österreich. In: journal für schulentwicklung 8 (4), 29-38.

Altrichter, Herbert/Prexl-Krausz, Ulrike/ Soukup-Altrichter, Katharina (2006): Was verändert sich durch Schulprofilierung? In: Die Deutsche Schule 98(3), 285-300.

Beer, Rudolf (2007): Bildungsstandards. Einstellungen von Lehrerinnen und Lehrern. Münster, u.a.: Waxmann.

Berman, Paul (1980): Thinking About Programmed and Adaptive Implementation: Matching Strategies to Situations. In: Ingram, H./Mann, D. (eds.): Why Policies Succeed or Fail. London: Sage, 205-227.

BMUK [Bundesministerium für Unterricht und kulturelle Angelegenheiten] (1999): Aufgabenprofil der Schulaufsicht (Allgemeine Weisung), Zl. 12.802/3-III/A/99, Wien: BMUK (Rundschreiben Nr. 64/1999).

BMBWK (2004): Vom Dialog zur Umsetzung – Qualitätsmemorandum. Typoskript. Wien: BMBWK.

Böttcher, Wolfgang (2007): Zur Funktion staatlicher „Inputs" in der dezentralisierten und outputorientierten Steuerung. In: Altrichter, Herbert/Brüsemeister, Thomas/Wissinger, Jochen (Hg.): Educational Governance – Handlungskoordination und Steuerung im Bildungssystem. Wiesbaden: VS, 185-206.

Brüsemeister, Thomas/Eubel, Klaus-Dieter (Hg.) (2003): Zur Modernisierung der Schule. Bielefeld: transcript.

Bundeskanzleramt (2007): Österreichisches Regierungsprogramm 2007-2010. Wien (http://www.bka.gv.at/DocView.axd?CobId=19542; 15.4.2004)

Clark, Burton R. (1997): The Entrepreneurial University: Demand and Response. Keynote Speech at the 19th Annual EAIR Forum. Warwick.

Dedering, Kathrin/Kneuper, Daniel/Kuhlmann, Christian/Nessel, Isah/Tillmann, Klaus-Jürgen (2007): Bildungspolitische Aktivitäten im Zuge von Pisa – Das Beispiel Bremen. In: Die Deutsche Schule [im Ersch.; zit nach dem Ms.].

Dubs, Rolf (2006): Bildungsstandards: Das Problem der schulpraktischen Umsetzung. In: Netzwerk - Die Zeitschrift für Wirtschaftsbildung (1), 18-29

Eder, Ferdinand et al. (2002; Hg.): Qualitätsentwicklung und Qualitätssicherung im österreichischen Schulwesen [„Weißbuch für Qualitätsentwicklung"]. Innsbruck: StudienVerlag.
Fend, Helmut (2001): Bildungspolitische Optionen für die Zukunft des Bildungswesens. In: ZfPäd. 43. Beiheft, 37-48.
Freudenthaler, H. Harald/ Specht, Werner (2005): Bildungsstandards aus Sicht der Anwender. Evaluation der Pilotphase I zur Umsetzung nationaler Bildungsstandards in der Sekundarstufe I. ZSE-Report Nr. 69, Graz: BMBWK.
Freudenthaler, H. Harald/Specht, Werner (2006): Bildungsstandards: Der Implementationsprozess aus der Sicht der Praxis. Graz: ZSE.
Freudenthaler, H. Harald/Specht, Werner (2006b): Evaluation der Pilotphase zur Umsetzung nationaler Bildungsstandards. Konzeption und ausgewählte Ergebnisse. In: Heinrich, Martin/Greiner, Ulrike (Hg.): Schauen, was 'rauskommt. Kompetenzförderung, Evaluation und Systemsteuerung im Bildungswesen. Wien: Lit, 39-51.
Freudenthaler, H. Harald/Specht, Werner/Paechter, Manuela (2004): Von der Entwicklung zur Akzeptanz und professionellen Nutzung nationaler Bildungsstandards. In: Erziehung und Unterricht 154 (7/8), 606-612 [zit. nach dem Ms.].
Freytag, Andrea (2006): Bildungsstandards – Sichtweisen der Lehrer/innen an den Wiener Pilotschulen im Volksschulbereich. Unv. Diplomarbeit. Universität Wien.
Fullan, Michael (1983): Implementation und Evaluation von Curricula: USA und Kanada. In: Hameyer, Uwe/Frey, Karl/Haft, Henning (Hg.): Handbuch der Curriculumforschung. Weinheim: Beltz, 489-499.
Fullan, Michael (1991): The New Meaning of Educational Change. London: Cassell.
Fullan, Michael (1994): Implementation of Innovations. In: Husen, Torsten/Postlethwaite, T. Neville (eds.) The International Encyclopedia of Education. 2nd edition. Pergamon, Oxford, 2839-2847.
Gathen, Jan v.d. (2006): Grenzen der innerschulischen Rezeption von Rückmeldungen aus Large-Scale-Assessments. In: journal für schulentwicklung (10) 4, 13-19.
Giddens, Anthony (1992): Die Konstitution der Gesellschaft. Grundzüge einer Theorie der Strukturierung. Frankfurt a.M.: Campus.
Goodson, Ivor F./Mangan, J.M. (1992): Computers in schools as symbolic and ideological action: the genealogy of the ICON. In: The Curriculum Journal 3(3), 261-276.
Groß Ophoff, Jana/Koch, Ursula/Helmke, Andreas/Hosenfeld, Ingmar: Vergleichsarbeiten für die Grundschule – und was diese daraus machen (können). In: journal für schulentwicklung (10) 4, 7-12.
Haider, Günter/Eder, Ferdinand/Specht, Werner/Spiel, Christiane (2003): Zukunft Schule. Strategien und Maßnahmen zur Qualitätsentwicklung. Das Reformkonzept der Zukunftskommission. Wien: BMBWK.
Haider, Günter/Eder, Ferdinand/Specht, Werner/Spiel, Christiane (2004): Entwicklung, Einführung, Überprüfung und Nutzung von Bildungsstandards im österreichischen Schulsystem. Positionspapier der Zukunftskommission im Auftrag des BMBWK. Version 1.1. Salzburg.
Haider, Günter/Eder, Ferdinand/Specht, Werner/Spiel, Christiane/Wimmer, Manfred (2005): Abschlussbericht der Zukunftskommission. Wien: BMBWK.
Heid, Helmut (2003): Standardsetzung. In: Zeitschrift für Pädagogik 47. Beiheft, 176-193.
Helmke, Andreas (2004): Von der Evaluation zur Innovation: Pädagogische Nutzbarmachung von Vergleichsarbeiten in der Grundschule. In: Seminar (2), 90-112 (zit. nach http://scholar.google.com/scholar?q=Das+Seminar+2/2004+von+der+evaluation+zur+innovation+helmke+andreas&hl=de&um=1&oi=scholart; 18.4.2007)
Höhmann, Katrin (2002): Was wird durch eine Lehrplanrevision verändert? Frankfurt a.M.: Peter Lang.

Hölzl, Lothar/Rixinger, Georg (2007): Implementierung von Bildungsstandards in Österreich – das zweite Jahr. Dokumentation des Entwicklungsprozesses der Pilotphase II in zwei österreichischen Hauptschulen. Unv. Diplomarbeit JKU Linz.

Hutmacher, Walo (1997): Strategien der Systemsteuerung – Von der Systemexpansion zum Systemumbau. In: Schulleitung und Schulaufsicht – Neue Rollen und Aufgaben im Schulwesen einer dynamischen und offenen Gesellschaft. Innsbruck: StudienVerlag, 49-92.

Klieme, Eckhard (2004): Begründung, Implementation und Wirkungen von Bildungsstandards: Aktuelle Diskussionslinien und empirische Befunde. In: Zeitschrift für Pädagogik 50 (5), 625-634.

Klieme, Eckhard/Avenarius, Hermann/Blum, Werner/Döbrich, Peter/Gruber, Hans/Prenzel, Manfred/Reiss, Kristina/Riquarts, Kurt/Rost, Jürgen/Tenorth, Heinz-Elmar/Vollmer, Helmut J. (2003): Expertise: Zur Entwicklung nationaler Bildungsstandards. BMBF: Bonn.

Koch, Stefan/Gräsel, Cornelia (2004): Schulreform und Neue Steuerung – erziehungs- und verwaltungswissenschaftliche Perspektive. In: Koch, Stefan/Fisch, Rudolf (Hg.): Schulen für die Zukunft. Neue Steuerung im Bildungswesen. Hohengehren: Schneider, 4-24.

Kogan, Maurice (1986): Educational Accountability. Hutchinson: London.

Kogan, Maurice (1996): Monitoring, control and governance of school systems. In: OECD: Evaluating and Reforming Education Systems. Paris: OECD, 25-45.

Krainer, Konrad/Posch, Peter (1996) (Hg.): Lehrerfortbildung zwischen Prozessen und Produkten. Bad Heilbrunn: Klinkhardt.

Kussau, Jürgen/Brüsemeister, Thomas: Educational Governance: Zur Analyse der Handlungskoordination im Mehrebenensystem der Schule. In: Altrichter, Herbert/Brüsemeister, Thomas/Wissinger, Jochen (Hg.): Educational Governance – Handlungskoordination und Steuerung im Bildungssystem. Wiesbaden: VS, 15-54.

Lange, Stefan/Schimank, Uwe (2004): Governance und gesellschaftliche Integration. In: Lange, Stefan/Schimank, Uwe (Hg.): Governance und gesellschaftliche Integration. Wiesbaden: VS, 9-46.

Langer, Roman (2006): Arbeitspapier zur Mechanismen-Analyse: Nutzen, Vorgehen und zwei Beispiele. Unv. Ms. Linz: JKU.

Lave, Jean/Wenger, Etienne (1991): Situated Learning. Legitimate Peripheral Participation. Cambridge UK: Cambridge University Press.

Lucyshyn, Josef (2004): Bildungsstandards – Ein weiterer Qualitätssprung für das österreichische Bildungswesen. Unv. Ms. Salzburg.

Lucyshyn, Josef (2004a): Bildungsstandards – Ein weiterer Qualitätssprung für das österreichische Bildungswesen. Typoskript. Salzburg o.J.

Lucyshyn, Josef (2004b): Implementierung von Bildungsstandards in Österreich. In: Erziehung und Unterricht 154 (7/8), 613-617.

Lucyshyn, Josef (2006): Implementation von Bildungsstandards in Österreich. Projektmanagement Bildungsstandards, Salzburg: BMBWK.

Maier, Uwe (2006): Können Vergleichsarbeiten einen Beitrag zur Schulentwicklung leisten? In: journal für schulentwicklung 10 (4), 20-27.

OECD (1997): Managing Across Levels of Government. Paris: OECD.

Oelkers, Jürgen/Reusser, Kurt (2006): Qualität entwickeln – Standards sichern – mit Differenz umgehen. Entwurfsfassung. Universität Zürich.

Oelkers, Jürgen/Reusser, Kurt (2007): Qualität entwickeln – Standards sichern – mit Differenz umgehen. Unv. Expertise. Universität Zürich.

Peek, Rainer (2004): Qualitätsuntersuchung an Schulen zum Unterricht in Mathematik (QuaSUM) – Klassenbezogene Ergebnisrückmeldung und ihre Rezeption in Brandenburger Schulen. In: Empirische Pädagogik 18 (1), 82-114.

Posch, Peter/Altrichter, Herbert (1993): Schulautonomie in Österreich. Wien: Bundesministerium für Unterricht und Kunst.
Protokoll (2007) einer Diskussion anlässlich der Präsentation der Expertise zur „Implementation von Bildungsstandards" von Oelkers/Reusser im BMBWF, Berlin 21.5.2007.
QIS (o.J.): Qualität in der Schule. Website des BMUKK zu Schulprogramm und Qualitätsentwicklung [http://www.qis.at/; 4.08.2007].
Rechnungshof (2006): Ergebnis der Überprüfung der Gebarung des Bundes betreffend Organisation und Wirksamkeit der Schulaufsicht. Wien (GZ 002.997/002-A5/05).
Reusser, Kurt (2006): Produktiver Fachunterricht zwischen selbstständigem Lernen und instruktionaler Unterstützung – die kognitive Perspektive. Vortrag anlässlich der Tagung „Selbstständiges Lernen im Fachunterricht" der Kasseler Forschungsgruppe Empirische Bildungsforschung vom 28.-29.4. 2006 in Kassel.
Reusser, Kurt (2007): Wirkungswissen über Bildungsstandards: Wie können Standards die Lehr-Lernebene erreichen und wirksam realisiert werden? Vortrag anlässlich der Fachtagung des Arbeitskreises Qualität von Schule am 28.2.-1.3.2007 am Institut für Qualitätsentwicklung in Wiesbaden.
Rolff, Hans-Günter (2002): Rückmeldung und Nutzung der Ergebnisse von großflächigen Leistungsuntersuchungen. Grenzen und Chancen. In: Rolff, Hans-Günter/Holtappels, Heinz Günter/Klemm, Klaus/Pfeiffer, Hermann/Schulz-Zander, Renate (Hg.): Jahrbuch der Schulentwicklung – Band 12. Juventa: Weinheim 2002, 75-98.
Schimank, Uwe (2002a): Neue Steuerungssysteme an den Hochschulen. Förderinitiative des BMBF: Science Policy Studies. Abschlussbericht, 31.5. 2002, Hagen, Ms. (http://www.fernuni-hagen.de/SOZ/preprints)
Schimank, Uwe (2002b): Handeln und Strukturen. Einführung in die akteurtheoretische Soziologie. Weinheim: Juventa.
Schimank, Uwe (2005): Die akademische Profession und die Universitäten: „New Public Management" und eine drohende Entprofessionalisierung. In: Klatetzki, Thomas/Tacke, Veronika (Hg.): Organisation und Profession. Wiesbaden: VS, 143-164.
Schimank, Uwe (2007a): Die Governance-Perspektive: Analytisches Potenzial und anstehende konzeptionelle Fragen. In: Altrichter, Herbert/ Brüsemeister, Thomas /Wissinger, Jochen (Hg.): Educational Governance. Wiesbaden: VS , 231-260.
Schimank, Uwe (2007b): Elementare Mechanismen. In: Benz, Arthur/Lütz, Susanne/Schimank, Uwe/Simonis, Georg (Hg.): Governance – Ein Handbuch. Wiesbaden: VS, 29-45.
Schrader, Friedrich-Wilhelm/Helmke, Andreas (2004a): Von der Evaluation zur Innovation? Die Rezeptionsstudie WALZER: Ergebnisse der Lehrerbefragung. In: Empirische Pädagogik 18 (1), 140-161.
Schrader, Friedrich-Wilhelm/Helmke, Andreas (2004b): Evaluation – und was danach? In: Schweizerische Zeitschrift für Bildungswissenschaften 25 (1), 79-110.
Seel, Andrea/Altrichter, Herbert/Mayr, Johannes (2006): Innovation durch ein neues Lehrerdienstrecht? Eine Evaluationsstudie zur Implementierung des LDG 2001. In: Heinrich, Martin/Greiner, Ulrike (Hg.): Schauen, was 'rauskommt. Kompetenzförderung, Evaluation und Systemsteuerung im Bildungswesen. Wien: Lit, 95-111.
Specht, Werner (2006a): Von den Mühen der Ebene. Entwicklung und Implementation von Bildungsstandards in Österreich. In: Eder, Ferdinand/Gastager, Angela/Hofmann, Franz (Hg.): Qualität durch Standards? Münster, u.a.: Waxmann, 13-37.
Specht, Werner (2006b): Statement in einer Podiumsdiskussion der Veranstaltung „next practice". Linz.
Specht, Werner/Freudenthaler, H. Harald (2004): Bildungsstandards – Bedingungen ihrer Wirksamkeit. In: Erziehung und Unterricht 154 (7/8), 618 – 629 [zit. nach dem Ms.].

Steuergruppe des BMBWK (2004): Bericht an die Frau Bundesministerin zur Einführung von Bildungsstandards in Österreich. Typoskript. Salzburg.
Vollstädt, Witlof/Tillmann, Klaus-Jürgen/Rauin, Udo (1999): Lehrpläne im Schulalltag. Opladen: Leske + Budrich.
Wiater, Werner (2006): Lehrplan, Curriculum, Bildungsstandards. In: Arnold, Karl-Heinz/Sandfuchs, Uwe/Wiechmann, Jürgen (Hg.): Handbuch Unterricht. Bad Heilbrunn: Klinkhardt, 169-178.

Klaus-Jürgen Tillmann, Kathrin Dedering,
Daniel Kneuper, Christian Kuhlmann, Isa Nessel

PISA als bildungspolitisches Ereignis.
Oder: Wie weit trägt das Konzept
der „evaluationsbasierten Steuerung"?

„Das Wissen über Leistungsergebnisse von Schulsystemen wächst schneller als das Wissen darüber, was man mit diesem Wissen anfangen kann" (Terhart 2002, 108).

Es geht in diesem Artikel – und in dem dahinter stehenden DFG-Forschungsprojekt – um die Frage, wie die PISA-Ergebnisse der Jahre 2001 und 2002 in der Bildungspolitik ausgewählter deutscher Bundesländer verarbeitet wurden: Welche bildungspolitischen Entscheidungen wurden dadurch angeregt, welche Maßnahmeprogramme wurden realisiert? Und vor allem: In welcher Weise hat dabei das jeweiligen Schulministerium, haben Minister beziehungsweise Ministerin agiert? Dass wir diese Fragen nach bildungspolitischen Aktivitäten und Verläufen auf die PISA-Studie beziehen, hat einen naheliegenden Grund: PISA ist vom Anspruch her als Systemevaluation angelegt – und PISA verspricht, „Steuerungswissen" für die Chefetagen des Bildungssystems zu liefern. Insofern kann die PISA-Studie als eine besonders umfassende Aktivität im Rahmen jenes neuen Steuerungsmodells angesehen werden, das von Altrichter/Heinrich (2006, 55) als „evaluationsbasiert" beschrieben wird. Damit ist die „Steuerungsphilosophie" gemeint, die gegenwärtig in vielen Bildungsministerien handlungsanleitend ist, und die sich vereinfacht wie folgt beschreiben lässt: Auf der Basis vorgegebener Leistungsstandards werden externe Tests durchgeführt, deren Ergebnisse dann in das System zurückgespielt werden. Die kritische Reflexion der Ergebnisse führt dann (in den Schulen, auf der Systemebene) zu Maßnahmen der Qualitätsverbesserung. Indem wir die tatsächlichen bildungspolitischen Verläufe nach PISA, die von den Ministerien tatsächlich in Gang gesetzten Aktivitäten, mit diesem Konzept vergleichen, wollen wir es auf seinen Realitätsgehalt prüfen: „Evaluationsbasierte Steuerung" – wie sieht das in der empirischen Realität von Systemvergleichs-Studien aus? Um dies herauszuarbeiten, argumentieren wir in vier Schritten:

- Im ersten Schritt wird der Anspruch der PISA-Studie dargestellt, „Steuerungswissen" für die Leitungsebene eines Schulsystems bereitzustellen; zugleich werden aber auch Zweifel formuliert, ob dies nicht eine zu enge Sicht bildungspolitischer Prozesse ist.
- Im zweiten Schritt wird dargestellt, wie wir bei der empirischen Analyse bildungspolitischer Prozesse methodisch vorgegangen sind: In welchen Bundesländern wurden welche Aspekte der bildungspolitischen Entwicklung analysiert? Mit welchen Verfahren wurde dabei vorgegangen?
- Sodann werden zwei bildungspolitische Abläufe im Detail präsentiert: Die Einführung von Standards und zentralen Prüfungen in Bremen – und der Ausbau des Ganztagsschulsystems in Brandenburg. In beiden Fällen geht es um die unmittelbare Reaktion der Landespolitik auf die PISA-Ergebnisse im Jahr 2002 und kurz danach.
- Abschließend geht es dann um eine systematische Interpretation der Ergebnisse: In welcher Weise sind die PISA-Ergebnisse politisch verarbeitet worden? Welche Steuerungsaktivitäten sind dadurch angestoßen worden? Welche politischen Schritte wurden nachträglich politisch legitimiert? Wurde politisches Handeln durch „Steuerungswissen" rationaler?

Diese abschließende Interpretation mündet dann in eine Einschätzung, ob man die PISA-Studie (und die sich darauf beziehenden Maßnahmen) als eine Form der „evaluationsbasierten Steuerung" verstehen kann.

1. Der Ausgangspunkt: Schafft PISA „Steuerungswissen"?

PISA ist eine Stichproben-Untersuchung, die Aussagen über Schulsysteme, nicht jedoch über einzelne Schulen macht. Dementsprechend heißt es in der offiziellen PISA-Broschüre der OECD:

> „Das Hauptziel der Entwicklung und Durchführung dieser groß angelegten Untersuchung ist [...] die Gewinnung von empirisch gesicherten Informationen, die als Grundlage von schulpolitischen Entscheidungen dienen können" (OECD-PISA 2000, 9).

In die gleiche Richtung argumentiert die Kultusministerkonferenz in ihren Konstanzer Beschlüssen (1997), wenn sie von „systemrelevantem Steuerungswissen" spricht, das durch die von ihr in Auftrag gegebenen Leistungsvergleichsstudien erzeugt werden soll (Stryck 2000, 120). Und auch die an den internationalen Studien beteiligten Wissenschaftler heben diesen Aspekt hervor. So sprechen

Bos/Postlethwaite (2000, 375) davon, dass eine „Generierung von Steuerungswissen zur Bildungsplanung" angestrebt werde. Kurz: Nicht nur die verantwortliche internationale Organisation (OECD), sondern auch die Schulminister und die daran beteiligten Wissenschaftler heben als zentrale Funktion der Studie die Bereitstellung von Steuerungs- und Entscheidungswissen auf der Systemebene hervor. Als Adressaten der PISA-Ergebnisse werden damit vor allem die beteiligten Regierungen und ihre leitenden Mitarbeiter/innen angesprochen. „Nicht die bildungspolitische Öffentlichkeit, nicht die einzelnen Schulen, sondern Bildungspolitiker, Bildungsplaner, Lehrplanentwickler" (Klieme/Baumert/Schwippert 2000, 394) gelten als Hauptadressaten der „large-scale-assessment"-Studien. Und diese finden sich in unserem föderalen System vor allem in den Schulministerien der Länder. Weil wir diesen Anspruch der Leistungsvergleichs-Studien ernst nehmen, befassen wir uns im Folgenden ausschließlich mit der Systemebene des Schulwesens: Wie sind die PISA-Evaluationsdaten in den Zentralen (den Schulministerien) verarbeitet worden, welche Maßnahmen wurden dort eingeleitet? Der nächste Schritt, die „Umsetzung" dieser Maßnahmen in den Schulen, ist nicht mehr Gegenstand der hier zu referierenden Forschung.[1]

Seit Dezember 2001 (Veröffentlichung der PISA-I-Ergebnisse) zeigte sich nun aber, dass diese – im Konzept vorgesehene – Eingrenzung des Adressatenkreises auf die „Steuerleute" durch die Dynamik der öffentlichen Diskussion völlig überrannt wurde. Was sich bei der öffentlichen Diskussion der TIMSS-Ergebnisse Ende der 1990er Jahre schon andeutete, wuchs sich hier zu einem erstaunlichen Phänomen aus. Die Ergebnisse der PISA-Studie wurden zu einem zentralen politischen Ereignis, das nicht nur im gesamten Jahr 2002, sondern weit darüber hinaus die bildungspolitische Diskussion in der Bundesrepublik bestimmt hat. Aufgrund dieser hohen öffentlichen Aufmerksamkeit gerieten die Schulministerien der Länder in das Zentrum bildungspolitischer Diskussionen. Dementsprechend verlagerten sich ihre Aktivitäten von den Anforderungen der systeminternen Steuerung hin zur Beeinflussung des (bildungs-) politischen Diskurses. Es ging in den Ministerien längst nicht mehr „nur" um die „richtigen" Maßnahmen zur Problemlösung, sondern zunehmend um eine möglichst günstige Präsentation der eigenen Handlungsfähigkeit angesichts der schlechten PISA-Nachrichten – es ging eben auch „um das so eminent politische Motiv des Machterwerbs und Machterhalts" (Mayntz 2004, 74). Denn die heftigen öffentlichen Reaktionen auf die enttäuschenden Leistungsergebnisse hatten die Ministerien unter erheblichen Legitimationsdruck gesetzt und so ihre massive Beteili-

---

1 Die Implementation von ministeriell beschlossenen Programmen in den einzelnen Schulen stellt einen wichtigen, an anderen Stellen häufiger untersuchten Schritt dar (vgl. zum Beispiel Altrichter/Posch 1999). Man kann ihn als die zweite Phase eines „evaluationsbasierten Steuerungskonzepts" ansehen.

gung an der öffentlichen Debatte erzwungen. In unserer Forschung fragen wir auch danach, wie sich die Ministerien in diesem komplexen Feld von Erwartungen, Spannungen und Diskursen verhalten haben.

2. Forschungsansatz und methodisches Vorgehen

Zur Beantwortung der zuvor genannten Fragestellung haben wir in vier Bundesländern qualitative Fallstudien durchgeführt. Diese Fallstudien zielen darauf, konkrete administrative und bildungspolitische Handlungsabläufe so zu analysieren, dass die für den Fall typischen Strukturen und Prozesse erkennbar werden (Lamnek 2005, 312f.). Den zu analysierenden „Fall" stellte dabei jeweils das Schulministerium eines Bundeslandes und seine Rezeptions- und Handlungsweisen im Kontext von PISA 2000 dar. Bei der Auswahl der Fälle sind wir von zwei theoretischen Vorannahmen ausgegangen: Zum einen haben wir unterstellt, dass die schulischen Verhältnisse in den alten und neuen Bundesländern auch mehr als zehn Jahre nach der politischen Wende noch deutlich unterschiedlich sind. Zum anderen haben wir angenommen, dass die Ministerien in den Bundesländern mit besonders schlechten Schülerleistungen bei der Ergänzungsstudie (PISA-E) unter einem sehr großen Legitimations- und Handlungsdruck stehen, während ein solcher Druck in den Bundesländern mit den eher günstigen Ergebnissen deutlich geringer sein dürfte. Unsere Vorannahmen führten zu einer Vier-Felder-Tafel (vgl. Tab. 1). Aus jedem Feld wurde je ein Fall analysiert und mit den Fällen aus den anderen Feldern kontrastierend verglichen.

Tabelle 1: Auswahl der Fälle

	Eher gute Ergebnisse bei PISA-E	Eher schlechte Ergebnisse bei PISA-E
Westliche Bundesländer	Rheinland-Pfalz	Bremen
Östliche Bundesländer	Thüringen	Brandenburg

Unsere Forschung bezieht sich im Kern auf den Zeitraum vom 1.8.2001 bis zum 31.12.2002. In diesem Zeitabschnitt wurden zwei Mal neue PISA-Ergebnisse veröffentlicht:

- Die nationalen PISA-Ergebnisse (PISA-I) – also die bundesweiten Daten im Vergleich mit anderen Staaten – wurden am 4.12.2001 veröffentlicht.
- Die Ergebnisse des Bundesländer-Vergleichs (PISA-E) wurden am 25.6.2002 veröffentlicht.

Ausgehend von diesen Terminen unterscheiden wir drei Forschungsphasen: Als erste Forschungsphase bezeichnen wir die Zeit von Anfang August 2001 bis Ende November 2001 – also die vier Monate unmittelbar vor der Veröffentlichung der internationalen Länderstudie. Die zweite Phase umfasst die Zeit von Anfang Dezember 2001 bis Ende Juni 2002 – also die sieben Monate von der Veröffentlichung der internationalen bis zur Veröffentlichung der nationalen Länderstudie. Die dritte Phase schließlich beginnt im Juli 2002 und endet im Dezember 2002; sie umfasst die sechs Monate nach der Veröffentlichung der nationalen Länderstudie.

Interne Steuerungsaktivitäten und externe bildungspolitische Aktivitäten wurden anhand dreier unterschiedlicher Erhebungs- und Auswertungsverfahren rekonstruiert: Mittels einer Presseanalyse, einer Dokumentenanalyse und durch Experteninterviews.

Presseanalyse: Um die Positionen und Argumente der Akteure in der bildungspolitischen Öffentlichkeit nachzuzeichnen, wurde eine quantitative und qualitative Inhaltsanalyse von Zeitungsartikeln vorgenommen. Den Korpus dieser Analyse bildeten insgesamt etwa 2.000 Presseartikel aus den vier Bundesländern[2], die von kurzen Notizen bis zu langen Hintergrundberichten reichten. Sie wurden unter vorab festgelegten Stichworten in den beiden auflagenstärksten Tageszeitungen des jeweiligen Bundeslandes ermittelt – im Falle Bremens handelte es sich um den Weserkurier (WK) und die Bremer Ausgabe der Tageszeitung (taz), in Brandenburg ist es die „Märkische Allgemeine Zeitung" (MAZ) und die „Lausitzer Rundschau" (LR). Eine quantitative Analyse dieser Presseartikel (vgl. Abb. 1) zeigt, dass über den gesamten Zeitraum unserer Untersuchung ein reges Interesse der Presse an der PISA-Studie (und ihren Folgen) bestanden hat. Ganz besonders ausführlich wurde die Berichterstattung jeweils zum Zeitpunkt der Veröffentlichung der neuen PISA-Ergebnisse.

---

2 Außerdem wurden insgesamt 722 Artikel analysiert, die in dieser Phase in den bundesweiten „Leitmedien" (Focus, Spiegel, Süddeutsche Zeitung, Zeit) erschienen sind.

Dokumentenanalyse: Damit die Aktivitäten, die von den Ministerien als Steuerungshandeln beziehungsweise als politisches Handeln ausgehen, rekonstruiert werden konnten, wurde eine quantitative wie qualitative Inhaltsanalyse ministerieller und parlamentarischer Materialien durchgeführt. Dazu wurden etwa 1.500 öffentliche und interne Dokumente – zum Beispiel Pressemitteilungen, Ministerreden, Erlasse, Protokolle – erschlossen.

Abb. 1: Die Verteilung der Presseartikel in den vier Ländern im Zeitverlauf, Angaben in absoluten Zahlen, N = 2047

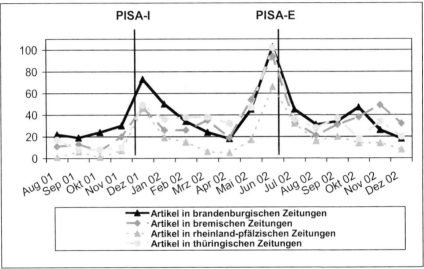

Experteninterviews: Um weitergehende Informationen zu den bildungspolitischen Ereignissen in den Ländern und zu den internen und öffentlichen Aktivitäten der Ministerien zu erhalten, wurden insgesamt 16 qualitative Leitfadeninterviews mit Experten aus Ministerien, Hochschulen und Lehrerverbänden durchgeführt – also vier Interviews pro Bundesland.

Themenorientierter Zugriff: Da die bildungspolitische Diskussion nach PISA äußerst umfassend und zugleich thematisch stark differenziert ablief, erschien es uns inhaltlich nicht sinnvoll und forschungsmethodisch kaum einlösbar, sie als Gesamtdebatte zu analysieren. Aus diesem Grunde wurden sowohl aufgrund empirischer Ergebnisse (zum Beispiel der quantitativen Häufigkeit der erschienenen Artikel zu einem Themenbereich) als auch in Folge theoretischer Überlegungen vier besonders stark diskutierte Stränge ausgewählt. Es handelte sich hier um die Themenbereiche

- Elementar- und Primarbereich,
- Bildungsstandards, Tests, Vergleichsarbeiten und zentrale Prüfungen,
- Ganztagsschule und
- Schulstrukturen in der Sekundarstufe I.

Wenn man in vier Bundesländern jeweils die Diskussionen und Entwicklungen in vier thematischen Feldern analysiert, so ergibt das ein Tableau von 16 Einzelanalysen; davon wurden im Rahmen unserer Projektarbeit 13 durchgeführt.[3] Zwei von diesen Einzelanalysen wollen im Rahmen dieses Beitrags in der gebotenen Kürze präsentieren, um dann daraus einige verallgemeinernde Schlussfolgerungen zu ziehen:

- Bildungsstandards und zentrale Prüfungen in Bremen und
- Ganztagsschulen in Brandenburg

Damit wurden zwei Länder ausgesucht, die einige Gemeinsamkeiten aufweisen, sich aber in wichtigen Punkte auch deutlich voneinander unterscheiden: Ost und West, Stadtstaat und Flächenstaat sind die wichtigen Unterschiede. Sehr schlechte PISA-Ergebnisse im Ländervergleich und eine Große Koalition mit einem SPD-Schulminister – das sind die für unsere Analyse wichtigen Gemeinsamkeiten.

3. Fallanalyse A:
Standardisierte Leistungsüberprüfungen in Bremen

Im Folgenden wird die Diskussion um standardisierte Leistungsüberprüfungen für eines der vier untersuchten Länder – für Bremen – nachgezeichnet. Dieser Stadtstaat wird seit seiner Gründung ununterbrochen von einer sozialdemokratisch geführten Landesregierung („Senat") regiert. Zum Zeitpunkt unserer Untersuchung (2001/02) regierte die seit 1995 bestehende „Große Koalition" unter der Leitung des 1. Bürgermeisters Henning Scherf. Die Grünen bildeten seitdem die einzige Oppositionspartei in der Bürgerschaft (= Landesparlament). Seit 1999 amtiert Willi Lemke, der frühere Fußballmanager von Werder Bremen, als SPD-Bildungssenator. Die Bürgerschaftswahlen im Mai 2003 haben diese politische Konstellation – und die agierenden Politiker – bestätigt.

---

[3] In drei Fällen haben wir auf Analysen verzichtet, weil in den jeweiligen Ländern zu bestimmten Themen (z.B. Ganztagsschule in Thüringen) kaum relevante Debatten abliefen.

3.1 Die Lage vor und nach PISA (2001-2005)

In Bremen liegen zu Beginn unseres Untersuchungszeitraums im Sommer 2001 nahezu keinerlei Erfahrungen mit standardisierten Leistungsüberprüfungen vor. Zentrale Abschlussprüfungen gibt es nicht – weder am Ende der Sekundarstufe I noch beim Abitur. Darüber hinaus werden auch in den unteren Jahrgängen keine standardisierten Leistungsüberprüfungen – etwa Vergleichsarbeiten – vorgenommen. Zu verweisen ist auf eine Ausnahme: Im Jahre 1998 führte die Bildungsbehörde in den Jahrgängen 6 und 10 einen Leistungstest (USUS) durch. Dieser Test stieß im Vorfeld in der Öffentlichkeit auf große Kritik. Er wurde von vielen Akteuren (SchülerInnen, LehrerInnen, Eltern, GEW) grundsätzlich abgelehnt und deshalb an einigen Schulen sogar boykottiert. Darüber hinaus wurde der Test auch subversiv bekämpft, indem die Aufgaben vorab im Internet veröffentlicht wurden. Der Test wurde in den nachfolgenden Jahren dann auch nicht wiederholt, wurde in der Behörde jedoch als Vorbereitung der anstehenden internationalen Leistungsuntersuchungen betrachtet (vgl. Pressemitteilung der Bremer Bildungsbehörde vom 3.2.1999). Insgesamt lässt sich hieraus schließen, dass schon 1998 in der Bildungsbehörde die Absicht bestand, Schülerleistungen über landesweite Tests zu evaluieren. Allerdings artikulierte sich damals dagegen noch massiver politischer Widerstand.

Während also im Jahre 2001 – und damit vor der PISA-Veröffentlichung – in Bremen keinerlei zentralen Instrumente zur Leistungsüberprüfung installiert waren, stellt sich die Situation vier Jahre später (Ende 2005) deutlich anders dar. Die KMK-Bildungsstandards für den mittleren Abschluss sind beschlossen, und Bremen entwickelt Bildungspläne, die sich danach richten. In Orientierung an diesen Standards wurden an vier Punkten der Schullaufbahn zentrale Leistungsüberprüfungen eingeführt:

- Seit 2004 nehmen alle Schülerinnen und Schüler der vierten Klassen an Leistungsüberprüfungen in Deutsch und Mathematik teil; dies geschieht im Rahmen des länderübergreifenden VERA-Projekts.[4]
- In der 6. Klasse sind schulinterne Parallelarbeiten vorgeschrieben.
- Seit 2005/2006 wird die Vergabe des Sek.-I-Abschlusses an zentrale Prüfungen gekoppelt.
- Und ab 2007 wird das Zentralabitur schrittweise eingeführt.

Kurz: Was zentrale Prüfungen angeht, hat sich der bildungspolitische Kurs in Bremen seit 2001 deutlich verändert, entsprechende Maßnahmen wurden inzwi-

---

4 Inzwischen sind daran alle 16 Länder beteiligt.

schen realisiert. Unsere Frage nun: Welche Rolle haben bei diesem Kurswechsel, bei dieser „Umsteuerung" die PISA-Ergebnisse und die PISA-Diskussion gespielt? Wie hat dabei das Schulministerium agiert?

Im Folgenden soll dazu die Entwicklung analysiert werden, die sich in Bremen im Kontext von PISA seit Dezember 2001 vollzogen hat. Diese Analyse basiert auf 53 Artikeln aus der Landespresse und 34 Dokumenten aus der Bildungsbehörde und dem Landesparlament. Hinzu kommen die weiter vorn angesprochenen vier Experteninterviews.

3.2 Vor der Veröffentlichung der internationalen PISA-Studie (Phase I)

Seit dem Jahr 2000 gibt es Bestrebungen, an den Schulen des Landes ein Qualitätsmanagement zu entwickeln. In diesem Kontext wird in Bremen schon im Herbst 2001 – also in den Monaten vor der Bekanntgabe der internationalen PISA-Ergebnisse – über Formen der standardisierten Leistungsüberprüfung verhandelt. Gegenstand einer Debatte in der Bremer Bürgerschaft sind dabei zentrale Abschlussprüfungen an allen Schulformen. Die CDU befürwortet die Einführung zentraler Prüfungen nicht nur zum Erwerb des mittleren Abschlusses, sondern auch zum Erwerb des Abiturs (vgl. Protokoll der Bremer Bürgerschaftssitzung am 25.9.2001, S. 3158). Die SPD hingegen spricht sich explizit gegen eine Einführung zentraler Prüfungen aus.

Die Regierungsparteien haben somit im Herbst 2001 in diesem Punkt noch keine Übereinstimmung erzielt. Der Forderung der CDU, den Schritt zum Zentralabitur endlich zu vollziehen, wird deshalb von Bildungssenator Lemke noch abgelehnt. Er bringt aber eine andere Form der standardisierten Leistungsüberprüfung auf den Weg. Ende November 2001 – also kurz vor der Veröffentlichung der erste PISA-Ergebnisse – ordnet er die Durchführung von Vergleichsarbeiten an. Diese sollen – schulintern oder in kleinen regionalen Verbünden organisiert – bereits im laufenden Schuljahr in den Jahrgängen 3, 6 und 10 an allgemeinbildenden Schulen eingesetzt werden (vgl. Erlass des Bremer Bildungssenators vom 26.11.2001).

Hier kann man festhalten: Die Diskussion über zentrale Abschlussprüfungen – insbesondere über ein Zentralabitur – wird in Bremen schon lange vor 2001 intensiv geführt. Eine Partei der Regierungskoalition (die CDU) spricht sich dezidiert für eine solche Regelung aus, die andere stellt sich dagegen. Bei der Einführung von Leistungstests und Vergleichsarbeiten gibt es hingegen seit dem Jahr 2000 eine weitgehende Übereinstimmung zwischen den Bürgerschafts-Parteien und der Schulbehörde; allerdings gibt es außerhalb von Parlament und Behörde (zum Beispiel bei der GEW) nach wie vor erheblichen Widerstand.

Vor diesem Hintergrund ist es nicht überraschend, dass der Bildungssenator wenige Tage vor der Veröffentlichung der ersten PISA-Ergebnisse Vergleichsarbeiten verbindlich einführt. Dabei darf vermutet werden, dass der stellvertretende KMK-Präsident Lemke damals die PISA-Ergebnisse schon kannte.

3.3 Zwischen PISA-I und PISA-E (Phase II)

Am 4.12.2001 werden dann die nationalen PISA-Ergebnisse im internationalen Vergleich veröffentlicht. Zugleich gibt die KMK ihren darauf bezogenen Handlungskatalog heraus, in dem unter Punkt 5 angekündigt werden:

„Maßnahmen zur konsequenten Weiterentwicklung und Sicherung der Qualität von Unterricht und Schule auf der Grundlage verbindlicher Standards sowie einer ergebnisorientierten Evaluation" (Pressemitteilung der KMK vom 6.12.2001).

Hier – in unmittelbarer Reaktion auf PISA – spricht die KMK erstmals von „verbindlichen Standards" und stellt diese in einen Kontext mit der Qualitätssicherung von Schule und Unterricht. Im Mai 2002 werden dann die für Bremen angekündigten Vergleichsarbeiten erstmalig in den Klassen 3 und 6 durchgeführt. Seit Dezember 2001 beruft sich die Bildungsbehörde immer wieder auf diese Vergleichsarbeiten, wenn es um die Frage geht, welche Folgerungen die Behörde denn aus den PISA-Ergebnissen gezogen habe. Dabei werden diese Vergleichsarbeiten in der Öffentlichkeit als ursächliche Reaktion auf die PISA-Ergebnisse dargestellt, ohne dabei zu erwähnen, dass die Bildungsbehörde sich schon lange davor für die Realisierung solcher Konzepte eingesetzt hat.

In der nachfolgenden parlamentarischen Diskussion stellen dann Abgeordnete der SPD dieses Konzept der Vergleichsarbeiten dem von der CDU befürworteten Konzept der zentralen Abschlussprüfungen gegenüber (vgl. Protokoll der Bremer Bürgerschaftssitzung am 20.3.2002, S. 4073). Kurz: Zentrale Prüfungen bleiben in der Phase nach PISA-I noch eine Forderung der CDU; SPD und Schulbehörde machen sich diese Forderung (noch) nicht zu Eigen. Allerdings kündigt Bildungssenator Lemke im Mai 2002 die Modifizierung der soeben eingeführten Vergleichsarbeiten an. Die bisher schulintern beziehungsweise dezentral organisierten Leistungstests sollen in Zukunft zentral durchgeführt werden. Bei dieser Regelung beruft sich Lemke auf den „PISA-Gewinner" Finnland, der die zentrale Variante seit Jahren umsetze (vgl. taz vom 24.6.2002). Mit dieser Neuregelung wurde im Grunde das Verfahren fest etabliert, das die Schulbehörde schon 1998 mit der USUS-Untersuchung erprobt hatte. PISA wirkt also nicht initiierend für eine solche Maßnahme, sondern gewissermaßen nachträglich verstärkend. Die PISA-Studie wird öffentlich als Argument benutzt, um eine schon lang vorher „angedachte" Maßnahme nun endlich durchzusetzen. Und in der Tat: Die Proteste, die es 1998 noch gab, bleiben jetzt aus.

3.4 Nach der Veröffentlichung der nationalen PISA-Studie (Phase III)

Die PISA-E-Ergebnisse, die am 24.6.2002 veröffentlicht wurden, bringen ein für Bremen katastrophales Ergebnis. Bei fast allen Leistungskriterien belegt Bremen den letzten Platz unter den Bundesländern. Die regierenden Politiker reagierten darauf unmittelbar. Bürgermeister Henning Scherf gibt einen Tag später zusammen mit Bildungssenator Lemke und dem Wirtschaftssenator und CDU-Vorsitzenden Perschau eine Pressekonferenz. Scherf bekennt sich hier zur politischen „Schuld" an diesen Ergebnissen und bezeichnet sie als Resultat einer vierzigjährigen, offensichtlich mangelhaften Bildungspolitik. Sodann verspricht er gemeinsame Anstrengungen, um die notwendigen Konsequenzen aus diesen Ergebnissen zu ziehen. Am gleichen Tag teilte Bildungssenator Lemke der Presse in einem 9-Punkte-Programm mit, welche Maßnahmen kurz-, mittel- und langfristig ergriffen werden sollten (vgl. Pressemitteilung der Bremer Bildungsbehörde vom 26.6.2002). Zu diesen Maßnahmen gehört eine massive Verstärkung von zentralen Verfahren der Leistungsüberprüfung. Zum Teil noch im Juni, zum Teil einige Wochen später legt der Senat fest:

- Vergleichsarbeiten in den Jahrgängen. 3, 6, 9 und 10,
- zentrale Abiturprüfungen,
- zentrale Abschlussprüfungen am Ende der Sekundarstufe I.

Deutlich wird hier: Die von der Bremer CDU seit langem geforderten zentralen Abschlussprüfungen werden nun gemeinsame Senatspolitik, die SPD gibt ihre lang vertretene Gegenposition (für dezentrale Prüfungen) auf. Eine kontroverse Diskussion dazu findet in der Bürgerschaft nicht mehr statt (vgl. Protokoll der Bremer Bürgerschaftssitzung am 22.8. und 23.10.2002). Und in der Öffentlichkeit werden von nun an diese Maßnahmen von beiden Regierungsparteien als sinnvolle, als notwendige Reaktion auf PISA bezeichnet.

3.5 Erste Einordnung

Wenn die Bildungspolitik auf die von PISA festgestellten Defizite reagiert, indem sie zentrale Prüfungen und standardisierte Leistungsvergleiche einführt, so bedeutet das: Es wird unterstellt, dass diese Maßnahmen in der erwünschten Weise wirken und damit zur Behebung der durch PISA aufgedeckten Probleme (Kompetenzdefizite, hohe soziale Selektion) beitragen. Wollte man versuchen, eine solche Wirkungsweise erziehungswissenschaftlich zu begründen, käme man in erhebliche Probleme. Denn es gibt keine empirischen Belege dafür, dass Länder mit zentralen Prüfungen zu besseren Schülerleistungen kommen als solche mit dezentralen (Baumert/Bos/Watermann 1998, 119). Und es lassen sich auch keine Erfahrungen empirisch festmachen, die von kontinuierlichen Leistungsprüfungen ohne weiteres zu verbessertem Unterricht und höheren Schülerleistungen führen. Die Forschungslage zu Vergleichsarbeiten und ihren Effekten ist ausgesprochen dürftig (van Ackeren/Bellenberg 2004, 144ff.) – und die Analyse von Feedback-Prozessen bei standardisierten Leistungsvergleichen kommt nur zum Teil zu ermutigenden Ergebnissen (vgl. zum Beispiel Peek 2004). Kurz: Eine empirisch gesicherte Plausibilität, dass die erhofften positiven Effekte auch tatsächlich eintreten werden, liegt nicht vor.

Damit haben wir es hier mit einer Frage zu tun, die nicht unter Bezug auf empirische Forschungsergebnisse verhandelt werden kann, sondern bei der es vor allem um bildungspolitische Grundsätze und pädagogische Überzeugungen geht. Und genau eine so angelegte Kontroverse hat – auch in Bremen – über lange Zeit bestanden. Sie wurde vor allem ausgetragen um das Zentralabitur. Sowohl die Einführung als auch die Ablehnung wurde heftig vertreten, dabei gab es für beide Seiten Anhänger und Kritiker in der (Fach-)Öffentlichkeit. Unsere Einschätzung ist nun, dass die PISA-Ergebnisse hier zu einer Verschiebung der Überzeugungskraft der unterschiedlichen bildungspolitischen Positionen – zu Legitimierung und Delegitimierung – geführt haben. Denn schlechte PISA-Ergebnisse lassen die Forderung, Leistungen seien stärker einzufordern und schärfer zu überprüfen, unmittelbar einsichtig erscheinen. Wenn das auch noch verbunden ist mit einer Art „Bankrotterklärung" der politischen Seite, die vorher gegen zentrale Prüfungen war, ergibt sich daraus eine deutliche Verschiebung der öffentlichen Glaubwürdigkeit. Maßnahmen, die vorher umstritten waren, werden nun breit akzeptiert oder gar eingeklagt. Dies konnten wir auch bei unserer Presseanalyse feststellen. Zu den – früher hoch umstrittenen – Forderungen nach zentralen Prüfungen gibt es 2002 in der Bremer Presse nur noch vereinzelt Gegenpositionen und kaum noch kritische Stellungnahmen. Dies gilt nicht nur für den eher bürgerlichen Weserkurier, sondern auch für die Bremer Ausgabe der links-alternativen taz. Kurz: Die von der KMK und – mit leichter Verspätung –

auch von der Bremer Schulbehörde vertretene Position, dies alles seien sinnvolle und notwendige Maßnahmen zur Behebung der PISA-Probleme, wird offensichtlich in der Öffentlichkeit breit geteilt.

Damit zeigt unsere Analyse: Die Leistungsvergleichsstudie PISA 2000 wird in Bremen dazu genutzt, Vorhaben durchzusetzen, die im Land bereits längerfristig gefordert wurden, bisher aber auf zu großen politischen Widerstand stießen. PISA übte so gesehen eine beschleunigende beziehungsweise verstärkende Wirkung bei der Durchsetzung bestimmter bildungspolitischer Maßnahmen aus. Es bedurfte in Bremen der (schlechten) PISA-Ergebnisse, um die schon lange vorher bestehende Forderung auf kontinuierliche Leistungstests und auf zentrale Abschlussprüfungen für alle Schulformen dann konfliktfrei durchsetzen zu können. Es setzte somit nach PISA keine differenzierte Analyse ein, um bildungspolitisch sinnvolle und pädagogisch erfolgversprechende Maßnahmen zu identifizieren. Vielmehr wirkten die PISA-Ergebnisse in der öffentlichen Diskussion vor allem als Legitimierung beziehungsweise Delegitimierung bestimmter bildungspolitischer Positionen. Und weil zentrale Prüfungen den öffentlichen Eindruck erweckten, sie würden zu Leistungssteigerungen beitragen, waren sie angesichts des besonderen „PISA-Schocks" in Bremen politisch nicht mehr aufzuhalten.

Kurz: Die Ergebnisse der PISA-Studie werden zwar in der Öffentlichkeit als Begründung für die Einführung von Leistungstests und zentralen Prüfungen herangezogen. Faktisch werden sie aber dazu genutzt, die Umsetzung von Vorhaben, die schon seit längerem auf der bildungspolitischen Tagesordnung standen, zu beschleunigen, zu bestärken oder auszuweiten.

4. Fallanalyse B: Die Ganztagsschul-Entwicklung in Brandenburg

Im Folgenden geht es um Diskussion, die im Zusammenhang mit der PISA-Studie in Brandenburg zur Ganztagsschule geführt wurde. Brandenburg – ein dünn besiedelter Flächenstaat – besitzt seit seiner Neugründung 1990 eine sozialdemokratisch geführte Regierung. Seit 1999 regiert eine Große Koalition (SPD und CDU) – und mit ihr Bildungsminister Steffen Reiche (SPD). Er blieb bis zum September 2004 im Amt.

4.1 Die Lage vor und nach PISA (2001-2005)

Von landesweit 437 Schulen der Sekundarstufe I (BMBF 2002, 54) waren 2001 nur 65 als Ganztagsschulen ausgebaut, also etwa 15%. Dabei handelte es sich ganz überwiegend um Gesamtschulen, die als Ganztagsschulen in gebundener Form geführt wurden. Aktivitäten zur Ausweitung der Ganztagsschulen hat es vor der Veröffentlichung der PISA-Ergebnisse nicht gegeben, die Ganztagsschule war im Land kein bildungspolitisches Thema. Ein Blick in die Schulstatistik zeigt, dass seit dem Jahr 2004 ein kräftiger Ausbau stattgefunden hat. Im Schuljahr 2005/06 gab es bereits 94 Ganztagsschulen in der Sekundarstufe I – mit steigender Tendenz.[5] Dabei wurden ganz überwiegend „offene Ganztagsschulen" neu errichtet. Inzwischen sind etwa 30% der Sekundarschulen des Landes als Ganztagsschulen ausgestattet (Quellenberg 2007, 16). Somit hat in Brandenburg nicht unmittelbar nach PISA, sondern erst mit einiger zeitlicher Verzögerung die Ganztagsschul-Entwicklung einen deutlichen Schub erhalten. Welche Bedeutung für diese Entwicklung kommt den PISA-Ergebnissen zu? Welche Rolle hat dabei der Bildungsminister gespielt? Die nachfolgende Analyse basiert auf 92 Artikeln aus der Landespresse, 13 Texten aus dem Ministerium und 24 parlamentarischen Dokumenten. Hinzu kommen die weiter vorn angesprochenen vier Experteninterviews.

4.2 Vor der Veröffentlichung der internationalen PISA-Studie (Phase I)

Dass vor der Veröffentlichung der PISA-Ergebnisse die Ganztagsschule in Brandenburg kein bildungspolitisches Thema war, können wir anhand der Presse- und Dokumentenanalyse eindeutig belegen, denn zwischen dem 1.8.2001 (dem Beginn unserer Erhebungen) und dem 4.12.2001 (der Veröffentlichung der PISA-I-Ergebnisse) gibt es so gut wie keine Spuren einer solchen Diskussion. Ministerielle Aktivitäten finden sich genauso wenig wie parlamentarische Debatten. Dem entspricht es, dass auch eine Thematisierung in der Presse kaum stattfindet. In vier Monaten finden sich in zwei Tageszeitungen lediglich fünf Artikel, nur in einem davon wird das Thema etwas ausführlicher behandelt – allerdings ohne jeden Landesbezug. Auch daran wird deutlich, dass das Thema in der Phase I noch nicht auf der landespolitischen Agenda steht.

4.3 Zwischen PISA-I- und PISA-E (Phase II)

Nach dem 4.12.2001 berichtet die Brandenburgische Presse umfassend über die PISA- Studie und ihre Ergebnisse (vgl. Abb. 1). Bei der Frage, welche bildungs-

---

5   Anzumerken ist noch, dass im Grundschulbereich (bis Klasse 6) in Brandenburg ein breites Hortangebot besteht, so dass sich die Ganztagsschul-Frage hier anders stellt als in der Sekundarstufe I.

politischen Maßnahmen denn erforderlich sind, spielt die Ganztagsschule von Beginn an eine wichtige Rolle. Dabei kommt dem KMK-Handlungskatalog, der ja gleichzeitig mit den PISA-Ergebnissen veröffentlicht wird, eine hohe Bedeutung zu. Als Handlungsfeld sieben wird dort angekündigt der

> „Ausbau von schulischen und außerschulischen Ganztagsangeboten mit dem Ziel erweiterter Bildungs- und Fördermöglichkeiten, insbesondere für Schülerinnen und Schüler mit Bildungsdefiziten und besonderen Begabungen" (KMK-Pressemitteilung vom 6.12.2001).

In der Presse werden unmittelbar nach dem 4. Dezember Politiker aller Parteien zitiert, die sich zustimmend zu der Forderung nach mehr Ganztagsschulen äußern. Dies sei die notwendige Antwort auf PISA, erklärt zum Beispiel Jürgen Rüttgers (CDU) (LR vom 4.12.2001). Ähnlich äußern sich unter anderem Monika Hohlmeier (CSU) und auch Gerrit Große von der Brandenburger PDS.

Daran wird auch deutlich, dass die Maßnahme „Ganztagsschule" auf eine hohe öffentliche Zustimmung stößt. Es besteht ein breiter Konsens nicht nur zwischen Politikern, sondern auch in der kommentierenden Presse. Ganztagsschulen werden als eine sinnvolle Reaktion auf die Probleme angesehen, die PISA aufgedeckt hat. Kompetenzdefizite und soziale Selektion lassen sich durch mehr Ganztagsschulen beheben – so die öffentliche Überzeugung. Dies bedeutet auch, dass Politiker, die sich für mehr Ganztagsschulen einsetzen, mit einer „guten Presse" rechnen können. Für die öffentliche Diskussion spielt es offensichtlich überhaupt keine Rolle, dass es 2001/2002 überhaupt keinen wissenschaftlichen Belege für diese Wirkungsvermutung gab (Ipfling 1981; Holtappels u.a. 2007, 42). Und auch fünf Jahre später kommen Radisch/Klieme/Bos (2006) bei der Reanalyse der IGLU-Daten zu ernüchternden Ergebnissen: Weder finden sich in Schulen mit ganztägigem Angebot bessere Leseleistungen, noch ist dort eine geringere soziale Selektivität anzutreffen (Holtappels u.a. 2007, 43). Kurz: Dass mehr Ganztagsschulen eine richtige Konsequenz aus PISA sei, genießt hohen öffentlichen Glauben; die fehlenden erziehungswissenschaftlichen Belege scheinen da nicht zu stören.

Vor diesem Hintergrund ist wohl auch die nächste Aktion von Bildungsminister Reiche zu verstehen: Er geht wenige Tage später – am 8.12.2001 – an die Öffentlichkeit und kündigt einen landesweiten Ausbau der Ganztagsschulen an (LR v. 8.12.2001). Ziel sei, dass im Jahr 2005 50 Prozent aller Schüler/innen der Sekundarstufe I eine Ganztagschule besuchen sollen. Einer solchen massiven Ausbauplanung widerspricht die Landes-CDU: Brandenburg verfüge über ein ausreichendes Ganztagsschulangebot in der Sekundarstufe; und im Grundschulbereich sei ein umfassendes Hortangebote vorhanden. Statt einer Ausweitung des Ganztagsbereichs sei deshalb eine Verbesserung des Unterrichts, insbesondere eine Minimierung des Unterrichtsausfalls, zu fordern. Reiche hingegen wiederholt in den nächsten Tagen seine Ganztagsschul-Planungen – und beherrscht damit über Tage die Landespresse. Zugleich kündigt er an, mit dem Koalitionspartner CDU Gespräche zu führen, um dessen Zustimmung zu seinem Konzept zu erreichen.

Jedoch: Der Dissens um den Umfang des Ganztagsschul-Ausbaus – und damit auch um die finanziellen Mittel – hält auch im Frühjahr 2002 an. Im Bildungsministerium werden die entsprechenden Planungen zwar vorangetrieben, ohne dass jedoch innerhalb der Regierung ein Konsens – oder auch nur ein Kompromiss – über die Ausbauplanung erzielt wurde. Im Mai 2002 gesteht Reiche ein, dass mit dem Koalitionspartner immer noch kein Konsens hergestellt sei. Zugleich konkretisiert er aber seine Planung: Im Jahr 2005 sollen 135 von den dann 271 Sekundarschulen des Landes über ein Ganztagsangebot verfügen müssen (MAZ v. 31.5.2002).

Parallel zur Diskussion in Brandenburg verdichten sich die Anzeichen, dass die Bundesregierung ein Programm plane um den Ausbau von Ganztagsschulen massiv zu unterstützen. Bereits im Februar 2002 erklärt Bundeskanzler Schröder, dass er dieses Thema zentral in den Bundestagswahlkampf (September 2002) tragen wolle. Am 14.6.2002 stellt er dann in einer Regierungserklärung vor dem Bundestag das Investitionsprogramm „Zukunft Bildung und Betreuung" vor. Mit diesem Programm sollen in den Jahren 2003 bis 2007 insgesamt 4 Milliarden Euro zur Verfügung gestellt werden, um in den Ländern zusätzlich 10.000 Ganztagsschulen einzurichten. Die Bundesregierung bietet den Ländern diese Investitionsmittel an, verlangt aber zugleich, dass sie bestimmte inhaltliche Vorgaben des Bundes akzeptieren. Für die Länder ist es verlockend, zusätzliche Gelder zu bekommen. Zugleich regt sich aber auch Widerstand, weil dies als Eingriff des Bundes in die Länderkompetenzen angesehen wird. Und schließlich ist die Realisierung des Programms abhängig von einem Sieg der rot-grünen Koalition bei der anstehenden Bundestagswahl im September.

4.4 Phase III: Nach PISA-E

Am 25.6.2002 stellt das nationale PISA-Konsortium die Ergebnisse des Bundesländervergleichs der Öffentlichkeit vor. Für Brandenburg erfüllen sich die von vielen gehegten negativen Erwartungen (vgl. Interview Ministerialbeamter 2003): Die Leistungsergebnisse in Lesen, Mathematik und Naturwissenschaft liegen am unteren Ende des Länderspektrums. Seitdem steht das Bildungsministerium vor dem Problem, die eigene Politik angesichts einer besonders schlechten Leistungsbilanz vertreten zu müssen. Etwa zeitgleich tritt die Bundesregierung mit ihrem Programm „Zukunft Bildung und Betreuung" (BMBF 2004) an die Öffentlichkeit.

Die Reaktionen auf die PISA-Länderergebnisse setzen unmittelbar nach der offiziellen Bekanntgabe ein. Schon am 25.6.2002 erscheint ein Interview mit Minister Reiche, in dem er angesichts der miserablen Brandenburger Ergebnisse bildungspolitische Fehlentscheidungen zugibt, ohne diese aber genauer zu benennen (LR v. 25.6.2002). Als Antwort auf das schlechte Abschneiden Brandenburgs verkündet er die Fortsetzung seiner „Bildungsoffensive" und erwähnt in diesem Zusammenhang auch den geplanten Ausbau des brandenburgischen Ganztagsschulwesens. Das Bundesprogramm sieht er als Unterstützung seiner Position, weil sich jetzt die Finanzprobleme deutlich entschärfen.

In der zweiten Jahreshälfte 2002 ebbt die Pressedebatte zur Ganztagsschul-Problematik ab und kommt zum Jahresende fast völlig zum Erliegen. Auch der parlamentarische Diskurs verliert an Intensität und Schärfe. Zugleich finden sich aber eine intensive Arbeit des Ministeriums, um die inhaltlichen und organisatorischen Vorbereitungen für die Ausweitung des Ganztagsschul-Bereichs zu treffen. Denn seit der von Rot-Grün knapp gewonnenen Bundestagswahl werden in Brandenburg die Bundesgelder für den Ausbau der eigenen Ganztagsschulen fest eingeplant.

Diese konkreten Planungsaktivitäten des Bildungsministeriums stehen jedoch in einem gewissen Widerspruch zu dem nach wie vor bestehenden Dissens in der Koalition, was die Ausbauziele im Ganztagsbereich angeht. Auch nach der Bundestagswahl – also Ende September – scheint es hier noch keine Einigung zwischen CDU und SPD zu geben. Die „Märkische Allgemeine" berichtet, dass die Ganztagsschulthematik noch das einzig bildungspolitisch strittige Feld sei; vor allem die Frage nach der Ausweitung des Programms sei ungeklärt (MAZ, v. 28.9.2002). In allen anderen Fragen sieht die Berichterstattung bildungspolitischen Konsens zwischen den Partnern. Am 1.10.2002 berichtet die MAZ dann darüber, dass sich die Koalition nach langen Verhandlungen auf ein „PISA-Paket" geeinigt habe. Dabei wurden mehrere Probleme in eine Kompromissfindung einbezogen (zum Beispiel Schulstruktur, Lehrerbeschäftigung, Ganztagsschule). Im Ergebnis konnte sich die SPD bei der Zielvorstellung für den Ganztagsschulausbau weitgehend durchsetzten, dafür musste sie an anderen Stellen zurückstecken. Äußerst hilfreich für dieses Ergebnis waren die finanziellen Unterstützungen, die vom Bundesprogramm zu erwarten waren.

Bis zum Schuljahr 2005/06 werden dann im Bereich der Sekundarstufe I sechs gebundene und 24 offene Ganztagsschulen neu geschaffen, so dass in Brandenburg insgesamt 94 Ganztagsschulen in der Sekundarstufe I existieren. Weil parallel dazu aufgrund sinkender Schülerzahlen zugleich sehr viele Schulen geschlossen beziehungsweise zusammengelegt wurden, sind im Schuljahr

2005/06 knapp 30% aller Sekundarschulen als Ganztagsschulen ausgestattet. Die ursprüngliche Zielmarke 50% ist damit zwar längst nicht erreicht, doch man ist ihr ein erhebliches Stück näher gekommen.

4.5 Erste Einordnung

Betrachtet man die Ganztagsschul-Entwicklung in Brandenburg insgesamt, so lässt sich feststellen: Die Ergebnisse der PISA-Studie nehmen hier einen massiven Einfluss auf die Bildungspolitik des Landes, weil sie das Ministerium dazu bewegen, in einem vorher kaum bearbeiteten Feld Programme zu entwickeln und diese landesweit zu realisieren. Zwar gab es auch schon vor PISA Ganztagsschulen im Lande, doch deren Ausbau stand überhaupt nicht auf der bildungspolitischen Agenda. PISA-I-Ergebnisse und KMK-Handlungskatalog gemeinsam haben dazu geführt, dass Bildungsminister Reiche den Ausbau von Ganztagsschulen zu einem zentralen Programmpunkt erklärt und – bei breiter öffentlicher Unterstützung – dann auch hartnäckig durchsetzt. PISA fungiert so gesehen als Initiator eines beachtlichen Ganztagsschul-Ausbaus. Diese von PISA angestoßene Entwicklung wird in der nachfolgenden Durchsetzung stark durch das Programm der Bundesregierung gestützt. Denn den Ganztagsschul-Protagonisten in Brandenburg wird es dadurch wesentlich leichter, Widerstände zu überwinden.

Auffällig ist nun, dass wir es auch hier mit einem politischen Dissens innerhalb einer Großen Koalition zu tun haben. Obwohl der Ausbau von Ganztagsschulen eines der Handlungsfelder des (einstimmig beschlossenen) KMK-Katalogs ist, baut die Brandenburger CDU gegenüber den Ausbauplänen des SPD-Bildungsministers erhebliche und lang andauernde Widerstände auf. Allerdings isoliert sie sich damit zunehmend, wird in der Presse dafür kritisiert, erhält zusätzlichen Druck durch das Bundesprogramm – und gibt ihren Widerstand schließlich auf. Während die Steuerungswirkungen dieser Aktivitäten in den ersten Jahren (2002/2003) recht begrenzt bleiben, hat aus unserer Perspektive die ganze Debatte eine erhebliche Bedeutung für die Legitimationsbeschaffung der Regierung. Dies soll knapp skizziert werden:

Auf die Verunsicherung der Öffentlichkeit durch die PISA-Ergebnisse reagiert Minister Reiche frühzeitig und gezielt, indem er schon sehr bald Handlungskataloge präsentiert. Die dabei ausgewiesenen Maßnahmen – von der besseren Frühförderung über die Ganztagsschule bis hin zum weiteren Ausbau zentraler Prüfungen – stoßen fast alle auf eine prinzipielle Zustimmung sowohl der im Landtags vertretenen Parteien wie der in der Presse veröffentlichten Meinung. Sie sind deutlich auf Konsens ausgerichtet. Dies lässt sich am Beispiel der Ganztagsschule besonders gut nachzeichnen. Nachdem das Ganztags-Thema durch den KMK-Handlungskatalog zur offiziellen Politik der CDU- und SPD-Kultusminister erklärt wurde, wird es von Minister Reiche für Brandenburg vollständig übernommen und in seinem Handlungsprogramm prominent platziert. Indem Reiche behauptet, Brandenburg sei in der Ganztagsschul-Entwicklung schon lange ein Vorreiter unter den Ländern[6], beansprucht er hier eine historische Kontinuität. Die Regierung – so die implizite Aussage – hat auch schon vor PISA die richtigen Maßnahmen getroffen, in dieser Linie schreitet sie jetzt voran. Und in der Tat wird ab Dezember 2001 der Ausbau der Ganztagsschulen in der Sekundarstufe entschlossen vorangetrieben, zum Beispiel durch die Ankündigung der 50%-Zielmarke. Dabei wird die Frage, ob denn die „offene Ganztagsschule" eine inhaltlich angemessene Reaktion auf die durch PISA ermittelten Kompetenz- und Selektionsprobleme ist, so gut wie gar nicht diskutiert. Denn spätestens seit dem KMK-Handlungskatalog genießt diese Maßnahme so etwas wie „öffentlichen Glauben", der auch in der Presse immer wieder transportiert wird. Dies sei eine wichtige, eine richtige Reaktion auf PISA. Lediglich die CDU stört diese Darstellung hin und wieder, dringt damit im öffentlichen Meinungsbild aber nicht durch. Insgesamt zieht das Brandenburger Ministerium aus dieser Situation einen erheblichen Legitimationsgewinn. Es betreibt ganz entschlossen die Realisierung einer Maßnahme, die von einer breiten Öffentlichkeit (und den meisten Politikern) für eine sinnvolle Reaktion auf PISA gehalten wird. Ingesamt lässt sich sagen, dass in der von uns untersuchten Zeit (2001/2002) in Brandenburg die PISA-Ergebnisse fast immer in engem Zusammenhang mit den von Minister Reiche angekündigten Maßnahmen diskutiert wurden. Weil diese Maßnahmen – insbesondere die Ganztagsschulen – auf breite öffentliche Zustimmung stoßen, weil der Minister sich dabei als treibende Kraft bei der Lösung der Probleme darstellen kann, wird nach unserer Einschätzung die Akzeptanz insbesondere der SPD-Regierungspolitik im bildungspolitischen Bereich eher gestärkt. Anders formuliert: Der Legitimationsverlust, der aufgrund der schlechten Brandenburger PISA-Ergebnisse drohte, ist durch die wirksame Präsentation einer Regierungspolitik – die öffentlich als konsensorientiert und handlungsstark wahrgenommen wurde – abgewendet worden. Dabei hat das Ganztagsschul-Programm eine erhebliche Rolle gespielt.

Dabei spielt es für die politischen Aktivitäten offensichtlich nur eine geringe Rolle, dass auch die pädagogische Wirksamkeit der Maßnahme „offene Ganztagsschulen" mit guten Gründen stark angezweifelt werden kann. Jedenfalls ist zu fragen, warum ein stark auf Beschäftigung und Betreuung ausgerichtetes Nachmittagsprogramm, das nur einen Teil der Schüler/innen erreicht, dazu füh-

---

6 Diese Aussage ist durch die Daten der amtlichen Schulstatistik nicht gedeckt (vgl. Quellenberg 2007, 16).

ren soll, die von PISA aufgedeckten Probleme (Kompetenzdefizite, hohe soziale Selektivität) zu beheben. Doch die Ganztagsschule genießt an dieser Stelle – genauso wie das Zentralabitur – eine Art „öffentlichen Glauben", was ihre Wirksamkeit betrifft. Und genau deshalb sind diese Maßnahmen für eine bildungspolitische Umsetzung von hoher Relevanz.

5. Fazit

Welche Erkenntnisse lassen sich aus diesen beiden bildungspolitischen Verläufen ziehen? Bleibt man zunächst eng bei den beschriebenen Prozessen, so lässt sich feststellen:

a. In beiden Fällen haben die PISA-Ergebnisse, hat die PISA-Diskussion massive Auswirkungen auf bildungspolitische Verläufe und schulische Innovationen genommen. In dem einen Fall – zentrale Prüfungen in Bremen – verhilft sie einer im Lande lang strittigen Maßnahme zum Durchbruch. Im anderen Fall – Ganztagsschulen in Brandenburg – wird dadurch ein für das Land neues Programm auf die Agenda gesetzt.
b. In beiden Fällen geraten die PISA-Ergebnisse in eine politische Landschaft, in der sich unterschiedliche Interessen und unterschiedliche normative Konzepte aneinander reiben. Alle Akteure versuchen, die PISA-Ergebnisse für sich zu „vereinnahmen" – aber es gelingt nicht allen. Vielmehr erhalten in der öffentlichen Diskussion bestimmte Positionen eine höhere Glaubwürdigkeit und versprechen damit einen Legitimationsgewinn. Dies gilt für zentrale Prüfungen genauso wie für die Ganztagsschule.
c. Die Frage nach wissenschaftlichen Belegen für die Angemessenheit der angekündigten Maßnahme spielt dabei bestenfalls am Rande eine Rolle. Hier wirkt der KMK-Katalog de facto wie eine Art „Fachgutachten". Was dort aufgenommen wurde, ist von Experten als sinnvoll bezeichnet worden und genießt öffentliche Glaubwürdigkeit. Diese, im politischen Kompromiss zwischen CDU und SPD gefundenen Maßnahmen werden vor allem dann nicht hinterfragt, wenn sie mit weit verbreiteten öffentlichen Überzeugungen von einer guten Schule übereinstimmen. Und dazu gehört seit Alters her die strenge Prüfung, und seit jüngerem wohl auch der Ganztagscharakter.

Wenn unsere Interpretationen bis hier hin plausibel sind, so ergibt sich daraus eine klare Antwort auf für die eingangs formulierte Frage, wie angemessen die Vorstellung von einer „evaluationsbasierten Steuerung" ist; denn „Large-Scale-

Assesment"-Studien, das wurde zu Beginn gezeigt, werden vor allem evaluationstheoretisch begründet. Angeblich wird durch diese Studien „Steuerungswissen" produziert, das die Handlungs- und Entscheidungskompetenz der Akteure in den Schulministerien erhöhen soll. Diese „Steuerleute" sollen dadurch in die Lage versetzt werden, in empirisch aufgeklärter Weise die angemessenen bildungspolitischen Maßnahmen zu ergreifen.

Nun zeigt unsere Analyse, dass die Wirklichkeit zumindest bei PISA wesentlich anders, wesentlich komplexer aussieht. Zunächst wird deutlich, dass Studien wie PISA keinesfalls bevorzugt die „Steuerleute" beliefern, sondern dass damit zugleich eine hochaktive Medienöffentlichkeit bedient wird. Dort erfolgt eine – von Politikern und Bildungsplanern nicht kontrollierbare – Verarbeitung von Ergebnissen, die dann für den nachfolgenden politischen Prozess hoch bedeutsam ist. Die Minister/innen müssen sich vor allem mit dem öffentlichen Bild dieser Ergebnisse auseinandersetzen. Und sie müssen versuchen, dieses Bild zu beeinflussen und zugleich zu nutzen. Daraus ergibt sich: Steuerungsaktivitäten in der Folge von öffentlich diskutierten Leistungsvergleichen sind politisch nur dann sinnvoll, wenn sie zugleich die öffentliche Akzeptanz der Regierungspolitik, wenn sie die Legitimationsbasis des Ministers stärken. Sowohl zentrale Prüfungen wie auch der Ausbau der Ganztagsschulen weisen genau dieses Legitimationspotential auf, und vor allem auch deshalb dürften nach PISA fast alle Schulminister auf diese Maßnahmen gesetzt haben. Damit haben wir anhand dieser konkreten Fällen auf einen Zusammenhang verwiesen, der in steuerungstheoretischen Konzepten gern vernachlässigt wird (Mayntz 2004, 74). Denn in der Politik geht es

> „keineswegs immer und primär um Aufgabenerfüllung, Leistungserbringung und Problemlösung, sondern oft in erster Linie um Gewinn und Erhalt von politischer Macht. [...] Gesellschaftliche Missstände werden oft überhaupt erst dann zum politisch lösungsbedürftigen Problem, wenn sie die Herrschaft derer bedrohen, die die gesellschaftlichen Machtpositionen innehaben. Umgekehrt werden politische Reformziele oft nicht aus sachlichen Gründen, sondern aus einem machtpolitischen Kalkül gewählt und verfolgt" (a.a.O., 75).

Steuerungstheoretische Konzepte – und dazu gehört auch die Vorstellung von einer „evaluationsbasierten Steuerung" – lassen diese Zusammenhänge nur zu leicht außer Acht, indem sie so tun, als ginge es bei der politischen Verarbeitung empirischer Daten ausschließlich um eine sachlich angemessene Problemlösung. Demgegenüber hat unsere Analyse in aller Deutlichkeit gezeigt: Die PISA-Ergebnisse werden nicht von wenigen „Steuerleuten" in fachkompetenten Evaluations-Zirkeln verarbeitet, sondern von einer großen Zahl bildungspolitischer Akteure in einer zum Teil aufgeregten öffentlichen Debatte. Reaktionen auf

PISA, so die Verkündigung von Programmen, sind als Teil dieser öffentlichen Debatte zu verstehen – und sie sind in aller Regel darauf ausgerichtet, die politische Akzeptanz der Regierenden zu erhöhen.

Damit soll jetzt nicht behauptet werden, dass politische Entscheidungen nie sachorientiert, sondern immer nur machtorientiert verlaufen. Aber sehr wohl soll die Position vertreten werden, dass das Konzept einer „evaluationsbasierten Steuerung" zumindest für die hier beschriebenen Diskussions- und Entscheidungsprozesse auf der Systemebene viel zu kurz greift. Es ist nicht nur unklar, was eigentlich „Steuerungswissen" ist und wie die „Steuerleute" die „richtigen" Konsequenzen aus diesem Wissen ziehen können (vgl. Altrichter/Heinrich 2006, 56ff.). Es zeigt sich zugleich auch, dass Prozesse der politischen Legitimation für Entscheidungen auf der Systemebene eine hohe Relevanz besitzen – und dass genau dies im Konzept der „evaluationsbasierten Steuerung" nicht mitgedacht ist (Mayntz 2001). Das wiederum bedeutet: Wenn wir angemessen erklären wollen, wie die Ergebnisse von Leistungsvergleichsstudien auf der Systemebene „verarbeitet" werden, wie daraus zunächst politische Entscheidungen abgeleitet und dann pädagogische Programme entwickelt werden - dann greifen theoretische Ansätze, die nur die systeminternen Steuerungsprozesse in den Blick nehmen, viel zu kurz. Denn die Vorstellung, es gehe hier vor allem um eine Rationalisierung der Systemsteuerung durch Evaluation, lässt die gesamte politische Einbindung der Entscheidungsprozesse außer Acht.

Weil dies unzureichend ist, müssen wir uns auf die Suche nach theoretischen Perspektiven mache, die auch die beschriebene Dynamik des politischen Geschäfts mit einbeziehen. Die beiden Fallanalysen haben deutlich gemacht, dass Prozesse des „Agenda-Settings", der Legitimationsbeschaffung, der Beeinflussung öffentlicher Debatten – aber auch der Kompromissfindung und des Interessenausgleichs (vgl. zum Beispiel Jarren/Donges 2002) von großer Bedeutung sind, wenn es um die bildungspolitische Verarbeitung von Leistungsvergleichsstudien geht. Hier ein Theoriekonzept zu entwickeln, bei dem die Steuerungsperspektive mit einer Analyse des bildungspolitischen Feldes und seiner Prozesse verknüpft wird, wäre ein angemessenes, zugleich aber auch ein hochgesteckte Ziel. Ob die Theorieanstrengungen der jüngeren Zeit zur „Educational Governance" (vgl. Altrichter/Brüsemeister/Wissinger 2007) hier eine weiterführende interdisziplinäre Perspektive weisen, wird sich erst noch erweisen müssen.

Literatur

Ackeren, Isabell van/Bellenberg, Gabriele (2004): Parallelarbeiten, Vergleichsarbeiten und Zentrale Abschlussprüfungen. In: Holtappels, Heinz Günter/Klemm, Klaus/Pfeiffer, Hermann/Rolff, Hans-Günter/Schulz-Zander, Renate (Hg.): Jahrbuch der Schulentwicklung. Daten, Beispiele und Perspektiven. Band 13. Weinheim/München: Juventa. 125-159.

Altrichter, Herbert/Brüsemeister, Thomas/Wissinger, Jochen (Hg.) (2007): Educational Governance. Handlungskoordination und Steuerung im Bildungssystem. Wiesbaden: VS.

Altrichter, Herbert/Heinrich, Martin (2006): Evaluation als Steuerungsinstrument im Rahmen eines „neuen Steuerungsmodells" im Schulwesen. In: Böttcher, Wolfgang/Holtappels, Heinz Günter/Brohm, Michaela (Hg.): Evaluation im Bildungswesen. Weinheim/München: Juventa, 51-64.

Altrichter, Herbert/Posch, Peter (1999): Wege zur Schulqualität. Innsbruck: Studienverlag.

Baumert, Jürgen/Bos, Wilfried/Watermann, Rainer: TIMSS III. Schülerleistungen in Mathematik und Naturwissenschaften am Ende der Sekundarstufe II im internationalen Vergleich. Berlin: Max-Planck-Institut für Bildungsforschung.

Bos, Wilfried/Postlethwaite, Thomas Neville (2000): Möglichkeiten, Grenzen und Perspektiven internationaler Schulleistungsforschung. In: Rolff, Hans-Günter et al. (Hg.): Jahrbuch der Schulentwicklung, Band 11, Weinheim/München: Juventa, 365-386.

Bundesministerium für Bildung und Forschung (2002): Grund- und Strukturdaten 2001/2002, Bonn.

Holtappels, Heinz Günter/Klieme, Eckhard/Radisch Falk/Rauschenbach, Thomas/Stecher, Ludwig (2007): Forschungsstand zum ganztägigen Lernen und Fragestellungen in StEG. In: Holtappels, Heinz Günter/Klieme, Eckhard/Rauschenbach, Thomas/Stecher, Ludwig (Hg.): Ganztagsschule in Deutschland. Weinheim/München: Juventa, 37-50.

Ipfling, Heinz-Jürgen (Hg.) (1981): Modellversuche mit Ganztagsschulen und anderen Formen ganztägiger Förderung. Bonn: Oedekoven.

Jarren, Otfried/Donges, Patrick (2002): Politische Kommunikation in der Mediengesellschaft: eine Einführung. Band 1 und 2. Wiesbaden: Westdeutscher Verlag.

Klieme, Eckhard/Baumert, Jürgen/Schwippert, Knut (2000): Schulbezogene Evaluation und Schulleistungsvergleiche – eine Studie im Anschluss an TIMSS. In: Rolff, Hans-Günter et al. (Hg.): Jahrbuch der Schulentwicklung, Band 11, Weinheim/München: Juventa, 387-420.

Lamnek, Siegfried (2005): Gruppendiskussion. Theorie und Praxis. 2., überarbeitete und erweiterte Auflage, Weinheim/Basel: Beltz.

Mayntz, Renate (2001): Zur Selektivität der steuerungstheoretischen Perspektive. In: Burth, Hans-Peter/Görlitz, Axel (Hg.): Politische Steuerung in Theorie und Praxis. Baden-Baden: Nomos.

Mayntz, Renate (2004): Governance im modernen Staat. In: Benz, Arthur (Hg.): Governance – Regieren in komplexen Regelsystemen. Wiesbaden: VS, 65-76.

OECD-PISA (Hg.) (2000): Schülerleistungen im internationalen Vergleich. Eine neue Rahmenkonzeption für die Erfassung von Wissen und Fähigkeiten. Berlin: MPI.

Peek, Rainer (2004): Qualitätsuntersuchungen an Schulen zum Unterricht in Mathematik (QUASUM) – Klassenbezogene Ergebnisrückmeldungen und ihre Rezeption in Brandenburger Schulen. In: Empirische Pädagogik 18 (1), 82-114.

Radisch, Falk/Klieme, Eckhard/Bos, Wilfried (2006): Gestaltungsmerkmale und Effeke ganztägiger Angebote im Grundschulbereich. Eine Sekundäranalyse zu Daten der IGLU-Studie. In: Zeitschrift für Erziehungswissenschaft 9 (6), 30-50.

Quellenberg, Holger (2007): Ganztagsschule im Spiegel der Statistik. In: Holtappels, Heinz Günter/Klieme, Eckhard/Rauschenbach, Thomas/Stecher, Ludwig (Hg.): Ganztagsschule in Deutschland. Weinheim/München: Juventa, 14-36.

Stryck, Tom (2000): Qualitätssicherung in der Geisterbahn. Was hat die Schulaufsicht mit Schulqualität zu tun? In: Zeitschrift für Pädagogik, 41. Beiheft, 111-128.

Terhart, Ewald (2002): Wie können die Ergebnisse von vergleichenden Leistungsstudien systematisch zur Qualitätsverbesserung genutzt werden? In: Zeitschrift für Pädagogik 48 (1), 91-110.

Matthias Rürup

Zum Wissen der Bildungsberichtserstattung. Der deutsche Bildungsbericht als Beispiel und Erfolgsmodell

Einleitung

Im sozialwissenschaftlichen Diskurs erscheint es alles in allem leichter und opportuner eine negativ-kritische als eine lobend-befürwortende Position zu den jeweils untersuchten Phänomenen einzunehmen. Kritik verweist auf Distanz, auf wahrgenommene Differenzen zwischen Wirklichkeit und Ansprüchen, Praxis und Theorie sowie auf Maßstäbe der Rationalität und Wahrheit. Lob hingegen ist assoziiert mit Anteilnahme, Identifikation und Emotion, ist verknüpft mit Engagement und – nicht zuletzt – Gestaltungswillen. Gerade wenn es um bildungspolitische Ideen und Aktivitäten geht, so erscheint es mir, wird eine skeptische Haltung schnell goutiert. Das Vertrauen darin, dass es der Politik gelingt und gelingen könnte, die realen Handlungsprobleme des Bildungssystems angemessen und schnell zu lösen, ist nicht weit verbreitet.

Dies hat sicherlich mit der Geschichte der deutschen Bildungsreform zu tun, den überzogenen und gesellschaftlich nicht konsensfähigen Visionen umfassenden Systemumbaus und gesamtstaatlicher Bildungsplanung in den 1970er Jahren und dem damit verbundenen und darauf folgenden bildungspolitischen Streitereien, Irrationalitäten und Stagnationen (siehe zum Beispiel Poppelt 1978, Bundesminister für Bildung und Wissenschaft 1980; Spieß 1984; Hüfner/Naumann 1986; Böttcher 1990; Massing 2002). Die Skepsis resultiert sicherlich aber auch aus der aktuellen narzistischen Kränkung des Selbstbildes gelingender Bildung und Ausbildung in Deutschland, die aus den erwartungswidrig niedrigen Rankingpositionen Deutschlands in internationalen Schülerleistungsvergleichen erwuchs (zum Beispiel Fahrholz/Gabriel/Müller 2002). Sie wurden weitgehend als Ergebnis des verfehlten schulpolitischen Handelns gelesen. Und dass gerade die deutschen Bundesländer und die KMK – als die öffentlich identifizierten Verursacher der deutschen Bildungsmisere – ihre schulpolitische Alleinkompetenz weiterhin und eifersüchtig gegen Avancen der Bundespolitik verteidigen und stabilisieren, ist ein weiterer Nährboden für Zweifel, Spott und kassandrische Visionen (zur Föderalismusreform 2006 siehe: Mager 2005; Münch 2005; Böttcher/Rürup 2007; Wollenschläger 2007).

Ich will nun nicht behaupten, dass es eine besondere Leistung sei oder besonderen Mut erfordere in dieser Situation mit einem Lob der deutschen Bildungspolitik oder zumindest eines einzelnen Aspektes wie dem deutschen Bildungsbericht hervorzutreten. Es ist – und mehr sollte mit dieser knappen Einleitung nicht aufgewiesen werden – zumindest ungewöhnlich, steht womöglich unter besonderer Beobachtung hinsichtlich der Unbefangenheit der Position und hinsichtlich der Objektivität und der wissenschaftlichen Begründetheit solch unerwarteten Urteils.

Deswegen möchte ich gleich zu Beginn bekennen: Das Lob des deutschen Bildungsberichts, das ich im Folgenden vorstellen und vertreten möchte, ist mir nicht leicht gefallen. Ich habe es mir in der Lektüre und im Durchdenken gegen eigene Widerstände erst erarbeiten müssen. Eigentlich wollte ich ganz umgekehrt argumentieren. Ich wollte ausgehend von der gewünschten gesellschaftlich-bildungspolitischen Funktion und den erwarteten Leistungen einer Bildungsberichterstattung, den deutschen Bildungsbericht als Beispiel eines Realisierungsversuchs vorstellen und an ihm die gegenwärtig international dominante Form der Bildungsberichtslegung – den Indikatorenansatz – in seiner Eignung für bildungspolitische Entscheidungsfindungen hinterfragen. Für dieses argumentative Vorgehen hatte ich auch einen wunderbaren lyrischen Rahmen gefunden, der mir geholfen hätte, die Kritik Schritt für Schritt anschaulich zusammenzufassen. Es handelte sich um Fragen in Versform aus dem Gedicht „The Rock" von T. S. Eliot:

> „Where is the wisdom we have lost in knowledge?
> Where is the knowledge we have lost in information?"

Als mir diese Zeilen vor einigen Wochen und gänzlich zufällig begegneten, hatte ich den Eindruck, dass in ihnen die Problematik und die notwendige Kritik am Ansatz und an der Praxis der deutschen Bildungsberichterstattung – und generell der wissensbasierten evaluativen Steuerung im Bildungswesen – konzentriert seien.

Zum einen wird auf die beachtenswerte Differenz zwischen den Begriffen/Phänomenen der Weisheit (wisdom), des Wissens (knowledge) und der Information (information) hingewiesen, zum anderen darauf, dass ein Mehr an Information und Wissen keineswegs zwangsläufig auch ein Mehr an klugen Abwägungen und Entscheidungen impliziere. Vielmehr sei auch der gegenteilige

Effekt denkbar, dass mehr Information die Identifikation bedeutsamer Sachverhalte – das Wissen – systematisch erschwere und auch vermehrtes Wissen kluge Entscheidungsfindungen (Weisheit) oder Entscheidungsfindungen überhaupt behindern könne. Dass gegenwärtig Bildungsberichterstattung, Lernstanderhebungen, Schulinspektionen und zentrale Abschlussprüfungen politisch-administrativ verfügbare Informationen insbesondere über das allgemein bildende Schulsystem deutlich anwachsen lassen, ist gewiss. Inwieweit Politik, Administration oder auch die einzelnen Schulen aus dieser neuen Informationsfülle handlungsrelevante und unter wissenschaftlicher Perspektive gerechtfertigte Schlussfolgerungen zu ziehen vermögen, ist aber zu hinterfragen. Und ob das letztlich beobachtbare Handeln oder Nichthandeln der einzelnen Akteure überhaupt zureichend mit den vermehrten Informationen verbunden, von ihrer umfassenden Reflexion motiviert und orientiert und entsprechend angemessen und Erfolg versprechend sei, ist sogar zweifelhaft (siehe zum Beispiel Tillmann in diesem Band).

Nun ist mir in der näheren Auseinandersetzung mit dem deutschen Bildungsbericht genau diese skeptische Distanzierung von aktuellen bildungspolitischen und bildungsadministrativen Entwicklungen und Hoffnungen zunehmend schwer gefallen. Zumindest was dieses konkrete Produkt des aktuellen wissenschaftlichen und politischen Bemühens um bessere Information über Schule und Bildung anbelangt, schien mir ein ausdrückliches Lob, ein Hervorkehren als Erfolgsmodell angebracht und notwendig – insbesondere je mehr ich las und nachdachte. Meinen Beitrag habe ich entsprechend umgestalten und umorientieren müssen. Sein hauptsächliches Anliegen ist nunmehr, den deutschen Ansatz der Bildungsberichterstattung, der sich erstmals im Bericht „Bildung in Deutschland" aus dem Jahr 2006 umfassend konkretisiert, vorzustellen und zu würdigen.

Die Verse von T.S. Elliot sollen mir dennoch als Leitfaden meines Beitrags dienen – nunmehr jedoch nicht, wie im Text selbst nahe gelegt, als schrittweiser Abstieg vom Himmel der Weisheit in die Hölle des Nichtwissens, sondern genau umgekehrt als zunehmende Annäherung an das hohe Ideal. Im ersten Kapitel möchte ich so unter dem Begriff der bloßen Information einen Einblick in die aktuelle Vielfalt von Berichten über Bildung in Deutschland geben, um dann (Kapitel 2) vermittelt über einige definitorische Einschränkungen ein Wissen zu präsentieren, welche Art von Berichten mit welchen Funktionen dann im engeren Sinne als Bildungsberichte zu bezeichnen sind. Im dritten Teil geht es auf dieser Wissensgrundlage um den deutschen Bildungsbericht als – zumindest gegenwärtige – Weisheit letzter Schluss. Ein kurzer Ausblick auf mögliche Folgerungen aus meiner Darstellung beschließt den Beitrag (Kapitel 4).

1. Information: Die Fülle deutscher Bildungsberichterstattung

Die Themen „Schule" und „Bildung" sind von solch umfassendem öffentlichen, politischen aber auch privat-individuellem Interesse, dass die Vielzahl unterschiedlichster Publikationen, die über Bildung in Deutschland berichten, nicht überraschen kann. Der Versuch, einen Überblick über diese Fülle zu geben, muss notwendigerweise beispielhaft illustrierend vorgehen, wenn nicht von vornherein Systematisierungsschemata angewendet werden sollen. Über Bildung allein im Bereich des allgemein bildenden und beruflichen Schulwesens berichten so unterschiedliche Publikationen und Institutionen wie

- die Bund-Länder-Kommission für Bildungsplanung und Forschungsförderung (BLK) mit ihrem jährlichen Bildungsfinanzbericht und einer Menge weitere Dokumentationen, insbesondere zu Modellversuchen im Schulwesen;
- das Bundesinstitut für Berufsbildung (BIBB) mit seinem ebenfalls jährlichen Berufsbildungsbericht;
- universitäre Einrichtungen wie das Institut für Schulentwicklungsforschung an der Universität Dortmund (IFS) mit seinem Jahrbuch für Schulentwicklung, oder das Zentrum für empirische pädagogische Forschung an der Universität Koblenz-Landau mit seinem „Bildungsbarometer";
- das statistische Bundesamt mit den Datenreporten der Fachserie 11 „Bildung und Kultur", oder die statistischen Ämter der Länder, zum Beispiel mit ihrem seit 2006 parallel zum jährlichen OECD-Bericht „Bildung auf einen Blick" erscheinenden Band „Internationale Bildungsindikatoren im Ländervergleich";
- das Institut der Deutschen Wirtschaft (IW) mit seinem Buch „Bildungsbenchmarking für Deutschland", oder seinem zusammen mit der Initiative „Neue soziale Marktwirtschaft" vorgelegten jährlichen „Bildungsmonitor";
- die GEW und die Max-Träger-Stiftung mit der Publikation „Bildung in Zahlen" und den Empfehlungen ihres Sachverständigenrates für Bildung;
- das Max-Planck-Institut für Bildungsforschung in Berlin mit ihrem mehrfach aktualisierten Standardwerk „Das Bildungswesen in der Bundesrepublik Deutschland";
- die Kultusministerkonferenz (KMK) mit einer Vielzahl von statistischen Veröffentlichungen – vor allem mit dem Band „Schule in Deutschland. Zahlen, Fakten, Analysen" aus dem Jahr 2002, oder mit dem in ihrem Auftrag im Jahr 2003 erstellten „Bildungsbericht für Deutschland – erste Befunde";

- extra durch die Bildungspolitik von Bund und Ländern eingesetzte Beratungsgremien wie der „Deutsche Bildungsrat" (1965-1975), oder das „Forum Bildung" (1998-2001) mit ihren umfänglichen Expertisen und Stellungnahmen;
- Beratungsgremien in einzelnen Bundesländern wie der „Bildungsrat Baden-Württemberg", oder die Kommission „Zukunft der Schule – Schule der Zukunft" in Nordrhein-Westfalen;
- Unternehmen wie der Focus Magazin Verlag zusammen mit Microsoft Deutschland mit ihrer „Bildungsstudie-Deutschland 2007", oder die Bertelsmann-Stiftung;
- der „Aktionsrat Bildung", ein durch die Vereinigung der Bayerischen Wirtschaft e.V. initiiertes Expertengremium renommierter Bildungswissenschaftler, mit seinen seit 2003 vorgelegten Gutachten unter dem Obertitel „Bildung neu denken";
- oder (nicht zuletzt) das Bundesbildungsministerium (BMBF) mit den in seinem Auftrag erstellten wissenschaftlichen Studien, zum Beispiel zum internationalen Vergleich von Bildungssystemen, dem Gutachten zur Bildung in Deutschland (2002) oder dem Bildungs-DELPHI aus den Jahren 1996-1998 zu „Potentialen und Dimensionen der Wissensgesellschaft".

Auch internationale Organisationen wie die OECD, die UNO und UNESCO oder auch die Europäische Union legen regelmäßig Berichte vor, die nicht nur für die Analyse und Verortung der Qualität des deutschen Bildungswesens relevant, sondern zum Teil auch konkret auf Deutschland zugeschnitten sind. Zu nennen wären zum Beispiel das OECD-Länderexamen aus dem Jahr 1970 (OECD 1973) oder der im März 2007 vorgelegte Report des UNO-Sonderberichterstatters für Bildung, Vernor Muñoz (Muñoz 2006). Nicht vergessen werden dürfen – selbstverständlich – auch jene international oder auch national vergleichenden Schülerlernstandstests, die die deutsche bildungspolitische Debatte in den letzten Jahren erst so intensiv anregten: die Studien TIMSS, PISA, PIRLS/IGLU oder DESI. Die neuen in allen Bundesländern eingeführten Lernstandserhebungen sind – zumindest mit ihren öffentlichen zusammenfassenden Präsentationen – ebenfalls als Berichterstattungen über Bildung zu werten wie auch die – in ihrer Vielfalt, ihrem Gehalt und Umfang noch nicht genau abzusehenden – zusammenfassenden Ergebnisreporte der in den Ländern neu eingerichteten Schulinspektionen. Wesentliche Aspekte zur Situation von „Bildung in Deutschland" tragen darüber hinaus auch die im Auftrag von Bundesministerien erstellten Familien-, Kinder- und Jugendberichte sowie der Bericht „Lebenslagen in Deutschland" bei. Und zukünftig soll es zusätzlich zu den schon bestehenden regelmäßigen Bevölkerungsbefragungen des Sozio-Ökonomischen Panels (SO-

EP) oder der Allgemeinen Bevölkerungsumfrage der Sozialwissenschaften (ALLBUS) noch ein eigenständiges Bildungspanel geben, mit sicherlich ebenfalls eigenständigen Publikationsreihen.

Diese Auflistung ist keineswegs erschöpfend – noch dazu wenn berücksichtigt wird, dass hier nur Berichte genannt wurden, die sich im Zentrum mit dem allgemein bildenden Schulwesen beschäftigen. Für Informationen zum Hochschulwesen und zur Weiterbildung gibt es darüber hinaus noch weitere Institutionen und Publikationen, die eine Berichterstattung über Bildung leisten. Nicht zu vergessen sind die Medien oder auch engagierte Einzelne, die ebenfalls mit eigenständigen Impulsen und Veröffentlichungen die deutsche Bildungsdebatte prägen (s. zum Beispiel Picht oder Dahrendorf in den 1960er Jahren). Vollständigkeit war aber auch nicht der Anspruch dieser Benennungen, sondern lediglich die Illustration, dass in Deutschland schon seit langem und überaus rege über Bildung berichtet wird.

Spätestens seit dem Jahr 2006 hat sich dennoch etwas Wesentliches geändert. War es bis dahin legitim, unter dem Oberbegriff „Berichte über Bildung" ganz allgemein Veröffentlichungen zu fassen, die sich grundsätzlich oder en detail mit der Qualität und der Leistungsfähigkeit des deutschen Bildungswesens hinsichtlich seiner gesellschaftlichen Aufgaben und Bedeutung auseinandersetzten, so existiert seitdem eine Publikation, die den Anspruch hat, *der* Bildungsbericht – für Deutschland – zu sein und den Begriff „Bildungsbericht" so für sich zu okkupieren (siehe auch Weishuhn 2002; Avenarius et al. 2003; Rürup 2003; Baethge et al. 2004; Rauschenbach et al. 2004; Rürup 2004; Krüger et al. 2006; Klieme et al. 2003, 2006). Gemeint ist das Buch „Bildung in Deutschland"; veröffentlicht im W. Bertelsmann Verlag und in seiner elektronischen Fassung einzusehen auf der Website www.bildungsbericht.de. Vorgelegt und erstellt wurde dieser erste nationale Bildungsbericht durch das „Konsortium Bildungsberichterstattung", das heißt durch das Deutsche Jugendinstitut (DJI), die Hochschul-Informations-System GMBH (HIS), das Soziologische Forschungsinstituts e.V. an der Georg-August-Universität Göttingen (SOFI) sowie durch das Statistische Bundesamt und die Statistischen Landesämter unter Federführung des Deutschen Instituts für Internationale Pädagogische Forschung (DIPF). Auftraggeber und Finanziers des Berichts waren die deutsche Kultusministerkonferenz (KMK) und das Bundesbildungsministerium (BMBF) – und sie sind es auch weiterhin. Folgeberichte sind für das 2008 und 2010 angekündigt und werden wiederum gemeinsam durch die genannten Institutionen des Konsortiums „Bildungsberichterstattung" erarbeitet.

2. Wissen: Wesen und Funktion eines Bildungsberichts

Mit der Vorlage der Publikation „Bildung in Deutschland" im Jahr 2006 ordnet sich das Begriffsfeld „Bildungsberichte" und „Bildungsberichterstattung" neu. Nicht allein das Faktum des Informierens und Reflektierens über Bildung reicht mehr zur Definition entsprechender Texte. Bildungsberichterstattung meint nunmehr die „kontinuierliche, datengestützte Information der bildungspolitischen Öffentlichkeit über Rahmenbedingungen, Verlaufsmerkmale, Ergebnisse und Erträge von Bildungsprozessen" (Klieme et al. 2006, 130) mittels eines einzelnen, durch staatliche Beauftragung besonders legitimierten regelmäßig aktualisierten Berichts.

Der Anspruch dieses Berichts, etwas völlig Neues zu sein und die bisherige Praxis der deutschen Bildungsinformation zu transformieren, ergibt sich aber nicht allein aus dem Umstand, dass die deutsche Kultusministerkonferenz und das Bundesbildungsministerium als seine Auftraggeber zeichnen, sondern vor allem auch daraus, dass er an international verbreitete Bemühungen der Erweiterung und Neuorganisation bildungssystembezogener Informationsstrukturen anschließt. So finden sich in Industrienation wie den USA, Kanada, Frankreich, Spanien, England und den Niederlanden schon in den 1990er Jahren vergleichbare Berichterstattungen (siehe Rürup 2003; van Ackeren 2004, 38-50). In anderen Ländern wie Dänemark und der Schweiz wurden sie in den letzten drei, vier Jahren etabliert. Unabhängig von einzelnen inhaltlichen, formalen oder infrastrukturellen Besonderheiten sind diese Berichte durch gemeinsame Merkmale gekennzeichnet, die sie in der Fülle bildungsbezogener Publikationen ihrer nationalen Kontexte jeweils eindeutig identifizieren (grundlegend OECD 1994, 1997; CERI 1994; siehe auch Avenarius et al. 2003, 86-86; Rürup 2003, 2004).

Bildungsberichte, so lässt sich entsprechend festhalten, sind (1) *Informationssysteme über Bildung, keine Reformkonzepte*. Ihre besondere Leistung besteht in der systematischen und theoretisch begründeten Auswahl und Aufbereitung relevanter Daten als Grundlage für anschließende bildungspolitische Diskussionen und Entscheidungen. Damit unterscheiden sie sich insbesondere von den Empfehlungsschriften verschiedener Sachverständigengremien, Interessengruppen und Einzelpersonen. Zwar sollen die Bildungsberichte über ihre ausgewählten Inhalte ebenfalls ermöglichen, die Entwicklung des Bildungswesens zu verstehen, Stärken und Schwächen zu identifizieren und die Leistungsfähigkeit inter- wie intranational zu vergleichen (Klieme et al. 2006, 130). Die Befunde zu werten und Handlungsempfehlungen abzuleiten, sind hingegen – so die konzeptionelle Vorstellung und inhaltliche Anlage der Berichte – Aufgabe von Politik und Öffentlichkeit. Die Berichte präsentieren „nur" konkrete empirische Daten, seien es solche der Schulinspektion, der amtlichen Statistik, umfassender Bevölkerungsbefragungen oder zentraler Lernstandserhebungen. In Auswahl und Zusammenfassung liegt ihre besondere Leistung.[1]

Bildungsberichte richten sich (2) immer *an eine breite Öffentlichkeit* und sind nicht etwa verwaltungsinterne Informationssysteme oder auf einzelne Bildungsinstitutionen bezogen. Gegenüber der traditionell schon existierenden Bildungsstatistik fungieren diese Berichte so zum Beispiel als Veröffentlichungsort ausgewählter zentraler Befunde, die nunmehr mit anderen Informationen aus anderen Quellen kombiniert werden. Gegenüber der Öffentlichkeit machen diese Berichte so vielfältige Daten zum Bildungswesen in konzentrierter Form und Darstellung zugänglich und bieten sich als zentraler Anlaufpunkt für Bildungsinformation und kritische Reflexion über Bildungssystementwicklung an. Funktionell treten sie als ein informatorisches Korrektiv gegenüber den bildungspolitischen Verantwortungsträgern und gegenüber der etablierten schulischen Praxis auf. Angesichts der erhöhten gesellschaftlichen Bedeutung von Bildung sollen sie dazu dienen, das politische System einem beständigen Handlungs- und Entscheidungsdruck zur Qualitätsverbesserung von Bildung auszusetzen (knowledge based governance). Gerade die Öffentlichkeit der Information ist dabei notwendig für die gewünschte Diskussionsintensität – aber auch für die symbolische Wirkung der Etablierung von Berichterstattung als Ausweis des Willens zur Qualitätsentwicklung.

Kennzeichnend für Bildungsberichte ist weiter, dass sie (3) *in regelmäßigem Abstand aktualisiert werden*. Erst in der Fortschreibung, Variation, Ergänzung und Verschiebung von Berichtsinhalten (Daten und Aspekten) und Berichtsschwerpunkten entfalten sie schließlich ihre Funktion, dauerhafte Informations- und Anreizsysteme für bildungspolitische Debatten und Entscheidungen zu sein. Bildungsberichte wirken damit gerade der zeitlich-inhaltlichen Zufälligkeit und Irrationalität eines unsystematischen, offenen Bildungsdiskurses entgegen, der durch die sonstige Fülle bildungsevaluativer Publikationen repräsentiert wird. Bildungsberichte legen immer wieder wesentliche Informationen zur Bildungssystementwicklung in festen Abständen und zu festen Terminen vor: Ihre politische Kenntnisnahme und Verarbeitung kann deswegen weitaus besser antizipiert und voraussehend geplant werden.

Dass Bildungsberichte dabei (4) *in staatlichem Auftrag* erstellt werden, hebt sie als quasi amtliche Bezugpunkte für das bildungspolitische Handeln zusätzlich

---

1 Inwieweit in der Auswahl von Berichtsthemen und der Darstellung von Sachverhalten Wertentscheidungen und Empfehlungen schon unterlegt und enthalten sind, ist am konkreten Beispiel zu diskutieren. Generell gilt: Mit der Entscheidung für bestimmte Informationspräsentationen werden systematisch andere Informationen als weniger wesentlich gekennzeichnet und als nicht genanntes Nichtwissen (unknown unknown) oder auch nichtgenanntes Wissen (unknown known) aus anschließenden Diskursen und Entscheidungen ausgenommen

hervor. Die Frage der besonderen Legitimität und Bedeutung dieser Publikationen – insbesondere auch gegenüber konkurrierenden Veröffentlichungen – ist durch die institutionelle Verantwortung des Auftraggebers weitgehend beantwortet. Zu diesem Bericht wird die Politik Stellung nehmen, mit dessen Befunden wird sie sich auseinander setzen. Sie hat ihn selbst gewollt, um aktiv zu sein und aktiv zu werden. Umso wichtiger ist natürlich die Frage, inwieweit die politischen Verantwortungsträger selbst schon bei der Berichtslegung die Auswahl und Darstellung der Inhalte beeinflussen und beeinflussen können. Im internationalen Vergleich variiert die Intensität der institutionell-organisatorischen Anbindung der Berichtsautoren an die staatlichen Auftraggeber. Neben dem deutschen Modell eines relativ eigenständigen wissenschaftlichen Konsortiums gibt es auch die weitgehend unabhängige Behörde (USA, England, Niederlande, Schweiz) sowie die Abteilung im Ministerium (Frankreich) als berichtslegende Institution.

Inhaltlich ist den Bildungsberichten (nicht zuletzt) gemeinsam, dass sie (5) auf eine *evaluative Gesamtschau des Bildungssystems* zielen. Dies hebt sie sowohl dem Inhalt als auch dem Anspruch nach gegenüber anderen thematisch und in ihrem Datenmaterial spezialisierten Informationssystemen im Bildungsbereich hervor, wie zum Beispiel den Berichterstattungen über Lernstandserhebungen (wie etwa PISA, IGLU, VERA, MARKUS, LAU), oder den Ergebnissen der Schulinspektionen (wie in Berlin und Brandenburg), oder Reports zur Bildungsfinanzierung, oder zu Entwicklungen von Angebot und Nachfrage bezüglich beruflicher Ausbildungen (Berufsbildungsbericht), Studienplätzen (Hochschulinformationssystem), oder zu Weiterbildungen (Informationssystem Weiterbildung).

Eine so umfassend konzipierte Gesamtschau wie im deutschen Bildungsbericht, der sich dem Anspruch einer Spiegelung von „Bildung im Lebenslauf" unterstellt, ist international nicht üblich. In der Regel liegt der Schwerpunkt auf der Darstellung von Daten zum Schulwesen der Primarstufe bis zur Sekundarstufe II. Gemeinsam ist den Bildungsberichten allerdings der Versuch einer systematischen Darstellung von Grundlagen (Kontexte und Inputs), Prozessen und Ergebnissen (Outputs, Outcomes, zum Teil auch Impacts) von Bildung. Das Bildungswesen wird so zumindest implizit als ein geordneter – und gesellschaftlich-politisch steuerbarer – Zusammenhang von Ursachen und Wirkungen vorgestellt. Eine bestimmte nationale Wirtschaftskraft oder Bereitschaft in Bildung zu investieren, führt demnach zu einer bestimmten Ausstattung und bestimmten Lehr- und Lernbedingungen in den Bildungseinrichtungen, die sich dann in bestimmten Lernerfolgen, gesellschaftlichen Beteiligungschancen und Erwerbsmöglichkeiten von Individuen oder gesellschaftlichen Gruppen niederschlagen und auf gesamtgesellschaftlicher Ebene mehr oder weniger gute Grundlagen der weiteren Prosperität von Wirtschaft, Politik, Kultur oder anderer gesellschaftlicher Bereiche darstellen. Aufgabe und Leistung der Bildungsberichterstattung ist es dabei, bedeutsame von weniger bedeutsamen und weniger gut von gut beeinflussbaren Wirkungszusammenhängen zu unterscheiden sowie Datenquellen aufzutun und Darstellungsformen der als wesentlich identifizierten Sachverhalte zu finden. Insbesondere der Politik und der Bildungsadministration als hauptsächliche Nutzer der Bildungsberichte soll so ermöglicht werden, zielgenau – effektiv und effizient – in ein Bildungssystem zu intervenieren. Oder, mit den Worten der Herausgeber des deutschen Bildungsberichts: „Durch die Bildungsberichterstattung können Bund und Länder bildungspolitische Entscheidungen auf einer deutlich verbesserten Grundlage treffen." (KMK/BMBF 2006, 1; siehe auch Pahl 2006)

Kurz: Bildungsberichte sind Instrumente zur Umsetzung fortgesetzter politisch-gesellschaftlicher Ansprüche rationaler – das heißt vor allem wissens- und wissenschaftsbasierter – bildungssystemischer Steuerung. Die Möglichkeit wirksamer und intentionsgerechter Einflussnahme auf Schule und Lernen durch zentrale Vorgaben (Politik und Recht) ist von vornherein ihre normative Basis. Der Unterschied zu früheren Strategien der Bildungsplanung besteht so letztlich nur in höheren Erwartungen an Konzentration, Exaktheit und empirischer abgesicherter Relevanz der Informationsauswahl; ein Ideal, das sich in den Begriffen der „Indikatorenbasierung" der (modernen) Bildungsberichterstattung und der „Indikatorenforschung" als ihrer wissenschaftlichen Grundlage verkörpert (siehe Weishaupt/Weiß 1983; CERI 1994; OECD 1994; Scheerens/Bosker 1997; FitzGibbon/Kochan 2000; van Ackeren/Hovestadt 2004, 9-31). Ein Unterschied liegt möglicherweise aber auch in den politischen Steuerinstrumenten, die unter anderem auf Grundlage der Informationen des Bildungsberichts eingesetzt werden sollen. Bildungsberichterstattung ist konzeptuell eingebettet in die Idee eines neuen Steuerungs-Regimes im staatlichen Bildungswesen, das sich an einer direkten staatlichen Regulierung über Recht und Geld durch die Einführung indirekter Steuerungsmechanismen der einzelinstitutionellen Beratung, Begleitung und Evaluation sowie der Selbststeuerung im Rahmen von Quasi-Bildungsmärkten mit der Konkurrenz um Schüler und Studierende sowie einer outputorientierten Ressourcenzuweisung orientiert (so ausdrücklich BMBF 2006, analytisch: Altrichter/Brüsemeister/Heinrich 2005; Altrichter/Heinrich 2007; Kussau/Brüsemeister 2007; Schimank 2007).

Die genannten Merkmale von Bildungsberichten sind sicherlich eher ein Suchraster, um im internationalen Vergleich ähnlich angelegte Publikationen zu finden, als eine abschließende und vollständige Definition. Wird das Raster allerdings angewendet, wird schnell deutlich, dass sich nicht nur einzelne Nationen Bildungsberichte „leisten", sondern dass auch inter- und supranationale Regierungsorganisationen wie die OECD, die UNESCO oder die Europäische Kommission (siehe zum Beispiel die EURYDICE-Berichte) sowie subnationale Gebietskörperschaften eigene Bildungsberichterstattungen institutionalisieren. Dabei ist die Bildungsberichterstattung der OECD mit dem Projekt „Indicators of Education Systems" (INES) sowie dem jährlichen Publikationsduo „Education at a Glance" und „Education Policy Analysis" geradezu als Vorreiter und Impulsgeber für die nationalen Bildungsberichte anzusehen (Hutmacher 1997; Rürup 2003; van Ackeren/Hovestadt 2004). Diese haben sich – von den USA und den Niederlanden einmal abgesehen – erst im Nachgang und in Bezug auf diese OECD-Aktivitäten etabliert. Deutschland liegt eher im Mittelfeld dieser internationalen Bewegung, ist weder Pionier noch Nachzügler, und mit seinem Bericht „Bildung in Deutschland" inzwischen selbst Bezugspunkt für Bildungsberichte in einzelnen Bundesländern (z.B. Bayern 2006; Schleswig-Holstein 2006) oder in einzelnen Kommunen (z.B. München 2006).

Bemerkenswert ist, dass trotz dieser Vielzahl von weltweit auffindbaren Bildungsberichten letztlich pro politischen Kompetenzraum (international, national, regional) immer nur eine einzige Berichterstattung vorzufinden ist – oder eben (noch) keine, die die Vorgaben des Suchrasters erfüllt. Die UNESCO berichtet mit ihrem „Education for All Monitoring Report" über die *weltweite* Verwirklichung der im Jahr 2000 in Dakar beschlossenen Entwicklungsziele im Bildungswesen. Die OECD analysiert mit dem Bericht „Education at a Glance" die Leistungsfähigkeit der Bildungssysteme in den führenden *Industriestaaten*. Und die EU beziehungsweise EURYDICE vergleicht mit den „Schlüsselzahlen zum Bildungswesen in Europa" die Bildungssysteme der verschiedenen europäischen Nationen. Der nationale Bildungsbericht von Deutschland hingegen präsentiert bundesweite und länderdifferenzierte Daten zu allen Bereichen des Bildungswesens mit verschiedentlich auch internationalen Bezügen. Die Bildungsberichte Bayerns und Schleswig-Holsteins konzentrieren sich dagegen stärker auf regional differenzierte Daten (Stadt, Land) und bieten verstärkt Informationen zum allgemein bildenden Schulwesen als politischer Kernkompetenz der Länder. Der kommunale Bildungsbericht von München wiederum informiert differenziert zur Schulausstattung als besonderem Verantwortungs- und Gestaltungsbereich des kommunalen Schulträgers sowie zu Unterschieden zwischen einzelnen städtischen Quartieren.

Bildungsberichte, dies sollte nach den bisherigen Erörterungen deutlich geworden sein, ersetzen allerdings nicht andere, frühere Informationssysteme im Bildungsbereich oder Publikationsformate, sondern sie interagieren mit ihnen. Indem allerdings Bildungsberichte als neues Element der öffentlichen Bildungsdiskussion hinzutreten, verändern sie die Rolle und die Stellung bisheriger Berichterstattungen. Zum einen führen sie bei der Makroanalyse des Bildungswesens neuartige theoriefähige Bezüge ein, öffnen also eine bisher durch Meinungen und Standpunkte geprägte Diskurspraxis strengeren und objektiveren wissenschaftlichen Abwägungen und empirisch-statistischen Prüfungen. Sie modellieren wesentliche Einflüsse und Wirkungszusammenhänge im Bildungswesen mittels Indikatoren und Indikatorenmodellen, verweisen auf gesicherte und ungesicherte Kenntnisse und zureichende und unzureichende Daten. Auch unabhängig von ihren konkreten Befunden setzen Bildungsberichte so Maßstäbe der Bildungssystemanalyse, die durch die herausgehobene Stellung der Berichte als quasi-amtliche Publikationen kaum ignoriert werden können und bieten – wie insbesondere auch die empirische Bildungsforschung – ein weites Betätigungsfeld der Hinterfragung, Differenzierung und Fortentwicklung.

Mit ihren Daten und Darstellungen sind Bildungsberichte zugleich aber auch unhintergehbare Bezugspunkte der öffentlichen Bildungsdiskussion. Sie bieten die integrierte und konzentrierte Darstellung auf einen Blick: Was hier steht, ist aktuell und wichtig; was hier fehlt oder verzerrt ist, wird womöglich übersehen und verbogen. Für *Reformprogramme und Reformdebatten* bedeutet dies, dass sie in ihrer empirischen Substanz sicherlich besser gestützt und gefördert werden, zugleich aber, dass sie unter stärkeren Reflexionszwang gesetzt sind, sich mit den expliziten Ergebnissen und den impliziten Wirkungsmodellen der Bildungsberichte auseinanderzusetzen.

Zum anderen verändern Bildungsberichte auch die bisherigen Erhebungsprogramme. *Amtliche Statistiken* werden durch die Bildungsberichte sowohl aufgegriffen und systematisiert, das heißt in ihrer Notwendigkeit, Auskunftsfähigkeit und Bedeutung vorgestellt, als auch in ihrer Begrenztheit und Ergänzungsbedürftigkeit gespiegelt – und somit als zu verbessernd und zu erweiternd gekennzeichnet (Baethge et al. 2004; Rauschenbach et al. 2004; Kristen et al. 2005; Konsortium Bildungsberichterstattung 2006b). *Bildungspanels, Lernstandstests* oder auch *Schulinspektionen* werden durch Bildungsberichte zusammengefasst und kontextualisiert – sowie als notwendige Elemente eines umfassenden, den Kontext, Prozess und Output des Bildungswesens nachzeichnenden Berichts etabliert, aufgewertet und verstetigt. Bildungsberichterstattung ist so Teil – aber auch Motor und zentrales Produkt – eines umfassenden Systems des Bildungsmonitorings (s. zum Beispiel Klieme et al. 2003; KMK/IQB 2006). In diesem System hat der „Bildungsbericht" Schlusssteinfunktion: Er integriert, stabilisiert, potenziert und krönt!

3. Weisheit: Der deutsche Bildungsbericht

Krönt der deutsche Bildungsbericht das deutsche Bildungsmonitoring wirklich? Ist er inhaltlich unhintergehbar für die öffentliche Bildungsdiskussion und erweist er sich als wirksam (rationalisierend, effektivierend) in der deutschen Bildungspolitik?

Die Antwort scheint bekannt: Ich hatte angekündigt zu loben – der deutsche Bildungsbericht sei ein Glücksfall, ein Ideal, der Weisheit letzter Schluss. Diese Ankündigung gilt auch weiterhin. Allerdings sind bei ihrer Konkretisierung vorab einige einschränkende Bemerkungen zu machen. Es geht um die Maßstäbe und die empirischen Befunde, anhand derer ich den Erfolg des deutschen Bildungsberichts diagnostiziere! Beide sind begrenzt. Maßstab des Erfolgs des deutschen Bildungsberichts ist mir nicht ein maximales, theoretisch hergeleitetes oder auch nur rhetorisch behauptetes Wirkungsvermögen, sondern letztlich nur meine Überraschung angesichts meiner skeptischen Erwartungen: Der Bericht ist besser als gedacht. Gegenüber dem, was hätte sein können, was ich befürchtet hatte, hebt er sich positiv hervor! Meine Belege des Leistungsvermögens des deutschen Bildungsberichts sind ebenfalls subjektiv und selbstreferentiell, da ich letztlich nur meine Rezeption als Maßstab habe. Auch meine Wahrnehmung einer wohlwollenden Aufnahme und einer durch den Bildungsbericht inspirierten Aktivität ist mir nur allgemeiner Grundton: Politisch war der Bericht auf jeden Fall anschlussfähig und produktiv nutzbar. Dass KMK und BMBF inzwischen auf den Bildungsbericht bezogene Handlungsprogramme diskutieren und geschlossen haben und dass Bundestag und Landtage zum Bildungsbericht Sachverständige hörten und Debatten führten, belegt dies (Hib/SUK 2007).

Für mein folgendes Lob ist also immer zweierlei offen zu legen: Zum einen, was hatte ich (negativ) erwartet, und zum anderen: wie hat mich der Bildungsbericht positiv überrascht![2]

Angekündigt war der Bericht „Bildung in Deutschland" als ein Indikatorenbericht, was einerseits eine Anlehnung an die Bildungsberichterstattung der OECD und ihrem Indikatorenforschungsprogramm nahe legt und zum anderen eine bestimmte grundsätzliche inhaltliche Ausrichtung der beabsichtigten Berichtslegung. Indikatoren sind nämlich nichts anderes als statistische Kennzahlen, Fakten, Daten – wenn auch mit besonderer Qualität und möglicherweise mit

---

[2] Dass auch von anderen Seiten ähnliche Vorbehalte gegenüber der Bildungsberichterstattung formuliert werden, will ich dabei bewusst nicht als objektivierenden Beleg meiner Position anführen (s. Hib/SUK 2007). Derzeit sind theoretische Eingrenzungen und empirische Forschung zu Wirkungsmöglichkeiten und Wirkungen von Bildungsberichterstattung noch nicht weit genug gediehen, um als eigenständiges und über ein reflektiertes Meinen und Argumentieren hinausgehendes Forschungsfeld gelten zu können.

besonderer Aussagekraft. Schließlich sollen Indikatoren zu zentralen Merkmalen und Aspekten von Bildungsprozessen und Bildungsqualität Auskunft geben und politische relevante Stellschrauben besonders hervorheben. Als statistische Kennzahlen sind sie aber vor allem über ihre Erhebungsmethodik definiert: Sie werden regelmäßig nach standardisierten Verfahren erfasst und aufbereitet. So behaupten sie, objektive – von subjektiven Befindlichkeiten und dialektisch-antagonistischen Sichtweisen konkurrierender Interessen unabhängige – Spiegelungen einer bestimmten Realität darzustellen und stützen diese generelle „Sachorientierung" noch durch ihnen entnehmbare Gütekriterien: Regionale und internationale Durchschnitte und Rankingpositionen, Veränderungen im Zeitverlauf und Vergleiche unterschiedlicher sozialer Gruppen und Kohorten. Mit dem Indikatorenansatz ist grundsätzlich verbunden, dass Abweichungen von der – mathematisch-statistisch – definierten Norm oder Spitzenposition als negativ bewertet werden und zugleich, dass nur national repräsentative, mathematisch-statistisch verlässliche Daten als taugliche Argumente im nationalen Bildungsdiskurs vorgestellt werden.

Meine Befürchtung vor der Lektüre des deutschen Bildungsberichtes war entsprechend, in ihm ein bloßes Datenkompendium vorzufinden, eine Abfolge kurzer Texte, die ausgewählte Daten beigefügter Abbildungen und Tabellen wiedergeben und auf mathematische Durchschnitte, Rankings oder einzelne zeitliche Veränderungen hinweisen. Und sicher – im Großen und Ganzen ist der deutsche Bildungsbericht nichts anderes. Meine Überraschung und Begeisterung gründet sich viel mehr auf die Art und Weise der Datenpräsentation, der Datenauswahl und der Beziehungen und Verknüpfung einzelner Sachverhalte, die im Bericht hergestellt werden. Dabei ist mir eine erste Einschätzung besonders wichtig. Um einen Indikatorenbericht, in dem Sinne, dass nacheinander einzelne als bedeutsam behauptete statistische Kennzahlen vorgestellt werden, handelt es sich bei der Publikation „Bildung in Deutschland" keineswegs. Berichtet wird jeweils zu *Themen*, das heißt zu umfassenderen Fragestellungen und Aspekten des Bildungswesens, die eben nicht einer einzelnen Kennzahl oder in einer bestimmten Vergleichsdimension bestimmter Daten entsprechen. Solche Themen sind beispielsweise die demographische oder wirtschaftliche Entwicklung in Deutschland („Indiaktoren" A1 und A2), das pädagogische Personal in Kindertagesstätten („Indikator" C3), das informelle Lernen durch freiwilliges Engagement („Indikator" D5), Schulabgänger mit und ohne Abschluss („Indikator" D7), die Stabilität von Ausbildungsverhältnissen („Indikator" E4) oder die Differenzierung und Kumulation von Bildung im Lebenslauf („Indikator" I4). Selbstverständlich gibt es auch Themen im deutschen Bildungsbericht, die im Kern durch eine einzelne Kennzahl vollständig abgebildet werden, wie zum Beispiel der Bildungsstand der Bevölkerung als erworbene Abschlüsse (mit Einzeldaten zum gegenwärtigen Stand, zur Unterscheidung nach Altersgruppen und zum internationalen Vergleich vgl. „Indikator" B3). Bemerkenswert ist letztlich, dass es beides gibt: Auf einzelne Kernzahlen gründende faktenorientierte Präsentationen, wie auf verschiedene Daten und Datenquellen bezogene umfassendere Darstellungen, die auch politisch-gesellschaftliche Entwicklungen reflektieren und einbeziehen. Prägend ist so das Fehlen eines eindeutigen festen Darstellungsschemas. Die Expertise der Autoren des Berichts, auszuwählen und zu entscheiden, welche Daten auf welche Weise zu berichten sind, ist ein eigenständiges Element, das eine reine Orientierung an zentralen statistischen Kennzahlen überformt. Erhärtet wird diese Einschätzung, wenn man nicht nur den Bericht selbst betrachtet, sondern auch die ihn begleitende Konzeption. So sieht es das Konsortium Bildungsberichterstattung als es notwendig an,

> „für jeden Bericht neu – selbst wenn durchgängig derselbe Indikator verwendet wird – eine Spezifikation vorzunehmen im Blick auf die darzustellenden Komponenten (z.B. nur Lesekompetenz oder mehrere Kompetenzbereiche?), die Hintergrundvariablen, die explizit dargestellt werden (z.B. sollen Geschlechtsunterschiede angesprochen werden?), sowie zu verwendende Referenzdaten und abgeleitete Kennziffern. Diese Auswahl muss so erfolgen, dass ein angemessenes Komplexitätsniveau der Darstellung erreicht wird und dass die Darstellung für die Adressaten aussagefähig ist. Im Allgemeinen wird es sich anbieten, von Bericht zu Bericht (wie es in anderen Staaten üblich ist) unterschiedliche Aspekte und Darstellungsformen zu wählen, um den Eindruck von Gleichförmigkeit zu vermeiden." (Konsortium Bildungsberichterstattung 2005a, 19)

Diese Flexibilität und Varianz der Datendarstellung ändert aber nichts daran, dass sich die deutsche Bildungsberichterstattung und der deutsche Bildungsbericht in ihren Darstellungen grundsätzlich nur auf verlässliche, mindestens national repräsentative und international anschlussfähige, fortschreibbare Datensätze der amtlichen Statistik, von Bevölkerungsbefragungen und Erhebungen der Bildungsforschung stützen. Informationen, die bisher oder auch grundsätzlich nicht über massenhafte Erhebungen und quantitative Auszählungen zugänglich sind, fehlen somit in dieser Berichterstattung. Sie stellen das systematische Nichtwissen des Bildungsberichts dar: Der exemplarische oder der abweichende Einzelfall sind genauso wenig Gegenstand wie die diskursive Verständigung und Abwägung. Allerdings ist dies dem Bericht kaum vorzuwerfen. Einerseits steht er erst am Anfang. Gerade mit seiner erstmaligen Veröffentlichung hat er Impulse zur Behebung bisheriger Datenmängel und zum Aufbau eines systematischen Bildungsmonitorings in der Bundesrepublik Deutschland gesetzt. Eine regelmäßige Bevölkerungsbefragung zum Bildungsverhalten (ein Bildungspanel) soll aufgebaut werden, nationweit vergleichbare Erhebungen der Bildungsstandards und eine Fortführung der deutschen Beteiligung an internationalen Schulleistungstests sind gesichert (IQB/KMK 2006) und eine Diskussion zur Einführung einer Schüleridentifkationsnummer in der amtlichen Schulstatistik hat zumindest begonnen. Andererseits verweist die Kritik darauf, dass Einzelfallstudien und qualitativ explorative Befunde keinen (systematischen) Platz im deutschen Bildungsbericht haben; sie dokumentiert damit eine distanzierte Haltung gegenüber dem Anliegen der Bildungsberichterstattung. Für die Steuerung des Bildungswesens wird der Nutzen abstrakt-genereller Informationen ebenso bezweifelt wie die Identifizierung allgemeiner Handlungsbedarfe und -möglichkeiten.

Skeptischer war ich hinsichtlich der konkreten Auswahl der berichteten Daten, bezogen also auf die bewusste Selektivität des Bildungsberichts, bestimmte Fragestellungen und Aspekte hervorzuheben und andere wegzulassen. Ausgewählt werden musste – dies ist den Autoren nicht vorzuwerfen. Dies folgt aus dem von vornherein begrenzten Umfang des Berichts von maximal 200 Seiten plus Tabellen – aber auch aus dem besonderen Anspruch indikatorenbasierter Bildungsberichterstattung, nicht nur ansonsten verstreute Daten und Informationen zusammenzutragen, sondern darunter das für die Adressaten des Berichts (Politik und Öffentlichkeit) besonders Wichtige hervorzuheben.

Welche Kriterien wurden nun für die Themen- und Datenauswahl des Berichts herangezogen? Zuallererst ist hier die Leitidee zu nennen, über *Bildung im Lebenslauf* zu berichten (Konsortium Bildungsberichterstattung 2006a, 2), also den Anspruch einer Gesamtevaluation des Bildungswesens auf eine systematische Information über Bildungsinstitutionen, Bildungsaktivitäten und Wirkungen von Bildung von der frühkindlichen Erziehung bis in das hohe Alter auszudehnen, dabei nicht nur formale und zertifizierte Bildungsprozesse zu betrachten, sondern auch das ergänzende, informelle Lernen, zum Beispiel durch freiwilliges Engagement („Indikator" D5). Diese Leitidee spiegelt sich in der Gliederung des Berichts, der verschiedenen Bildungsstufen nachgeht (neben vier bereichsübergreifenden Kapiteln zur „Bildung im Spannungsfeld veränderter Rahmenbedingungen", „Grundinformationen zu Bildung in Deutschland", „Migration" sowie „Wirkungen und Erträgen von Bildung"). Je ein Kapitel setzt sich mit frühkindlicher Bildung, Bildung im Schulalter, beruflicher Ausbildung, Hochschule sowie Weiterbildung und Lernen im Erwachsenenalter auseinander.

Zugleich legen sich die Autoren in ihrer Berichtskonzeption auf drei Dimensionen fest, in denen sich nach ihrer Auffassung Ziele von Bildung niederschlagen, und anhand deren Untersuchung sich also besonders gut feststellen lassen müsste, ob das deutsche Bildungswesen seine gesellschaftliche Funktion auch angemessen erfüllt. Diese allgemeinen *Qualitätsmaßstäbe des Bildungswesens* sind (siehe Konsortium Bildungsberichterstattung 2006a, 2):

a. die Gewährleistung „individueller Regulationsfähigkeit", als die Fähigkeit des Individuums, sein Verhalten und sein Verhältnis zur Umwelt, die eigene Biographie und das Leben in der Gemeinschaft selbstständig zu planen und zu gestalten;
b. der Beitrag zur Bereitstellung von „Humanressourcen", das heißt einerseits in ökonomischer Perspektive die Sicherung und Weiterentwicklung des quantitativen und qualitativen Arbeitskräftevolumens; und andererseits für die Sicht des Einzelnen die Vermittlung von Kompetenzen, die den Menschen eine ihren Neigungen und Fähigkeiten entsprechende Erwerbsarbeit ermöglichen
c. sowie die Förderung von „gesellschaftlicher Teilhabe und Chancengleichheit", als Ermöglichung der sozialen Integration und der Aneignung von Kultur für alle, indem systematischen Benachteiligungen aufgrund der sozialen Herkunft, des Geschlechts oder der nationalen und ethischen Zugehörigkeit bewusst entgegen gewirkt wird.

Grundlage der konkreten Themenauswahl ist sodann eine Orientierung an aktuellen Problemen des Bildungswesens, die voraussichtlich für einige Jahre wichtig bleiben werden sowie ihre Relevanz für bildungspolitische Steuerungsfragen (Konsortium Bildungsberichterstattung 2005a, 7). Als Referenzpunkte ausgewählt und benannt werden aktuelle Forschungsbefunde über kritische Phasen in Bildungsverläufen, laufende Debatten zu Fragen der Bildungsqualität sowie Reformthemen der vergangenen Jahre, wie zum Beispiel die sieben Handlungsfelder der KMK, oder Empfehlungen des Forums Bildung (vgl. ebd.).

In Auseinandersetzung mit in- und ausländischen Experten sowie in enger Abstimmung mit den Auftraggebern und deren wissenschaftlichem Beirat wurde schließlich vom Konsortium eine *Liste von elf wichtigen Themen* als Grundlage für die ersten Jahre der deutschen Bildungsberichterstattung entwickelt (Konsortium Bildungsberichterstattung 2005a, 8; 2005b, 14). Allerdings enthält diese Aufstellung – besonders mit Blick auf frühere statistische Veröffentlichungen zum Bildungswesen in Deutschland, Europa und der OECD – wenig Überraschendes. Berichtet werden soll zur Bildungsbeteiligung, zu Bildungs- und Ausbildungsabschlüssen, zum Kompetenzerwerb, zur Bildungszeit, zu demographischen Entwicklungen, Bildungsausgaben, Personalressourcen, zu Bildungsangeboten und Bildungseinrichtungen und zu Bildungserträgen. Lediglich zwei Themenstellungen gehören nicht zum klassischen Informationsportfolio der Bildungsstatistik:

- die eigenständige Untersuchung von Übergängen zwischen einzelnen Bildungsgängen und Institutionen im Bildungssystem als besonders einfluss-

reiche Momente sowohl in den individuellen Bildungsbiographien als auch als politische Eingriffspunkte von besonderer strategischer Bedeutung sowie;
- die politischen Maßnahmen zur Qualitätssicherung und Evaluierung, als sich verändernde Steuerungsmodi von Bildungsinstitutionen, (zum Beispiel marktförmige Mechanismen, externe Evaluation, Akkreditierung, Outputsteuerung).

Während sich das Thema „Übergänge" als Behandlung des Wechsels zwischen vorschulischer, schulischer und universitärer Bildung durch den ersten Bildungsbericht nahezu kontinuierlich hindurch zieht, findet sich das Thema „Qualitätssicherung und Evaluierung" noch nicht. Erst in späteren Bildungsberichten soll es systematisch aufgegriffen werden, 2010 womöglich als Sonderthema. Bis dahin wird durch das BMBF ein zusätzliches Forschungsprogramm zur Konzipierung und datenmäßigen Untersetzung unter anderem von Indikatoren zu neuen Steuerungsinstrumenten im Bildungswesen finanziert.

Und nicht zuletzt wird vom Konsortium Bildungsberichterstattung eine Differenzierung von Themen oder Indikatoren nach ihrer Stellung im Bildungsprozess herangezogen, also danach, ob sie eher als Beschreibungen des Kontextes von Bildung und des Inputs zu lesen sind, die Bildungsprozesse selbst abbilden oder Ergebnisse und Wirkungen von Bildung (Output/Outcome/Impact) repräsentieren. Für den Bildungsbericht scheint diese Differenzierung aber eher die Hilfsfunktion einer formalen Strukturierung zu besitzen. Eine vollständige Evaluation des Bildungswesens muss alle diese Aspekte gleichermaßen spiegeln, entsprechend müssen sich sowohl im Bericht insgesamt – als auch bezogen auf die einzelnen Stufen des Bildungswesens – abgrenzbare Beschreibungen mindestens des Inputs, des Prozesses und des Outputs von Bildung wieder finden. Allerdings, so das Konsortium Bildungsberichterstattung (2005a, 7) „kann es nicht Ziel der politikbezogenen Berichterstattung sein, ein Input-Prozess-Wirkungs-Modell umfassend abzuarbeiten." Man war lediglich bemüht darum, die „Indikatoren" in jedem der jeweils auf eine Bildungsstufe bezogenen Kapitel so auszuwählen, „dass sie Aussagen zu mindestens je einer dieser Dimensionen ermöglichen." (Konsortium Bildungsberichterstattung 2006a, 3)

Die hier überblicksartig referierten Auswahlgesichtspunkte der im deutschen Bildungsbericht dargestellten Informationen sind sicherlich in vielerlei Hinsicht zu kritisieren. Vorzuwerfen ist dem Bericht allerdings eines nicht: Eine bedingungslose (!) Unterwerfung der Berichtskonzeption unter politische Interessen. Zwar hatten KMK und BMBF vielfach Einfluss auf die Berichtskonzeption, das Indikatorenmodell ist ausdrücklich mit ihnen beraten und von ihnen akzeptiert worden. Mit der Dimensionierung von Bildungszielen formuliert das

Konsortium aber auch eigenständige abstrakte und theorietaugliche Maßstäbe der Beurteilung von Bildungsprozessen. Mit den Themen „Übergänge" und „Qualitätssicherung/Evaluierung" werden darüber hinaus Berichtsaspekte benannt, die politisch durchaus kontrovers sind, da sie unter anderem auch auf die Frage der frühen Selektivität des deutschen Bildungswesens hinführen oder das bildungspolitische Handeln selbst einer ausdrücklichen Begutachtung unterziehen. Und mit dem allgemeinen Bezug auf das Kontext-Prozess-Output-Modell der Bildungssystembeschreibung bindet sich das Konsortium sowohl an entsprechende wissenschaftliche Forschungen insbesondere zur Wirksamkeit bestimmter Einflüsse und Gestaltungsmerkmale – ohne sich dem holistisch-systematischen Anspruch dieses Forschungsprogramms sklavisch unterzuordnen.

Mein Lob, das ich diesem Berichtskonzept zollen muss, bezieht sich dementsprechend auf das qualitativ hohe Diskursniveau zu dem dieser Bericht sowohl Bildungspolitik als auch Erziehungswissenschaft auffordert. Er verschließt sich ausdrücklich nicht der wissenschaftlichen Auseinandersetzung, indem er sich auf seine praktisch-pragmatische Funktion als Informationssystem der deutschen Bildungspolitik zurückzieht. Mag man die Dimensionen von Bildung als unzureichend, die Auswahl der Themen als nicht systematisch abgeleitet und begründet, den Anspruch einer Berichterstattung im Lebenslauf, die auch non-formale Bildungsprozesse ausreichend spiegelt, als nicht eingelöst betrachten – als Diskussionsvorlage, zu was sich der Bildungsbericht Schritt für Schritt noch entwickeln könne und solle, erscheint mir das Konzept ausgesprochen vielseitig und anspruchsvoll.

Hinzu kommt, dass das Konsortium Bildungsberichterstattung seinen Bildungsbericht in mehrerlei Hinsicht als Teilprodukt einer umfassenden Bildungsberichterstattung ansieht. Nicht nur ist der Bericht des Jahres 2006 der erste – und damit grundsätzlich noch weiter zu entwickeln –, sondern das Konsortium beansprucht von vornherein auch nicht, alle möglichen wichtigen Themen und Darstellungsgesichtspunkte in einer einzelnen Publikation vorzustellen. Erst in der Abfolge mehrerer Berichte und durch Ergänzungen durch eine Informationsplattform im Internet soll eine systematische Berichterstattung zu allen Themen und Indikatoren entstehen. So fehlt im ersten deutschen Bildungsbericht außer bei der Darstellung der frühkindlichen Bildung eine Auseinandersetzung mit der Qualifikation und den Arbeitsbedingungen der Lehrkräfte. Dieser Aspekt soll dann im Bericht des Jahres 2010 systematisch erörtert werden, so das Konsortium Bildungsberichterstattung (2005a, 22) in seiner Gesamtkonzeption. Generell unterscheidet das Konsortium Bildungsberichterstattung (2005a, 21)

> „zwischen Kernindikatoren, die bei jedem Bericht – also alle zwei Jahre – präsentiert werden, und weiteren Indikatoren. Kernindikatoren sorgen für Konstanz in der

Berichterstattung; mit den weiteren Indikatoren stellt sich das Konsortium auf wechselnde Erhebungszeiträume der einschlägigen Surveys ein und sorgt für ein Moment der Abwechslung in den Berichten. […] Auch die Kernindikatoren werden nicht immer in derselben Form dargestellt, sondern mit von Bericht zu Bericht wechselnden Schwerpunkten und Differenzierungsaspekten. Mit diesen wechselnden Aufgliederungen kann die Bildungsberichterstattung unterschiedlichen Zielkriterien gerecht werden. Beispielsweise könnte einmal der Fokus auf dem internationalen Benchmarking liegen, ein andermal auf Unterschieden zwischen Bildungs-, Ausbildungs- und Studiengängen, ein drittes Mal auf dem Zusammenhang mit Hintergrundmerkmalen der Bildungsteilnehmer (Geschlecht, sozialer Status oder Migration)."

Ein besonderes Merkmal der gewollten Varianz des deutschen Bildungsberichts ist schließlich, dass je Bericht ein Kapitel einen besonderen thematischen Fokus erhalten soll. Damit sollen herausgehobene Fragestellungen der deutschen Bildungssystementwicklung umfassender, differenzierter und bildungsbereichsübergreifend diskutiert und auch Einzelbefunde aus wissenschaftlichen Untersuchungen einbezogen werden können. Im Bildungsbericht 2006 ist dieses Thema das Verhältnis von „Migration und Bildung" mit einer erstmaligen Auswertung des Mikrozensus 2005 als wesentlicher Datengrundlage. Im Bericht 2008 soll der Schwerpunkt auf „Übergängen im Bildungswesen" liegen und im Bericht 2010 sollen die politischen Aktivitäten zur „Qualitätssicherung/Evaluation" und deren Wirkungen in den Blick genommen werden. Das inhaltliche Konzept der deutschen Bildungsberichterstattung ist durch den Versuch einer systematischen Verschränkung von Kontinuität und Varianz, von theoriegeleiteter Auswahl und praktisch-pragmatischer Rücksicht gekennzeichnet: Es ist entwicklungsoffen – mit festen Orientierungen.

Die größten Zweifel an dem Vorhaben des deutschen Bildungsberichts ergaben sich mir aber aus den pragmatischen Anforderungen der Berichtslegung. Dies waren Befürchtungen, dass aus der notwendigen Knappheit der Erörterungen keine differenzierte Sicht auf die berichteten Sachverhalte entstehen könnte, dass der begrenzte Seitenumfang die Darstellung des Wesentlichen auf das Allbekannte verknappen würde und dass die verfügbaren Daten keine hinreichende Grundlage für bemerkenswerte neue und politisch aufreizende Einsichten böten. Schließlich konnte der deutsche Bildungsbericht nur jene Daten zusammenstellen, die schon vordem von Statistischen Ämtern, der empirischen Bildungsforschung, dem Hochschulinformationssystem und dem Berichtssystem Weiterbildung verwendet wurden. Dafür standen schon allein die Konsortialpartner! Schließlich war der Bericht auf 200 Seiten festgelegt und auf den Anspruch zu jedem Bildungsbereich – im gesamten Lebensverlauf – zentrales mitzuteilen. Und schließlich standen im Bericht je „Indikator" jeweils nur 2 bis maximal 4

Seiten zur Verfügung, auf denen neben den verbalen Erörterungen auch Abbildungen, Tabellen und unabdingbare methodische Hinweise aufgenommen werden sollten. Wie konnte der Bildungsbericht so mehr sein als ein Datenkompendium? Ein Einzelnachweis des differenzierten Abwägens, des klugen Summierens, des geschickten Verknüpfens von Einzelbefunden und von textinternen Verweisen oder des Neuberechnens und Neukonturierens schon andernorts verfügbarer Daten kann hier nicht geführt werden: Diese Erfahrung ist letztlich nur im Lesen zu sammeln. Der Bericht ist durchgängig geprägt von einem tiefen Verständnis der Autoren für die Traditionen, gewachsenen Strukturen, den gesellschaftlichen Wandel und die gegenwärtigen Herausforderungen des deutschen Bildungswesens sowie – punktuiert – für aktuelle wissenschaftliche Diskurse und Forschungsergebnisse. Kurz und prägnant erfolgen Darstellungen

- zu der hergebrachten funktionalen Teilung der Verantwortungen für Bildung und Erziehung zwischen Schule und Familie, und der gegenwärtigen Neutarierung, die sich im Ausbau von Kindertageseinrichtungen und Ganztagsschulen niederschlägt;
- zu den schwierigen Übergängen innerhalb des allgemein bildenden Schulwesens („Indikator" D1) und den aktuellen Entwicklungen einer Aufweichung der Bindung von Schulabschlüssen an bestimmte Schularten und Bildungsgänge („Indikator" D7),
- oder auch zum Verhältnis von Bildung, Wirtschaftswachstum und sozialen Erträgen („Indikator" I3).

Der Bildungsbericht überrascht dabei auch mit bisher so nicht vorgestellten Daten – einerseits zum Thema „Bildung und Migration" – zum anderen zu Einzelaspekten wie den „Klassenwiederholungen" im allgemein bildenden Schulwesen („Indikator" D2). Bemerkenswert ist ebenfalls das Bemühen, für das allgemein bildenden Schulwesens Befunde zu privat getragenen Schulen oder Förderschulen einfließen zu lassen. Auch die Differenziertheit der Erörterungen beeindruckt – insbesondere im Themenschwerpunkt „Migration und Bildung", wo unterschiedliche Problemlagen bis in einzelne Herkunftsnationalitäten und Zuzugsgenerationen hinein identifiziert werden. Mit der Darstellung zu Strukturverschiebungen in der beruflichen Ausbildung („Indikator" E1) stellt das Konsortium nicht nur datenmäßig neue Analysen zum Übergang von Schulabsolventen in die berufliche Ausbildung vor. Anhand der Unterscheidung von drei Sektoren der beruflichen Ausbildung (Duales System, Schulberufssystem und Übergangssystem, dies sind zum Beispiel berufsvorbereitende Maßnahmen der Bundesagentur für Arbeit oder das Berufsgrundbildungsjahr, BGJ) schärft der Bericht den Blick auf sich vollziehende strukturelle Veränderungen, ordnet sie begrifflich und konturiert ein konkretes politisches Handlungsfeld: Das Übergangssystem als dringliches Problem! „Der starke Bedeutungsanstieg des Übergangssystems [...] zwischen 1995 und 2004 [...] stellt eine ernsthafte bildungspolitische Herausforderung dar" – so ist im deutschen Bildungsbericht ausdrücklich formuliert (Konsortium Bildungsberichterstattung 2006a, 82). „Für ein Fünftel der Ausbildungsanfänger beginnt ihr Start ins Berufsleben mit Unsicherheit und ohne konkrete Berufsbildungsperspektive. [...] Hier könnte ein wichtiges Arbeitskräftepotenzial für die Zukunft verspielt und sozialer Ausgrenzung Vorschub geleistet werden."

Das Zitat macht noch einen weiteren – ich finde bemerkenswerten – Sachverhalt augenscheinlich: Der vorliegende deutsche Bildungsbericht ist voll von wertenden Statements, Benennungen von Problemen und Hervorhebungen dringlicher Handlungsbedarfe. Es ist nicht neutral und politisch willfährig auslegbar. Die normativen Beurteilungen und Einordnungen der vorgestellten Befunde vermeiden zwar einen offensiven direkt fordernden Tonfall – nichts desto trotz sind aber die Einschätzungen eindeutig. Dazu tragen insbesondere auch die Perspektiven-Abschnitte am Ende jedes Kapitels und die Zusammenfassung am Ende des Bildungsberichts bei. So benennt der Bildungsbericht je Bildungsbereich und auch bereichsübergreifend Handlungsprioritäten für die deutsche Bildungspolitik – und auch für die Weiterentwicklung der Datenbasis der deutschen Bildungsberichterstattung.[3] Insbesondere auf der Basis der drei im Konzept benannten Zieldimensionen von Bildung (Individuelle Regulationsfähigkeit, Humanressourcen sowie gesellschaftliche Teilhabe und Chancengleichheit) nimmt sich der Bericht das Recht, an den verfügbaren Daten sichtbar gewordene Missstände herauszustellen. Auch zur Frage der starken Ausdifferenzierung des deutschen Schulwesens in der Sekundarstufe I äußern sich die Autoren. Es stelle sich die Frage, „ob angesichts zurückgehender Schülerzahlen und knapper öffentlicher Mittel ein so differenziertes Schulangebot weiterhin aufrecht erhalten werden kann." (Konsortium Bildungsberichterstattung 2006a, 77) Sicherlich beschränkt sich der deutsche Bildungsbericht nur auf die Analyse und Benennung von Problemlagen. Er entwickelt keine Lösungen oder diskutiert mehr oder weniger Erfolg versprechende bildungspolitische Reformoptionen. Insofern enthält

---

3   Die Perspektiven-Abschnitte dienen allerdings auch dazu, schon ergriffene politische Aktivitäten vorzustellen. Dies mag teilweise in den Ruch legitimatorischer Ergänzung und Kompensation geraten, nämlich aufzuweisen, dass die Politik die Problemhaltigkeit des deutschen Bildungswesens schon länger wahrgenommen habe und entsprechend agiere. Meines Erachtens gehören diese Darstellungen allerdings zur gerechten Abwägung des Entwicklungsstandes im deutschen Bildungswesen, noch dazu da das Konsortium punktuiert hervorhebt, dass Wirkungen und Erfolge der politischen Maßnahmen keineswegs gesichert seien, sondern in weiteren Bildungsberichten extra thematisiert werden müssten.

er sich aber auch der politischen Kontroverse und bleibt als parteien- und lagerübergreifend akzeptierter Bezugspunkt der Bildungssysteminformation – womöglich – unangetastet. Als dauerhaftes Ergebnis wäre dies – gerade im Rückblick auf die bildungspolitische Konfrontationen der 1970er Jahre, das Scheitern des deutschen Bildungsrates und des politischen Umgehens mit der Gesamtschulforschung – schon ein Erfolg an sich.

4. Zusammenfassung und Ausblick

Der angekündigte Aufstieg von der Hölle der bloßen Information zur Weisheit der deutschen Bildungsberichterstattung endet im Irdischen, im Wenn-Dann der reduzierten Ideale, in zurückgenommen und spezifisch eingegrenzten Erwartungen und der nur eingeschränkten Gültigkeit von Meinungen und Standpunkten.

Was ist denn eigentlich gewonnen, wenn ich den deutsche Bildungsbericht als überaus gelungenen Einstieg in eine kontinuierliche, im staatlichen Auftrag erstellte, datenbasierte evaluative Gesamtschau des deutschen Bildungswesens für die Zwecke intensivierter und versachlichter öffentlicher Bildungsdiskussion und politischer Entscheidungsfindung lobe? Sicherlich, er berichtet über „Bildung im Lebenslauf", das heißt, er gliedert seine Darstellung in bildungsstufenbezogene Kapitel. Aber eine umfassende, vielschichtige, mehrperspektivische und lebensnahe Studie zur „Bildung in Deutschland" ist er – selbstverständlich – nicht. Der Bericht ist festgelegt auf national verfügbare und repräsentative Daten, auf Objektivitäten, nicht Meinungen, auf Sachverhalte, nicht Fragen, Irritationen oder Befindlichkeiten. Er liefert der Politik zu, und zwar auf der Ebene des Bundes und der Länder. Die Perspektiven der einzelnen Bildungsinstitutionen, der einzelnen Lehrenden und Lernenden fehlen, weil sie für politische Entscheidungsfragen und Handlungsmöglichkeiten keine herausragende Hilfestellung bieten. Der Indikatorenansatz erscheint erfolgreich als Zwang zur Auswahl und Möglichkeit der Strukturierung und Präzisierung im Rahmen der Konzipierung des Bildungsberichts – und nicht als starres Schema der Berichtslegung. So ist dieses Lob vor allem vor dem Hintergrund der Befürchtung eines reinen Datenreports zu lesen, der möglicherweise mit einer formalen Differenzierung von Input-Prozess- und Output-Indikatoren einer ingenieurmäßigen maschinellen Betrachtung des Bildungswesens weiteren Vorschub geleistet hätte. Die These weitgehender Steuerbarkeit von Bildung ist allerdings weiterhin Grundlage und Grundthese des Berichts.

So bleibt mir insgesamt nur ein halbes Lob des Bildungsberichts. Wenn akzeptiert ist, dass ein offensives und kontinuierliches Aufbereiten von quantitativen Daten zum Bildungswesen zu seiner gesamtsystemischen Analyse und seiner

Reform eine sinnvolle Strategie darstellt, dann – ja dann – ist der deutsche Bildungsbericht ein gutes, ein empfehlenswertes Modell.

Dies führt mich zu einer letzten praktischen Anmerkung: Wie übertragbar ist denn der Erfolg des deutschen Bildungsberichts? Ist mein Lob, bei allen Kautelen, als ein Hinweis aufzufassen, das Konzept des deutschen Bildungsberichts wäre auch für andere Nationen oder für Bildungsberichte der deutschen Länder und Kommunen geeignet und anzuraten?

Auch hier will ich die Erwartungen letztlich dämpfen. Mir erscheint, ausschlaggebend für die Qualität des deutschen Bildungsberichts ist weniger das Indikatorenschema und die Berichtsstruktur als die konkrete Form und Struktur seiner Institutionalisierung. Bedeutsam erscheinen mir:

1. Die politische Unabhängigkeit der Berichtsautoren bei gleichzeitiger intensiver politischer Anbindung und Rückkopplung an letztlich zwei Herren.

Das „Konsortium Bildungsberichterstattung" ist ausdrücklich Auftragnehmer, ist also abgesehen von den eingegangenen vertraglichen Bindungen unabhängig von den politischen Akteuren KMK und BMBF. Diese haben die Arbeit des Konsortiums durch eine Steuerungsgruppe zwar eng begleitet, sich Konzepte, Entwürfe und Zwischenberichte vorlegen lassen und diese intensiv beraten. Entsprechend ist der Bildungsbericht von vornherein für bildungspolitische Perspektiven und Vorbehalte sensibilisiert worden. Dennoch blieb eine generelle Handlungsfreiheit der Berichtsautoren erhalten, die auch die eigentliche Qualität des Berichts ausmacht. Nicht zuletzt ist dafür der deutsche Bildungsföderalismus verantwortlich zu machen, in dem zwei verschiedene politische Akteure (Bund und Länder) als gemeinsame Auftraggeber des Bildungsberichts sich darin behindern, zu stark und zu einseitig Einfluss auf die Berichtslegung auszuüben. In anderen Staaten oder in den Bundesländern wird wahrscheinlich eine solche Trennung von berichtslegender Institution und Auftraggebern nicht möglich sein und einzelne politische Interessen werden womöglich viel stärker intervenieren können.

2. Wissenschaftspolitische Interessen und Kompetenzen im wissenschaftlichen Beirat der Bildungsberichterstattung – vor dem Hintergrund intensiver internationaler Bezüge.

Von großem Einfluss auf die Konzipierung des Bildungsberichts und auf die ständige Hinterfragung der Arbeit des „Konsortiums Bildungsberichterstattung" ist der wissenschaftliche Beirat der Steuerungsgruppe des Auftragsgebers (also von Bund und Ländern), der zu dem sich als wissenschaftliche Expertengruppe verstehenden Konsortium ein kompetentes Pendant darstellte. Gerade die intensive internationale Anbindung, die Entscheidung für ein indikatorenbasiertes Vorgehen und für die Indikatorenforschung als wissenschaftliche Basis sind zumindest in ihren frühen Impulsen auf Interventionen des wissenschaftlichen Beirates zurückzuführen. Bei einer Übertragung dieser Institutionalisierungsstruktur auf die deutschen Länder oder Kommunen ist letztlich vor allem fraglich, ob ein solcher renommiert besetzter wissenschaftlicher Beirat dupliziert werden kann – und er entsprechend ebenso fähig wäre, als wissenschaftlicher Diskurspartner und Korrektiv der berichtslegenden Institution zu fungieren.

3. Synergieeffekte durch das Konsortialmodell, das heißt durch die eigenverantwortliche Zusammenarbeit von statistischen Ämtern und wissenschaftlichen Institutionen der empirischen Bildungsforschung (DIPF, HIS, DJI, SOFI).

Das „Konsortium Bildungsberichterstattung" besteht aus jenen Institutionen, die im Wesentlichen für die Erhebungen, Aufbereitung und erste Publikation der berichteten Daten im Bildungsbericht verantwortlich zeichnen. Entsprechend konnten intime Kenntnisse zur Herkunft und zur Belastbarkeit ebenso in die Auswahl der Berichtsaspekte und ihre Kommentierungen einfließen wie auch bestimmte Befunde im Bildungsbericht erstmals vorgestellt werden. Insbesondere die Verknüpfung der Expertise der statistischen Landesämter mit dem Forschungswissen der empirischen Bildungsforschung erscheint dabei produktiv, da über die Verbindung unterschiedlicher Datenquellen auch neue Analysen mit schon bekannten Befunde möglich werden. Bei einer Übertragung insbesondere auf Länder und Kommunen wäre entsprechend darauf zu achten, in die Berichtslegung jene Institutionen und Forschergruppen einzubinden, die das relevante Datenmaterial selbst erhoben und schon in ihren eigenen Kontexten ausgewertet haben. Hier können sich meines Erachtens schnell personelle Engpässe ergeben; insbesondere eigenständige länder- oder kommunalbezogene Forschergruppen und Forschungsprogramme wären womöglich erst zu fördern und aufzubauen. Bildungsberichte potenzieren und krönen womöglich die traditionellen Informationssysteme im Bildungssystem; als Schlussstein eines Systemmonitorings setzen sie diese aber schon voraus.

Literatur

Ackeren, Isabell van/Hovestadt, Gertrud (2004): Indikatorisierung der Empfehlungen des Forum Bildung. Ein exemplarischer Versuch unter Berücksichtigung der bildungsbezogenen Indikatorenforschung und -entwicklung. Reihe Bildungsreform Band 4. – Bonn: BMBF. Online: http://www.bmbf.de/pub/indikatorisierung_der_empfehlungen_des_forum_bildung.pdf.

Altrichter, Herbert/Brüsemeister, Thomas/Heinrich, Martin (2005): Merkmale und Fragen einer Governance-Reform am Beispiel des österreichischen Schulwesens. In: Österreichische Zeitschrift für Soziologie 30 (4), 6-28.

Altrichter, Herbert/Heinrich, Martin (2007): Kategorien der Governance-Analyse und Transformationen der Systemsteuerung in Österreich. In: Altrichter, Herbert/Brüsemeister, Thomas/Wissinger, Jochen (2007): Educational Governance. Wiesbaden: VS, 55-103.

Avenarius, Hermann/Ditton, Hartmut/Döbert, Hans/Klemm, Klaus/Klieme, Eckhard/Rürup, Matthias/Tenorth, Heinz-E./Weishaupt, Horst/Weiß, Manfred (2003): Bildungsbericht für Deutschland: Konzeption. Online: http://www.kmk.org/doc/publ/bildungsbericht/konzeption.pdf.

Baethge, Martin/Buss, Klaus-Peter./Lanfer, Carmen (2004a): Konzeptionelle Grundlagen für einen Nationalen Bildungsbericht – Berufliche Bildung und Weiterbildung/ Lebenslanges Lernen. Band 7 der Reihe Bildungsreform. Bonn: BMBF. Online: http://www.bmbf.de/pub/nationaler_bildungsbericht_bb_weiterbildung.pdf.

Baethge, Martin/Buss, Klaus-Peter/Lanfer, Carmen (2004b): Expertisen zu den konzeptionellen Grundlagen für einen Nationalen Bildungsbericht – Berufliche Bildung und Weiterbildung/ Lebenslanges Lernen. Band 8 der Reihe Bildungsreform. Bonn: BMBF. Online: http://www.bmbf.de/pub/expertisen_zd_konzept_grundlagen_fn_bildungsbericht_bb_wb_lll.pdf.

BMBF (2006): Bildungsbericht markiert Einstieg in neue Steuerungsphilosophie. Pressemitteilung 118/2006 vom 04.07.2006. Online: http://www.bmbf.de/press/1831.php.

Böttcher, Wolfgang (1990): Zur Planbarkeit des Bildungswesens. In: Klemm, Klaus et al.: Bildungsgesamtplan '90. Weinheim/München: Juventa, 21-35.

Böttcher, Wolfgang/Rürup, Matthias (2007): Föderale Struktur des Bildungswesens und Schulentwicklung. In: Buer, van Jürgen/Wagner, Cornelia: Qualität von Schule – Entwicklungen zwischen erweiterter Selbstständigkeit, definierten Bildungsstandards und strikter Ergebniskontrolle. Frankfurt a.M., u.a.: Lang. (Im Erscheinen).

Bundesminister für Bildung und Wissenschaft (1980): Zum Thema: Bildungsföderalismus. Schriftenreihe Bildung und Wissenschaft. Bonn: BMBF.

Centre for Educational Research and Innovation (CERI) (1994): Making Education Count. Developing and Using International Indicators. Paris: OECD.

Ditton, Hartmut (2002): Evaluation und Qualitätssicherung. In: Tippelt, Rudolf: Handbuch Bildungsforschung. Opladen: Westdeutscher Verlag, 775-790.

Döbert, Hans (2006): Die „Schulindikatoren" im Bildungsbericht: konzeptionelle Aspekte, ausgewählte Befunde, offene Fragen. In: Krüger, Heinz-Hermann/Rauschenbach,

Thomas/Sander, Uwe (2006) Bildung und Sozialberichterstattung. Beiheft der Zeitschrift für Erziehungswissenschaft 6/2006, 146-162.
Fahrholz, Bernd/Gabriel, Sigmar/Müller, Peter (2002): Nach dem Pisa-Schock. Plädoyers für eine Bildungsreform. Hamburg: Hoffmann und Campe, 66-73.
Fitz-Gibbon, Carol Taylor/Kochan, Susan (2000): School Effectiveness and Educational Indicators. In: Teddlie, Charles/Reynolds, David (Eds.): The International Handbook of School Effectiveness Research. London/New York: Falmer Press, 257-282.
Füssel, Hans-Peter (1988): Kooperativer Föderalismus im Bildungswesen. In: Recht der Jugend und des Bildungswesens 6, 430-442.
Hib/SUK (2007): Bildungsbericht unter Experten umstritten. Ausschuss für Bildung, Forschung und Technikfolgenabschätzung (Anhörung). Online: http://www.bundestag.de/aktuell/hib/2007/2007_007/01.html.
Hüfner, Klaus/Naumann, Jens (1986): Hochkonjunktur und Flaute: Bildungspolitik in der Bundesrepublik Deutschland 1967-1980. Stuttgart: Klett-Cotta.
Hutmacher, Walo (1997): Ein Konsens über die Erneuerung der Wissensgrundlagen in Bildungssystemen: Gedanken zur internationalen Arbeit auf dem Gebiet der Bildungsindikatoren. In: OECD (Hg.): Wissensgrundlagen für die Bildungspolitik. Beiträge einer OECD-Konferenz in Maastricht vom 11. bis 13. September 1995. Frankfurt a.M., u.a.: Lang, 101-117.
Klieme, Eckhard/Avenarius, Hermann/Blum, Werner/Döbrich, Peter/Gruber, Hans/Prenzel, Manfred/Reiss, Kristina/Riquarts, Kurt/Rost, Jürgen/Tenorth, Heinz-Elmar/Vollmer, Helmuth J. (2003): Zur Entwicklung nationaler Bildungsstandards. Band 1 der Reihe Bildungsreform. Bonn: BMBF. Online: http://www.bmbf.de/pub/zur_entwicklung_nationaler_bildungsstandards.pdf.
Klieme, Eckhard/Avenarius, Hartmut/Baethge, Martin/Döbert, Hans/Hetmeier, Heinz-Werner/Meister-Scheufelen, Gisela/Rauschenbach, Thomas/Wolter, Andrä (2006): Grundkonzeption der Bildungsberichterstattung für Deutschland. In: Krüger, Heinz-Hermann/Rauschenbach, Thomas/Sander, Uwe (Hg.) (2006) Bildung und Sozialberichterstattung. Beiheft der Zeitschrift für Erziehungswissenschaft 6/2006, 129-145.
KMK/BMBF (2006): KMK und BMBF legen ersten gemeinsamen Bericht „Bildung in Deutschland" vor. Pressemeldung 096/2006 vom 02.06.2006. Online: http://www.bmbf.de/_media/press/pm_20060602-096.pdf.
KMK/IQB (2006): Gesamtstrategie der Kultusministerkonferenz zum Bildungsmonitoring. Neuwied: Luchterhand.
Konsortium Bildungsberichterstattung (2005a): Gesamtkonzeption der Bildungsberichterstattung vom 31. August 2005. Online: http://www.bildungsbericht.de/daten/gesamtkonzeption.pdf.
Konsortium Bildungsberichterstattung (2005b): Bildungsberichterstattung. Entwurf eines Indikatorenmodells. Vorlage für die Sitzung mit Steuerungsgruppe und Beirat am 9. März 2005 in Bonn. Online: http://www.bildungsbericht.de/daten/indikatorenmodell.pdf.
Konsortium Bildungsberichterstattung (2006a): Bildung in Deutschland. Ein indikatorengestützter Bericht mit einer Analyse zu Bildung und Migration. Bertelsmann Verlag: Bielefeld Online: http://www.bildungsbericht.de/daten/gesamtbericht.pdf.

Konsortium Bildungsberichterstattung (2006b): Zur langfristigen Sicherstellung der Datenbasis für die Bildungsberichterstattung. Interner Bericht vom 9. Januar 2006. Online: http://www.bildungsbericht.de/daten/datenstrategie.pdf.

Kristen, Cornelia/Römmer, Anika/Müller, Walter/Kalter, Frank (2005): Längsschnittstudien für die Bildungsberichterstattung – Beispiele aus Europa und Nordamerika. Band 15 der Reihe Bildungsreform. Bonn: BMBF. Online: http://www.bmbf.de/pub/Laengsschnitt_fuer_Bildungsberichterstattung.pdf.

Krüger, Heinz-Hermann/Rauschenbach, Thomas/Sander, Uwe (Hg.) (2006) Bildung und Sozialberichterstattung. Beiheft der Zeitschrift für Erziehungswissenschaft 6/2006.

Kussau, Jürgen/Brüsemeister, Thomas (2007): Governance, Schule und Politik. Zwischen Antagonismus und Kooperation. Wiesbaden: VS.

Mager, Ute (2005): Die Neuordnung der Kompetenzen im Bereich von Bildung und Forschung – Eine kritische Analyse der Debatte in der Föderalismuskommission. In: Recht der Jugend und des Bildungswesens 3, 312-322.

Massing, Peter (2002): Konjunkturen und Institutionen der Bildungspolitik. In: Politische Bildung 1/2002, 8-34.

Ministerium für Bildung und Frauen des Landes Schleswig-Holstein (2006): Bildungsbericht für Schleswig-Holstein 2006. Online: http://landesregierung.schleswig-holstein.de/coremedia/generator/Aktueller_20Bestand/MBF/Brosch_C3_BCre_20_2F_20Publikation/Schule/PDF/Bildungsbericht_2006,property=pdf.pdf.

Münch, Ursula (2005): Bildungspolitik als föderativer Streitpunkt: Die Auseinandersetzung um die Verteilung bildungspolitischer Zuständigkeiten in der Bundesstaatskommission. In: Europäisches Zentrum für Föderalismusforschung Tübingen (Hg.): Jahrbuch des Föderalismus 2005. Baden-Baden: Nomos, 150-162.

Muñoz, Vernor (2006): Report of the Special Rapporteur on the right to education, Vernor Muñoz, on his Mission to Germany. Online: http://www.ohchr.org/ english/ bodies/hrcouncil/docs/4session/A.HRC.4.29. Add.3.pdf (Stand: April 2007).

OECD (1973): Bildungswesen mangelhaft. BRD-Bildungspolitik im OECD-Länderexamen. Frankfurt a.M., u.a.: Diesterweg.

OECD (Hg.) (1994): Die internationalen Bildungsindikatoren der OECD – ein Analyserahmen. Ein OECD/CERI-Bericht. Frankfurt a.M., u.a.: Lang.

OECD (Hg.) (1997): Wissensgrundlagen für die Bildungspolitik. Beiträge einer OECD-Konferenz in Maastricht vom 11. -13. September 1995. Frankfurt a.M.: Peter Lang.

Pahl, Veronika (2006): Bildungsberichterstattung und empirische Bildungsforschung – Förderangebote und Erwartungen des BMBF. In: Krüger, Heinz-Hermann/Rauschenbach, Thomas/Sander, Uwe (Hg.): Bildung und Sozialberichterstattung. Beiheft der Zeitschrift für Erziehungswissenschaft 6/2006, 20-26.

Poppelt, Karin S. (1978): Zum Bildungsgesamtplan der Bund-Länder-Kommission. Weinheim/Basel: Beltz.

Rauschenbach, Thomas/Leu, Hans Rudolph./Lingenauber, Sabine/Mack, Wolfgang/Schilling, Matthias/Schneider, Kornelia/Züchner, Ivo (2004): Konzeptionelle Grundlagen für einen Nationalen Bildungsbericht – Non-formale und informelle Bildung im Kindes- und Jugendalter. Bd. 6 der Reihe Bildungsreform. Bonn: BMBF. http://www.bmbf.de/pub/nonformale_und_informelle_bildung_kindes_u_jugendalter.pdf.

Rürup, Matthias (2003): Ausländische und internationale Bildungsberichte als Orientierung für die nationale Bildungsberichterstattung in Deutschland. In: Trends in Bildung international 7/2003. Online: http://www.dipf.de/publikationen/tibi/tibi7_ruerup_3.pdf.

Rürup, Matthias (2004): Bildungsberichterstattung – begriffliche Annäherungen an eine neue gesellschaftliche Praxis. In: Zeitschrift für Bildungsverwaltung 1/2004, 79-92.

Rürup, Matthias (2005): Der Föderalismus als institutionelle Rahmenbedingung im deutschen Bildungswesen – Perspektiven der Bildungspolitikforschung. In: Trends in Bildung international 8/2005, Online: http://www.dipf.de/publikationen/tibi/tibi9_foederalismus_ruerup.pdf.

Scheerens, Jaap/Bosker, Roel J. (1997): The Foundations of Educational Effectiveness. Oxford/New York: Oxford University Press.

Schimank, Uwe (2007): Die Governance-Perspektive: Analytisches Potenzial und anstehende konzeptionelle Fragen. In: Altrichter, Herbert/Brüsemeister, Thomas/Wissinger, Jochen (Hg.): Educational Governance. Wiesbaden: VS, 130-160.

Spieß, Werner E. (1984): Deutscher Bildungsrat. In: Baethge, M./Nevermann, K. (Hg.): Organisation, Recht und Ökonomie des Bildungswesens. Enzyklopädie Erziehungswissenschaften. Bd. 5. Stuttgart: Klett-Cotta, 459-462.

Staatsinstitut für Schulqualität und Bildungsforschung München (2006): Bildungsbericht 2006. Online: http://www.isb.bayern.de/isb/download.asp?DownloadFileID=b9e5b-7bf2c8d62156f568b74a75865c0.

Weishaupt, Horst (2006): Der Beitrag von Wissenschaft und Forschung zur Bildungs- und Sozialberichterstattung. In: Krüger, Heinz-Hermann/Rauschenbach, Thomas/Sander, Uwe (Hg.): Bildung und Sozialberichterstattung. Beiheft der Zeitschrift für Erziehungswissenschaft 6, 42-52.

Weishaupt, Horst/Weiß, Manfred (1983): Defizitbereiche der Bildungs-Indikatoren-Forschung. In: Hoffmann-Nowotny, Hans-Joachim (Hg.): Gesellschaftliche Berichterstattung zwischen Theorie und politischer Praxis. Frankfurt a.M.: Campus.

Weißhuhn, Gernot (2002): Entwurf für ein Rahmenkonzept periodischer Bildungsberichterstattung. Berlin: Unveröffentl. Manuskript.

Wollenschläger, Ferdinand (2007) Die Föderalismusreform: Genese, Grundlinien und Auswirkungen auf die Bereiche Bildung und Wissenschaft. In: Recht der Jugend und des Bildungswesens 1, 8-19.

Urs Kiener & Moritz Rosenmund

Systembeschreibung als Science Fiction?
Zum Wandel der Beschreibung von Bildungssystemen

1. Einleitung

Bemühungen um eine Beschreibung des Bildungssystems als Ganzes haben in den vergangenen Jahrzehnten zweifellos einen großen Aufschwung erlebt. Ähnlich wie in anderen Ländern äußert sich diese Tendenz in der Schweiz zurzeit darin, dass in erheblichem Umfang Kennzahlen zur Bildung aufbereitet und verfügbar gemacht werden, die im Rahmen eines in Aufbau begriffenen Monitoring zu umfassenden Gesamtdarstellungen verarbeitet und veröffentlicht werden. Bemühungen dieser Art stecken sich zuweilen recht hohe Ziele und wecken damit entsprechende Erwartungen. Begibt man sich etwa auf die Website des schweizerischen Bundesamts für Statistik (BFS), so findet man die folgenden Erläuterungen zu den abrufbaren Kennzahlen:

> „Die Bildungssystemindikatoren haben zum *Ziel*, Strukturen, Funktions- und Wirkungsweise des Bildungssystems aus der Gesamtperspektive zu beschreiben."
> „Die Indikatoren sind mit einem *Systemansatz* strukturiert. Gezeigt werden Indikatoren zum Kontext, Input, Prozess, Output und Outcome des Bildungssystems."
> „Es findet sich ebenfalls eine *themenorientierte Gliederung.* Indikatoren werden den Themen Effektivität, Effizienz, Gleichheit und lebenslanges Lernen/ Nachhaltigkeit geordnet." (Website Bundesamt für Statistik; www.bildungssystem.bfs.admin.ch)

Was dem Nutzer hier in Aussicht gestellt wird, ist eine Beschreibung des Bildungssystems aus der Gesamtperspektive, wobei offensichtlich ein betriebswirtschaftlich eingefärbter Systemansatz gewählt worden ist, dessen formale Logik – ausgedrückt in Begriffen wie Output, Effektivität und Effizienz – durch inhaltliche Kriterien wie Gleichheit, lebenslanges Lernen und Nachhaltigkeit weiter konkretisiert wird. Was der Nutzer jedoch nicht erfährt, ist einerseits die Begründung für die Wahl des Beschreibungsansatzes. Und sichtet er dann die Kriterienkataloge im Einzelnen, ist er erstaunt über die arbiträre Auswahl der Indikatoren und deren von ihrer Erklärungslogik oft nur schwer nachvollziehbare Zuordnung zu den Komponenten des formalen Modells.

Eine erste Durchsicht verschiedener Plattformen und Publikationen bildungsstatistischer Daten führt zur folgenden Vermutung: Die selektive Fokussierung von Kriterien und die Auswahl entsprechender Indikatoren, deren sachlogischer Zusammenhang offen bleibt beziehungsweise einfach unterstellt wird, scheint ein gemeinsames Merkmal aktueller Vermessungen des Bildungssystems zu sein. In diesem Sinne soll im Folgenden das Beispiel der BFS-Bildungsindikatoren nicht weiter vertieft werden. Vielmehr lassen wir es gleichsam als Illustration für einen Problemkomplex stehen, der unter dem Titel der "Vermessung der Bildung"[1] einer Reflexion und Diskussion wert erscheint.

Ausgangspunkt der Überlegungen ist dabei die Feststellung, wonach im Vergleich der letzten zwanzig bis dreißig Jahre qualitative Systembeschreibungen seltener geworden sind und eine abnehmende Aufmerksamkeit erfahren haben, während gleichzeitig quantitative, nicht nur zahlengestützte, sondern vor allem als kommentierte Zahlenpakete daher kommende Darstellungen stärker im Vordergrund stehen und wahrgenommen werden.

Dieser Trend ist erklärungsbedürftig, wirft er doch eine Reihe grundsätzlicher Fragen auf, so zum Beispiel:

- Welche Erwartungen bezüglich Präzision, Vergleichbarkeit, Wissenschaftlichkeit, rationale Planung, Steuerung und Kontrolle werden durch quantitative Gesamtdarstellungen „bedient"?
- Welche beabsichtigten wie auch unbeabsichtigten Folgen hat eine solche Akzentverschiebung für die wissenschaftliche Aufklärung des Bildungsfeldes?
- Welche – wiederum beabsichtigten oder unbeabsichtigten – Folgen ergeben sich daraus für den Zusammenhang von Bildungswissenschaft und Bildungspolitik?

Die nachfolgenden Ausführungen erheben nicht den Anspruch, Fragen solch grundsätzlicher Art zu beantworten. Das Ziel besteht vielmehr darin, den Paradigmenwechsel und die mit ihm verbundene Problematik überhaupt erst etwas genauer zu beschreiben. Wir gehen dabei so vor, dass wir zunächst drei Beispiele von Beschreibungen des Bildungssystems kurz skizzieren, wobei der Fokus besonders auf das Bildungssystem der Schweiz gerichtet ist: Ein erster Abschnitt

---

[1] Dies das Rahmenthema des Kongresses der Schweizerischen Gesellschaft für Bildungsforschung vom 5.-7. September 2007 an der Pädagogischen Hochschule Thurgau in Kreuzlingen, in dem eine erste Version des vorliegenden Beitrags präsentiert wurde.

präsentiert eine Reihe von in den 1970er und 1980er Jahren unternommenen Versuchen, eine überwiegend qualitativ gehaltene Gesamtsicht dieses Systems zu erarbeiten (2.1). Der Übergang zu einem überwiegend quantitativen, indikatorenbasierten Zugang zur Systembeschreibung wird sodann in Auseinandersetzung mit den Aktivitäten der OECD erörtert, die exemplarisch in Publikationen wie „Bildung auf einen Blick" sichtbar werden und als exogene Determinanten die (Selbst-)Darstellung nationaler Bildungssysteme zu prägen beginnen (2.2). Gleichsam den Effekt dieses Faktors findet man in aktuellen Versuchen einer Beschreibung nationaler Bildungssysteme, wie sich am Beispiel des 2006 erschienenen schweizerischen Bildungsberichts zeigen lässt (2.3). Der dritte Hauptabschnitt des Beitrags versucht schließlich, einige Folgerungen und Fragen zu skizzieren, die sich angesichts des Wandels in Richtung einer überwiegend indikatorenbasierten und an einem Produktionsmodell orientierten Systembeschreibung nicht zuletzt für Bildungswissenschaft, Bildungspolitik und Öffentlichkeit sowie deren gegenseitiges Verhältnis ergeben (3).

2. Beispiele früherer und aktueller Systembeschreibungen unter besonderer Berücksichtigung des schweizerischen Bildungswesens

2.1 Frühere Beschreibungen des schweizerischen Bildungssystems

Im Hinblick auf die kritische Würdigung aktueller Systembeschreibungen mag zunächst – gleichsam als Kontrastfolie – ein Blick auf einige Beschreibungen mehr qualitativer Art von Interesse sein, welche das schweizerische Bildungssystem in den 1970er und 1980er Jahren zu charakterisieren und durchaus auch neu auszurichten versuchten. Dabei ist vorab in Erinnerung zu rufen, dass es einige Zeit gebraucht hat, bis dieses Bildungssystem überhaupt als Gesamtsystem vorgestellt werden konnte (vgl. umseitig Tab. 1).

1971 auf französisch und 1972 in deutscher Übersetzung veröffentlichte der „Groupe romand pour l'étude des techniques d'instruction (GRETI)", eine ad hoc gegründete Initiativgruppe, die Studie „Die Schweiz auf dem Weg zur Education permanente" (Gretler et al., o.J.). Dabei handelte es sich um einen ersten Versuch, das bestehende wie auch das anzustrebende Bildungswesen in einer Gesamtkonzeption darzustellen. Der Bericht stützte sich zwar auf verfügbare sekundärstatistische Daten, bezog sich jedoch was das Bildungswesen selber betraf, vorwiegend auf in Brainstorming-Runden erhobene Urteile von systeminternen Experten sowie auf Stellungnahmen von Parteien und Kirchen, die in schriftlicher Form vorlagen.

Tab. 1: Beschreibungen des schweizerischen Bildungssystems in den 1970er und 1980er Jahren

Studie / Projekt	Systembeschreibung als	Datengrundlage	Fokussierungen
„Die Schweiz auf dem Weg zur Education permanente" (GRETI 1971/72)	Beschreibung des bestehenden/ anzustrebenden Bildungswesens (Gesamtkonzeption)	– Sekundärstatistische Daten – Expertenwissen (Brainstorming-Sitzungen) – Verlautbarungen Parteien/Kirchen	– Sozialer Wandel: Demographie, Arbeit, Familie etc. – Bildungsziele – Forderungen an B'system: Strukturen, Methoden, Inhalte
„Situation der Primarschule (SIPRI)" (EDK 1986)	„Innere" Systembeschreibung und Erneuerung des Primarschulwesens	Expertise von Lehrpersonen, kantonalen Bildungsverwaltungen, Forscher/innen	– Schule im Wandel – Schule und Eltern – Bildungsinhalte – Schülerbeurteilung
„Bildung in der Schweiz von morgen (BICHMO)" (EDK 1986)	Vorprojekt zu einem (nicht durchgeführten) EDK-Projekt zur Entwicklung des schweizerischen Bildungswesens	– Fachliteratur – Expertenwissen (prospektive Befragungen)	– Gesellschaftlicher Wandel und Bildungswesen – Stärken/ Schwächen des Bildungswesens
„Bildungspolitik in der Schweiz. Bericht der OECD" (EDK 1990)	Expertenbericht zur Lage des Bildungswesens der Schweiz	– Grundlagenberichte des EDK-Generalsekretariats – Expertenbefragung	– Grundbildung – Wirtschaftlich-soziales Umfeld – Institutionelle Zusammenhänge

In die Zeit zwischen 1978 und 1986 fiel ein von der Schweizerischen Erziehungsdirektorenkonferenz (EDK) getragener Versuch einer „inneren" Systembeschreibung und -entwicklung bezüglich der Situation der Primarschule (SIPRI). Anteil daran hatten, wie der Projektleiter schreibt, „Hunderte von Lehrerinnen und Lehrern, Mitglieder von Schulbehörden und kantonalen Bildungsverwaltungen, Forscherinnen und Forschern in dreißig so genannten Kontaktschulen, vier schweizerischen Arbeitsgruppen sowie unzähligen Projektgruppen in einzelnen Kantonen." (Trier 1996) Leitthemen waren damals Dinge wie „Schule im Wandel", „Schule und Eltern", „Ganzheitlichkeit des Bildungsprozesses", „Bildungsinhalte", „Schülerbeurteilung" und „Unterrichtsqualität" (EDK 1986).

Ebenfalls unter dem Dach der EDK wurde zwischen 1987 und 1990 eine Projektstudie unter dem Titel „Bildung in der Schweiz von morgen" durchgeführt. Es handelte sich um die Vorstudie zu einem nie durchgeführten, ambitiöseren Großprojekt zur Entwicklung des schweizerischen Bildungssystems. Auch dieses Vorprojekt beruhte auf – prospektiven – Befragungen von Experten, die diesmal innerhalb wie auch außerhalb des Bildungsfeldes rekrutiert wurden. Die Studie befasste sich unter anderem mit Themen wie „Gesellschaftlicher Wandel und Bildungswesen" oder „Stärken und Schwachstellen unseres Bildungswesens" (EDK 1988, 1989, 1990a).

In dieselbe Zeit fiel schließlich die Durchführung eines von den schweizerischen Behörden gewünschten, breit angelegten Länderexamens durch die OECD. Die dabei erarbeitete Beschreibung des Bildungssystems und der Bildungspolitik in der Schweiz beruhte auf zwei vom EDK-Generalsekretariat erarbeiteten Grundlagenberichten, die im Rahmen von Gesprächen einer internationalen Expertengruppe mit offiziellen und privaten Stellen weiter vertieft wurden. Wie dem abschließenden Expertenbericht zu entnehmen ist, fokussierte die Arbeit auf den Bereich der Grundbildung, das heißt auf die Primarschulstufe und die Sekundarstufen I und II. Ausführlich begutachtet wurden jedoch auch zahlreiche institutionelle Merkmale sowie der allgemeine wirtschaftliche und soziale Rahmen des schweizerischen Bildungssystems (EDK 1990b).

Was an allen diesen Versuchen auffällt, ist zunächst das methodische Prinzip, die Systembeschreibung breit auf das Urteil sowohl systeminterner als auch systemexterner Experten abzustützen. und überdies die Zusammenhänge zwischen der Entwicklung des Systems selber und dem Wandel seiner Umwelt zu begründen und theoretisch zu explizieren.

2.2 Bildung auf einen Blick (OECD)

Ab den 1990er Jahren verändert sich die Szene signifikant, wofür nicht zuletzt der Umstand verantwortlich ist, dass sich der transnationale Rahmen, in den auch das schweizerische System eingefügt ist, vermehrt bemerkbar macht: Internationale Organisationen, nicht zuletzt die OECD, beginnen aus einer klar an globalen Märkten orientierten Sicht die Perspektive auf das Bildungswesen zu verschieben. Das alljährlich publizierte Kompendium „Bildung auf einen Blick – OECD-

Indikatoren" präsentiert eine wachsende Fülle quantitativer Angaben zu den Bildungssystemen der OECD-Mitgliedstaaten in Länder vergleichender Darstellung. Gemäß Text auf der vierten Umschlagseite der Ausgabe 2006 ermöglicht die Publikation

> „[...] jedem Land, sein eigenes Bildungssystem im Vergleich zu anderen Ländern zu betrachten. Sie bietet ein umfangreiches, aktuelles Spektrum an *Indikatoren zur Leistungsfähigkeit* der einzelnen Bildungssysteme, *die auf dem Konsens der Fachwelt beruhen, wie der gegenwärtige Stand der Bildung im internationalen Vergleich zu bewerten ist.*" (OECD 2006: 4. Umschlagseite; Herv. d. Verf.)

In emsiger Arbeit verständigen sich also Experten der OECD-Länder auf ein „umfangreiches, aktuelles", Jahr für Jahr in „Bildung auf einen Blick" aufdatiertes „Spektrum von Indikatoren", welche gemäß OECD-Selbstdarstellung die „Leistungsfähigkeit der einzelnen Bildungssysteme" abzubilden erlauben. Die Auswahl dieser Indikatoren braucht nicht näher begründet zu werden. Der Leser muss sich mit dem Hinweis begnügen, dass es dazu einen „Konsens der Fachwelt" gibt. Möglicherweise aus demselben Grund braucht er sich auch nicht um die Beziehungen zwischen den Variablen oder die Operationalisierung des Konzepts „Leistungsfähigkeit" zu kümmern. Er darf, oder eher muss, den Experten vertrauen, dass man mit Hilfe ihrer Indikatoren den „gegenwärtigen Stand der Bildung [zum Beispiel des schweizerischen Bildungswesens] im internationalen Vergleich" *bewerten* kann (vgl. Tab. 2):

Tab. 2: Inhaltliche Schwerpunkte der OECD-Bildungsindikatoren

OECD-Indikatoren
(a) Bildungsteilnahme, PISA-Testergebnisse, Arbeitsmarktteilnahme
• Beschulungsraten (Schuljahre), Sekundarstufe II- und Tertiärabschlüsse
• PISA-Ergebnisse (Mathematik, Problemlösen; absolut und Streuungen)
• Arbeitsmarktteilnahme
(b) Bildungsausgaben
(c) Mittlere/höhere und Weiterbildung, Lebenschancen
• Bildungserwartungen
• Sekundarstufe II-, tertiäre und Weiterbildung
• Beschäftigungsstatus
(d) Systemmerkmale
• Intendierte Unterrichtszeit (Primar-, Sekundarschulstufe)
• Klassengröße, Lehrer-Schüler-Verhältnis (numerisch)
• Lehrergehälter und -arbeitszeiten
• Anbieter (öffentlich; privat)

Tabelle 2 vermittelt einen äußerst komprimierten Überblick der inhaltlichen Schwerpunkte der OECD-Indikatoren. Die Zahl der veröffentlichten Indikatoren ist natürlich sehr viel größer und vermittelt den Eindruck einer höchst differenzierten Beschreibung der nationalen Systeme. Es soll hier denn auch keineswegs bestritten werden, dass die OECD-Indikatoren interessante und auch bedeutsame Merkmale eines Bildungssystems zu beleuchten vermögen. Sie stellen sowohl für bildungswissenschaftliche Studien als auch im Zusammenhang bildungspolitischer Entscheidungsfindung wertvolles Datenmaterial zur Verfügung. Wenn sie jedoch als Gesamtbild daher kommen, das außerdem einen Idealtyp unterstellen muss, an dem sich die einzelnen Systeme nicht nur messen, sondern auch bewerten lassen müssen, ist aus bildungswissenschaftlicher Sicht doch zu fragen, welches Modell in Bezug auf Zusammenhänge zwischen den Variablen zugrunde gelegt wird, welche Variablen innerhalb dieses Modells durch die Indikatoren operationalisiert werden und von welcher Konzeption bezüglich des Werts eines Bildungssystems man ausgegangen ist.

Denn dass mit „Bildung auf einen Blick" nicht nur ein nützlicher Katalog von Vergleichszahlen zur Verfügung gestellt, sondern auch ein bewertete Gesamtbilder der nationalen Bildungssysteme kommuniziert werden soll, lässt sich leicht belegen: Anlässlich des Erscheinens der Ausgabe 2006 in deutscher Sprache wurden seitens der OECD selbst Presseinformationen an die betreffenden Länder verschickt, deren Überschriften wie folgt lauteten:

„Deutschland verliert in der Hochschulausbildung den Anschluss."
„Österreich bei der Hochschulausbildung beinahe Schlusslicht
innerhalb der OECD."
„Deutlich sichtbare Erfolge der Schweiz beim Ausbau der Hochschulausbildung." [2]

In diesen für eine breite Öffentlichkeit verfassten, gleichsam *à fonds perdu* unter die Leute gebrachten Verlautbarungen kulminiert die Problematik der OECD-Indikatoren vollends. Mit der nochmaligen Auswahl und Verdichtung einiger weniger Variablen zu einem manchmal Optimismus, manchmal auch Katastrophenstimmung verbreitenden Situationsbild nimmt eine Konstruktion Gestalt an, die wiederum unter Verweis auf einen Experten Plausibilität beansprucht und wohl auch zugebilligt erhält, deren wissenschaftliches Bezugssystem jedoch ebenso ausgeblendet bleibt wie die Gesamtkonfiguration der Bildungssysteme,

---

[2] Pressemitteilungen der OECD vom 12. September 2006: OECD-Studie „Bildung auf einen Blick"; www.oecd.org/dataoecd/52/3/37392690.pdf; OECD-Studie „Bildung auf einen Blick"; www.oecd.org/dataoecd/32/49/37393 004.pdf; OECD-Studie „Bildung auf einen Blick"; www.oecd.org/dataoecd/32/48/37393014.pdf.

von denen im Einzelnen die Rede ist. Man hat zur Kenntnis zu nehmen, dass die Hochschulausbildung in einzelnen Ländern – quantitativ – zunimmt und in anderen stagniert. Dabei bleibt unerwähnt, dass dies zum Beispiel im Falle der Schweiz insofern ein Artefakt ist, als das Wachstum in erster Linie durch die Umwandlung von Höheren Fachschulen in die neu geschaffenen Fachhochschulen zustande gekommen ist. Und verschwiegen wird auch, dass eine in allen drei Kommentaren zur Veröffentlichung hervorgehobene Schlüsselvariable, um die es im OECD-Kontext geht, im Indikatorenkatalog von „Bildung auf einen Blick" nicht enthalten ist, nämlich der „Bedarf an gut ausgebildeten Fachkräften". Klar ist im Übrigen, dass mit der Veröffentlichung und der Art ihrer Präsentation der Ball den einzelnen Ländern zugespielt wird.

2.3 Bildungsbericht Schweiz (2006)

Bei diesem Beispiel handelt es ich um einen Pilotbericht im Auftrag von Bund (Staatssekretariat für Bildung und Forschung SBF, Bundesamt für Berufsbildung und Technologie BBT und Bundesamt für Statistik BFS) und Kantonen (Schweizerische Konferenz der kantonalen Erziehungsdirektoren EDK), durchgeführt von der Schweizerischen Koordinationsstelle für Bildungsforschung SKBF. Den Rahmen für diesen Auftrag bildet das groß angelegte Projekt „Bildungsmonitoring", das folgendermaßen umschrieben wird:

> „Bildungsmonitoring ist die systematische und auf Dauer angelegte Beschaffung und Aufbereitung von Informationen über ein Bildungssystem und dessen Umfeld. Es dient als Grundlage für Bildungsplanung und bildungspolitische Entscheide, für die Rechenschaftslegung und die öffentliche Diskussion." (SKBF 2006, 6)

Bei den Informationen an die Öffentlichkeit über dieses zeigt sich in den folgenden beiden Zitaten eine interessante Differenz bezüglich der Rolle der beteiligten Akteure, nämlich der Wissenschaft und der Bildungspolitik bzw. Bildungsverwaltung:

> *Was ist Bildungsmonitoring, wie läuft es ab?*
> – Wissenschafter/innen erstellen alle vier Jahre einen „Bildungsbericht Schweiz" (alle Bildungsstufen).
> – Der Bildungsbericht zeigt: was leistet unser Bildungssystem? Wo liegen Stärken und Schwächen?
> – Der Bildungsbericht dient Bildungsplanung und Bildungspolitik, auf der Basis des aktuellen Wissens Steuerungsentscheide zu fällen. Der Bericht richtet sich auch an eine interessierte Öffentlichkeit.
> (Quelle: http://www.edk.ch/d/EDK/Geschaefte/framesets/mainAktivit_d.html)

Bildungsmonitoring: ein zyklischer Prozess
1. Bildungsmonitoring geht aus von den Bedürfnissen und Fragestellungen der Bildungspolitik und Bildungsverwaltung. Diese legen die inhaltlichen Schwerpunkte für einen Bildungsmonitoring-Zyklus fest.
2. Auf Basis dieser Vorgaben stellen Bildungsstatistik und Bildungsforschung fest, welche Daten vorhanden, welche gegebenenfalls neu zu generieren sind. Die Forschung ist für die Datensammlung und deren Aufbereitung zuständig und nimmt Schlussfolgerungen aus wissenschaftlicher Sicht vor. (...)
(Quelle: http://www.edk.ch/PDF_Downloads/Monitoring/Monitoring_d.pdf)

Das erste Zitat weist der Wissenschaft die Rolle der unabhängigen Analyse und Bewertung („Stärken und Schwächen") zu. Das zweite Zitat macht dann deutlich, dass es die Bildungspolitik ist, welche die Fragestellungen festlegt, und dass die Wissenschaft nurmehr spezifische Aufgaben zu erfüllen hat. Wissenschaft wird hier anders aufgefasst, ihre Rolle deutlich zurückgestuft.

Im Bildungsbericht erfolgt die Darstellung der Informationen nach „Bildungsstufe beziehungsweise Bildungstyp" und innerhalb derselben in folgenden fünf Unterkapiteln:

Tab. 3: Unterkapitel je Bildungsstufe/Bildungstyp

– exogene Rahmenbedingungen (Kontext)
– interne Rahmenbedingungen (Institutionen): institutionelle Charakteristiken der Bildungsstufe
Kriterien der Leistungs-Beurteilung:
– Effektivität
– Effizienz
– Equity

Je Bildungsstufe und Unterkapitel werden Daten in Form von Grafiken sowie vertiefende Texte präsentiert, welche zusätzliche Quellen verarbeiten. Basis des Berichtes sind verfügbare Daten aus offiziellen Statistiken und empirischen Untersuchungen.

Auch in diesem Beispiel fehlt die Angabe von Modellen, welche „Befunde" ermöglichen[3], und auch hier werden wir im Unklaren über die Wahl der Indikatorensets gelassen, also über die Gründe dafür, warum gerade diese Indikatoren als Operationalisierung der Kriterien und Rahmenbedingungen verwendet wer-

---

3 „Potenziell lässt sich somit jede Zahl in sehr vielen Vergleichsmöglichkeiten darstellen. Es wurden in diesem Bericht nur jene Vergleiche ausgewählt und dargestellt, aus deren Ergebnissen sich ein Befund ableiten lässt." (SKBF 2006, 14)

den. Auch in diesem Beispiel wird die Auswahl der Kriterien nicht begründet[4]. Es finden sich ausführliche Definitionen der drei Kriterien und Diskussionen ihrer Problematik, hingegen keine ebensolchen Erläuterungen zu den Rahmenbedingungen. Unter der Überschrift „Kontext" sind überraschenderweise keine Indikatoren über die die jeweiligen Systemumwelten versammelt, sondern Daten wie etwa Schülerzahlen, Anteilsquoten oder Schülerbestand-Prognosen. Und bei den internen Rahmenbedingungen („Institutionen") finden wir selektive Aspekte dessen, was als jeweilige Charakteristika des Schultyps gilt. Dass dies ohne systematischen Anspruch angeboten wird, mag das folgende Beispiel illustrieren (vgl. Tab. 4):

Tab. 4:   Interne Rahmenbedingungen (Institutionen): Indikatoren
            für berufliche Grundbildung und Fachhochschulen

Berufliche Grundbildung:
– Zuständigkeiten in der beruflichen Grundbildung (Tabelle)
– Wachstum der Berufsmaturitätsabschlüsse
– Abschlussquote der beruflichen Grundbildung
Fachhochschulen:
– Studierende an Fachhochschulen nach Hochschule
– Finanzierung der FH
– Professor(innen) FH nach Fachbereich und Ausbildung

Eine Beziehung zwischen den je ausgewählten Indikatoren scheint es nicht zu geben. Abgesehen davon ist bemerkenswert, dass auf Variablen zur Indizierung interner Differenzierung der Teilsysteme weitestgehend verzichtet wird – gerade im Bereich der beruflichen Grundbildung etwa wäre eine regionale Differenzierung in der Schweiz interessant und verfügbar. Schließlich: Die Fachhochschulen wurden als Abschluss und Krönung der Berufsbildung geschaffen, die Berufsmaturität als vorgesehener „Königsweg" zu ihrem Eintritt. Wieweit dieses Vorhaben realisiert ist, wird hier nicht ersichtlich.

Nicht nur bei der Charakterisierung der internen Rahmenbedingungen differieren die Indikatorensets erheblich, wie folgendes Beispiel zeigt (vgl. Tab. 5):

---

4   Was hier als „Kriterien" bezeichnet wird, nennt das Bundesamt für Statistik „Themen" (s. oben).

Tab. 5: Effektivität: Indikatoren für universitäre und Fachhochschulen

Universitäre Hochschulen	Fachhochschulen
Studienerfolgsquote Mobilitätsquote Überqualifikation von Absolventen Erwerbslosenquote Brutto-Monatslohn Relatives Erwerbseinkommen	Studienerfolgsquote Brutto-Jahreseinkommen Forschungsaktivitäten (Entwicklung, Selbsteinschätzung)

(Die beiden Sets werden hier horizontal angeordnet, um den Grad an Überschneidung sichtbar zu machen.) Es geht hier um den Tertiärbereich, der durch die Schaffung von Fachhochschulen vor rund 10 Jahren stark erweitert wurde. Die Beziehung der beiden Teile zueinander – oder: die Integration des Bereichs – wird seither kontrovers diskutiert. Es geht um Fragen der Berechtigungen und Übertrittsbedingungen, um die Vergabe von Titeln (z.B. Master-Degrees), um die Rolle der Forschung, um die Finanzierung etc. Davon ist bei den ausgewählten Indikatoren wenig zu bemerken. Es finden sich keine Begründungen für deren Auswahl, nicht zuletzt auch keine für diejenigen Indikatoren, die nur in einem Bereich Verwendung finden. So wäre es interessant zu wissen, warum Forschung bei den Fachhochschulen, nicht aber bei den universitären Hochschulen, einbezogen wird.

Die Bemerkungen zu den beiden (selbstverständlich sehr selektiven) Beispielen aus dem Bildungsbericht sind nicht mit dem Anspruch verbunden, die „richtigen" Indikatoren zu kennen. Sie sollen stattdessen illustrieren, wie arbiträr die Indikatorenwahl ist, gerade auch in Anbetracht der explizit bildungspolitischen Orientierung des Bildungsberichtes und des Bildungsmonitorings.

Zweifellos und verdienstvollerweise liefert der Bildungsbericht ein vielfältiges und reichhaltiges Bild des Bildungssystems. Im Zusammenhang unserer Fragestellung können wir aber auch folgendes festhalten:

- Bildung („Bildungsbericht") wird rein formal als Ansammlung von Stufen und Typen betrachtet, die je Bildung produzieren. Deren Strukturen, Prozesse, Interdependenzen werden nicht thematisiert.
- Das Bildungssystem bzw. Bildung zerfällt in beliebig isolierbare Einheiten mit beliebig zugeordneten Indikatoren/Messgrößen. Insofern erscheint Bildung als völlig fragmentiert und zusammenhanglos, also gerade nicht als System. Präsentiert werden statische, affirmative Beschreibungen ohne Bezug auf den Wandel des Systems und seiner Umwelt und ohne Bezug auf

aktuelle bildungspolitische Prozesse, wie es die „Vorläufer-Studien" (s. Punkt 2.1) oder auch der deutsche Bildungsbericht (Konsortium Bildungsberichterstattung (2006) anstreben.

3. Zusammenfassende Folgerungen und Fragen

Sowohl in „Bildung auf einen Blick" als auch im „Bildungsbericht Schweiz" stellen wir eine Trennung von Messgrößen und Modellen bzw. eine Herauslösung von Daten aus theoretischen Kontexten fest. Resultat dieser Dissoziationen sind frei flottierende Messgrößen auf der einen, Fragmentierungen auf der anderen Seite: Fragmentierung der Diskurse über einzelne Bildungsstufen/Bildungstypen, weil die verwendeten Kriterien und Indikatoren je unterschiedliche Figurationen bilden und in je unterschiedliche Konnotationsnetze eingebunden sind. Wenn die Indikatorensets nach Kriterium variieren, gilt das gleiche auch für die einzelnen Kriterien. Fragmentierung aber ebenso des Gegenstandes der Vermessung, denn in sozialen Systemen sind der Gegenstand und dessen Messung nicht unabhängig voneinander, ja (re-)konstituiert Messung ihren Gegenstand unter Umständen überhaupt erst. In sozialen Systemen geschieht dies namentlich vermittels mannigfaltiger Formen des Ein- beziehungsweise Ausschlusses von Aspekten, Variablen und Indikatoren und dadurch konstituierte Referenzrahmen für die Akteure

Die entkoppelten Messgrößen werden anschließend in einen neuen Rahmen, einen neuen Zusammenhang gestellt, in dem sie ihre (neue) Bedeutung erhalten.[5] Es ist nicht zu übersehen, dass es in allen drei Beispielen (und nicht nur hier) ein betriebswirtschaftlich eingefärbter Systemansatz ist, der diesen Rahmen bildet. Grenzen und Ausschließungen dieses Zugangs werden freilich nirgends diskutiert, der Ansatz wird als frag- und alternativlos präsentiert. Daraus folgt selbstverständlich ein hoher Geltungsanspruch. Verstärkt wird dieser Geltungsanspruch durch den Verweis auf den Konsens der internationalen Fachwelt – einer Fachwelt, in der man höchste wissenschaftliche Autorität vermuten kann beziehungsweise soll. Dem entspricht selbstverständlich eine bestimmte Auffassung von Wissenschaft, die ebenfalls nicht alternativlos ist (darauf kommen wir später zurück). Der beschworene Konsens der Fachwelt fungiert gleichsam als Nebel, hinter dem das Wissen, auf dem die Messungen beruhen, verschwindet – ganz im Gegensatz zu den Vorläufer-Versuchen. Wissenschaft bzw. Bildungsforschung ist in diesen Beispielen eine black box, die Beschreibungen produziert,

---

5 Man vergleiche dazu auch die Konzepte, die Wehling (in diesem Band) als „Dekontextualisierung" und „Rekonfiguration" bei der Herstellung wissenschaftlichen Wissens zitiert.

genauso wie das Bildungssystem eine black blox (oder eine Serie von black boxes) ist, die Bildung produziert. Der Geltungsanspruch stützt sich weniger auf Transparenz als auf abstrakte Autorität.

Nicht unwichtig ist in diesem Zusammenhang nun aber, dass der betriebswirtschaftliche Produktions-Ansatz zwar modellgestützte Kausal- oder Funktionsbeziehungen suggeriert, tatsächlich aber die Indikatoren/Variablen auf offensichtlich arbiträre Weise lediglich in ein Schema einordnet. Dieser Systemansatz ist deshalb weniger ein Modell denn eine einfache Produktionsmetapher.

Unsere Einschätzungen lassen sich in folgende These zusammenfassen: Die aktuellen Bildungssystem-Beschreibungen haben die starke Tendenz, sich als umfassend, systematisch und abgesichert zu präsentieren. Tatsächlich aber sind sie kontingent: zwar nicht zufällig (denn für jedes einzelne Kriterium für je einzelne Messgröße lassen sich zweifellos gute Gründe angeben), aber auch nicht zwingend (denn jede einzelne Messgröße ließe sich mit ebenso guten Gründen durch eine andere substituieren).

Kontingente, fragmentierte Beschreibungen, zusammengehalten durch eine Metapher, definitionsgemäß eine Form der Mehrdeutigkeit: wofür ist dieses Wissen nützlich? Den Anspruch, Steuerungswissen zu sein, kann es kaum einlösen, es sei denn, die Steuerungsakteure gäben sich mit dem Verzicht auf begründete Grenzziehungen, interne Differenzierungen und Funktionszusammenhänge zufrieden. Welche Erwartungen also werden erfüllt, welche geschaffen?

Für eine erste Diskussion dieser Thematik übersetzen wir unsere These folgendermaßen: Produziert wird kontingentes, also mehrdeutiges Wissen, dargestellt hingegen wird es als eindeutig. Damit wird unsicheres als gesichertes Wissen dargeboten. Denn Kontingenz lässt sich als Nicht-Wissen darüber umschreiben, welche der Möglichkeiten auszuschließen sind, sie lässt sich übersetzen als Nicht-Wissen der Differenz, die eine Differenz ausmacht. Indem Kontingenz unterschlagen wird, wird das damit einhergehende Nicht-Wissen negiert. Es ist hilfreich, an dieser Stelle erneut auf die unterschiedlichen Auffassungen von Wissenschaft zu sprechen zu kommen. Wir hatten formuliert, dass der hohe Geltungsanspruch der Bildungssystem-Beschreibungen mit der Autorität der Fachwelt bzw. der wissenschaftlichen Community legitimiert wird. Und wir können vermuten, dass dies umso eher möglich wird, je mehr die Auffassung besteht, Wissenschaft bilde die *eine bestehende* Wirklichkeit ab. „Der Wissende ist unter diesen Voraussetzungen der Wächter des Zugangs zur Wirklichkeit." (Luhmann 1990, 627) Dieser Blick auf Rollen des Wissenden weist darauf hin, dass – gerade und vor allem auch beim Angebot konkurrierenden Wissens – „Wahrheit" allein nicht genügt, um ein Wissen zu Geltung, Evidenz und Wirkung zu bringen. Damit Wissen zu gesichertem Wissen, zu Tatsachen, zum dominanten Referenzrahmen u.ä. werden kann, müssen ihm überlegene kontextualisierte Relevanzen bzw. Nützlichkeiten zugeschrieben werden.[6]

Die Wissenschaft ist gemäß den Selbstdeklarationen nicht der Kontext, den die Bildungsberichterstattung adressiert. Genannt werden hingegen die Bildungspolitik und die Öffentlichkeit – wobei zu vermuten ist, dass diese beiden Adressaten nicht klar getrennt sind. Allerdings werden der Öffentlichkeit – wie gezeigt – oft lediglich Merkmale und Kennziffern zur Kenntnis gebracht, so dass sie kaum auch über Zusammenhänge diskutieren kann. Sie muss sich damit begnügen, denjenigen Zusammenhang zu verhandeln, der von der OECD systematisch ausgewiesen wird, nämlich den Ländervergleich bezüglich der einzelnen Systemmerkmale. Erinnern wir uns in diesem Zusammenhang nochmals an die beiden Beispiele von Adressierungen der Öffentlichkeit: Beim OECD-Bericht werden Presseinformationen verschickt, welche auf problematische Weise hoch aufgeladene politische Diskussionen fokussieren (Innovations-Wettbewerb der Nationen) und deshalb zweifellos Aufmerksamkeit erwecken. Beim Bildungsbericht Schweiz stellt ein zentraler bildungspolischer Akteur die Rolle der Wissenschaft in ein stark geschöntes Licht. Im ersten Fall wird Relevanz der Systembeschreibung für den aktuellen politischen Diskurs inszeniert, im zweiten Fall die Rolle der Wissenschaft überhöht, um Autorität und Legitimation der zu erwartenden Resultate präventiv zu steigern. In beiden Fällen werden Kontingenz, Unsicherheit, Mehrdeutigkeit ausgeschlossen. Dabei fällt es offenbar leicht, Anschlussmöglichkeiten an Erwartungen und Produktionsbedingungen von Journalisten zu finden, wenn aus einer großen Fülle von Informationen und Daten isolierte Fragmente ausgewählt und neu kombiniert werden können; dies umso mehr, wenn sie sich je als abgesichert präsentieren. Möglicherweise ist es gerade diese Anschlussfähigkeit an politische Diskurse und die Referenzrahmen bestimmter *audiences*, welche die Evidenz von Systembeschreibungen erzeugen, während sich andere Formen wissenschaftlicher Zugänge dafür weniger anbieten.

Die Neu-Zusammensetzung anderswo herausgelöster Elemente zu einem Ganzen ist bekanntlich auch ein Merkmal einer bestimmten Form fiktionaler Literatur, der *Science Fiction*. Sie lässt sich so charakterisieren, dass sie wissenschaftliche und pseudo-wissenschaftliche Einzelaussagen in bewusst kontingenter Weise zu einer kohärenten, aber eben fiktiven Gesamtdarstellung kombiniert. Von entscheidender Bedeutung ist dabei, dass Produzenten und Konsumenten dieses Genres sich dieser Charakteristika bewusst sind. Sie wissen, dass das Genre eine Art Spiel ist, in dem es darum geht, im Wissen um Kontingenz die

---

6 Diese Thematik wird in der Wissenschafts- und Wissensforschung in unterschiedlicher Sichtweise prominent diskutiert.

eine der vorstellbar möglichen Wirklichkeiten zu entwerfen und auszumalen. Man fragt sich, inwieweit ein ähnliches „Spiel" auch im Zusammenhang mit Beschreibungen des Bildungssystems gespielt wird. Folgt man Luhmann/Schorr (1988), so sieht sich dieses System unter bestimmten Bedingungen veranlasst, das institutionelle Selbstgespräch zu unterbrechen und sich zu externalisieren, das heißt externe Bezugspunkte zu wählen (a.a.O., 340). Eine der Formen, in denen dies geschieht, ist der Rekurs auf Wissenschaftlichkeit (a.a.O., 341). Wie die Autoren weiter ausführen, bedarf die Reflexion gesellschaftlicher Funktionssysteme einer Basis in sozialen Rollen. Im Falle der Bildung führt die Ausdifferenzierung eines Erziehungssystems und die Institutionalisierung entsprechender Bewusstseinslagen zur Einrichtung und Perpetuierung eines „pädagogischen Establishments" (a.a.O., 343), dem neben Funktionsträgern im administrativen Bereich auch solche im Feld der spezifisch pädagogischen und unterrichtsbezogenen Forschung zuzurechnen sind, also mit anderen Worten sowohl Produzenten und Sender als auch Rezipienten wissenschaftsgestützter Reflexion des Erziehungssystems. Auf dem Hintergrund dieser Analyse muss die Frage erlaubt sein, inwieweit auch der Austausch von Systembeschreibungen auf einer Art stillschweigendem Einverständnis beider Seiten bezüglich des fiktionalen Charakters derselben beruht.

Literatur

Gretler, Armin/Haag, Daniel/Halter, Eduard/Kramer, Roger/Munari, Silvio/Stoll, François (o.J.): Die Schweiz auf dem Weg zur Education permanente. Versuch einer Gesamtkonzeption des schweizerischen Bildungswesens. Zürich/Aarau: Benziger/Sauerländer.

Konsortium Bildungsberichterstattung (2006): Bildung in Deutschland. Ein indikatorengestützter Bericht mit einer Analyse zu Bildung und Migration. Bielefeld: Bertelsmann Verlag.

Luhmann, Niklas (1990): Die Wissenschaft der Gesellschaft. Frankfurt a.M.: Suhrkamp.

Luhmann, Niklas/Schorr, Karl Eberhard (1988): Reflexionsprobleme im Erziehungssystem. Frankfurt a.M.: Suhrkamp.

Organisation für wirtschaftliche Zusammenarbeit und Entwicklung (OECD) (2006): Bildung auf einen Blick. OECD-Indikatoren 2006. Bielefeld: Bertelsmann Verlag.

Schweizerische Erziehungsdirektorenkonferenz (EDK) (Hg.) (1990a): Bildung in der Schweiz von morgen. Bericht. Bern: EDK, Dossier 13A (Redaktion: H. Zbinden).

Schweizerische Erziehungsdirektorenkonferenz (EDK) (Hg.) (1990b): Bildungspolitik in der Schweiz. Bericht der OECD. Bern: EDK (Studien und Berichte 5).

Schweizerische Erziehungsdirektorenkonferenz (EDK) (Hg.) (1989): Bildung in der Schweiz von morgen. Expertenbefragung. Bern: EDK, Dossier 10 (Redaktion: R. Stambach & M. Gather Thurler).

Schweizerische Erziehungsdirektorenkonferenz (EDK) (Hg.) (1988): Bildung in der Schweiz von morgen. Literaturanalyse. Bern: EDK, Dossier 9A (Autoren: A. Gretler, L.Mantovani Vögeli & U. Vögeli-Mantovani).

Schweizerische Erziehungsdirektorenkonferenz (EDK) (Hg.) (1986): Primarschule Schweiz. 22 Thesen zur Entwicklung der Primarschule. Bern: EDK (Redaktion: W. Heller).

Schweizerische Koordinationsstelle für Bildungsforschung SKBF (2006): Bildungsbericht Schweiz. Aarau: SKBF.
Trier, Uri Peter (1997): SIPRI – Situation der Primarschule. In: Badertscher, Hans (Hg.): Die schweizerische Konferenz der kantonalen Erziehungsdirektoren 1897 bis 1997. Entstehung, Geschichte, Wirkung. Bern: Haupt, 261–263.

Bettina Fritzsche & Sabine Reh

„Ist schon viel Theorie dabei" – Zur Kommunikation zwischen erziehungswissenschaftlicher Forschung und pädagogischer Praxis in der prozessorientierten Schulentwicklungsforschung

Im Zentrum unseres Beitrags steht die Situation einer Rückmeldung im Rahmen einer fallrekonstruktiven, prozessorientierten Schulentwicklungsforschung, die wir hier vorstellen, interpretieren und im Hinblick auf die Frage nach Wissen und dem Umgang mit Wissen auswerten möchten.

Vor dem Hintergrund der in diesem Band diskutierten Frage, inwiefern evaluationsbasierte Steuerung mit einer Zunahme von Wissen verbunden sein kann, muss zunächst dargestellt werden, worüber wir auf der Grundlage unseres Beispiels etwas sagen können und worüber nicht.

1. Wir berichten aus einem Forschungsprojekt, im Rahmen dessen Rückmeldungen stattfinden und nicht aus einem Evaluationsprojekt. Wir haben von den Schulen, an denen wir forschen, keinen Auftrag erhalten, ihre Organisation insgesamt oder auch nur einen bestimmten Aspekt ihrer Arbeit zu evaluieren; wir arbeiten daher nicht an von den Schulen selbst aufgeworfenen Fragestellungen. Wir haben Geld erhalten von der Bildungsadministration für die Beobachtung und Interpretation der Lernkultur- und Unterrichtsentwicklung in Schulen, die sich entschlossen haben, Ganztagsschulen zu werden beziehungsweise sich zu Ganztagsschulen zu entwickeln. Allerdings haben die Schulen sich für die Teilnahme an unserem Forschungsprojekt beworben und erklärt, dass sie Interesse an Rückmeldungen unserer Beobachtungen haben.
2. Das Wissen, das wir in den hier vorzustellenden Passagen zurückmelden – es handelt sich um die erste Rückmeldung an dieser Schule im Rahmen unseres Projekts – bezieht sich nicht auf das „Kerngeschäft des Unterrichts", auf „Unterricht als operativen Kern von Schulorganisation" (Thiel/Ulber 2006, 90), sondern auf – wenn man die Luhmannschen Unterscheidungen heranzieht – die Ebene der „Zweckprogramme" und „Kommunikationswe-

ge", wie man diese „Entscheidungsprämissen" nennen kann. Es kann also gar nicht um eine Unterstützung von Schulentwicklungsprozessen im Sinne einer Professionalisierung durch Entwicklung von Unterrichtsexpertise gehen.
3. Wir verbinden mit solchen von uns angebotenen Rückmeldungen keinen Anspruch, die Entwicklungsarbeit der einzelnen Schule steuern zu wollen, sondern den, der Schule ein Beobachtungs-Wissen zweiter Ordnung zur Verfügung zu stellen, das im besten Falle irritiert, über dessen Nutzung die Organisation ohnehin nur selbst entscheidet – sonst würde sie, wie Baecker (1998) im Anschluss an Luhmann formuliert, ihren Charakter als Organisation, das heißt als einer Einheit, die in Entscheidungen prozessiert, verlieren. Beobachterwissen zweiter Ordnung anzubieten, heißt hier eben solches Wissen anzubieten, das wir als Außenstehende über das Funktionieren der Schule vor dem kontrastierenden Hintergrund aller von uns beobachteten Schulen gewonnen haben.
4. Im Hinblick auf die Steuerung des Bildungssystems durch Bildungspolitik und Bildungsverwaltung ist die Rückmeldesituation in der Schule unerheblich. Ein in unterschiedlichen Formen verallgemeinertes, zum Beispiel ein theoretisiertes lokales Wissen über Entwicklungsprozesse an einzelnen Schulen, wird selbstverständlich auch von unserem Projekt der Bildungsverwaltung zur Verfügung gestellt werden – das aber ist nicht Gegenstand dieses Artikels.

Unser Beitrag zur Diskussion des hier anstehenden Problems besteht darin, dass wir die „Anverwandlung" unserer Art von Beobachter-Wissen in der Organisation darstellen, die trotz eines anscheinend oder tatsächlich ausgesprochen prekären Kommunikationsprozesses in der Rückmeldesituation zwischen Erziehungswissenschaftlerinnen und dem Kollegium einer Schule stattfindet, und die Frage aufwirft, ob und wie es überhaupt in Rückmeldesituationen und in der Rezeption von in der empirischen Forschung generiertem Wissen das geben kann, was wir oben „Irritation" genannt haben.

Wir gehen zunächst ein auf unterschiedliche Modellierungen des Verhältnisses zwischen wissenschaftlich generiertem Wissen und einer – nennen wir es hier einmal so – organisationalen Praxis ein. Im Anschluss daran werden wir erläutern, welches Wissen wir in einer ersten Phase unseres Projektes produziert haben und wie dieses so auch „zurückgemeldete" Wissen strukturell charakterisiert werden kann. Hierauf werden wir eine in unserem Projekt an einer Schule durchgeführte Rückmeldung, die wir audiografiert haben und von der uns infolgedessen ein Transkript vorliegt, interpretieren im Hinblick auf die hier erfolgende Kommunikation und den zu beobachtenden Umgang mit Wissen. Im Fazit werden wir unsere Beobachtungen in Beziehung setzen zu den von uns dargestellten Formen von Modellierungen des Umgangs mit differenten Wissensformen in der Rückmeldesituation.

1. Modellierungen des Verhältnisses differenter Wissensformen in der aktuellen erziehungswissenschaftlichen Debatte über Rückmeldungen

In dem von Kuper und Schneewind (2006) herausgegebenen Band „Rückmeldung und Rezeption von Forschungsergebnissen" wird danach gefragt, „wie Wissen, dessen Generierung sich an den Kriterien forschungsmethodischer Expertise orientiert, an die Praxis vermittelt werden kann, beziehungsweise von der Praxis aufgenommen wird, um praktische Handlungskompetenz zu stärken" (Kuper 2006, 7). In der derzeit breit geführten Debatte um die „erfolgreiche" Rückmeldung von Ergebnissen der erziehungswissenschaftlichen Evaluations- und Bildungsforschung existieren nun unterschiedliche Modelle, in denen die Differenz verschiedener Wissensformen, das heißt deren Verhältnis zueinander gedacht wird (Reh 2004).

Das Übergehen des wissenschaftlich generierten Wissens in die „Praxis" wird traditionell oft in einem *Transfermodell*, einem Modell der Übertragung (Holtappels 2001) gedacht, das wissenschaftliches Wissen als ein anzuwendendes konzeptioniert. Den WissenschaftlerInnen kommt hier die Rolle zu, mit Verständnis für die PraktikerInnen Verstehen zu erreichen oder moderner: Die Daten „nutzerorientiert" aufzuarbeiten (van der Gathen 2006, 85), möglicherweise das Wissen also zu „übersetzen" und dann zu erkunden, in „Rezeptionsstudien" zu erforschen, wie die PraktikerInnen die Forschungsergebnisse rezipieren. Unklar bleibt zumeist in diesem Modell, inwieweit sich in der – nun sagen wir bewusst – „Übersetzung" das wissenschaftliche Wissen verändert, indem es zu einem „PraktikerInnen"-Wissen wird, ob eine solche „Übersetzung" nur eine Frage der sprachlichen Repräsentation ist oder ob das Wissen in seiner Struktur verändert werden muss, damit es „PraktikerInnen"-Wissen wird, das aus habitualisierten Routinen einerseits und aus unterschiedlich differenzierten Mustern der Deutung von Situationen andererseits besteht, die mit Aktivitätsmustern verknüpft sind.

Ein zweites Modell des Umgangs mit Differenzen zwischen Wissensformen finden wir bei den als „formativ" oder als „responsiv" bezeichneten Evaluationen, die die Beforschten als Beteiligte bei der Ermittlung der Evaluationsergebnisse betrachten und in denen die Kommunikation zwischen WissenschaftlerInnen und PraktikerInnen eine zentrale Rolle spielt. Dieses Modell wollen wir hier als *Verhandlungsmodell* bezeichnen, in dem über Wichtigkeit und Bedeutung von Fragestellungen und Ergebnissen zwischen den beteiligten WissenschaftlerInnen und PraktikerInnen verhandelt wird, ein Interessensausgleich erzielt werden soll. Verhandelt wird darüber, welches Wissen forschend produziert wird und welches „wahr" ist. Die Verfahren so gut wie die Wertsetzungen, die in diesem Modell zusammengefasst werden, erinnern stark an die – allen bekannte – alte Aktionsforschung. Diesem Modell unterlegt ist oftmals der Gedanke, dass das wissenschaftlich generierte Wissen, wenn es unter Zuhilfenahme der PraktikerInnen, etwa von ihren Fragen geleitet, erzeugt wird, ein unproblematisch anwendbares Wissen ist.

Es verwundert daher nicht, dass die Ergebnisse formativer Evaluationen bereits im Verlauf der Evaluation denjenigen zur Verfügung gestellt werden, die an der Durchführung des evaluierten Programms beteiligt sind, damit diese sie unmittelbar im Dienste einer Verbesserung des Programms umsetzen können (Haubrich/Lüders 2004, 328). Die Rezeption der Forschungsergebnisse erfolgt hier nicht erst nach Abschluss der Forschung, sondern frühzeitig und ist notwendiger Bestandteil der Evaluation. Das bedeutet auch, dass die Art und Weise der Kommunikation zwischen ForscherInnen und PraktikerInnen von zentraler Bedeutung für den Ausgang der Evaluation ist. Auch das Konzept der „responsiven Evaluation" nach Stake (1980) bezieht die Interessen der PraktikerInnen stark in das Untersuchungsdesign ein, wobei hier davon ausgegangen wird, dass diese ihrerseits verschiedene Perspektiven haben können, die von den ForscherInnen erhoben und zurückgespiegelt werden sollen (Nentwig-Gesemann 2006, 164).

Derartige Ansätze, die die Beteiligung der Beforschten an Evaluationen betonen und somit der Kommunikation mit diesen im Rahmen der Forschung zentrale Bedeutung beimessen, sind im deutschsprachigen Raum bislang insbesondere im Kontext von Debatten zur qualitativen Evaluationsforschung zur Kenntnis genommen worden. Dies erscheint insofern konsequent, als in der Methodologie der qualitativen Sozialforschung der Interaktion zwischen Forschenden und Beforschten traditionell immer Beachtung geschenkt und sie auch in unterschiedlicher Weise als ein Moment beziehungsweise Element des Forschungsprozesses eingesetzt wird (Mensching 2006, 339).

Ein drittes auszumachendes Modell bezeichnen wir als *Moderationsmodell*, welches Parallelen zu einem systemisch verstandenen Organisationsberatungsansatz aufweist (zum Beispiel Wimmer 2004). In einem konstruktivistisch inspirierten Konzept der „Fourth Generation Evaluation" (1989) etwa, das im deutschsprachigen Raum wesentlich den Ansatz der partizipativen Evaluation (unter anderem Krapp 2006; Caspari 2006) beeinflusst hat, betrachten die Autoren die Hauptaufgabe der Evaluation als eine „negotiation among stakeholder groups" (Guba/Lincoln 1989, 42), den EvaluatorInnen kommt hier eher die Rolle von ModeratorInnen als von ForscherInnen zu.

Auch Ralf Bohnsack (2006, 150) betont den „Gesprächscharakter der Evaluation", diese müsse ein Gespräch zwischen unterschiedlichen Gruppen von Stakeholdern in Gang bringen. Allerdings beharrt Bohnsack im Unterschied zu Guba und Lincoln auf dem Status der EvaluatorInnen als ForscherInnen, die dank ihrer methodischen Fertigkeiten der Beobachtung die divergierenden Konstruktionen unterschiedlicher Gruppen von Stakeholdern ermitteln können. Anja Mensching (2006, 354), die sich ebenfalls auf den Ansatz der Dokumentarischen Evaluationsforschung bezieht, begreift Evaluation ausdrücklich als Vermittlungsarbeit, die unter anderem darin besteht, „implizites Wissen" der Beteiligten zu explizieren und miteinander in Beziehung zu setzen.

Im Unterschied zu dem „Verhandlungsmodell" wird hier nicht in der Hauptsache vermittelt zwischen den Interessen und Herangehensweisen der WissenschaftlerInnen und der PraktikerInnen, um praktisch relevantes Wissen einfach produzieren zu können, sondern moderiert wird das Gespräch zwischen unterschiedlichen Perspektiven der PraktikerInnen auf eine Sache.

Rudolf Wimmer, lange Zeit Mitherausgeber der Zeitschrift „Organisations-Entwicklung", antwortet, gefragt nach der Berechtigung der Organisationsberatung: „Die Art und Weise, wie beobachtende Systeme" – Wimmer geht davon aus, dass jede Organisation zunächst sich selbst beobachtet – „sich in Interaktionen mit anderen ihre eigene Realität schaffen, impliziert charakteristische Begrenzungen. Die Arbeit an diesen Begrenzungen und den damit einhergehenden Festlegungen auf ganz bestimmte Handlungsoptionen bildet den Kern systemischer Organisationsberatung" (Wimmer 2004, 265). Auch der systemischen Organisationsberatung – folgt man hier Wimmer – geht es also darum, zu sehen, wie eine Organisation sich selbst beobachtet, unter anderem auch welche Relevanzsetzungen in den Organisationen von unterschiedlichen Akteuren, an unterschiedlichen strukturellen Orten der Organisation vorgenommen werden beziehungsweise vorzufinden sind, um diese möglicherweise zu verändern: „Eine Vielzahl von Beraterinterventionen zielt [...] darauf ab, die eingespielten Zuschreibungen und Erklärungsmuster bezüglich der eigenen Probleme zu irritieren" (ebd.).

Das Potenzial von Rückmeldungen an Schulen im Kontext wissenschaftlicher Begleitungen könnte in diesem Sinne in der Irritation schuleigener Erklärungsmuster liegen. Am Beispiel unserer Erfahrungen mit Rückmeldungen im Forschungsprojekt „LUGS" (Lernkultur- und Unterrichtsentwicklung in GanztagsSchulen) diskutieren wir im Folgenden, inwiefern diese tatsächlich für ein solches Vorhaben geeignet sind.

2. Strukturen des Wissen: das Forschungsprojekt LUGS in seiner ersten Phase

Im Rahmen des Forschungsprojekts „LUGS" werden an 12 Schulen unterschiedlicher Schulform in Rheinland-Pfalz, Brandenburg und Berlin die Gestaltung und möglicherweise die Veränderung der verschiedenen Unterrichts-, Lern-, Förder- und Freizeitangebote im Zuge eines jeweiligen schulischen Entwicklungsprozesses erforscht. Wir untersuchen über einen Zeitraum von drei Jahren (2005-2008) zu mehreren Zeitpunkten die Entwicklungsarbeit der Schulen auf unterschiedlichen Ebenen.

In einer ersten, explorativen Phase wurden teilnehmende Beobachtungen in schulischen Steuer-Gruppen/Gremien (Audiographien, Transkripte der Sitzungen) vorgenommen und problemzentrierte Interviews mit den Schulleitungen und weiteren Mitgliedern der Gruppe (LehrerInnen und teilweise ErzieherInnen) zur Entwicklungsgeschichte und zum Stand der Entwicklungsarbeit ihrer Schule durchgeführt. In der Hauptphase der Untersuchung werden pro Schule zwei pädagogische Angebote, die die Schule, das heißt die Entwicklungsgruppe der Schule selbst im Hinblick auf ihre Ganztagsentwicklungsarbeit bedeutsam findet, analysiert, indem sie zu verschiedenen Zeitpunkten in zwei Schuljahren videographiert werden. Ferner wird die kooperative Entwicklungsarbeit – man könnte auch sagen Reflexionsarbeit – in PädagogInnen-Teams aufgezeichnet und in Gruppendiskussionen mit den SchülerInnen deren Rezeption dieser Angebote ausgewertet. Wir versuchen also unterschiedliche Ebenen des Entwicklungsgeschehens, man könnte sagen unterschiedliche Entscheidungsprämissen, Zweckprogramme, Kommunikationswege und die Professionalität des Personals in den Blick zu nehmen.[1]

Die Ergebnisse aus der ersten Phase unseres Forschungsprojektes, in der wir zunächst ausschließlich die Entwicklungsarbeit der Steuergruppen und deren Akteure untersucht haben, geben Hinweise auf mögliche Erklärungen bezie-

---

1   Die im Zentrum unseres Interesses stehenden Angebote der Schulen analysieren wir im Hinblick auf die Lernkultur. Wir folgen zunächst einem sozialwissenschaftlichen, deskriptiven Kulturbegriff, in dem Kultur als ein Komplex von Sinnsystemen, von „symbolischen Ordnungen" diskursiver und nichtdiskursiver Praktiken verstanden wird, mit denen Wirklichkeit als bedeutungsvoll erst erschaffen wird. „Lernkultur" im Besonderen sind für uns dann solche Praktiken, mit denen Differenzen bearbeitet werden, die die Schule als eine Institution, einen Ort des Lernens symbolisch ordnen. Das heißt, es geht um die Bearbeitung spezifischer Differenzen, etwa der zwischen lehren/vermitteln und lernen/aneignen, der zwischen anzueignendem Schulwissen und irrelevantem Wissen, zwischen lernen und allen anderen Tätigkeiten in verschiedenen Dimensionen, der der diskursiven Präsenz des Wissens, der körperlichen Präsenz der Akteure, der Artefakte, also der Arbeitsmaterialien, räumlicher und temporaler Ordnungen des Arbeitens usw.

hungsweise strukturelle Besonderheiten der Schulreformdebatte und -politik in Deutschland, die für die nun mehrfach gemachte Beobachtung, die Ganztagsschulentwicklung gehe nicht vom Unterricht aus, eine Rolle spielen könnte. Wir beobachteten in den Diskursen der Akteure des Feldes ein gegenüber dem bildungspolitischen Diskurs offensichtlich gesteigertes Legitimationsbedürfnis. In diesem finden wir vor allem Begründungsfiguren, in denen sozial- beziehungsweise familienpolitische und vor allem nach PISA schulreformerische Leistungen der Ganztagsschule fraglos unterstellt werden. Die Akteure an den von uns untersuchten Schulen führen einen ausgeprägten Legitimationsdiskurs (Kolbe u.a. 2007) und haben offensichtlich den Eindruck, auf besondere pädagogische Begründungsfiguren zu rekurrieren und gegenüber den bildungspolitischen Ansprüchen noch gesteigerte kompensatorische Vorstellungen entwickeln zu müssen, um SchülerInnen länger in der Schule halten zu dürfen oder zu können.

Diese in den Einzelschulen zum Tragen kommenden „symbolischen Konstruktionen" verdienen eine besondere Beachtung, weil sie unserer Auffassung nach eine entscheidende Rahmung für die Entwicklung der Lern- und Unterrichtskultur in den Schulen darstellen. In den zwei hauptsächlich beobachtbaren Begründungsfiguren für die Ganztagsschule werden die schulischen Aufgaben unterschiedlich weit – wir möchten fast sagen – entgrenzt. Die Bezüge auf – im ersten Falle – familiäre Defizite, eine fehlende fürsorgliche, emotional stabilisierende primäre Sozialisation beziehungsweise ein fehlendes Anregungsmilieu, oder – im zweiten Fall – auf spezifisch schulische Mängel, eben nur „künstliche" Schule und nicht das „wirkliche" Leben zu sein, lassen sich beide auch historisch als zentrale Bestandteile und womöglich Hypothek der deutschen Schulreformdiskussion zeigen, vor allem der um ganztägige Bildung in den letzten 100 Jahren (Reh 2007). Sie könnten spezifische Schwierigkeiten für die Entwicklung von Ganztagsschulen produzieren, wenn sie gewissermaßen kompensatorische Programme, zum Beispiel ein Programm des emotionalen Nahraums oder des Ineinanderfließens von Freizeit und Unterricht konzipieren:

- Die Aufgaben von Ganztagsschule bleiben diffus und ihre Abgrenzung gegenüber den Aufgaben von Familie wird erschwert. Belastungen in dem Verhältnis zwischen Professionellen und Eltern können daraus resultieren.
- Die in der Schule Tätigen sehen sich in verstärktem Maße vor ohnehin schon widersprüchliche Anforderungen gestellt, zum Beispiel in ihrer Rolle als individuelle Bezugsperson und universalistisch orientierte BeurteilerInnen.
- Die Schüler sehen sich genötigt, viele Facetten ihrer Persönlichkeit in der Schule einzubringen, sie sind so auch mit dem Widerspruch zwischen Selektion durch Leistung und Fürsorge verschärft konfrontiert und es besteht

für sie weniger Raum, sich auch in Differenz zur Schule als Person zu entwickeln.
- Ganztagsschulen sind in ihrer Konzeption interessanterweise oft nicht Schulen für alle Kinder, sondern für besondere Kinder, eben für spezifisch „Bedürftige".

Das Wissen, das wir hier generiert haben, ist eines, das relevant werden kann auf der Ebene der „Zweckprogramme", wie sie etwa in den verschiedenen koordinierenden und entwickelnden Steuergruppen der Organisation kommuniziert werden und insofern den Rahmen bilden für weiterzuentwickelnde Unterrichtsexpertise. Erst wenn klar ist, dass es auch in der Ganztagsschulentwicklung um eine Entwicklung von Unterricht gehen kann, um das Kerngeschäft, ohne dass es dafür einer besonderen Legitimation bedarf – Ganztagsschule ist nur dann gut, wenn sie möglichst wenig Schule ist – können neue Entwicklungsräume eröffnet werden.

3. Interpretation einer Rückmeldungssituation

Die im Folgenden analysierte Rückmeldung wurde an einer Grundschule durchgeführt, die von uns „Kepler-Schule" genannt wird. Sie wurde mit Hilfe der Dokumentarischen Methode der Interpretation ausgewertet.

Die vergleichsweise kleine Kepler-Schule befindet sich seit zweieinhalb Jahren im offenen Ganztagsbetrieb. Wie die Schulleiterin bereits zu Beginn der Forschung in einem Einzelinterview erläuterte, erschien das politische Angebot, Ganztagsschule zu werden, zum damaligen Zeitpunkt insbesondere im Zuge eines Überlebenskampfes der Schule angesichts des Schülerrückgangs in Brandenburg eine attraktive Option. Als eigentliches und weiterhin verfolgtes schulisches Ziel stellte die Schulleiterin jedoch die Umwandlung in eine Verlässliche Halbtagsgrundschule dar. Dieses Ziel wurde mittlerweile erreicht: Die Schule befindet sich momentan im Übergang zur Verlässlichen Halbtagsgrundschule.

Die analysierte Rückmeldung fand im Juni 2006 statt, die beiden Forscherinnen aus dem Projekt hielten sich zu diesem Zeitpunkt seit einem halben Jahr an der Schule auf. Außer ihnen waren die Schulleiterin sowie fünf Lehrerinnen der Schule anwesend.

Die Kommunikation beginnt mit einer circa halbstündigen Präsentation der Forscherinnen. Sie stellen zunächst allgemeine Überlegungen zur Rückmeldung dar. Diese wird als „die Schnittstelle, wo Theorie und Praxis sich treffen" bezeichnet, wobei beide betonen, dass diese Bereiche sich in verschiedenen Logiken bewegten. Das Prinzip der Wissenschaft bestehe darin, immer neue Fragen und ungelöste Probleme zu finden, wohingegen die Praxis durch unmittelbare Handlungszwänge und die Notwendigkeit, ungelöste Fragen zu beantworten, strukturiert sei. Die Konsequenzen der Forschungsergebnisse für die Handlungspraxis der Beforschten müssten diese demzufolge selber ziehen.

Im Anschluss an diese Überlegungen werden die bereits erwähnten Ergebnisse zu „symbolischen Konstruktionen von Ganztag" dargelegt. An vielen der im Rahmen des Projekts beforschten Schulen – und so eben auch an der Kepler-Schule – sei beobachtet worden, dass die Akteure sich in Bezug auf ihre Entscheidung zur Umstellung auf Ganztagsbetrieb einem großen Legitimationsdruck ausgesetzt sähen. Grundlegende Strukturveränderungen seien an der Kepler-Schule nicht vorgenommen worden, hierfür hätten offene Ganztagsschulen jedoch auch generell schwierigere Bedingungen als gebundene Ganztagsschulen.

Nach etwa zwanzig Minuten bittet die Vortragende um erste Reaktionen auf ihre Präsentation. Die Anwesenden schweigen hierauf, nach einer knappen Minute äußert die Schulleiterin leise:

SL: dann muss ja alles stimmen

Diese Aussage lässt sich als Bestätigung der Autorität der Forschenden deuten (alles muss stimmen, was sie herausgefunden haben), die hier allerdings ironisch gebrochen wirkt, sie würde insofern eine Anerkennung darstellen, die gleichzeitig zurückgenommen wird. Die Aussage, „es muss alles stimmen" könnte sich jedoch auch auf ungenannte eigene Überlegungen beziehen, die Forschungsergebnisse würden somit als Bestätigung eigener Deutungen der schulischen Situation betrachtet werden.

Nach einer weiteren Wartezeit stellt die Forscherin die demnächst geplanten Erhebungen an der Schule dar. Nachdem sie signalisiert, dass ihr Beitrag nunmehr beendet sei, bleiben Reaktionen der Zuhörerinnen noch immer aus. Sie wartet hierauf erneut 13 Sekunden und ergreift dann wieder das Wort um auszuführen, dass die Forscherinnen sehr bemüht waren, ihre Ergebnisse im Zuge einer Perspektivübernahme auf eine Weise zu präsentieren, die auch für ihre Zuhörerinnen interessant sein würde. Anschließend bittet sie noch einmal konkret um Reaktionen[2]:

F1: so=n bisschen ne Rückspiegelung zu kriegen wäre für uns //schon ganz interessant// (lachend) ob das jetzt so (1) erst mal schwer zugänglich ist, a-

---

2 Zum Transkriptionssystem: Unterstreichungen=betont; (.)=kurze Pause; (1)=Zahl entspricht Länge der Pause in Sekunden; (…)=Auslassung; (lachend)=Kommentar zur Art und Weise des Sprechens; //=Beginn und Ende der kommentierten Passage.

ber vielleicht <u>doch</u> irgendwie ganz (.) kann man mal (sich mit) beschäftigen, oder wir wollen lieber (.) ganz was anderes hören oder wir wollen lieber //<u>gar</u> nichts mehr hören// (lachend) also das muss ja nicht so schnell (.) irgendwie dingfest gemacht werden aber jetzt so=n bisschen (1) ja, ne Resonanz (…) wär dann schon ganz (.) gut für uns

Es wird hier von den Praktikerinnen eine Rückspiegelung zur Rückspiegelung verlangt, womit sich die Idee eines sich endlos spiegelnden gegenseitigen Reflexionsprozesses andeutet, der durch die Schweigsamkeit der Zuhörerinnen aktuell verhindert wird. Die anschließende Strategie der Sprecherin, ihren Zuhörerinnen mögliche Reaktionsweisen auf die Präsentation anzubieten, wirkt zugleich defensiv und aggressiv: Einerseits markiert sie den eigenen Vortrag als potenziell irrelevant für die Lehrerinnen, andererseits wird diesen unterstellt, keinen Zugang zu den wissenschaftlichen Ergebnissen zu haben und ihr eigenes Unbehagen zugleich „nicht dingfest" machen zu können. Die lachende Art und Weise, in der diese Sätze vorgetragen werden, lässt sich als Unsicherheit deuten, jedoch auch als möglicher Verweis auf die Absurdität der eigenen Sprecherinnenposition. Im Anschluss meldet sich erstmalig eine der anwesenden Lehrerinnen zu Worte:

L1: ich denke mal jetzt haben wir vielleicht erst mal so=n (.) kleinen Einblick, also n bisschen <u>mehr</u> erfahren als vorher (…) das muss man auch verarbeiten ist schon viel Theorie dabei, ne (…) spiegelt sich jetzt (hier) wieder, dass man sich jetzt darüber Gedanken macht was <u>sie</u> angesprochen haben, aber jetzt so im Plautz eine Frage zu stellen das und da, wüsst ich jetzt auch im Moment nich

Die von der Forscherin angebotene Deutung, dass ihre Ausführungen schwer zugänglich seien, wird hier aufgegriffen, wobei die Sprecherin letztlich auf eine Weise argumentiert, die sich als ebenso defensiv-aggressiv charakterisieren lässt wie diejenige der Forscherin: Zwar sind die Lehrerinnen angesichts der Komplexität und dem Abstraktionsgrad der präsentierten Forschungsergebnisse nicht in der Lage, spontan eine Frage zu formulieren, sie haben jedoch gute Gründe hierfür und ihr Schweigen lässt sich nicht als Verständnislosigkeit oder Ignoranz deuten. Unmittelbar an diesen Beitrag anschließend wird nun von einer anderen Lehrerin schließlich doch eine Frage gestellt:

L2: mich würde mal interessieren woran sie (.) erkennen oder woran sie gemerkt haben, dass (.) unsere Schule das Ganztagsangebot nach außen hin (.) <u>legitimieren</u> müsste

Die These, dass in Bezug auf den Ganztag an der Schule ein Legitimationsdiskurs geführt werde, wird hier bestätigt, die Formulierung, dies sei „erkannt", beziehungsweise „gemerkt" worden, charakterisiert dieses Forschungsergebnis als mit den wirklichen Verhältnissen übereinstimmend. Gleichzeitig wird die Aussage der Forscherinnen, an vielen Ganztagsschulen herrsche im Unterschied zur aktuellen gesellschaftspolitischen Debatte ein starker Legitimationsdiskurs in Bezug auf den Ganztag vor, umgedeutet im Sinne eines Zwangs zur Legitimation („legitimieren müsste"). Die Bestätigung des dargestellten Forschungsergebnisses durch die Sprecherin geht mit einer neuen Rechtfertigung einher: Die hier formulierte Frage hat also selbst einen quasi legitimierenden Charakter. Die Antwort der Forscherinnen auf diese Frage lautet:

F1: wir haben ja Gespräche geführt auf (.) also verschiedene Gespräche und offene Gespräche also jetzt nicht n l=langen äh ganz engen Leitfaden (.) Fragebogen wo wir was abgefragt haben sondern offene Gespräche, und da (.) kommt das Thema Ganztag <u>vor</u> (…) auch <u>ohne</u> das jetzt (…) im <u>Gespräch</u> Anlass dazu bestand (…)
F2: also wir haben nicht direkt die Frage gestellt, //legitimieren Sie den Ganztag nach außen// ((lachend)), ja?

Auffällig in diesen Ausführungen ist, dass „wissenschaftstypische" Termini vermieden werden (indem beispielsweise von „Gesprächen" und nicht etwa von „Interviews" die Rede ist), zum anderen bleiben sie vage, insofern nicht expliziert wird, mit wem diese Gespräche geführt wurden. Das hier evozierte Bild von Forschenden, die an der Schule umherschweifen und wahllos Gespräche führen, wirkt auffällig unwissenschaftlich, vielleicht sollen so unterstellte Unterschiede in der Sprechweise von Forschenden und Lehrerinnen zugunsten einer besseren Verständigung nivelliert werden.

Eine andere Lehrerin formuliert kurz darauf die folgende Frage:

L3: und wer sichert personell dann den Ganztag ab? Werden ja nicht (.) nicht nur die Lehrer machen das ist ja absolut nicht machbar. Wie wird das alles gemacht <u>personell</u>?
F1: jetzt bei den gebundenen Ganztagsschulen?
L3: mhm ((bejahend))

Die von L3 formulierte Frage knüpft offensichtlich nicht an das in den letzten Minuten Gesagte an und wirkt daher spontan unverständlich. Auch sie hat einen deutlich defensiven Charakter: Sie knüpft an die Erläuterung der Forscherin an, strukturelle Veränderungen seien eher an gebundenen Ganztagsschulen möglich und verweist auf die zentrale Bedeutung formaler Rahmenbedingungen und insbesondere personeller Ressourcen im Schulentwicklungsprozess. Hierdurch werden gleichzeitig die bislang ausgebliebenen strukturellen Veränderungen an der eigenen Schule gerechtfertigt.

Nach einigen Ausführungen der Forscherinnen zu möglichen strukturellen Veränderungen im Zuge einer Umstellung auf Ganztagsbetrieb etwa im Sinne einer Neukonzeption der Hausaufgabenbetreuung meldet sich die Schulleiterin mit dem folgenden Beitrag zu Worte:

SL: ich denke das auch schwer vor weil sie haben=s ja vorher schon gesagt, ne gebundene Form hat ja ne ganz andere Organisationsstruktur als wir [...] deswegen überlegt man ja auch weiter den nächsten Schritt zu gehen [...] Verlässliche Halbtagsschule, so dass man (.) das dort vielleicht von der Organisation leichter hat

Die von den Forscherinnen diagnostizierte strukturelle Stagnation wird damit erklärt, dass das eigentliche Ziel der Schule ja der Schritt zur Verlässlichen Halbtagsgrundschule sei. Erst diese biete, ähnlich wie die gebundene Ganztagsschule, eine „Organisationsstruktur", die Veränderungen etwa auch im Unterricht möglich mache.

Bevor wir zum Fazit kommen, seien unsere Interpretationsergebnisse zunächst noch einmal zusammengefasst:

Auf Seiten der Forscherinnen lässt sich feststellen, dass sie einerseits bereits zu Beginn der Rückmeldesituation die Unterschiede zwischen dem eigenen wissenschaftlichen Wissen und dem Wissen der Praktikerinnen hervorheben, andererseits jedoch in einem nahezu devoten Stil eine Rückmeldung zu ihrer Rückmeldung einfordern und dabei die eigene Fähigkeit zur Perspektivübernahme betonen. Letztlich unterstellen sie den Praktikerinnen, zu einer solchen Perspektivübernahme nicht in der Lage zu sein und indem sie im weiteren Verlauf der Kommunikation die eigenen Ergebnisse in einer betont „unwissenschaftlichen" Sprache darlegen, sprechen sie diesen gleichermaßen die Fähigkeit ab, eine wissenschaftliche Terminologie zu verstehen.

Die Lehrerinnen wiederum reagieren auf die formulierte Kritik an ihrer Schule und die ihnen implizit unterstellte mangelnde Fähigkeit, sich wissenschaftliches Wissen anzueignen, mit folgenden Strategien: Erstens ironisieren sie die vermeintliche Kompetenz der Wissenschaftlerinnen („muss ja alles stimmen"), zweitens boykottieren sie zunächst deren Aufforderung zu einer Reaktion auf ihre Präsentation, drittens rechtfertigen sie sich auf mehreren Ebenen und viertens ordnen sie die Forschungsergebnisse in bestehende Überlegungen zur Schulentwicklung ein: Der nächste Schritt ist die Verlässliche Halbtagsschule.

Die analysierte Kommunikation zwischen beiden Gruppen lässt sich auf mehreren Ebenen als prekär charakterisieren: Der Umstand, dass die Zuhörerinnen sich der von Seiten der Forscherinnen formulierten Bitte um eine Reaktion auf ihre Präsentation zunächst verweigern, führt dazu, dass die Thematik der Kommunikationsschwierigkeiten zeitweilig mehr Raum in der Kommunikation einnimmt als die Thematik der Rückmeldung. Gleichzeitig verteidigen beide Seiten auf defensiv-aggressive Weise ihre eigene spezielle Sichtweise und schreiben die Verantwortung für Kommunikationsstörungen der jeweils anderen Seite zu. Die defensive Weise der Argumentation sowohl der Wissenschaftlerinnen als auch der Praktikerinnen macht es beiden Seiten unmöglich, in einen offenen Konflikt zu treten. Keine der beiden Gruppen bietet der anderen einen Widerpart. Neueren erziehungswissenschaftlichen Anerkennungstheorien zufolge, die unter anderem auf Jessica Benjamin und Judith Butler Bezug nehmen (Balzer/Künkler 2007), ist die Möglichkeit und die Tatsache, dem anderen zu widerstreiten und ihm einen Widerpart zu bilden, als konstitutiver Teil von Anerkennungsverhältnissen anzusehen. Genau dies kommt hier jedoch nicht zustande, in diesem Sinne findet keine Anerkennung statt.

Interessant ist nun, dass es trotz des offensichtlichen prekären Kommunikationsprozesses dennoch zu einer Aneignung des präsentierten erziehungswissenschaftlichen Wissens durch die Praktikerinnen kommt: Diese weisen es letztlich nicht zurück, sondern wissen es in ihre ohnehin verfolgten Schulentwicklungspläne (die auf die Verlässliche Halbtagsschule ausgerichtet sind) einzuordnen. Die von den Forscherinnen formulierte Kritik führt zu keiner Irritation der etablierten schulischen Ordnung, sondern vielmehr zu deren Bestätigung.

Ganz in diesem Sinne wurde den Forscherinnen des Projekts vor Kurzem von der Schulleiterin der Kepler-Schule signalisiert, dass sie eine weitere Rückmeldung aktueller Forschungsergebnisse in genau demselben Stil, in dem auch die letzte Rückmeldung stattfand, sehr begrüßen würde.

4. Fazit

Die von uns beobachtete und hier interpretierte Rückmeldung entspricht keinem der idealtypisch dargestellten Modelle einer Vermittlung differierender Wissensformen in Rückmeldungen bei Evaluationen. Wir führen ja tatsächlich auch keine Evaluation durch, wir haben keinen ministeriellen Auftrag, und sind nicht verpflichtet, den Schulen Rückmeldungen zu geben.

Ein Teil der Schulen, an denen wir uns häufig aufhalten, wünscht sich Rückmeldungen, möchte wissen, nicht nur was wir tun, sondern auch, was wir herausfinden. Sichtbar wird in dem hier vorgestellten Fall nun, dass sehr wohl etwas mit dem bereit gestellten, zurückgemeldeten Wissen angefangen wird, indem es so genutzt wird in der Organisation, wie es etwa den hegemonialen Diskursverhältnissen dort entspricht.

Wenn allerdings eine Rückmeldung stattfindet, haben auch die Forscherinnen ihrerseits ein großes Interesse an der Reaktion der Praktikerinnen und werden gewissermaßen Bestandteil – nicht nur eines zeitlich befristeten – Interaktionssystems innerhalb der Organisation. Und sie befinden sich – darüber ist immer wieder im Hinblick auf Schulbegleitforschung gesprochen worden – in Abhängigkeit zur Schule, insofern sie auf deren Kooperationsbereitschaft im Hinblick etwa auf weitere Erhebungen angewiesen sind. Vor diesem Hintergrund sind der defensive Stil der Argumentation ebenso wie die vorgenommenen sprachlichen „Vereinfachungen" erklärlich. Das scheint insgesamt eine Situation zu provozieren, die durch gegenseitige implizite Abwertungen gekennzeichnet ist.

Damit scheint aber die Möglichkeit verspielt, das Beobachterwissen in der Form, wie wir sie hier vorgestellt haben, tatsächlich zu einer Irritation werden zu lassen. Wir kommen damit zu dem Ergebnis, dass unser zunächst formuliertes Anliegen, Grenzen und Routinen, eingespielte Bedeutungszuweisungen und Erklärungsmuster durch Beobachtungen zu irritieren, nicht von Erfolg gekrönt war. Möglicherweise – das wäre zu untersuchen – kann dieses nur in einer sich professionell verstehenden Beratung erfolgen, wenn Beratung in einer bestimmten Weise vorgeht, nämlich Hypothesen zur Funktionsweise der Organisation zur Grundlage einer geplanten spezifischen Intervention werden. Rückmeldungen sind als Beratung zu professionalisierende Interaktionssysteme in Organisationen.

Das aber scheint das Schwierigste, es gilt nämlich, wie Baecker sagt: „Die Nicht-Irritierbarkeit der Organisation ist ihre Arbeitsprämisse" (Baecker/Kluge 2003, 37).

Literatur

Baecker, Dirk (1998): Zum Problem des Wissens in Organisationen. In: Organisationsentwicklung, 17 (3), 4-21.

Baecker, Dirk/Kluge, Alexander (2003): Vom Nutzen ungelöster Probleme. Berlin: Merve-Verlag.

Balzer, Nicole/Künkler, Tobias (2007): Von ‚Kuschelpädagogen' und ‚Leistungsapologeten'. Anmerkungen zum Zusammenhang von Anerkennung und Lernen. In: Ricken, Norbert (Hg.): Über die Verachtung der Pädagogik. Analysen – Materialien – Perspektiven. Wiesbaden (im Erscheinen).

Bohnsack, Ralf (2006): Qualitative Evaluation und Handlungspraxis – Grundlagen dokumentarischer Evaluationsforschung. In: Flick, Uwe (Hg.): Qualitative Evaluationsforschung. Konzepte, Methoden, Umsetzungen. Reinbek bei Hamburg: Rowohlt, 135-155.

Caspari, Alexandra (2006): Partizipative Evaluationsmethoden – zur Entmystifizierung eines Begriffs in der Entwicklungszusammenarbeit. In: Flick, Uwe (Hg.): Qualitative Evaluationsforschung. Konzepte – Methoden – Umsetzung. Reinbek bei Hamburg: Rowohlt, 365-384.

Gathen, Jan von der (2006): Die innerschulische Rezeption von Leistungsrückmeldungen aus Large-Scale-Assessments – Grundlagen und Ziele von Fallstudien. In: Kuper, Harm/Schneewind, Julia (Hg.): Rückmeldung und Rezeption von Forschungsergebnissen. Zur Verwendung wissenschaftlichen Wissens im Bildungsbereich. Münster u.a.: Waxmann, 77-88.

Guba, Egon/Lincoln, Yvonna S. (1989): Fourth Generation Evaluation: Newbury Park. London/New Delhi: Sage.

Haubrich, Karin/Lüders, Christian (2004): Evaluation – mehr als ein Modewort? In: Recht der Jugend und des Bildungswesens (RdJB) 3/2004, 316-337.

Holtappels, Heinz Günter (2001) Wissenschaftliche Beratung und externe Evaluation: Die Einführung der Verlässlichen Halbtagsgrundschule. In: Tillmann, Klaus-Jürgen/Vollstädt, Witlof (Hg.): Politikberatung durch Bildungsforschung. Das Beispiel: Schulentwicklung in Hamburg. Opladen: Westdeutscher Verlag, 150-170.

Kolbe, Fritz-Ulrich (2004): Schulentwicklungsforschung als Prozessforschung. Rekonstruktive empirische Bildungsforschung am Beispiel der Einführung ganztägiger Schulangebote. In: sozialer sinn 3/2004, 477-505.

Kolbe, Fritz-Ulrich/Reh, Sabine/Fritzsche, Bettina/Idel, Till-Sebastian/Rabenstein, Kerstin (Hg.) (2007): Ganztagsschule als symbolische Konstruktion. Fallanalysen zu Legitimationsdiskursen in schultheoretischer Perspektive. Opladen (im Erscheinen).

Krapp, Stefanie (2006): Evaluationsbegleitende Abstimmung: Aufgaben von Auftraggebern und -nehmern im idealen Evaluationsprozess. In: Böttcher, Wolfgang/Holtappels, Heinz Günter/Brohm, Michaela (Hg.): Evaluation im Bildungswesen. Eine Einführung in Grundlagen und Praxisbeispiele. Weinheim/München: Juventa, 79-86.

Kuper, Harm (2006): Rückmeldung und Rezeption – zwei Seiten der Verwendung wissenschaftlichen Wissens im Bildungssystem. In: Kuper, Harm/Schneewind, Julia (Hg.): Rückmeldung und Rezeption von Forschungsergebnissen. Zur Verwendung wissenschaftlichen Wissens im Bildungsbereich. Münster, u.a.: Waxmann, 7-16.

Kuper, Harm/Schneewind, Julia (Hg.) (2006): Rückmeldung und Rezeption von Forschungsergebnissen. Zur Verwendung wissenschaftlichen Wissens im Bildungsbereich. Münster, u.a.: Waxmann.

Mensching, Anja (2006): Zwischen Überforderung und Banalisierung – zu den Schwierigkeiten der Vermittlungsarbeit im Rahmen qualitativer Evaluationsforschung. In: Flick, Uwe (Hg.): Qualitative Evaluationsforschung. Konzepte, Methoden, Umsetzungen. Reinbek bei Hamburg: Rowohlt, 339-362.

Nentwig-Gesemann, Iris (2006): Dokumentarische Evaluationsforschung. In: Flick, Uwe (Hg.): Qualitative Evaluationsforschung. Konzepte, Methoden, Umsetzungen. Reinbek bei Hamburg,: Rowohlt, 159-182.

Reh, Sabine (2004): Welches Wissen benötigt die „pädagogische Praxis?" In: Popp, Ulrike/Reh, Sabine (Hg.): Schule forschend entwickeln. Weinheim/München: Juventa, 75-87.

Reh, Sabine (2007): „Der aufmerksame Beobachter des modernen großstädtischen Lebens wird zugeben dass die Familie heute leider nicht mehr den erziehlichen Wert früherer Tage besitzt": Defizitdiagnosen zur Familie als wiederkehrendes Motiv in reformpädagogischen Schulentwürfen und Schulreformdiskursen in der ersten Hälfte des 20. Jahrhunderts. In: Ecarius, Jutta/Groppe, Cornelia/Malmede, Hans (Hg.): Familie und öffentliche Erziehung. Theoretische Konzeptionen, historische und aktuelle Analysen. Wiesbaden: VS (im Erscheinen).

Thiel, Felicitas/Ulber, Michaela (2006): Schulorganisatorische Rahmenbedingungen der Unterrichtsentwicklung: Konzeption eines Instruments und Rückmeldeverfahrens zur Bestandsaufnahme der Unterrichtsentwicklung an Schulen. In: Kuper, Harm/Schneewind, Julia (Hg): Rückmeldung und Rezeption von Forschungsergebnissen. Zur Verwendung wissenschaftlichen Wissens im Bildungsbereich. Münster, u.a.: Waxmann, 89-106.

Wimmer, Rudolf (2004): OE am Scheideweg. In: Organisationsentwicklung 23 (1), 24-39.

Jürgen Kussau

Governance der Schule im Kontext von Interdependenzen und sozialem Wissen

1. Die Konstitution der Schule als Interdependenzzusammenhang

Wechselseitige Angewiesenheit ist ein konstitutives Merkmal des öffentlichen Schulsystems.[1] An einem Beispiel soll dieser Sachverhalt illustriert werden. Die öffentliche, allgemeine Schule wurde im Wege rechtlich getragener Institutionalisierung begründet (Fend 2006b). Der autonom handelnde Staat versetzte Eltern und Kinder in eine Abhängigkeitsbeziehung, die Schulpflicht. Jenseits dieser formalen Bestimmung aber war der Staat selbst von den Eltern abhängig, also in eine Situation wechselseitiger Angewiesenheit eingebunden. Denn die Schulpflicht kam erst in dem Augenblick zur vollen Entfaltung, in dem die Eltern lernten, dass Bildung ein erstrebenswertes oder sogar notwendiges Gut ist. Erst damit wurde die Schule eine anerkannt verpflichtende Einrichtung, die das Abhängigkeitsverhältnis generalisierte und scheinbar die Interdependenzbeziehung aufhob. Wenn heute ein Teil der SchülerInnen nicht mehr von der Schule erreicht wird, beinhaltet das, dass die Bedeutung von Bildung nicht durch alle Jugendlichen anerkannt wird. Die „Universalisierung von Überzeugungen" verblasst, wonach der „Erwerb von Bildungspatenten der Königsweg für beruflichen und sozialen Aufstieg ist" (Lundgreen 2000, 164). Die Angewiesenheit auf die Schule wird gelöst und der Interdependenzpakt aufgekündigt. Es kommt zum Abschied von der „symbiotic interdependence" (zum Begriff Bradach/Eccles 1989, 103) zwischen Bildung und Lebenschancen. Damit sich Schule als Institution behaupten kann und sämtliche Jugendlichen erfasst, reicht rechtliche Institutionalisierung als Obligatorium nicht aus. Schule beruht auf Anerkennung einer Interdependenzbeziehung, auf Bildung angewiesen zu sein und daraus auch individuellen Nutzen ziehen zu können. Die Schule ist selbst abhängig von ihrer

---

1 Für zahlreiche Diskussionen und Anregungen danke ich Thomas Brüsemeister.

Klientel und in eine Interdependenzbeziehung eingebunden. Damit ist in Teilen wieder der historische Ausgangspunkt der Institutionalisierung allgemeiner Bildung erreicht. Eine vermeintliche Abhängigkeitsbeziehung beruht auf einer Interdependenzbeziehung, weil sie sozial selbst dort vorliegt, wo eine Zwangseinrichtung besteht.

2. Zur Interdependenz

Wechselseitige Abhängigkeit (Interdependenz) ist ein konstitutives Merkmal funktional differenzierter Gesellschaften. So gesehen handelt es sich dabei um einen eher technischen Begriff für Sozialität, wenn nämlich „ein Subjekt ins Wahrnehmungs- und Relevanzfeld eines anderen gerät" (Schimank 2000, 36).[2] Interdependenz erinnert an einen Zusammenhang, der zugleich arbeits- und funktionsteilig unterbrochen ist. Wechselseitig aufeinander angewiesen zu sein, ist ein (empirisch überwiegender) Spezialfall einer sozialen Situation, der die Frage nach kollektiver Handlungsfähigkeit herausfordert, nach Koordination und Kooperation. Interdependenz ist nur zusammenzudenken mit den komplementären Formen der (vollständigen) Abhängigkeit (Dependenz) und der (vollständigen) Autonomie (Independenz). Autonomie bezieht sich dabei auf das Lösen aus Interdependenzbeziehungen, während ein einseitig abhängiger Akteur A versuchen kann, den Akteur B in eine Lage zu versetzen, in der dieser ebenfalls auf Akteur A angewiesen ist, also in eine Interdependenzbeziehung zu geraten. Autonomes Handeln, intuitiv attraktiv, ist nicht auf die Beiträge anderer Akteure angewiesen, empirisch allerdings kaum existent. A-institutionell gedacht ist es optionenreich, aber mit dem Risiko behaftet, in die Situation des Buridan'schen Esels zu geraten, der sich zwischen zwei Heuhaufen stehend für keinen entscheiden konnte und verhungerte. Unter unendlich vielen denkbaren Optionen wählen zu können, führt ohne entscheidungsgeeignetes Wissen zu Handlungsunfähigkeit. Zudem ist autonomes Handeln sozial unberechenbar, da es, anders als insti-

---

2   Allerdings kann auch das Akteurkonzept kaum unbefangen verwendet werden. Wenn von Subjekten oder Akteuren die Rede ist, so ist ihre Existenz empirisch ebenso offenkundig wie theoretisch strittig (z.B. als „institutional myth"; Meyer/Boli/Thomas 1994, 21). Akteure können als Ausgangspunkt vor allem empirischer Untersuchungen dienen – als unabhängige Variable. Akteure sind jedoch auch Folge gesellschaftlicher Entwicklung. Sie entstehen geradezu erst durch institutionelle Bezüge (abhängige Variable) und entsprechend bleibt der Akteurstatus zerbrechlich. Diesen prekären Akteurstatus nimmt Niklas Luhmann zum Anlass seiner Steuerungskritik, während Fritz Scharpf darin eine theoretische Herausforderung sieht: Was spricht gegen die „Option, gerade die ungesicherte Handlungsfähigkeit personaler und sozialer Systeme zum Bezugsproblem der Theoriebildung zu wählen?" (Scharpf 1989, 13; vgl. dazu auch White 1992; unter Steuerungsgesichtspunkten Lange/Braun 2000)

tutionell gebundenes Handeln wenig Erwartungssicherheit gewährleistet – „was kommt jetzt wieder"? Dependentes Handeln ist hingegen an das Handeln und Wissen anderer gebunden und deshalb eindeutig bestimmbar und nur auf Regelwissen angewiesen. Handeln in interdependenten Beziehungen bewegt sich zwischen Voluntarismus und Erwartungssicherheit. Immer tangiert es potentiell die Autonomie-Dependenz-Relation. Es muss jedenfalls das (wie auch immer beschaffene) wissensgestützte Handeln und Entscheiden anderer Akteure in Rechnung stellen, oder wird nachträglich darauf gestoßen. Handelnde Akteure sind in Interdependenzbeziehungen mit den Ressourcen anderer Akteure wie Macht, Geld, Fähigkeiten, Prestige, Zuständigkeiten, Technologie etc. konfrontiert, die sie selbst benötigen. Dazu gehört auch die Ressource Wissen (Wehling 2001; Engel/Halfmann/Schulte 2002; Rammert 2003; Wehling 2006).

Um unter Bedingungen von Interdependenz handlungsfähig zu werden, muss ein Akteur Autonomie fingieren, tun „als ob", Abhängigkeiten vergessen, mindestens ausblenden. Diese Realfiktion von Autonomie wird aber schon bei den Auswirkungen dieses Handelns wieder von Interdependenz eingeholt. Denn je höher der Grad der tatsächlichen Interdependenz, desto eher fallen Folgen bei anderen Akteure an. Interdependenz bleibt ebenso wie Autonomie und Abhängigkeit ständig prekär und veränderbar, wie in dem drohenden Nachsatz von Karl Valentin zum Ausdruck kommt: „Ich bin auf Sie angewiesen, aber Sie nicht auf mich – merken Sie sich das".

Auch die staatliche Schule ist entgegen ihrer einseitige Abhängigkeit suggerierenden Pflichtsemantik von wechselseitiger Angewiesenheit durchzogen, angefangen von der Beziehung zwischen Staat und Schule (Makroebene), über das Verhältnis zwischen Schulaufsicht und Schule (Mesoebene) bis hin zur „pädagogischen Beziehung" auf der Mikroebene – LehrerInnen sind von ihren SchülerInnen ebenso abhängig wie umgekehrt.[3] Interdependenzbeziehungen, die empirisch mehr in Richtung Autonomie, d.h. Interdependenzunterbrechung weisen oder mehr in Richtung Dependenz, sind ein Schlüssel, um in der Governance-Perspektive die Regelungsstruktur des Schulsystems zu untersuchen. Interdependenz ist als Strukturmerkmal des Schulsystems zu verstehen, das Auswirkungen auf die schulische Regelungsstruktur hat, unter der die Formen und ihr Mix verstanden werden, denen sich steuernde Akteure gegenübersehen bzw. die sie zu gestalten beabsichtigen (zum Begriff der Regelungsstruktur Mayntz 2005, 14-17). Diese Regelungsstruktur, die bisher vorwiegend hierarchisch ausgelegt war, wird im Augenblick um Koordinationsformen standardbasierten Wissens und Wettbewerbselemente zu erweitern beabsichtigt.

---

3 Ohne deswegen Machtasymmetrien zu übersehen.

Interdependenz gewinnt zunehmend auch Bedeutung für die Rolle von Wissen im Schulsystem und ihrem unvermeidlichen Schatten, dem Nichtwissen. Wissen beinhaltet in Interdependenzbeziehungen eine soziale Verteilung sachlichen Wissens. Und obwohl, anders als noch im Mittelalter, in dem die Kirche Wissen und Wissensverteilung regulierte, Wissen nicht monopolisierbar ist, lassen sich in Interdependenzbeziehungen abgegrenzte Zuständigkeiten und Verfügungsfähigkeiten für Wissen erkennen. So ist die Schule für pädagogische Vermittlungsleistungen zuständig, während Politik[4] ihre Legitimierung, Finanzierung, Organisierung etc. übernimmt und dafür anderes Wissen benötigt, das aktuell unter dem Begriff Steuerungswissen zu akkumulieren versucht wird. Umgekehrt hält sich differentes, in sich fragmentiertes und nicht mehr monopolisierbares, deswegen aber auch nicht immer frei verfügbares Wissen (und Nichtwissen), das durch das Schulsystem „vagabundiert"[5], nicht an Zuständigkeitsgrenzen und ist im Prozess handelnden Zusammenwirkens der Akteure eine unberechenbare Größe.

3. Unterscheidungen von Interdependenzbeziehungen

Interdependenz verweist auf den Sachverhalt von Funktions- und Leistungsverflechtungen zwischen Systemen, Handlungsfeldern, Organisationen und Akteuren und kann als wechselseitige Abhängigkeit (Angewiesenheit) beschrieben werden (ausführlicher Kussau/Brüsemeister 2007b, Kapitel 5). Akteure unterscheiden sich in ihrem Interesse an einem Gut (Ressource) und der Kontrolle über ein Gut. Im Schulbereich haben politische Akteure ein Interesse an institutionalisierter Bildung, während die LehrerInnen die notwendigen Fähigkeiten kontrollieren, Bildungsleistungen bereitzustellen. Um Schule zu konstituieren, sind die Akteure zwingend aufeinander angewiesen; sie kann – bei fehlender Exit-Option der Akteure (Hirschman 1970) – nur durch Zusammenlegung der Ressourcen politischer und schulischer Akteure gelingen (theoretisch Coleman 1990, 27-44; Esser 1999, 342f.). Die Politik hat ein Interesse an Bildung und verfügt über die dazu erforderlichen Ressourcen wie Geld, rechtlich verbindliche

---

[4] Staat und Politik werden hier weitgehend synonym gebraucht im Sinne institutionalisierter Politik. Beide Begriffe sollen die zentrale Entscheidungsinstanz bezeichnen und sind eher angelehnt an die englische Begrifflichkeit von „government", in der alle drei „Gewalten" eingeschlossen sind. Gerade die Governance-Perspektive betont, dass das „Politische" weiter zu fassen ist als staatliche Politik, ohne jedoch empirisch auf dieses Konzept verzichten zu können. Vgl. zur Differenz von Politik und Staat Albert/Steinmetz 2007.

[5] Neben Problemen und ihren Definitionen, Lösungen, Akteuren und Entscheidungsgelegenheiten (Kingdon 1995; Zahariadis 1999).

Organisationsmittel, materielle Definitionsrechte und nicht zuletzt die Mittel, die allgemeine Schule zu legitimieren. Politik besitzt jedoch nicht die Fähigkeit, Bildungs- und Erziehungsarbeit zu leisten. Diese Fähigkeiten kontrolliert die Schule, die jedoch nicht über die Ressourcen verfügt, ein Schulsystem aufzubauen und zu betreiben. Diese interdependente Konstellation ist dadurch gekennzeichnet, dass sie wechselseitige Abhängigkeiten in Zuständigkeitsstrukturen funktional strikt separiert. Wechselseitige Abhängigkeit besteht im Schulsektor bisher nicht im Blick auf die Ressource Wissen. Je spezifische Wissensbestände sind säuberlich getrennt und die Politik hält sich aus dem Wissen um pädagogische Vermittlung heraus. Der Beziehung zwischen Politik und Schule liegen exklusive und als solche geschützte Wissensbestände zugrunde. Diese Zuständigkeitsverteilung fungiert auch als Selektionsmechanismus für die Verteilung von Informationen bzw. den Bedarf nach Informationen (Auf die Veränderung dieses Arrangements komme ich unter 6. zu sprechen).

Interdependenzbeziehungen lassen sich in verschiedenen Ausprägungen feststellen:

- Interdependenzbeziehungen können materiell oder immateriell auf der Input- und auf der Outputseite zu finden sein. Akteur A benötigt auf der Input-Seite Ressourcen von Akteur B, um handlungsfähig zu werden. Die Schule ist auf politisch-administrativ zu organisierende Vorleistungen angewiesen – die Garantie der Schule, finanzielle und infrastrukturelle Ausstattung, Personal, die (zwangsweise) Zuführung der Klientel, Organisationsmittel, die Organisation und Zertifizierung der Ausbildung, inhaltliche Inputs wie Lehrplan oder Bildungsstandards und immaterielle politische Vorleistungen wie soziale Anerkennung. Umgekehrt benötigt die Politik schulische Vermittlungsleistungen. Diese politischen und schulischen Leistungsbeiträge erscheinen aus der jeweiligen Beobachtungsperspektive auf der Outputseite als Folgen, als positive oder negative externe Effekte, als ermöglichende/entgegenkommende Bedingungen oder als Aufgaben- und Problembelastung, die im je anderen System anfallen. Anders gesagt: Auch wenn Akteur A autonom handlungsfähig ist (keine Input-Interdependenz besteht), können Folgen eintreten, die Interdependenzbeziehungen herstellen, indem auf Akteur B positive oder negative externe Effekte zukommen. Beispiele sind die negativen externen Effekte, die LehrerInnen wahrnehmen, wenn sie die Ausstattung der Schule mit materiellen Ressourcen (umrechenbar in Personal und Zeit) monieren, oder umgekehrt: Wenn die Politik und Wirtschaft beklagen, dass die Schule nicht genügend Qualifikation „abliefert".

- Ferner sind starke (enge) und schwache Interdependenzbeziehungen zu unterscheiden. Zwei Autoren, die zusammen einen Aufsatz schreiben, sind eng aufeinander angewiesen, während sie von einem Kollegen, der um eine Bewertung gebeten wird, deutlich weniger abhängig sind.
- Interdependenzen können eine latente und manifeste Form annehmen. Die Interdependenz zwischen Politik und Schule entspricht einer „pooled interdependence" (Thompson 1967, 54f.). Die Interdependenzkette ist soweit auseinandergezogen, dass sie ihre manifeste Form verliert. Reziproke Interdependenzbeziehungen („reciprocal interdependence"; ebd.) sind hingegen manifest, unmittelbar beobachtbar und meist relativ zeitnah – z.b. Hilfestellung unter LehrerInnen im Kollegium oder Nachbarschaftshilfe.
- Damit verwandt ist die Unterscheidung zwischen faktischer und wahrgenommener Interdependenz:[6] Die unbefragte Selbstverständlichkeit von Schule lässt den Eindruck aufkommen, dass sich weder Politik noch Schule ihrer wechselseitigen Abhängigkeit bewusst sind, denn in langen Interdependenzketten – Politik und Schule begegnen sich nur formal und wissen kaum, was die je andere Seite warum tut – dürfte die Interdependenzwahrnehmung abnehmen.[7] An dieser Stelle liegt, neben Zerlegungsprozessen in Zuständigkeitsreviere, das Einfallstor für „als ob"-Handeln, z.B. Interdependenz lösende Professionsstrategien. Abhängigkeiten nicht zu kennen oder auszublenden, simuliert Autonomie.
- Von faktischer und wahrgenommener Interdependenz wäre anerkannte Interdependenz zu unterscheiden. Dieser Fall liegt z.B. dann vor, wenn Informationen aus der Qualitätssicherung durch die LehrerInnen nicht nur formal, sondern als handlungsleitend anerkannt werden.
- Ferner lassen sich aktuelle und künftige Interdependenzen unterscheiden. Auch wenn Akteur A im Augenblick nicht mit Akteur B „verhängt" ist, ist es möglich, ihn in Zukunft noch einmal zu brauchen. So wäre ein pfleglicher Umgang der LehrerInnen und Eltern miteinander zu erwarten, weil man nie weiß, ob und wann man sich braucht.
- Schließlich unterscheiden sich in zeitlicher Hinsicht temporäre von ständigen sowie zeitlich unmittelbare von zeitgedehnten Interdependenzbeziehungen („sequential interdependence"; ebd.). Qualitätssicherungsmodelle entwerfen Informationssequenzen, die z.T. sachlich und zeitlich weit entfernt voneinander anfallen (von Systemdaten via Monitoring bis hin zu In-

---

6 Im Modell des Prisoner's Dilemma werden die beiden Akteure (Delinquenten) in eine Interdependenzbeziehung hineingezwungen, ohne dass sie davon wissen.
7 Die Frage, ob Interdependenzen nur als wahrgenommene relevant sind, „weil es sie auch dann ‚gibt', wenn sie nicht beobachtet werden" (in einem allgemeinen Zusammenhang Luhmann 1997, 47), muss hier nicht weiterverfolgt werden.

dividualdaten), aber aufeinander aufbauen, möglichst aufeinander folgen und Interdependenzketten informatorisch füttern (Fließbandmodell).

Die Interdependenzbeziehungen zwischen Politik und Schule sind (bisher) auf der Input- und Output-Seite zu finden: sie beruhen auf dem Tausch materieller Ressourcen gegen immaterielle Leistungen (das soll sich jetzt in der Wissensdimension ändern), sie sind stark ausgeprägt, werden aber latent gehalten und schwach wahrgenommen, sind tatsächlich jedoch ständig gegeben.

4. Interdependenz und Interdependenzunterbrechung

Interdependenz und Interdependenzunterbrechung sind untrennbar komplementär aufeinander bezogen. Während sich in engen Interdependenzbeziehungen eine Veränderung auf alle „Teile" auswirkt, sorgt Interdependenzunterbrechung dafür, dass externe Beeinflussungen oder gar Störungen vermieden bzw. minimiert, „Effektübertragungen" eingeschränkt werden (Luhmann 1967, 629). Die Schwäche eines Systemsteils, z.B. einer Schule, beeinträchtigt nicht das Gesamtsystem; freilich trifft das umgekehrt auch für Stärken zu. Für die LehrerInnen ist das sich Abkoppeln von negativen Effektübertragungen, z.B. unzureichenden Inputs, funktional erforderlich, um „gute" Arbeit zu leisten. Dies geschieht freilich um den Preis „schlechter" Arbeit, weil sie Interdependenzzusammenhänge mindestens auf der Seite der Folgen ausblenden, indem sie z.B. die geforderten Qualifikationen (vermeintlich) nicht bereitstellen.

Die alltägliche Form von Interdependenzunterbrechung findet sich am Stammtisch, wenn der gordische Knoten durchschlagen, der Augiasstall ausgemistet oder der eiserne Besen geschwungen wird. Immer stehen Lösungen parat, die Interdependenzen auf der Input- wie auf der Outputseite kappen und durch „starke Männer" mit einem Federstrich verwirklicht werden.

Wenn indes alles „irgendwie" mit allem zusammenhängt, wird die Unterbrechung von Interdependenzketten erklärungsbedürftig. Hier mögen einige Hinweise genügen:

- Segmentär differenzierte Einheiten sind systematisch durch Interdependenzunterbrechung gekennzeichnet. Diese Differenzierungsform hat im Schulsektor besondere Bedeutung, weil sowohl die Schulen untereinander wie die Schulen in ihrem Innenverhältnis weitgehend diesem Muster folgen; jeweils ist das Gleiche räumlich bzw. nach Altersklassen unterschieden. Umgekehrt entfaltet erst funktionale Differenzierung Interdependenz voll. Diese Beziehung besteht im Verhältnis zwischen Politik und Schule, weil beide exklusive, nicht substituierbare Aufgaben bearbeiten und Leistungen erzeugen.[8] Nicht zuletzt diese im Schulsektor vorfindliche Form zweier Differenzierungsmuster macht die Steuerung der Schule so anspruchsvoll.

- Allgemein steigt die Wahrscheinlichkeit von Interdependenzunterbrechungen, wenn Aufgaben in sachliche und soziale Zuständigkeiten, mit denen Verfügungsrechte verbunden sind, zerlegt werden.
- Interdependenzbeziehungen sind ebenso unveränderlich wie gestaltbar. An ihnen wird ständig herumgebastelt, sei es, um andere Akteure in stärkere Abhängigkeit zu versetzen, sei es, um sich ihnen zu entziehen. Denn Interdependenzbeziehungen können die Handlungsfähigkeit schwächen, weil man nicht kann bzw. darf, wie man will, oder stärken, indem man sich auf die Ressourcen anderer Akteure stützt. Gestaltung ist als Auseinandersetzung um die Kontrolle von Ressourcen zu verstehen, um andere Akteure in Abhängigkeiten zu bringen und sich selbst Autonomie zu sichern. Gestaltungsanstrengungen, Interdependenz zu brechen, können „von oben" her erfolgen, aber auch „von unten". Die Verordnung, Schulen sollen sich als autonome, kollektive Akteure (Organisationen) positionieren, ist ein Beispiel für die „von oben"-Variante. Wenn es heißt, Schulqualität werde in eigenverantwortlichen Schulen hergestellt, und „für die Prozess- und Ergebnisqualität ist die Einzelschule in hohem Maß selbst verantwortlich" (Hessen 2006, 7), dann löst der Staat in der Qualitätsfrage die Schule aus ihrer Abhängigkeit vom Staat (mit der Einschränkung „in hohem Maß", woraus sich die Bindung der Schule an politische Vorgaben ableiten lässt; a.a.O., 6). Der umgekehrte Fall der Gestaltung „von unten" liegt bei der „Grauzonenautonomie" vor (Heinrich 2007, 59-63), wenn LehrerInnen sich Verfügungsrechte nehmen, ohne sie formal zu besitzen.
- Interdependenzbeziehungen lassen sich auch lösen durch Vergessen, indem Akteure ihrer *nicht* gewahr sind. Zwar handelt es sich dabei um eine Fiktion, die jedoch handlungswirksam werden kann. Wichtiger noch scheinen Selbstbeschränkungen, andere Akteure nicht in Interdependenzbeziehungen hineinzuziehen, und Abwehrhandeln, sich nicht in sie „verstricken" zu lassen. Sich Wissen anzueignen, macht unabhängig von anderen und lässt Interdependenz in Latenz absinken; freilich trifft auch der umgekehrte Fall zu: Nichtwissen macht unabhängig. Erst wenn LehrerInnen die politisch relevanten PISA-Ergebnisse in ihrer täglichen Schularbeit vergessen, können

---

8 Eine wichtige Rolle spielen Organisationen, wenn sie sich aus Systemzusammenhängen abkoppeln bzw. abgekoppelt werden (Luhmann 1997, 845-847) und sich durch interne Programmierung vor Effektübertragungen schützen, im Schulbereich z.B. durch autonome Organisierung oder den Verzicht auf Eintritt in Schulnetzwerke.

sie überhaupt unterrichten. Die Ziele der LehrerInnen sind nicht identisch mit den Zielen des Schulsystems.

Interdependenz, Interdependenzunterbrechung und lose Kopplung
Interdependenzunterbrechung und lose Kopplung gehören in die Gruppe von Argumenten, die darauf hinauslaufen, Differenz in einem eher technisch-instrumentell gedachten intra- und/oder inter-organisationalen Zusammenhang hervorzuheben (Weick 1976; Orton/Weick 1990; Meyer/Scott/Deal 1992; Meyer/Rowan 1992). Handlungsergebnisse sind nicht Folge fugenlos ineinandergleitenden, perfekt aufeinander abgestimmten Handelns verschiedener Akteure. Vielmehr folgt die Schulorganisation institutionellen Regeln ihrer Umwelt, also der Beziehung zwischen Politik und Schule und diese Organisation schlägt gerade nicht auf die „technische Unterrichtsarbeit" („technical (work) activity") durch (Meyer/Rowan 1992, 71), sondern findet davon entkoppelt statt. Die Frage lautet: Wie ist erklärbar, dass (a) trotz Differenz in Bezug auf Aufgaben, Tätigkeiten und handlungsrelevante Orientierungen und obwohl (b) Handeln gerade nicht eng aufeinander abgestimmt ist, ein letztlich brauchbares Ergebnis möglich wird? Die Existenz der Schule ist zwar selbstverständliche Gewohnheit und trotzdem erklärungsbedürftig. Diese Feststellung gilt auch für ihre Veränderung. Es gibt einen Principal (Staat) und Agents (LehrerInnen); sie stehen auch in einem Auftragsverhältnis zueinander, aber gerade nicht verstanden als linearem Implementationsprozess (Kussau/Brüsemeister 2007b, Kapitel 5 und 7). Die Principal-Agent-Beziehung ist vielfach eng als Anordnungs-Befolgungs-Modell intendiert (enge Kopplung), im Ergebnis jedoch, wenigstens latent, für lose Kopplungen anfällig.

Obwohl Interdepenzunterbrechung und lose Kopplung zur selben Argumentationsfamilie gehören, unterscheiden sie sich darin, dass Interdependenz einen, im Schulbereich institutionalisierten, strukturellen Sozialzusammenhang beschreibt, während Kopplung eher steuerungstheoretisch gedacht ist und nach dem Zusammenhang von Organisation und Tätigkeit fragt. Insofern sind lose oder enge Kopplung konkrete Ausprägungen von Sozialzusammenhängen. In zwei Hypothesen kann der Zusammenhang von Interdependenzstärke und Kopplungsformen dargestellt werden:

- Je schwächer Akteure, Organisationen, Teilsysteme interdependent verbunden sind oder Interdependenz „vergessen" wird, desto enger fallen Kopplungen aus.
- Je stärker Akteure, Organisationen, Teilsysteme interdependent verbunden sind, desto lockerer sind Kopplungen ausgebildet.

Auf die Schule bezogen lautet die These Ceteris paribus: Gerade weil Politik und Schule unverzichtbar aufeinander angewiesen sind, kann die Schule nur an „der langen Leine" (lose Kopplung) „gesteuert" werden. Das Konzept der Kopplung im Schulbereich stellt die Frage in den Mittelpunkt, wieweit organisationale Vorgaben, z.B. qua Steuerungswissen, die „technische Unterrichtsarbeit" kausal steuern und damit auch die Effekte dieser Arbeit mindestens beeinflussen kann. Die Frage nach Interdependenzen unterscheidet sich davon, als sie nach den Beziehungen der Akteure überhaupt fragt, nach ihrem Autonomie- oder Abhängigkeitsgrad als Voraussetzung für ihren Handlungsspielraum.[9] In diesem Verständnis ist die Interdependenzfrage struktureller als die Frage, wie und in welchem Maß Akteure aneinander gebunden sind und einander „steuern" können.

5. Sachliches und soziales Wissen

In modernen Gesellschaften gilt Wissen als Voraussetzung ihrer Entwicklung. Nichtwissen wird durch Wissenserzeugung stetig verringert. Umgekehrt geht Wissensproduktion einher mit der Erzeugung von Nichtwissen, sogar systematischen Nichtwissens (Wehling 2006). Schulische Steuerung und lehrerschaftliches Handeln findet deshalb immer unter Bedingungen von gleichzeitig (zu) viel Wissen und (zu) wenig Wissen statt. Und die beiden (kollektiven) Akteure verbindet darüber hinaus die Erwartung, zu handeln, selbst wenn sie nichts wissen.

Im Schulsektor ist im Augenblick eine Präferenz für positives, an Wahrheit gebundenes sachliches Wissen zu beobachten. Davon ist Wissen als deutende Sinnerzeugung zu unterscheiden (zur Wissensproduktion in der Erziehungswissenschaft generell Drerup/Terhart 1979). Im erstgenannten Fall ist Wissenserzeugung und -erwerb ein abschließbares Projekt: Ist Wissen, einem Wahrheitskriterium unterstellt, objektiviert vorhanden, kann auf dieser Grundlage gehandelt und entschieden werden (vgl. auch Berkemeyer in diesem Band). Wissen als Sinnerzeugung verzichtet nicht auf positives Wissen, aber alles Wissen muss „durch die Akteure hindurch", durch Deutungsprozesse, Interessenverkettungen, Wahrnehmungsmuster. Wissenserwerb und -verwendung sind dann ein unabgeschlossenes und unabschließbares Projekt, in dem subjektive Überzeugung und objektive Gewißheit sich ständig wandeln. Wenn aber positives Wissen eben nicht nur an Wahrheit gebunden ist, sondern Deutungen unterliegt, lässt sich daraus eine andere Unterscheidung, die in der Governance-Perspektive brauch-

---

9 Gründe für lose Kopplung sind bei Orton/Weick (1990, 206f., 217) allenfalls indirekt Interdependenzbeziehungen. Sie nennen stattdessen kausale Unterbestimmtheit, fragmentierte externe und interne Umwelten.

bar ist, entwickeln, die zwischen sachlichem, d.h. positivem und sozialem Wissen. Sachliches Wissen wird dabei im Augenblick mit dem Begriff „Steuerungswissen" besetzt, während soziales Wissen, das sich immer auch mit normativem Wissen mischt (Boudon 1996), auf die konstellativen Faktoren von Interdependenzbeziehungen abhebt, auf die Handlungslogiken der Akteure, auf ihr handlungsleitendes Wissen, ihre Ideologien, ihre Überzeugungen, wie die Dinge sind und wie sie sein sollen (zum Letzteren Brunsson 1982, 38). Richtet sich das positive Erkenntnisinteresse auf die Frage, wie die Schulen sind (in ihrer Leistungsfähigkeit etc.), so wendet sich ein soziales Erkenntnisinteresse der Frage zu, wie Politik, Schule und ihre Beziehung funktionieren. Warum handeln die Akteure, wie sie handeln?[10] Erst beide Wissensformen zusammengenommen konstituieren so etwas wie Steuerungswissen. Die Governancefrage geht dann in die Richtung, wie sich die differenten Wissensorten konstellieren werden.

In einer bestimmten Weise handelt es sich um eine Konkurrenz unterschiedlicher Wissensorten. Externe Evaluation akkumuliert positives, objektiv wahres, evidenzbasiertes Wissen[11], das entweder unmittelbar wirken soll, etwa nach dem Motto: „improvement through inspection" (Hopkins/West/Skinner 1995; kursiv J.K.) oder auf dem Umweg über die Transformation in „Steuerungswissen", auf dessen Grundlage „Weichenstellungen" vorgenommen werden können, die die Schulen in gerichtete Bewegung versetzen. Wahrscheinlicher ist, dass es der Übersetzung (Czarniawska 2000), der Rekontextualisierung (Fend 2006a, 174-178) oder der Nacherfindung (Kussau/Brüsemeister 2007b, Kapitel 7) bedarf, um für Schule und Unterricht brauchbar zu werden. Denn politisch-administratives Steuerungswissen „wandert" gleichsam aus dem politischen Kontext in den Schulkontext und muss mit ungewissem Ausgang „umkontextuiert" werden (Kreissl 1993): was bleibt im neuen Zusammenhang „übrig" und was besitzt dann noch regulative Funktion?[12]

---

10   Positives Wissen gibt eher Auskunft darüber, „was der Fall" ist, während soziales Wissen eher auf die Frage des warum bzw. des „wie ist es möglich" reagiert (vgl. zur Unterscheidung Greshoff/Schimank 2005, 25f.). Beide Wissensformen sind notwendig. Vgl. auch den Vorschlag, praxisorientierte Forschung zu konzentrieren auf sachliche Faktoren, die Kausalkraft besitzen, die zeitlich einigermaßen dauerhafte Wirkung erwarten lassen und politisch verfügbar sind (Scharpf 1977).
11   Soweit es sich um wissenschaftliche Evaluationsforschung handelt, kommt es auch tatsächlich zu einer Kumulation von Wissen, weil weitgehende Einigkeit über Forschungsgegenstände, Methoden und Forschungsprämissen besteht, freilich um den Preis, sich politischen Richtungsvorgaben anzupassen.
12   Im Steuerungswissen nicht aufgehoben ist die Frage, ob Steuerungswissen LehrerInnen eher handlungsunfähig macht oder umgekehrt pädagogische Handlungsfähigkeit erst durch Nichtwissen von Steuerungswissen entsteht.

Steuerungsdefizite aufgrund fehlenden sozialen Wissens
Steuerungswissen beruht auf einer Formel, die sich beschreiben lässt als: Evidenzbasiertes Steuerungswissen = Monitoringdaten + Inspektionsdaten + wissenschaftliche Forschungsdaten.[13] Interdependenzbeziehungen fordern jedoch nicht nur sachliches Wissen heraus, sondern ebensosehr soziales Wissen. In diesem Verständnis erscheint dann die Anstrengung, ein Konzept sachlich zu perfektionieren (z.B. Kriterienkataloge), mit (zu) hohen Such- und Abstimmungskosten belastet, wenn es nur schon sozial „nicht ankommt". Sicher ist sachliche Angemessenheit notwendige Voraussetzung für valide Schulbeobachtung; hinreichend wird sie erst, wenn sie auch sozial angemessen ist.

Allfällige Steuerungsdefizite liegen nur begrenzt in fehlendem sachlichen Wissen; ihre Gründe sind mindestens ebensosehr in unzureichendem sozialen Wissen zu suchen. Sachlich elaborierten Programmen steht eine Steuerungstechnologie zur Seite, die auf Befolgungsbereitschaft baut – „Die Lehrer gehorchen einfach nicht" (aus einem Interview in einer Bildungsverwaltung). Dabei ist „Gehorsam" selbst nicht das Problem, da LehrerInnen weniger Widerstand leisten, als dass ihre professionelle Handlungsrationalität an Grenzen stößt, die durch politische Mehrheitsentscheide nicht aufzuheben sind (Kussau/Brüsemeister 2007b). Dabei geht es bei sozialem Wissen nicht, jedenfalls nicht vorrangig, um politisches Durchsetzungswissen, sondern um Wissen um die Sozialität des Handelns, das wechselseitige Abhängigkeiten berücksichtigt und weiß, dass solche Abhängigkeiten nicht (ohne weiteres) durch den Einsatz von Machtmitteln, von Geld, von Appellen an Loyalität oder von Wissen zu überspielen sind.

Modelle, die eine politische und soziale Mechanik in Begriffen wie „Stellschraube" (Greshoff/Schimank 2005, 38[14]) beschreiben, finden vermutlich Anschluss an die Steuerungsideen und Durchsetzungsstrategien staatlicher Akteuren, irritieren sie jedoch zu schwach, um ihre Steuerungstechnologie sozial anzureichern – durch Denken in Konstellationen und Beziehungen und damit in Zuständigkeiten, Verfahren, Kooperationen, Ressourcenzusammenlegung, Verhandlungen, Konflikten, Vetopositionen, Zustimmung und Verweigerung (Scharpf 1997; Kussau/Brüsemeister 2007a; Kussau/Brüsemeister 2007b). Wis-

---

13   Ein „vermessenes" Schulsystem leidet zwar unter einer „statistischen Depression", dem Vergleich zwischen mehr und weniger, der dann von der Unterscheidung besser und schlechter überdeckt wird, wobei mehr immer weniger werden kann und besser schlechter. Und besser ist nie das „Beste". Andererseits besitzen positive Informationen das Potenzial, Diskussionen zu „entideologisieren", die Kontinuität der Kommunikation über Bildung zu verstärken und über einen Vergleich die Konzeptentwicklung voranzutreiben (vgl. dazu Brosziewski 2005, 6-10).

14   Um kausale Faktoren, die unveränderlich sind, „braucht man sich nicht länger [...] zu kümmern, weil es sich eben um keine Stellschrauben handelt", an denen Akteure „drehen könnten" (Greshoff/Schimank 2005, 38).

senschaftlich generiertes Wissen, das praktisch zu werden beabsichtigt, sollte „Steuerungsakteuren" vermitteln, dass sie in Konstellationen aktiv werden und diese nicht oder nicht vollständig „beherrschen". Steuerung „löst" sich dann auf in den absichtsvollen Entwurf oder die Entstehung eines (wahrscheinlich gemischten) institutionellen Arrangements. Konstellationen und die darin gepflegten Beziehungen bringen im Zeitverlauf die „Steuerungsleistungen" hervor.

Steuerung einer Arbeit, die als unvollständiger Vertrag ausgebildet ist
Ein Steuerungsprogramm ist von einer alltäglichen Steuerungspraxis zu unterscheiden, die Adoptionschancen und -restriktionen ernst nimmt. Schulsteuerung, gleich ob als gerichtetes Projekt gedacht oder als Ergebnis des „Handelns einer Konstellation" (Kussau/Brüsemeister 2007a, 26), hat es zu tun mit Unterrichten als Interaktionsarbeit. „Der Friseur will die Haare schneiden, eine Fliege fliegt vorbei, der Junge dreht den Kopf, der Friseur schneidet ins Ohr" (Luhmann 1982, 41). Die beschriebene Situation besagt, dass sowohl der Verlauf wie die Ergebnisse von Interaktionsarbeit nicht von vornherein eindeutig festzulegen sind, sondern immer erst am Ergebnis bemessen werden können, das Ergebnis aber wiederum vom interaktiven Zusammenspiel der Akteure abhängt.[15]

Dieser Sachverhalt hat Auswirkungen auf die neu beabsichtigten Steuerungsformen über die Kombination von Standardvorgaben und ihrer evaluativen Messung. Wenn Unterricht Interaktionsarbeit ist (sogar in Form nicht rücknehmbarer uno-actu-Tätigkeit), dann kann nicht – Gütermärkten analog – mit festlegbaren „Mengen" an hochwertiger Qualifikation gerechnet werden (Buschor 1997, 150[16]). Personale Dienstleistungen sind ex ante nur unvollständig festzulegen, vielmehr können nur Leistungsversprechen abgegeben und in einem unvollständigen Vertrag geregelt werden (dazu Weihrich/Dunkel 2003, bes. 763-765; zum unvollständigen Vertrag generell Richter/Furubotn 2003, 185-187). Denn interaktive Unterrichtsarbeit ist nicht nur unbestimmt, sondern beruht, positiv formuliert, auf bestimmten Voraussetzungen, (a) auf den koproduktiven Beiträgen von LehrerInnen und SchülerInnen und (b) wesentlich auf Vertrauensbeziehungen zwischen den beteiligten Akteuren.[17] Das Kooperationsproblem besteht in einer möglichen Verweigerung von Koproduktion. Das Koordinationsproblem, dass nämlich Politik und Schule nicht bzw. unvollkommen voneinander

---

15 Interaktionsarbeit ist die spezifische Tätigkeitsform einer „street-level-bureaucracy" (Lipsky 1980), die nicht vollkommen regelgebunden und ergebnisbezogen ausfallen kann, soll sie effektiv und effizient sein.
16 „Die Wettbewerbssteuerung führt zu einer Fokussierung auf Effektivität, Effizienz und Wirtschaftlichkeit [...] Es müssen Kosten, Leistungsmenge [...] und Leistungsqualität [...] festgelegt und überwacht werden" (Buschor 1997, 150).
17 Der Tauschakt über Preise entfällt in der öffentlichen, nicht der privaten Schule.

wissen, was sie tun bzw. leisten können, wird jetzt durch Standards und Externe Evaluation zu beheben versucht – ohne das Kooperationsproblem zu lösen.[18]

Die Unschärfe, welche „Produkte" von Schulen zu erwarten sind, hat Auswirkungen auf das beabsichtigte Kontraktmanagement in Form von Leistungsvereinbarungen mit den Schulen. Denn Leistungsvereinbarungen zwischen Schulen und der Schulaufsicht werden als unvollständige Verträge ausfallen, weil die „Schularbeit" und ihre Ergebnisse nicht eindeutig definierbar und im Voraus planbar sind. Und Leistungsvereinbarungen beruhen selbst wieder auf Interaktionen. So wie Koproduktion im Klassenzimmer permanent neu herzustellen ist, so ist in diesem Fall mit einer Kette von Nachverhandlungen zu rechnen, die „post decision surprises" (Harrison/March 1984) bearbeiten. Leistungsvereinbarungen sind prekär, weil auf beiden Seiten fluide, situative Faktoren zusammenkommen, die die Vertragsbedingungen ständig verändern. In schulischen Leistungsvereinbarungen weiß man nicht, was man kauft und kann es nur bei der je bestehenden Schule kaufen. Die spezifische Form, wie Schule betrieben werden kann, beruht auf Interdependenz aller beteiligten Akteure und dort wieder auf Koproduktion, die sich mit enger Kopplung schwer verträgt, die auf Anordnung und Befolgung (bis hin zu Zwang) beruht. Steuerungswissen, das die Sozialität der Konstellation berücksichtigt, büßt seine (vermeintliche) Evidenz ein.

6. Steuerung durch Standards, systematische Beobachtung und Wettbewerb – Zur neuen Abhängigkeit der Schule

Ein Blick auf die neue Programmatik der „evaluationsbasierten Steuerung" (Altrichter/Heinrich 2006) lässt eine asymmetrische Interdependenzverstärkung in der Beziehung zwischen Staat und Schule erkennen, die durch Externe Evaluation[19] in Gang gesetzt wird und sich auf die Steigerung von Schulqualität bezieht (vgl. auch v. Kopp 2007). Die Schule wird politisch in eine Position stärkerer Abhängigkeit gebracht.[20] Diese Entwicklung lässt sich als Prozess der Entdifferenzierung beschreiben. Zwar sind Politik und Schule geradezu symbiotisch aufeinander angewiesen, auch gleichrangig, jedoch in ihren Funktionen ungleichartig. Deshalb ist Abkopplung die Produktivitätsvoraussetzung der Schule. Trotzdem ist beabsichtigt, die Politik näher an die ohnehin unvollständig aus

---

18   Die Aufgabe, das Kooperationsproblem zu bearbeiten, wird in die einzelne Schule verlagert, vor allem zur Schulleitung.
19   Externe Evaluation wird hier als Oberbegriff für sämtliche staatlichen oder staatlich getragenen Beobachtungsformen wie Monitoring, Inspektion etc. verwendet.
20   Auf diese Handlungsvariante hat schon Karl Weick hingewiesen (Terhart 1986, 219, Anm. 4).

dem politischen System ausdifferenzierte Schule zu rücken. Entdifferenzierung lässt sich dann als Platzhalter für den Begriff „Politisierung" begreifen.[21] Zwar ist daneben eine weitere Ausdifferenzierung zu beobachten, wie sie sich in Messagenturen, der Inspektion, der Schulleitung oder dem Einzug der Sozialarbeit und Jugendhilfe in die Schule zeigt; das kann aber nicht darüber hinwegtäuschen, dass diese Entwicklung eher einem paradoxen Prozess der „Zentralisierung durch Dezentralisierung" (Kühl 2001) entspricht, einem Versuch, den Primat der Politik über die Schule nach einer kurzen Phase der Autonomieverheißung zu verstärken. Dieser Primat ist politisch geboten. Trotzdem ist zu fragen, ob Politik gleichartiger mit der Schule wird und gleichsam in den Unterricht „eindringt". Die folgenden Bemerkungen beschreiben freilich nur eine in den politischen Absichten verborgene „Entwicklungslogik", die wegen des schulischen „Eigensinns" und der Logik ihrer besonderen Arbeit empirisch überrascht werden kann und vermutlich auch wird, weil zwischen einem an Rechenschaftslegung orientierten Steuerungswissen und einem für schulische Entwicklung notwendigem Wissen ein tiefer Graben besteht und ungewiss ist, ob und wie Steuerungswissen die Schule tatsächlich erreicht.[22] Trotzdem lohnt es sich, das gedachte Szenario einmal durchzuspielen, zumal mit realen Veränderungen zu rechnen ist, weil die Voraussetzungen für Zurechnungen von Verbesserungen oder Misserfolgen geschaffen werden, gleich welche tatsächlichen Möglichkeiten der Beeinflussung den Akteuren zur Verfügung stehen. So haftet die einzelne Schule für Leistungserfolge wie -defizite, unabhängig davon, in welche Regelungsstruktur sie eingefügt ist oder wie es um ihre Versorgung mit Ressourcen steht.

Systematische Schulbeobachtung als Interdependenzverstärkung
Systematische Beobachtungsformen der Externen Evaluation und die Transformation der Daten in „Steuerungswissen" forcieren sachlich Interdependenz, heben sie sozial ins Bewusstsein der LehrerInnen und erinnern die Schulen zeitlich ständig daran, dass sie von der Politik abhängig sind. Der Schlüssel zur Interdependenzverstärkung ist evaluatives Feedback, das das Erreichen der Standards misst und für Nachjustierungen sorgt. Interdependenz war bisher vor allem durch den Tausch von Geld, Recht (Schulgesetze), Organisation, Ausbildung,

---

21 Dabei geht es um Fragen, ob und wie es möglich ist, dass ein Funktionssystem die (bei Luhmannn theoretisch unmögliche) „Oberhand" über ein anderes Funktionssystem gewinnt. Diskutiert werden vor allem die Ökonomisierung des politischen Systems oder die Kommerzialisierung der Kunst oder des Sports. Auch wäre zu klären, was Politisierung von Interaktionsarbeit heißen kann, und wo die Grenzen der Beeinflussung von Unterricht liegen.
22 Auch dürften Ziele, Handeln und Wirkungen vielfach entkoppelt sein (Simon 1964), Ziele also letztlich nachträgliche Rationalisierungen darstellen.

Curriculum auf Seiten der Politik gegen exklusive Vermittlungsfähigkeiten der LehrerInnen gekennzeichnet und stabilisiert. Mit Externer Evaluation verstärkt der Staat seine Interdependenzbeziehung zur Schule, indem er sie auf Wissen ausweitet. Damit wird die Interdependenzbeziehung zwischen „Politik und Schule" in Richtung Dependenz der Schule geschoben: Die Schule ist nicht mehr nur von Geld etc. abhängig, sondern zusätzlich noch von „Steuerungswissen"[23]. Damit wird der Staat noch kein Pädagoge (Dreßen 1982), wohl aber „pädagogischer". Das pädagogische Sonderwissen wird enger an politische Vorgaben gebunden, die Interdependenzunterbrechung zwischen Politik und Schule gelockert. Zwischen den separierten Zuständigkeiten und Wissensbeständen bestand eine Lücke von Nichtwissen darüber, was der andere tut, bis hin zu Desinteresse. Zu beobachten ist, wie diese Lücke durch Standardisierung und Externe Evaluation geschlossen werden soll, die beide eine wissensorientierte Stoßrichtung gegen die Fähigkeiten der LehrerInnen besitzen.

Steuerung als einseitig gerichtete Bewegung wird durch Wissen, genauer an pädagogischen Kriterien ausgerichtetes Steuerungswissen, verstärkt; ein Wissen, das allerdings politisches Wissen bleibt (und eher an Standortsicherung interessiert ist, oder generell an Legitimierung). Und es etabliert sich als „lokalem", schulhausspezifischem Wissen überlegenes Wissen. Seine Überlegenheit bezieht es dabei aus der Bindung an den hierarchisch, nicht funktional, übergeordneten staatlichen Steuerungsakteur.[24] Die Funktionsteilung zwischen Politik und Schule, das bisher eindeutig abgesteckte Terrain soll buchstäblich neu vermessen werden. Schulen sehen sich damit jetzt zwei Regelsystemen gegenüber: Formalem Recht, der „alten Input-Steuerung"[25], und Regeln, die aus Steuerungswissen abgeleitet werden. Es wird zu beobachten sein, ob wissensbasierte Regeln sich als funktionales Äquivalent zu formalen Regelungen erweisen oder parallel nebeneinander in Kraft bleiben.

Steuerungswissen ist nicht nur in instrumenteller Hinsicht auf seine Eignung zu befragen, wissensbasierte Politik betreiben zu können. Mindestens so wichtig ist die Bindung von Steuerungswissen an staatliche Akteure (und das Modell hierarchischen rationalen Politikmachens). Das setzt zunächst eine Trennung von Staat und Gesellschaft voraus. Der Staat wird als Organisation aus der

---

23 Andere Beispiel aus dem Bildungssektor, in denen bisher nicht oder weniger ausgeprägt bestehende Interdependenzbeziehungen politisch erzeugt werden, sind das Schulsponsoring oder die Verpflichtung der Universitäten, Drittmittel einzuwerben.

24 In der Bindung der Schule an das *überlegene Steuerungswissen* der Politik steckt deshalb eine ironische Pointe, weil das neue Steuerungsmodell marktliberal inspiriert ist, jedoch eine betriebswirtschaftlich-bürokratische Form annimmt und nicht nur die dezentrale Marktregulation unterläuft, sondern auch den Markt als Entdeckungsverfahren (v. Hayek 1994).

25 Die Kritik an der sog. Input-Steuerung unterschätzt die unersetzlichen materiellen Inputleistungen des Staates, von denen die Schule abhängt.

Gesellschaft herausgelöst, damit abgeschnitten von seiner Legitimationsbasis und kann als „Apparat" den BürgerInnen und hier der Schule gegenübertreten. Gleichzeitig wird ihm damit eine Steuerungsaufgabe zugeschrieben, deren Rationalität durch den Aufbau von Informationssammel- und Verteilungsorganisationen zu steigern ist. Nicht nur in einer immanenten Demokratie-, auch in der Governance-Perspektive erscheint dieses Konzept fraglich. Wenn Schule nur durch Ressourcenzusammenlegung zu konstituieren ist, dann ist Steuerungswissen das kollektive Wissen aller beteiligten Akteure, nicht das Wissen des Staatsapparats. Schulpolitische Programmatik zerreibt sich auch deswegen in der Implementation, weil Lehrerwissen eher als (obstruktives) Reaktionswissen begriffen wird. Staatliches Steuerungswissen – im Verbund mit wissenschaftlich erhobenen Daten – soll jetzt das Lehrerwissen auf das Ziel Schulqualität kanalisieren. Dieses Wissen ist aber bereits konzeptionell Nichtwissen, weil es nicht sämtliche Wissensbestände umfasst, kollektives Wissen vernachlässigt.

Präferenzidentität zwischen Politik und Schule
Das Wissen, das pädagogische Autonomie begründet, bleibt von dieser Entwicklung nicht unberührt. Politisch sind die LehrerInnen immer schon an die Aufträge der Politik gebunden (Präferenzidentität). Über Externe Evaluation wird die Verpflichtung der Lehrerinnen zur Präferenzidentität mit der Politik verschärft. Weil „Erziehung und Bildung nicht Direktresultat des normalen alltäglichen Operierens der Politik sein können" (Luhmann 1996, 29), können LehrerInnen unter Gesichtspunkten der Leistungsfähigkeit der Schule genau diese Identität mit politischen Präferenzen nicht übernehmen. Wenn sich die Tür zum Klassenzimmer schließt, müssen sie sich temporär von der Beziehung zur Politik verabschieden. Autonomie beinhaltet in diesem Fall, dass die LehrerInnen als Agents in ihren Präferenzen nicht mit denen des Staates als Principal übereinstimmen. Die Principal-Agent-Beziehung (Kussau/Brüsemeister 2007b), in der es um Zielidentität zwischen Auftraggeber und Auftragnehmer geht, wird genau umgekehrt. Autonomie der Schule setzt gerade auf Differenz gegenüber dem Auftraggeber. Evaluationsbasierte Steuerung, die auf Präferenzidentität zwischen Politik und Schule setzt, beabsichtigt hingegen, die Schulen in größere Abhängigkeit vom politisch-administrativen „Steuerungswissen" zu versetzen. Sie unterminiert pädagogische Autonomie, indem sie Unterricht in eine institutionell abhängigere Tätigkeit verwandelt, in Fachtätigkeit, die einen Teil ihrer „Besonderheit" verliert (Mayntz 1988, 17, die funktionsspezifische Tätigkeiten als „besondere Tätigkeiten" beschreibt) und damit das Problem, wie beamtete Professionals zu kontrollieren sind, „löst". Damit wird die verordnete Schulautonomie, mit der die Interdependenzbeziehung von Seiten des Staates mit Ausnahme der Finanzierung gekappt werden soll, zurückgenommen.

Der Staat greift auf dem „Umweg" über professionelle Wissensagenturen (Inspektorate und Messorganisationen) auf das bislang exklusive Wissen der LehrerInnen zur Vermittlung zu; er greift sogar in die Zuständigkeiten der LehrerInnen ein, da „eine ausschließlich auf dem eigenen Erfahrungs- und Wissenshorizont basierende Information der Praxis nicht hinreichend für die Gestaltung des Bildungssystems ist" (Kuper 2006, 8f.). Waren Staat und LehrerInnen in der Dimension Wissen über schulische Vermittlung gerade nicht interdependent, bestand vielmehr eine Separierung des Wissens, so ändert sich diese Beziehung. Autonomes Lehrerhandeln wird in eine Beziehung der Dependenz gegenüber dem Staat gebracht, wenn etwa das Inspektorat durch seine Maßnahmen „an absolute power over the school, resulting in a loss of confidence and skills among the staff" erhält (Standaert 2000, 29), Beobachtungsmaßstäbe sich unter der Hand in verhaltensregulierende Kriterien für die Organisation von Lehr-Lern-Prozessen verwandeln und zugleich den, dann homogenisierten, Entwicklungsrahmen für Schulen abgeben (z.B. Kogan/Maden 1999) und die Identität der LehrerInnen berühren. Pädagogische Autonomie – Interdependenzunterbrechung – wird geschwächt mit der aus politikprogrammatischer Sicht paradoxen Folge, dass die Schule gerade nicht mehr hauptsächlich für die Schulqualität verantwortlich ist.

Zur Steuerung segmentär differenzierter Schulhäuser
Schulen weisen als organisierter Zusammenhang die spezifische Eigenschaft auf, dem Prinzip segmentärer Differenzierung zu folgen. Es handelt sich um einen Verbund räumlich differenzierter Bildungseinrichtungen, die formal gleiche Lerngelegenheiten anbieten. Segmentär (nicht funktional) differenzierte Schulen konstituieren jedoch kein Schulsystem. Sie hängen nicht interdependent zusammen. Solche Einheiten beeinträchtigen einander nicht in ihrer Schwäche und stärken sich nicht über ihre Vorzüge. Dann jedoch gibt es kein schlechtes „Schulsystem", sondern zu wenig gute Schulen und vielleicht zu viele „schlechte Lehrer" (Schwarz/Prange 1997) – und, in der Governance-Perspektive –, eine zu wenig leistungsfähige Regelungsstruktur.

Wenn Schulen aber untereinander nicht interdependent sind, ergeben sich daraus Konsequenzen für die aktuelle politische Reformprogrammatik. Politisch zielen die Reformprojekt auf eine Verbesserung des Schulsystems. Angesichts von Nichtinterdependenz kann diese „Strategie" aber nicht aufgehen; für einzelne Schulhäuser kann es keine „Gesamtsystem-Strategie" (Rolff 1995, 37[26]) ge-

---

26 „Dies setzt an zentraler Stelle ein Wissen darüber voraus, wie unter Berücksichtigung aller Bedingungen, die an den einzelnen Schulen und regionalen Subsystemen anzutreffen sind, eine Verbesserung erzielt werden, die für alle, zumindest für fast alle Schule Gültigkeit besitzt" (Rolff 1995, 37).

ben; es muss ein „System" fingiert werden, das in dieser Form nicht existiert. Die den strukturellen Differenzierungsbedingungen angepasste Form der Veränderung, wäre ein Verzicht auf homogene Systemmaßnahmen, stattdessen die je spezifische Förderung jeder einzelnen Schule, die die „Wiederentdeckung der Schule als pädagogische Gestaltungsebene" (Fend 1988) ernst nimmt. Denn „eher als der Begriff des Bildungs-'systems' ist deshalb die Kategorie der ‚Schulkultur' aussagekräftig, wenn man die Varianz der Leistungen erklären will [...]" (Tenorth 2003, 116f.). Indes bleibt auch dann nicht die „Politik" außen vor, weil sie noch immer die materielle Ressourcenversorgung der Schule als Steuerungsleistung bereitstellt, die Schule in politisch konstituierten Sozialräumen lokal und regional organisiert und aufrechterhält.

Instrumente der systematischen Schulbeobachtung – Standards, Qualitätssicherung, Monitoring, Schulprogrammarbeit, Schulentwicklung, leadership etc. – mit nachfolgenden Konsequenzen besitzen die Eigenschaft, die Eigendynamik der Schulen „systemisch" zu verdichten, indem sie alle, nach wie vor segmentär differenzierten, Schulen, einer einzigen Regelungsform unterwerfen. Unter der Hand wird die dezentrale Autonomiepolitik in eine neuerliche „Systemstrategie" verwandelt („Zentralisierung durch Dezentralisierung"). Die „Tragik" der Politik scheint darin zu bestehen, nur über generalisierte Regelungsformen zu verfügen, ihr Regelungsrepertoire nicht ihrem Steuerungs-„Gegenstand" anpassen zu können. Wenn allerdings Interdependenzunterbrechung geschwächt wird, steigt die Wahrscheinlichkeit der „Effektübertragung": Orientieren sich Schulen an „falschen", untauglichen exogenen Kriterien, wird das gesamte, bisher dezentralsegmentär differenzierte und damit gegenüber Effektübertragungen unempfindliche Schulsystem „kontaminiert".[27]

Einbau von Standards in die schulische Regelungsstruktur
Das Koordinationsproblem, dass nämlich Politik und Schule nicht bzw. unvollkommen voneinander wissen, was sie tun (Kussau/Brüsemeister 2007b, Kapitel 5), wird jetzt durch Standards und Externe Evaluation, d.h. wissensbasiert, zu beheben versucht (Klieme et al. 2003). Über Standards (Brunsson 2000; Brunsson/Jacobsson 2000b) wird die bislang vorherrschende hierarchische Koordination der schulischen Regelungsstruktur um eine weitere Koordinationsform ergänzt.[28]

---

27 Die „alte" Schule war trotz Politikversagen (Steuerungsunfähigkeit) reproduktionsfähig (Kussau 2002, 135-139), Finanzierung und Organisation vorausgesetzt.
28 Nils Brunsson ergänzt dabei die Governance-Diskussion um die These, dass Standards neben Organisation (Hierarchie, Bürokratie) und Markt eine dritte Koordinationsform darstellen, „just as fundamental as organization and market [...]. Standards facilitate contact, co-operation, and trade over large areas and then throughout the world" (Brunsson 2000, 21).

Standards legen explizit fest, was „der Fall" ist, was die Schule leisten muss. Sie bieten Orientierung, können freilich auch für Kontrollzwecke eingesetzt werden. Was in der Schule erreicht werden muss, wird präziser definiert als über das vage Curriculum. Und die autonomen Schulen, vor allem die Schulleitungen und LehrerInnen werden verantwortlich (eher haftbar) gemacht, das, was „Sache" ist, auch umzusetzen und die dazu notwendige Koproduktion „irgendwie" herzustellen – mit anderen Worten: die Tätigkeiten zwischen Politik, Schulverwaltung und Schulen (inter-organisational) und innerhalb der Schulen (intra-organisational) in kontrollierte Delegationsketten zu gliedern und Interdependenzunterbrechung zu reduzieren (oder: in engere Kopplungen zu transformieren).

Steuerung hat es bei den Schulen mit einer „organisierten Anarchie" zu tun. Wenn die Steuerungsdiskussion davon ausgeht, dass Organisationen vor allem andere Organisationen zur Umwelt haben, dann trifft das für den Schulsektor bei allen Bemühungen um „Schule als Organisation" allenfalls begrenzt zu. Schulsteuerung richtet sich nach wie vor allem an individuelle Akteure, an ein „amorphes Publikum" (Mayntz 1993, 39): LehrerInnen und SchülerInnen.[29] Sofern Steuerungsdefizite konstatiert werden, hängen sie auch mit der Zahl und der Vielfalt von Schulen und der noch größeren Zahl und Vielfalt von LehrerInnen und SchülerInnen zusammen. Weil die „Schule als Organisation" bislang weitgehend nicht realisiert ist, können Standards die koordinative Leerstelle ausfüllen – wenn man wie Brunsson (2000, 31) formuliert: „[…] standardization is more likely if there is no organization".[30] In diesem Sinne sind Standards geeignet, individuelle Akteure wie die LehrerInnen zu koordinieren, sie wenigstens auf ein Ziel hin, Schulqualität, zu verpflichten und Kontrollerwartungen zu bedienen.[31] Standards können Koordination als unmittelbares soziales Handeln via Normen, via Direktiven, via Aushandlungen ersetzen, zumal Politik und Schule nicht unter Bedingungen von Anwesenheit interagieren. Standards erzeugen jedoch keine Interdependenz zwischen Schulen, sondern verstärken Interdependenz zwischen Politik und Schule. Deshalb wird es politisch auch zu verschmer-

---

29 Governanceforschung und Organisationssoziologie betonen intra- oder inter-organisationale Beziehungen, weniger das Verhältnis Organisation und individuelle Akteure.
30 Wenn man Organisation, Markt, Standards und Gemeinschaften als koordinative Institutionen beschreibt, dann sind sie miteinander verwoben und die Schwäche einer Institution lässt andere stärker werden und umgekehrt (Brunsson 2000, 22).
31 Diese *Zustands*beschreibung ist nicht als (allzu funktionalistische) Erklärung zu verstehen. Denn diese setzte eine Rekonstruktion der Absichten der Standarderfinder voraus einschließlich eines Wissens, den dargestellten Zusammenhang auch zu kennen. Eine Erklärung müsste diesen Absichten und Kenntnissen im Entstehungs*prozess* nachspüren und zugleich dem Phasenverlauf, den die „Schulreform" genommen hat, nämlich zunächst auf Organisationsentwicklung zu setzen und dann zusätzlich auf Standards.

zen sein, wenn die Konstituierung der Schule als Organisation sich als Fehlschlag erweisen sollte.

Über Standards wird eine Form von „organized governance" (Brunsson/Jacobsson 2000a, 10) als staatliche Regelsteuerung (Input-Steuerung) in neuer informationsbasierter Form etabliert. Die alte, vermutlich weiterhin geltende, Regelsteuerung (hierarchische Koordination) wollte es vielleicht auch genau wissen, scheiterte jedoch an den Kontrollkosten, individuelles Lehrerhandeln zu beaufsichtigen (Problem der Kontrollspanne). Schulsteuerung erhält über Standards eine generalisierte Form, die zwar ebenfalls verpflichtend ist, sich von direktiven Formen aber dadurch unterscheidet, dass sie gleichsam unsichtbar als curriculare Anforderung und Aufforderung in die Schule einwandert, als Aufgabe, die ohnehin bewältigt werden muss und das Zeug dazu hat, sich allmählich in Unterrichtsroutinen zu habitualisieren.

Einbau von Konkurrenz in die schulische Regelungsstruktur
Die Organisationsform der segmentär differenzierten Bildungseinrichtungen ist selbstgenügsam, kaum wettbewerbsorientiert, da ihr die Klientel zwangsweise zugeführt wird, ebenso die betriebsnotwendigen Ressourcen.[32] Die Schulen sind auch wenig veranlasst, einander zu beobachten. Das ändert sich jetzt durch Rechenschaftsverpflichtungen und Externe Evaluation. Und über Standards werden Schulen zudem nicht mehr an ihren „lokalen" Leistungen gemessen, sondern an „kosmopolitischen", universalisierten Maßstäben (auch wenn es sich um westliche OECD-Kriterien handelt).

Eine segmentär differenzierte, überall „gleiche" Schule wird in eine Konkurrenzsituation versetzt. Sie können so um eine best practise konkurrieren, wer auf effektivstem und effizientestem Weg die beste Bildungsqualität anzubieten hat. Denn Standards definieren, was erreicht werden soll, nicht wie es geschafft werden kann (Furusten 2000, 74). Und diese Schulen können verglichen werden bzw. sich selbst mit den Produzenten gleicher Produkte vergleichen. Die Situation wäre bei funktional differenzierten Schulen anders. Dort verengt sich der Wettbewerb auf die funktional gleichen Schulen. Insofern fördert Profilbildung zunächst Wettbewerb, um dann in einem Wettbewerb der gleich profilierten Schulen zu münden.

Allerdings stand die selbstgenügsame Schule auch bisher schon in Teilbereichen in einem, teilweise nicht intendierten, Wettbewerb, denkt man an den Wettbewerb zwischen den Ausbildungsgänge auf der Sekundarstufe I und II, an

---

32 Freilich begründet sich darin die Rede von der „Schulkultur", eine alternative begriffliche Fassung für ein „Eigenleben" von Schulen mit einer je ausagierten „negotiated order" (Martin 1976) und einem je spezifischen „Arbeitsplatz" (Reyes 1990) in je gegebenen sozialstrukturellen und -räumlichen Kontexten.

den Standortwettbewerb vor allem der Hauptschulen, ausgelöst durch den demographischen Wandel, an die Elternentscheidungen, ihre Kinder der zuständigen Schule zu entziehen oder an vor allem private Initiativen, über symbolische und z.T. finanzielle Anerkennung, Schulinnovationen auszulösen.

Über Standards und Externe Evaluation sind die Voraussetzungen für einen intendierten Wettbewerb zwischen Schulen geschaffen. Dieser Wettbewerb weist jedoch eine spezifische Form auf. Das Ziel ist nicht, sich dem prinzipiell offenen und unendlichen Bildungshorizont anzunähern; das Wettbewerbsziel definieren (pisa-kompatible) Standards, die als „Normen" zu erfüllen sind und die vergleichbar sind. „Bildung im Vergleich" legt jedoch (im Prinzip) die Konstruktion eines Ranglistenmodells nahe (vgl. die englischen league tables).

Um diesen Wettbewerb zusätzlich zu befeuern, werden vor allem benchmarks und best-practises-Vorbilder diskutiert (und noch keine materiellen Sanktionen). Damit verkehren sich die in den letzten Jahren unter der Überschrift „Schulentwicklung" diskutierten Refomprämissen. Ging diese davon aus, dass jede Schule ein Unikat ist, eine eigene Kultur besitzt, eine eigenständige Einheit in einem je spezifischen lokalen Sozialraum bildet, so vereinheitlichen erfolgreiche Standards, benchmarks und best practises als „soziale Bezugsnormen" die Schule und ebnen lokale Eigenheiten ein. Sie schwächen auch das Prinzip der Differenz als Erkundungsverfahren für innovative Lösungen für die jeweilige Schule, die sich an „individuellen Bezugsnormen" ausrichtet (zur Differenzierung der Bezugsnormen Brunstein/Heckhausen 2006, 182-187). Das Ergebnis sind homogenisierte Schulen – dem Gleichheitsgebot entsprechend, jedoch entgegen der Absicht, weil die Wettbewerbsdynamik stillgestellt wird. Denn anders als die These vom begrenzten Wettbewerb unter Schulen, der die „Qualität und Innovation (verstärkt)" (Buschor 1997, 167), behauptet, führt erfolgreiche Orientierung an Standards oder an best-practice-Modellen nicht zu innovativen Schulen, sondern zur Diffusion einer oder mehrerer Innovation(en) und macht Schulen angepasster an generalisierte Konzepte oder Vorbilder (für eine Übersicht zur Diffusionsforschung Strang/Soule 1998). Selbstbezogene Schulentwicklung wird, gegenteiligen Beteuerungen zum Trotz, in den Kontext der Entwicklung des „Schulsystems" gestellt – ein politisches Ziel, weil dadurch die politische Legitimierung abgestützt werden kann. Beispiele für die Diffusion von Innovationen finden sich bereits heute im Schulbereich zuhauf. Zu nennen wären schulische und überschulische Steuergruppen oder „Führung". Diese Konzepte haben selbst bereits eine Diffusionsgeschichte. Sie sind aus Managementlehren in politische Programme diffundiert und werden jetzt in den Schulhäusern verbreitet.

Über Standards, benchmark- und best practise-Orientierung – Wissensvorgaben – werden die Schulen zunächst zur wechselseitigen Beobachtung aufgefordert, um sich dann mit den Besten zu messen. Tauschten Schulen auch bislang schon (in unsystematischem und deshalb wohl unbekanntem Umfang) Informationen aus, so kommt die Informationsabhängigkeit jetzt von „oben". Über einen Vergleich mit guten Vorbildern soll der schulische Wetteifer (Agon) angestachelt werden. Durch Wettbewerb entsteht allerdings keine Interdependenzbeziehung zwischen Schulen; vielmehr wird, wie durch Standards, die Interdependenz zwischen Politik und Schule enger geknüpft.

Neue Regelungsstruktur
Der Staat übernimmt, indem er Externe Evaluation, Steuerungswissen, Standards und Wettbewerbselemente einführt, sachlich und zeitlich einen Steuerungsanspruch, der sich auch auf die „Eroberung" der Dimension Wissen richtet. Die LehrerInnen können nur reagieren; sie sind zunächst keine „Steuerleute", sondern veranlasst, ihre Identität zu behaupten (Brüsemeister/Heinrich/Kussau 2007, 75-77) und zu aktiven Spielern zu werden. Zu erklären ist dieser Vorsprung auch dadurch, dass eine dezentral-segmentär organisierte Schule mit einer Vielzahl von individuellen Akteuren (LehrerInnen) Schwierigkeiten hat, sich als Träger einer Veränderung der Einrichtung insgesamt kollektiv zu organisieren. Der Staat besitzt als vergleichsweise kompakter Akteur (Kussau/Brüsemeister 2007b, Kapitel 2) hier einen institutionellen Vorrang.

Schulen agieren in einer Umwelt, die einerseits aus individuellen Akteuren – SchülerInnen und Eltern – gebildet wird, die andererseits aber nicht aus anderen, gleichen Organisationen besteht. Sofern die Schulen eine organisationale Umwelt besitzen handelt es sich um hierarchisch übergeordnete Organisationen, vor allem die Schulaufsicht, neuerdings auch das Inspektorat und die zentrale Schulverwaltung. Deswegen ist die Schule veranlasst, sich ihrer hierarchischen Umwelt anzupassen („coercive isomorphy"; DiMaggio/Powell 1991, 67-69). Denn im staatlichen Steuerungsrepertoire sind (fast nur) negative Sanktionsmittel verfügbar, denen (bisher) nicht Schulen, sondern individuelle Akteure, die LehrerInnen, unterliegen. Indem Disziplinierung einzelne LehrerInnen betrifft und selektiv erfolgt (erfolgen muss), verfügt der Staat über ein jederzeit abrufbares Drohpotential, das, weil es selektiv-individuell eingesetzt wird, auch Gegensolidarisierung erschwert. Anders gesagt: Zu den staatlichen Steuerungsinstrumenten gehört die Fähigkeit, (wenigstens formale) Befolgungsbereitschaft bereits durch Drohung und nicht aktive Sanktionierung, zu erzwingen, d.h. Interdependenz personal sichtbar und spürbar zu machen. Jede Diskussion um eine Verbesserung der Schulqualität kommt um diese Arbeitsbedingung, so latent sie auch sein mag, nicht herum.

Die bisher vergleichsweise übersichtliche Regelungsstruktur, die auf dem Modus der hierarchischen Koordination aufbaute (Kussau/Brüsemeister 2007b, Kapitel 5) wird durch Steuerungswissen (Externe Evaluation), Standards und

Wettbewerb um weitere Koordinationsformen ergänzt. Es zeichnet sich eine (zunächst programmatisch) grundlegend veränderte Regelungsstruktur ab. Es wird zu beobachten sein, wie sich die Koordinationsformen zueinander verhalten und ob bestimmte Koordinationsformen ein Übergewicht gewinnen. Zeigen wird sich auch, ob sich diese Regelungsstruktur institutionalisiert, d.h. Ausdruck gesteigerter Rationalität ist, ihre Vorteile auch „geglaubt" werden und Externe Evaluation tatsächlich und nicht nur „zeremoniell" in Form aufgeklärt(er)en Wissens in die Schulen transferiert wird. Andernfalls bleibt auch eine „neue Steuerung" ein aufgepfropftes Oberflächenphänomen, der Politik von Nutzen und in den Schulen spürbar, aber nicht wirksam. Man wird dabei kaum allein mit geteilten Vorstellungen, was jetzt die „gute Schule" sein soll, rechnen dürfen; Nutzenvorteile werden in einem möglichen Institutionalisierungsprozess ihre Rolle spielen. Jedenfalls wird sich ein „coercive isomorphism" normativ anreichern müssen, wozu auch ein „mimetic isomorphism" via Wettbewerb beitragen könnte (zu den Unterscheidungen vgl. DiMaggio/Powell 1991, 67-74). Ferner ist dieser Mix an Koordinationsformen, die unterschiedlichen Logiken unterliegen, selbst wieder zu koordinieren – ein Governance-Thema, das hier nicht hinreichend behandelt werden kann.

Demokratisch geforderte Rechenschaftslegung
Freilich ist systematische Schulbeobachtung gleichzeitig demokratisch begründet. Der Staat untersteht, erst recht im aufziehenden Beobachtungsstaat[33], dem Gebot der Rechenschaftspflicht (accountability). Um sich Legitimation zu verschaffen und zu bewahren, ist er veranlasst, seine Handlungsfähigkeit auch per „talk" zu demonstrieren. Dazu wieder dienen Schulbeobachtung, Evaluation und Rechenschaftslegung.[34] Allerdings ist eine staatliche Beobachtung der Schule von ihrer pädagogischen Beobachtung zu unterscheiden. Die Frage ist dann, ob und was ein politisches Konzept für die Entwicklung einer besseren Schule pädagogisch bewirken kann. Fällt der Nutzen wissensbasierter Steuerung auch bei den Schulen an oder kommt er einzig dem Staat zugute? Interdependenz wird aus der Latenz geholt und in Form von Beobachtung auf wahrnehmbare und spürbare Dauer gestellt. Das aber ist zunächst ein politisches Ziel, das erst noch nachweisen muss, die Schulentwicklung vorantreiben zu können. Interdependenz und ihre Unterbrechung verweisen darauf, dass Steuerung anstatt eines eindeutigen Steuerungsprinzips, wie sie in der vermeintlichen Umstellung von Input- auf Output-Steuerung beispielhaft vorgeführt wird, ein Balanceakt ist, dem Eindeu-

---

33 Er durchleuchtet nicht nur öffentliche Beziehungen, sondern durchlöchert die für eine bürgerliche Gesellschaft konstitutive Grenze zwischen öffentlich und privat.
34 Bürgerinformation gelingt nur in der paradoxen Form, die BürgerInnen und Funktionssysteme selbst intensiv zu durchleuchten.

tigkeit und Klarheit fehlt. Steuerung ist ambivalent und unscharf, dem „sowohl als auch" nachgebildet, nicht an der vermeintlichen Präzision des „entweder-oder" orientiert wie im Modell Margret Thatchers (‚There is no alternative').

In der Governance-Perspektive formuliert, heißt das, dass Regelungs- und Leistungsstruktur gerade nicht widerspruchsfrei sind, nicht sein können und deshalb auch mit unerwarteten Institutionendynamiken zu rechnen ist. Die Schule muss (unter Bedingungen einer öffentlichen Schule) gleichzeitig politisch abhängig wie von Politik autonom abgekoppelt handeln. Politisch ist ein Regelungsstruktur begründet zu etablieren, um in der schulischen Praxis darauf verzichten zu können, weil Politik und Schule sich wechselseitig anpassen. Und eine Regelungsstruktur ist nicht nur zu entwerfen, sondern auch zu handhaben, d.h. alle Akteure müssen sich damit zurechtfinden. Sachliche Zerlegung und zeitliche Sequenzierung politischer Programme „verflüssigen" jeden statischen Steuerungsansatz. Denn beide Mechanismen verändern ständig die jeweiligen Handlungsbedingungen, d.h. Zerlegungs- und Sequenzierungsprozesse können nicht am ursprünglichen programmatischen Ausgangspunkt anschließen, sondern an den „zuletzt" geschaffenen Ausgangsbedingungen (Simon 1994, 139-142).

Viel wird davon abhängen, ob es gelingt, das Steuerungsthema als „schöpferischen Prozess" (Münch 1994) zu verstehen, als eine „Kunstlehre", die Veränderung als „schöpferische Zerstörung" (Schumpeter) ausbildet – und dabei die ständische Schulgliederung gleich mitnimmt. Dann geraten Konstellationen in den Mittelpunkt der Aufmerksamkeit und die unverzichtbare Ressourcenzusammenlegung zahlreicher Akteure mit ihren unterschiedlichen Interessen, Werten und Normen – kollektive Handlungsfähigkeit. Dann könnte auch Vertrauen in die Handlungsfähigkeiten und -bereitschaften der Akteure ihren Platz bei der Bearbeitung von Interdependenz erhalten und nicht allein instrumentell verstandene Beobachtungs- und Messtechniken. Vertrauen ist dabei nicht auf „soft skills" zu verkürzen (die allerdings nur schon die Voraussetzung für valide Informationssammlung sind), sondern als basale soziale Ressource zu verstehen, deren "Kapital" sich durch „Investition" nicht verbraucht, sondern, allerdings nicht enttäuschungssicher, wachsende „Rendite" trägt. Vertrauen kann die Brücke zwischen Wissen und Nichtwissen schlagen (Kussau/Brüsemeister 2007b, Kapitel 5.6) und den „Raum" der Unschärfe und des Nichtwissens ausfüllen.

Wusste die Politik bisher zu wenig über die Schule, so könnte jetzt der umgekehrte Fall eintreten, eine Informationsüberlastung und als Folge eine Erschwerung der Handlungskoordination. Wissen ist jedoch nicht zwingend die Grundlage, um handeln zu können. Gerade auch Nichtwissen kann Handeln erzeugen, weil die Handlungsfolgen unbekannt sind (Wehling 2006, 23). Und Nichtwissen ist keineswegs als bloße Dummheit abzutun. Auch Steuerungswissen wird nicht wissen, was es wissen möchte und müsste. Viel eher ist die Frage zulässig: Was weiß Steuerungswissen und was muss es alles wissen, um als wirksames Steuerungswissen gelten zu können? Und wahrscheinlicher ist, dass weiter (vielleicht informiertere) Überzeugungssysteme (Ideologien; vgl. dazu Brunsson 1982) kollektive Handlungs- und Entscheidungsfähigkeit ermöglichen. Damit verfällt kollektives Handeln nicht zwingend in Obskurantismus, sondern praktiziert einen rationalen Handlungsmodus, der berücksichtigt, dass zweifellos notwendige Informationen durch die Akteure und ihre Deutungen „hindurch" müssen.

Literatur

Albert, Mathias/Steinmetz, Willibald (2007): Be- und Entgrenzungen von Staatlichkeit im politischen Kommunikationsraum. In: Aus Politik und Zeitgeschichte 20-21, 17-23.
Altrichter, Herbert/Heinrich, Martin (2006): Evaluation als Steuerungsinstrument im Rahmen eines „neuen Steuerungsmodells" im Schulwesen. In: Böttcher, Wolfgang/Holtappels, Heinz Günter/Brohm, Michaela (Hg.): Evaluation im Bildungswesen. Eine Einführung in Grundlagen und Praxisbeispiele. Weinheim/München: Juventa, 51-64.
Boudon, Raymond (1996): The „Cognitivist Model". A Generalized „Rational Choice Model". In: Rationality and Society 8, 123-150.
Bradach, Jeffrey L./Eccles, Robert G. (1989): Price, Authority, and Trust: From Ideal Types to Plural Forms. In: Annual Review of Sociology 15, 97-118.
Brosziewski, Achim (2005): Bildungsqualität, statistische Depression und das Gedächtnis des Bildungssystems. Materialien zur Bildungsforschung, Nr. 5. Pädagogische Hochschule Thurgau. Kreuzlingen.
Brüsemeister, Thomas/Heinrich, Martin/Kussau, Jürgen (2007): Zur Governance von Übergangen der Qualitätsentwicklung und -sicherung im Schulwesen. In: Eckert, Thomas (Hg.) (2007): Übergänge im Bildungswesen. Münster, u.a.: Waxmann, 67-82.
Brunsson, Nils (1982): The Irrationality of Action and Action Rationality: Decisions, Ideologies and Organizational Actions. In: Journal of Management Studies 19, 29-44.
Brunsson, Nils (2000): Organization, Markets, and Standardization. In: Brunsson, Nils/Jacobsson, Bengt and Associates: A World of Standards. Oxford/New York: Oxford University Press, 21-39.
Brunsson, Nils/Jacobsson, Bengt (2000a): The Contemporary Expansion of Standardization. In: Brunsson, Nils/Jacobsson, Bengt and Associates: A World of Standards. Oxford/New York: Oxford University Press, 1-17.
Brunsson, Nils/Jacobsson, Bengt and Associates (2000b): A World of Standards. Oxford/New York: Oxford University Press.
Brunstein, Joachim C./Heckhausen, Heinz (2006): Leistungsmotivation. In: Heckhausen, Jutta/Heckhausen, Heinz (Hg.): Motivation und Handeln. Dritte, überarbeitete und aktualisierte Auflage. Heidelberg: Springer, 143-191.
Buschor, Ernst (1997): New Public Management und Schule. In: Dubs, Rolf/Luzi, Richard (Hg.): Schule in Wissenschaft, Politik und Praxis. 25 Jahre IWP. Tagungsbeiträge. St.Gallen 1997, 147-176.
Coleman, James S. (1990): Foundations of Social Theory. Cambridge/London: Harvard University Press.

Czarniawska, Barbara (2000): Organizational translations: From worlds to words and numbers – and back. In: Kalthoff, Herbert/Rottenburg, Richard/Wagener, Hans-Jürgen (Guest-Editors): Facts and figures. Economic representation and practices. Ökonomie und Gesellschaft. Jahrbuch 16. Marburg: Metropolis Verlag, 117-142.

DiMaggio, Paul J./Powell, Walter W. (1991): The Iron Cage Revisited: Institutional Isomorphism and Collective Rationality in Organizational Fields. In: Powell, Walter W./Di-Maggio, Paul J. (eds.): The New Institutionalism in Organizational Analysis. Chicago/London: University of Chicago Press, 63-82.

Drerup, Heiner/Terhart, Ewald (1979): Wissensproduktion und Wissensanwendung im Bereich der Erziehungswissenschaft. Ein Beitrag zum Technologieproblem. In: Zeitschrift für Pädagogik 25, 377-394.

Dreßen, Wolfgang (1982): Die pädagogische Maschine. Zur Geschichte des industrialisierten Bewußtseins in Preußen Deutschland. Frankfurt a.M./Berlin/Wien: Ullstein.

Engel, Christoph/Halfmann, Jost/Schulte, Martin (Hg.) (2002): Wissen – Nichtwissen – Unsicheres Wissen. Baden-Baden: Nomos.

Esser, Hartmut (1999): Soziologie. Allgemeine Grundlagen. Frankfurt a.M./New York: Campus.

Fend, Helmut (1988): Schulqualität – die Wiederentdeckung der Schule als pädagogische Gestaltungsebene. In: Neue Sammlung 28, 537-547.

Fend, Helmut (2006a): Neue Theorie der Schule. Einführung in das Verstehen von Bildungssystemen. Wiesbaden. VS.

Fend, Helmut (2006b): Geschichte des Bildungswesens. Der Sonderweg im europäischen Kulturraum. Wiesbaden: VS.

Furusten, Staffan (2000): The Knowledge Base of Standards. In: Brunsson, Nils/Jacobsson, Bengt and Associates (2000): A World of Standards. Oxford/New York: Oxford University Press, 71-84.

Greshoff, Rainer/Schimank, Uwe (2005): Einleitung: Was erklärt die Soziologie? In: Schimank, Uwe/Greshoff, Rainer (Hg.): Was erklärt die Soziologie? Methodologien, Modelle, Perspektiven. Berlin: Lit, 7-42.

Harrison, J. Richard/March, James G. (1984): Decision Making and Postdecision Surprises. In: Administrative Science Quarterly 29, 26-42.

Hayek, Friedrich August von (1994): Der Wettbewerb als Entdeckungsverfahren. In: ders.: Freiburger Studien. Gesammelte Aufsätze. 4. Aufl., Tübingen: Mohr, 249-265.

Heinrich, Martin (2007): Governance in der Schulentwicklung. Von der Autonomie zur evaluationsbasierten Steuerung. Wiesbaden: VS.

Hessen (2006): Hessisches Kultusministerium; Institut für Qualitätsentwicklung: Schulinspektion in Hessen. Bericht zum Abschluss der Pilotphase. IQ Report 2. Wiesbaden.

Hirschman, Albert O. (1970): Exit, Voice, and Loyalty. Responses to Decline in Firms, Organizations, and States. Cambridge/London: Harvard University Press.

Hopkins, David/West, Mel/Skinner, John (1995): „Improvement through Inspection?" A Critique of the OFSTED Inspection System. School Evaluation in England and Wales. In: Zeitschrift für Sozialisationsforschung und Erziehungssoziologie 15, 337-350.

Kingdon, John W. (1995): Agendas, Alternatives, and Public Policies. New York: Harper Collins.

Klieme, Eckhard/Avenarius, Hermann/Blum, Werner/Döbrich, Peter/Gruber, Hans/Prenzel, Manfred/Reiss, Kristina/Riquarts, Kurt/Rost, Jürgen/Tenorth, Heinz-Elmar/Vollmer, Helmut J. (2003): Zur Entwicklung nationaler Bildungsstandards. Eine Expertise. Bildungsreform Bd. 1. Hg. Bundesministerium für Bildung und Forschung (BMBF). Berlin: Referat Öffentlichkeitsarbeit.

Kogan, Maurice/Maden, Margaret (1999): An evaluation of evaluators: The Ofsted system of school inspection. In: Cullingford, Cedric (ed.): An Inspector calls. Ofsted and its effect on school standards. London: Kogan Page, 9-31.

Kopp, Botho von (2007): „New Governance", gesellschaftlicher Wandel und civil society: Steuerung von Schule im Kontext von Paradoxien und Chancen. (http://www.dipf.de/publikationen/tibi/tibi 15_Kopp.pdf).

Kreissl, Reinhard (1993): Diskurskontexte und Umkontextuierungen. In: Bonß, Wolfgang/Hohlfeld, Rainer/Kollek, Regine (Hg.): Wissenschaft als Kontext – Kontexte der Wissenschaft. Hamburg: Junius, 95-102.

Kühl, Stefan (2001): Zentralisierung durch Dezentralisierung. Paradoxe Effekte bei Führungsgruppen. In: Kölner Zeitschrift für Soziologie und Sozialpsychologie 53, 467-496.

Kuper, Harm (2006): Rückmeldung und Rezeption – zwei Seiten der Verwendung wissenschaftlichen Wissens im Bildungswesen. In: Kuper, Harm/Schneewind, Julia (Hg.): Rückmeldung und Rezeption von Forschungsergebnissen. Zur Verwendung wissenschaftlichen Wissens im Bildungssystem. Münster, u.a.: Waxmann, 8-16.

Kussau, Jürgen (2002): Schulpolitik auf neuen Wegen? Autonomiepolitik. Eine Annäherung am Beispiel zweier Schweizer Kantone. Aarau: Bildung Sauerländer.

Kussau, Jürgen/Brüsemeister, Thomas (2007a): Educational Governance: Zur Analyse der Handlungskoordination im Mehrebenensystem der Schule. In: Altrichter, Herbert/Brüsemeister, Thomas/Wissinger, Jochen (2007): Educational Governance – Handlungskoordination und Steuerung im Bildungssystem. Wiesbaden: VS, 15-54.

Kussau, Jürgen/Brüsemeister, Thomas (2007b): Governance, Schule & Politik. Zwischen Antagonismus und Kooperation. Wiesbaden: VS.

Lange, Stefan/Braun, Dietmar (2000): Politische Steuerung zwischen System und Akteur. Eine Einführung. Opladen: Westdeutscher Verlag.

Lange, Stefan/Schimank, Uwe (2004): Einleitung: Governance und gesellschaftliche Integration. In: Lange, Stefan/Schimank, Uwe (Hg.): Governance und gesellschaftliche Integration. Wiesbaden: VS, 9-44.

Lipsky, Michael (1980): Street-Level Bureaucracy. Dilemmas of the Individual in Public Services. New York: Russell Sage Foundation.

Luhmann, Niklas (1967): Soziologie als Theorie sozialer Systeme. In: Kölner Zeitschrift für Soziologie und Sozialpsychologie 19, 615-644.

Luhmann, Niklas (1982): Die Voraussetzung der Kausalität. In: Luhmann, Niklas/Schorr, Karl Eberhard (Hg.): zwischen Technologie und Selbstreferenz. Fragen an die Pädagogik. Frankfurt a.M.: Suhrkamp, 41-50.

Luhmann, Niklas (1996): Das Erziehungssystem und die Systeme seiner Umwelt. In: Luhmann, Niklas/Schorr, Karl Eberhard (Hg.): Zwischen System und Umwelt. Fragen an die Pädagogik. Frankfurt a.M.: Suhrkamp, 14-52.

Luhmann, Niklas (1997): Die Gesellschaft der Gesellschaft. Frankfurt a.M.: Suhrkamp.

Lundgreen, Peter (2000): Schule im 20. Jahrhundert. Institutionelle Differenzierung und expansive Bildungsbeteiligung. In: Benner, Dietrich/Tenorth, Heinz-Elmar (Hg.): Bildungsprozesse und Erziehungsverhältnisse im 20. Jahrhundert. Praktische Entwicklungen und Formen der Reflexion im historischen Kontext. 42. Beiheft der Zeitschrift für Pädagogik. Weinheim/Basel/Berlin: Beltz, 140-165.

Martin, Wilfred B.W. (1976): The Negotiated Order of the School. O.O.: MacMillan of Canada – McLean-Hunter Press.

Mayntz, Renate (1988): Funktionelle Teilsysteme in der Theorie sozialer Differenzierung. In: Mayntz, Renate/Rosewitz, Bernd/Schimank, Uwe/Stichweh, Rudolf: Differenzierung und Verselbständigung. Zur Entwicklung gesellschaftlicher Teilsysteme. Frankfurt/New York: Campus, 11-44.

Mayntz, Renate (1993): Policy-Netzwerke und die Logik von Verhandlungssystemen. In: Héritier, Adrienne (Hg.): Policy-Analyse. Kritik und Neuorientierung. Sonderheft 24/1993 der Politischen Vierteljahresschrift. Opladen: Westdeutscher Verlag, 39-56.

Mayntz, Renate (2005): Governance Theory als fortentwickelte Steuerungstheorie. In: Schuppert, Gunnar Folke (Hg.): Governance-Forschung. Vergewisserung über Stand und Entwicklungslinien. Baden-Baden: Nomos, 11-20.
Meyer, John W./Rowan, Brian (1992): The Structure of Educational Organization. In: Meyer, John W./Scott W. Richard: Organizational Environments. Ritual and Rationality. Newbury Park/London/New Delhi: Sage Publications, 71-97.
Meyer, John W./Boli, John/Thomas, George M. (1994): Ontology and Rationalization in the Western Cultural Account. In: Thomas, George M./Meyer, John W./Ramirez, Francisco O./Boli, John (1987): Institutional Structure. Constituting State, Society, and the Individual. Newbury Park/Beverly Hills/London/New Delhi: Sage Publications, 9-27.
Meyer, John W./Scott, W. Richard/Deal, Terrence E. (1992): Institutional and Technical Sources of Organizational Structure: Explaining the Structure of Educational Organizations. In: Meyer, John W./Scott W. Richard: Organizational Environments. Ritual and Rationality. Newbury Park/London/New Delhi: Sage Publications, 45-67.
Münch, Richard (1994): Politik und Nichtpolitik. Politische Steuerung als schöpferischer Prozess. In: Kölner Zeitschrift für Soziologie und Sozialpsychologie 46, 38-405.
Orton, J. Douglas/Weick, Karl E. (1990): Loosely Coupled Systems: A Reconceptualization. In: Academy of Management Review 15, 203-223.
Rammert, Werner (2003): Zwei Paradoxien einer innovationsorientierten Wissenspolitik: Die Verknüpfung heterogenen und die Verwertung impliziten Wissens. In: Soziale Welt 54, 483-
Reyes, Pedro (ed.) (1990): Teachers and Their Workplace. Commitment, Performance, and Productivity. Newbury Park, u.a.: Sage Publications.
Richter, Rudolf/Furubotn, Eirik G. (2003): Neue Institutionenökonomik. Eine Einführung und kritische Würdigung. 3. überarbeitete und erweiterte Auflage. Tübingen: Mohr.
Rolff, Hans-Günter (1995): Autonomie als Gestaltungs-Aufgabe. Organisationspädagogische Perspektiven. In: Daschner, Peter/Rolff, Hans-Günter/Stryck, Tom (Hg.): Schulautonomie – Chancen und Grenzen. Impulse für die Schulentwicklung. Weinheim/München: Juventa, 31-54.
Scharpf, Fritz W. (1997): Games Real Actors Play. Actor-Centered Institutionalism in Policy Research. Boulder: Westview Press.
Scharpf, Fritz W. (1989): Politische Steuerung und Politische Institutionen. In: Politische Vierteljahresschrift 30, 10-21.
Scharpf, Fritz W. (1977): Public Organization and the Waning of the Welfare State: A Research Perspective. In: European Journal of Political Research 5, 339-362.
Schimank, Uwe (2000): Handeln und Strukturen. Einführung in die akteurtheoretische Soziologie. Weinheim/München: Juventa.
Schwarz, Bernd/Prange, Klaus (Hg.) (1997): Schlechte Lehrer/innen. Zu einem vernachlässigten Aspekt des Lehrberufs. Weinheim: Beltz.
Simon, Herbert A. (1964): On the Concept of Organizational Goal. In: Administrative Science Quarterly 9, 1-22.
Simon, Herbert A. (1994): Gesellschaftsplanung. Entwürfe für das evolvierende Artefakt. In: ders.: Die Wissenschaften vom Künstlichen. Wien/New York: Springer.
Standaert, Roger (2000): Inspectorates of Education in Europe. A Critical Analysis. Utrecht (www.sici.org.uk/reports/index.html#publications).
Strang, David/Soule, Sarah A. (1998): Diffusion in Organizations and Social Movements: From Hybrid Corn to Poison Pills. In: Annual Review of Sociology 24, 265-290.
Tenorth, Heinz-Elmar (2003): Autonomie und Eigenlogik von Bildungseinrichtungen – ein pädagogisches Prinzip in historischer Perspektive. In: Füssel, Hans Peter/Roeder, Peter M. (Hg.): Recht – Erziehung – Staat. Zur Genese einer Problemkonstellation und zur Programmatik ihrer

zukünftigen Entwicklung. 47. Beiheft der Zeitschrift für Pädagogik. Weinheim/Base/Berlin: Beltz, 106-119.

Terhart, Ewald (1986): Organisation und Erziehung. Neue Zugangsweisen zu einem alten Dilemma. In: Zeitschrift für Pädagogik 32, 205-223.

Thompson, James D. (1967): Organisations in Action. Social Science Bases of Administrative Theory. New York, u.a.: McGraw-Hill Book Company.

Wehling, Peter (2001): Jenseits des Wissens? Wissenschaftliches Nichtwissen aus soziologischer Perspektive. In: Zeitschrift für Soziologie 30, 465-484.

Wehling, Peter (2006): Im Schatten des Wissens? Perspektiven der Soziologie des Nichtwissens. Konstanz: UVK.

Weick, Karl E.: (1976) Educational Organizations as Loosely Coupled Systems. In: Administrative Science Quarterly 21, 1-19.

Weihrich, Margit/Dunkel, Wolfgang (2003): Abstimmungsprobleme in Dienstleistungsbeziehungen. Ein handlungstheoretischer Zugang. In: Kölner Zeitschrift für Soziologe und Sozialpsychologie 55, 758-781.

White, Harrison C. (1992): Identity and Control. A Structural Theory of Social Action. Princeton: Princeton University Press.

Zahariadis, Nikolaos (1999): Ambiguity, Time, and Multiple Streams. In: Sabatier, Paul A. (ed.): Theories of the Policy Process. Boulder: Westview Press, 73-93.

Roman Langer

Nicht Wissen hilft –
Evaluation in der Konkurrenz von Symbolisierungen

Einleitung

Dieser Beitrag befasst sich mit wissensbasierten Evaluationen im Kontext verschiedener Realitätsdefinitionen von Akteuren der Schule. Problematisiert wird, wie Evaluationen in einem Mehrebenensystem der Schule wirksam werden können, wenn die Akteure dieses Systems verschiedenen Realitätsdefinitionen folgen und sich das Schulsystem in Starre (Distraktion) befindet. Verantwortlich für diese Starre ist ein sozialer Mechanismus, dessen Dimensionen rekonstruiert werden. Als Ursachen für Missstände im Bildungssystem werden *transintentionale Mechanismen sozialer Selbstorganisation* veranschlagt.[1] Das sind Wirkungszusammenhänge, die quasi-automatische Prozesse erzeugen, die von niemandem bewusst geplant, organisiert und gesteuert werden, sondern die Strukturen des Bildungssystems einschließlich der Verhaltensweisen seiner Akteure, aus denen diese Mechanismen gleichwohl bestehen, selbsttätig reproduzieren. Transintentionale soziale Mechanismen sind in der Lage, die Wirkung von Strukturreformen etwa im Bildungssystem auszuhebeln oder in eine andere Richtung zu lenken als beabsichtigt. Damit beeinflussen sie auch Wirkungen solcher Reformen, die mit wissensbasierten Evaluationen arbeiten.

So lange es den Akteuren des Bildungssystems nicht gelingt, diese Mechanismen in den gestaltenden Griff zu bekommen, wird auch evaluationsbasiertes Wissen ihnen kaum helfen, *nachhaltig wirksame* Umstrukturierungen im Bildungssystem vornehmen zu können. Dies ist die aufs Buchthema bezogene

---

1   Um einem Missverständnis vorzubeugen: Es geht nicht darum, den Personen, die im Bildungssystem tätig sind (der Autor ist selbst so eine Person und nimmt sich aus der vorliegenden Analyse in keiner Weise aus) humane Absichten abzusprechen. Sondern es geht darum, eine Erklärung dafür zu entwerfen, wie es möglich werden kann, dass trotz bester individueller Absichten im sozialen Zusammenwirken schädliche, inhumane Wirklichkeiten reproduziert und prolongiert werden.

Kernthese des vorliegenden Beitrags. Es lässt sich zugleich als Warnung davor lesen, dem Konzept der Wissensgesellschaft zu sehr zu vertrauen[2] und zu glauben, dass Wissen das entscheidende Produktionsmittel zur Gestaltung gesellschaftlicher Prozesse wäre.

Die Mechanismen-Analyse[3] soll es erlauben, komplexe soziale Wirkungsgefüge gezielt mittels begrenzter theoretischer Erklärungswerkzeuge zu erfassen, die *unabhängig* von ihren Herkunftstheorien zur Erklärung empirisch-praktischer Sachverhalte einsetzbar sind. Diese Erklärungswerkzeuge werden durch Rekonstruktion der *Gemeinsamkeiten verschiedener* Theorien und *verschiedener* empirischer Fälle erzeugt (vgl. zur Analyse auf Gemeinsamkeiten Kleining 1982, Langer 2005, Band I).[4]

Freilich bietet ein Aufsatz nicht genügend Raum, um das Ergebnis einer vollständigen Mechanismen-Analyse nachvollziehbar darzustellen.[5] Deshalb wird hier nur ein grober Umriss geboten, ein Schlaglicht darauf, was unter einem „transintentionalen Selbstorganisations-Mechanismus" im Bildungssystem verstanden werden kann. Fokussiert werden dabei *ausschließlich* die „negativen" Wirkungen dieses Mechanismus, die in Blockaden, strukturellen Ineffizienzen und in der Perpetuierung auch unter Humanitätsgesichtspunkten unbefriedigender Zustände resultieren. Es werden also Kräfte in den Blick genommen, die sich erstens evaluationsbasierten Steuerungsabsichten insgesamt entgegenstellen, und die zweitens Arten von „Wissen", Steuerungsabsichten und Evaluationsarrangements erzeugen, die sich *schädlich* auf die Leistungen und die Integrität von Akteuren auswirken. Diese Fokussierung auf „negative" Wirkungen wird von der Absicht getragen, „tief liegende" und nicht immer leicht erkennbare Faktoren zu identifizieren, deren Wirkungsweise in möglichen „positiven" Evaluationsar-

---

2 Davor warnt auch Bittlingmayer (2001).
3 Erläuterungen zur Mechanismen-Analyse finden sich in Langer 2006a, eine erste Anwendung der Mechanismen-Analyse auf die Reproduktion von Terrorismus in Langer 2007. Für die wissenschaftstheoretische Diskussion zu sozialen Mechanismen vgl. den Klassiker Hedström/Swedberg 1998 sowie Mackert 2000; Balog/Cyba 2004; James 2004; Opp 2004; Sawyer 2004; Steel 2004; Edling/Hedström 2005; Kron 2005; Schmid 2005; 2006.
4 Wo nicht anders angegeben, wurden die Komponenten des Mechanismus erstmals in einer Analyse von Selbstorganisationsstrukturen in Schule und Universität rekonstruiert. Deren theoretische Basis war die Analyse auf Gemeinsamkeiten folgender Theorien: Habitus-Feld-, Kapital- und Symboltheorie von Bourdieu; Prozess- und Figurationstheorie von Elias; Theorie sozialer Machtbildung und Normierung von Popitz sowie mit Abstrichen: Theorie der Dialektik der Ordnung (Bauman) und Strukturationstheorie (Giddens), Langer (2005), darin auch die empirische Basis, und für ein sehr knappes Resümee der dabei entstandenen Theorie sozialer Selbstorganisation Köhler et al. (2007). Die vorliegende Analyse bezieht darüber hinaus vor allem Theoreme aus dem Neo-Institutionalismus (Senge/ Hellmann 2006, Hasse/ Krücken 2005), der Akteur-Netzwerk-Theorie (Belliger/Krieger 2006) und verschiedenen Symboltheorien ein (Hülst 1999; Elias 2001; Edelman 1976; Mead 1968, 1977, 1980; Bourdieu 1993, 1998).
5 Den Herausgebern sei für Anregungen gedankt.

rangements, deren Entwicklung der künftigen Forschung obliegt, erfasst und als „Hebel" für Umstrukturierungen genutzt werden kann.

Der Aufbau des Textes folgt den einzelnen Faktoren, aus denen der Mechanismus besteht, und zwar in der Reihenfolge, in der sie im Verlaufe von Auseinandersetzungen zwischen Akteuren des Bildungssystems – etwa um Reformen – wirksam werden. In der Regel sind die Handlungsprobleme im Bildungssystems durch (1) differente Praktiken der Problemkonstitution, einer Art „negativer Kooperation" verschiedener Akteure, gekennzeichnet. Diese Differenzen werden dann durch – ebenfalls unterschiedliche und einander widersprechende – explizite (2) Problemdefinitionen und Bearbeitungserwartungen sozusagen verdoppelt. Die in diesen Differenzen begründeten Tendenzen zu wechselseitigen Blockaden werden verstärkt, wenn (3) Konkurrenz das vorherrschende Governanceprinzip ist. Weiter wird erörtert (4) ob sich neue Gedanken, Ideen, Konzepte verschiedener Akteure aufeinander beziehen oder unverbunden nebeneinander stehen. In diesem Zusammenhang wird beleuchtet, welche Rolle (5) reflexive Symbolisierungen für die (Um-)Strukturierung sozialer Institutionen spielen. Auseinandersetzungen, die in Blockadedynamiken rutschen, sind weiter gekennzeichnet durch eine (6) Separation sozialer Vermögen[6], einer Art wechselseitigen Unwirksam-Machens der beteiligten Akteure, und durch eine (7) Distraktion kollektiver Kräfte, einer Art Zerstreuung und Ablenkung der Energien auf unterschiedlichste Nebensächlichkeiten; ebenfalls sind Symbolik und Praxis entkoppelt: die Akteure handeln anders als sie in ihren Reden vorgeben. Abschließend wird aus einer Zusammenfassung Mechanismen-Modells (8) Konsequenzen zur Möglichkeit von Evaluationen angedeutet. Mit einem (9) Fazit schließt der Beitrag.

1. Differente Praktiken der Problemkonstitution

Der erste Faktor des „Bildungssystem-Mechanismus" ist die praktische Problemkonstitution. Wie tragen verschiedene Akteure durch ihre Praktiken zur Reproduktion eines Handlungsproblems bei? Durch Verhaltensweisen, die aufeinander bezogen sind – dann wäre die Chance zur kooperativen Strukturentwicklung eröffnet – oder durch voneinander isolierte Verhaltensweisen?[7] Im vorlie-

---

6   Der Begriff „soziales (strukturelles) Vermögen" bezeichnet all jene Potenziale oder Kapazitäten eines Akteurs, die ihn in die Lage versetzen, auf seine soziale Umwelt einzuwirken, und die ihm, unabhängig von seinen Intentionen durch soziale Zuschreibungen verschafft werden (Langer 2005 I, Köhler et al. 2007)

7   Mit dem Begriff „Verhaltensweisen" statt „Handlungen" oder „Handlungsformen" soll explizit auch nichtintentionale, unreflektiert-reaktive, routinierte sowie alle Arten quasi-automatisch durchgeführter Verhaltensweisen in die analytische Betrachtung inbegriffen sein.

genden Fall geht es um isolierte Verhaltensweisen, der Faktor ist also auf Strukturerstarrung „gepegelt". Das Handlungsproblem ist der Sachverhalt, dass die Strukturen des Bildungssystems stark fragmentiert sind.

1.1 Fragmentierte Struktur der Reforminitiativen

Ein Schulministerium erlässt binnen weniger Jahre mehrere Reformen. Unter anderem handelt es sich um (a) die Verpflichtung für jede Einzelschule, ein Schulprogramm zu verfassen, (b) die Einführung einer Lern-Ausgangslagen-Untersuchung, (c) die Einführung eines neuen Arbeitszeitmodells für LehrerInnen, (d) die Einführung von interschulischen Vergleichstests, (e) die Einführung von an Bildungsstandards orientierten Abschlussprüfungen.

Warum verhält sich das Ministerium so? Warum erlässt es Reformen in diesen thematischen Zuschnitten und in schneller Folge? Warum sind sie kaum aufeinander abgestimmt? Dies ist verschiedenen „Subfaktoren" geschuldet.

Der entscheidende Subfaktor ist hier das Verhältnis des Schulministeriums zum politischen System. (1) Die politischen Amtsinhaber[8] wollen und müssen ihre *Handlungsfähigkeit* und *Wirksamkeit* (Erfolge) ihrer Maßnahmen demonstrieren, um generell die Richtigkeit und Erfolgsträchtigkeit ihrer bildungspolitischen Programme und Strategien vor den Wählern unter Beweis zu stellen, speziell um ihre Überlegenheit gegenüber den bildungspolitischen Vorstellungen der politischen Opposition zu demonstrieren, und auch um vor ihren eigenen Parteimitgliedern den Vollzug bildungspolitischer Programme anzuzeigen. Widrigenfalls müssen sie mit Abwahl und damit mit dem Verlust politischen Gestaltungsvermögens rechnen. (2) Zudem gilt es, in der Konkurrenz mit anderen Politik-Ressorts und Ministerien bei der Verteilung finanzieller und machtpolitischer Ressourcen „im Spiel" zu bleiben. (3) Schließlich muss das Ministerium Vorgaben nationaler und europäischer Institutionen umsetzen, etwa Beschlüsse einer Kultusministerkonferenz oder bildungspolitische Vereinbarungen im Rahmen der EU (z.B. Döbert 2001). Alleingänge würden hier mit dem Austausch der Amtsinhaber quittiert.

Schon diese grobe Beschreibung lässt erkennen, dass das Ministerium verschiedene Rücksichten zu nehmen hat. Für den vorliegenden Zusammenhang ist der Effekt wichtig, den dieser Sachverhalt erzeugt: Die Reformen sind nicht aufeinander abgestimmt. Sie folgen keiner Gesamtstrategie, sondern weisen im Gegenteil voneinander recht unabhängige Zielstellungen und Maßnahmen auf. Der Grund ist, dass die Reformen von unterschiedlichen Akteuren, aus unter-

---

8 Frauen und Männer sind gleichbezeichnet – hier in der männlichen Form.

schiedlichen Anlässen und unterschiedlichen Handlungslogiken folgend entworfen waren: So hatten die Regierungen gewechselt, der PISA-Schock hatte sich ereignet und Reformen hervorgerufen, die regional verschieden durchgeführt werden. Jede neue Reformmaßnahme ist vom unmittelbaren Interesse an Profilierung durch Demonstration von Handlungsfähigkeit geprägt.

1.2 Fragmentierte institutionelle Struktur des Schulwesens

Jene Reformen treffen auf eine stark segmentierte oder fragmentierte Schullandschaft. Die Fragmentierung liegt erstens darin, dass die einzelnen Schulen voneinander isoliert vor sich hin wirken.[9] Interschulische Kooperation findet, mit Ausnahme eher zufälliger persönlicher Kontakte, so gut wie nicht statt. Institutionelle Abstimmungs- oder Kooperationsstrukturen fehlen. Dagegen wird durch latente Konkurrenz um öffentliche Reputation und Schülerzahlen, durch ideologische und praktische Abgrenzung der Schultypen voneinander, und durch die Aufforderung zur Autonomie und Profilierung eine wechselseitige Isolation der Schulen, damit strukturelle Fragmentierung reproduziert.

Zweitens: Was für die Verhältnisse zwischen den einzelnen Schulen gilt, gilt analog für die innerschulischen Verhältnisse. Die Schulen sind seriell (Paris) bzw. zellular (Lortie) organisierte Institutionen, in denen es nur segmentäre, aber nahezu keine funktionale Arbeitsteilung und ebenfalls fast keine institutionalisierten Kooperationsstrukturen gibt. Die einzelnen Lehrer arbeiten isoliert in den ebenfalls formal gleichförmigen Klassen. Pädagogische Probleme und Fehler werden Personen zugeschrieben und damit privatisiert. Insgesamt werden Defizite stärker beachtet und sanktioniert als gute Leistungen.

Die universitären Institutionen der Lehrerausbildung, drittens, konzentrieren ihre Studiengänge auf die Vermittlung fachlicher Inhalte, auf reproduktives Lernen und auf das Vermitteln normativ-programmatischer Didaktiken. Zum kooperativen Organisieren und Gestalten institutioneller (auch unterrichtlicher) Strukturen oder zur kooperativen, gestaltungsorientierten Reflexion der laufenden Unterrichtspraxis leiten sie dagegen nicht an. So arbeiten Lehrer, den traditionellen institutionellen Schulstrukturen konform, weiterhin vorwiegend mit Frontalunterricht, Abfragetests, Abschreibeverbot, Einzelbewertung und individueller Fehlerzurechnung.[10] Die Schüler werden so ebenfalls voneinander isoliert wer-

---

9 Eine Reaktion darauf sind die vielfachen Reforminitiativen, die auf die „Entwicklung regionaler Bildungslandschaften" und ähnliches abzielen, vgl. u. a. Schule & Co. (Bastian/Rolff 2003).
10 In der pädagogischen Literatur sieht das anders aus, hier werden bekanntlich sehr viele unterschiedliche Lernformen verhandelt, sowohl in didaktischen Konzepten als auch in empirischen Untersuchungen. Allerdings liegt das möglicherweise an einem systematischen *bias*: Die empi-

den und lernen nicht, systematisch zu kooperieren oder gar ihre Persönlichkeits- oder sozialen Strukturen reflexiv und kooperativ zu gestalten.

1.3 Effekte

Diese institutionelle Fragmentierung des Schulsystems hat zur Folge, dass es so etwas wie koordinierte Gestaltung der Schulstrukturen durch die Schulmitglieder selbst fast nicht gibt. Schulentwicklung findet vorwiegend transintentional, gewissermaßen „naturwüchsig" statt; einzelne Schulen können sich kaum durch gezielte und bewusste Einflussnahme ihrer Mitglieder selbst verändern. Deshalb auch haben sie es bislang nicht geschafft, eigene, unabhängige und reflektierte Konzepte von Qualität, Leistung, Bewertungsmaßstäben etc. zu entwickeln und den regelmäßig wenig ausgegorenen Konzepten, die in politischen Reformansätzen mitgeführt werden, überzeugend entgegen zu setzen. Da ihnen kollektiv geteilte Vermögen zur koordinierten Selbstgestaltung ihrer institutionellen Strukturen fehlen, fehlt ihnen auch gemeinsame Schlagkraft, um sich argumentativ oder durch gezielten, koordinierten Einsatz ihrer im System verteilten Machtmittel gegen unerwünschte externe Beeinflussungen zu wehren.

Die Organisationsform des Bildungssystems resultiert weiter in dem Effekt, dass nahezu jede institutionelle Einheit des Schulsystems – bis hin zu den einzelnen Lehrern – *allein* vor *denselben* Problemen steht und so isoliert mit ihren begrenzten Kräften daran herum kuriert. Mit „denselben Problemen" sind hier zunächst einmal diejenigen gemeint, die die heutige Schülergeneration aus der „Mitte" der Gesellschaft in die Schulen hinein trägt und mit denen Lehrpersonen sich Tag für Tag herum schlagen: Konzentrationsschwierigkeiten, Rechtschreibmängel, gering ausgebildete soziale „Grundfähigkeiten", Probleme mit der Verarbeitung komplexer Informationen, (verständliche) resignative Grundhaltungen, empfundene Mängel an sozialer Anerkennung.

Ein weiterer Effekt ist ein institutioneller Mangel an Organisationsbewusstsein, an explizitem und relativ gesichertem Steuerungswissen, an Strukturierungskompetenz. Die Tatsache, dass die Schule ein *soziales* System ist, wird strukturell nahezu ignoriert. So bleiben soziale Mechanismen undurchschaut

---

rischen Studien beziehen sich sehr oft auf *Veränderungsprojekte*, und „Reformschulen" sind in ihnen überrepräsentiert, die erdrückend überwiegende Anzahl „ganz normaler" Schulen, die keine Reformgeschichte durchlaufen haben, dagegen unterrepräsentiert. Es ist für WissenschaftlerInnen wohl langweilig, unreformierte Schulen zu untersuchen. Vielleicht kommt es ihnen auch gar nicht mehr in den Sinn. Als ich einmal gestandenen Schulpädagogen vorschlug, in ein Projekt gezielt solche „ganz normalen" Schulen einzubeziehen und nicht nur solche, mit denen sie ohnehin durch lange reformerische Zusammenarbeit verbunden waren, lautete die Frage: „Warum?"

und können nicht in den Griff gezielter kooperativer Gestaltungsmaßnahmen genommen werden. In einer solchen zerklüfteten institutionellen Landschaft koppeln Reformen nur *zufällig* an Strukturen an – nur soweit es jene unkontrollierten Mechanismen institutioneller Selbststrukturierung erlauben.

2. Verhältnis der Problemdefinitionen und Bearbeitungserwartungen

Der zweite Faktor betrifft das Verhältnis der bewussten Problemdefinitionen der Akteure und das Verhältnis der Erwartungen, die sie an eine mögliche Auseinandersetzung mit dem Problem haben. Sind die Problemdefinitionen und Erwartungen aufeinander bezogen (ähnlich oder eindeutig widersprüchlich), ist Strukturentwicklung möglich. Sind sie aber voneinander isoliert (aus unterschiedlichen Perspektiven heraus, unterschiedliche Probleme oder Problemaspekte hervorhebend, in inkompatiblen Begriffssprachen formuliert), dann provozieren sie Strukturerosion, wie im vorliegenden Modell.

2.1 Problemdefinitionen von Politik und Profession

Nicht nur die deutschsprachige Bildungspolitik geht von der Maxime aus, dass die Wettbewerbsposition wahlweise Europas, der Nation oder der Region gestärkt werden müsse, und dass gute Bildungspolitik darin bestehe, dazu beizutragen. Sie sieht das Hauptproblem des Bildungssystems darin, dass seine Schulen und Universitäten nicht genügend Innovationen erzeugen, die den Standort der Bundesrepublik beziehungsweise Europas in der globalisierten Konkurrenz stärken. Diese Problemdefinition lässt sich etwa wie folgt rekonstruieren.[11]

„Wir (mit diesem ‚wir' ist wahlweise Deutschland oder Europa gemeint) müssen, um unseren Wohlstand zu wahren, langfristige Markterfolge unserer Unternehmen sichern und Arbeitsplätze schaffen/erhalten. Angesichts der sich verschärfenden globalen Konkurrenz, der wir uns ausgesetzt sehen, und die unser unabänderliches Schicksal ist, werden dazu neuartige Anstrengungen erforderlich. Wir benötigen hoch qualifizierte Personen sowie ökonomische (vorwie-

---

11 Die folgende Rekonstruktion geht auf v. Festenberg (2006) zurück, der die Argumentationen in jüngeren hochschulpolitischen Debatten des Deutschen Bundestages untersucht hat. Die Ergebnisse basieren auf solchen Äußerungen, die debatten- und parteiübergreifend unwidersprochen blieben; sie können also als kollektiv geteiltes Glaubensgut (unter bundesdeutschen Berufspolitikern) gelten.

gend High-Tech-) Innovationen, die auf den Weltmärkten nachgefragt werden und ökonomische Gewinne erzielen. Die Akteure, die Personen qualifizieren und (High Tech-)Innovationen entwickeln, sind – neben Unternehmen – Universitäten und Schulen. Diese Institutionen müssen innovative (konkurrenzfähige) Personen und innovative High-Tech-Produkte erzeugen – und sie dahin zu bringen, darin besteht der Zweck von Schul- und Universitätsreformen."

Die Lehrerprofession definiert das Hauptproblem des Bildungssystems anders.[12] Ihre verbandliche oder gewerkschaftliche Interessenvertretung behauptet, dass fast alle Lehrer bereits stets die bestmögliche Arbeit leisten, und dass sie qua Ausbildung und Berufserfahrung *wissen* – und zwar besser als jeder Nichtpädagoge –, wie man schulische Lehr-Lern-Prozesse optimal gestalten und die Lernprozesse von Schülern damit optimal fördern könne.

Das Hauptproblem besteht aus dieser Sicht eher darin, dass schul*externe* Akteure und Bedingungen Schwierigkeiten bereiten: Der Umgang mit den Schülern wird schwieriger, da die Erziehungstätigkeit der Eltern nachlasse und Erziehungsarbeit auf die Schule verlagert werde; der Umgang der Schüler mit Massenmedien konterkariere die Anstrengungen der Schule teilweise; weiter sei das gesellschaftliche Ansehen der Lehrer, gemessen an Verantwortung, Engagement und Qualität ihrer Arbeit, viel zu gering, ihre Arbeit dagegen enorm belastet. In dieser Situation nun werde man von politisch-administrativer Seite mit immer neuen Reformzumutungen konfrontiert, die stets weitere Belastungen, aber selten die verheißenen Verbesserungen mit sich brächten. Damit *behinderten* Politik und Administration die pädagogische Arbeit, statt sie zu unterstützen.

2.2 Problembearbeitungserwartungen und ihre Wechselwirkungen

Bezogen auf Reformen sehen die Pädagogen in den Schulen deshalb das Hauptproblem darin, die zusätzlichen Belastungen abzufedern, die jene Reformen mit sich bringen. Hilfestellungen oder Lösungen zur Bearbeitung aktueller Probleme vor Ort werden nicht erwartet (und das auch nicht zu Unrecht, da die Politik Probleme vor Ort mit jenen Maßnahmen ja auch gar nicht zu beheben *beabsichtigt*). Von vornherein also begeben sich die Schulen in eine Art Abwehrhaltung.

Im Schulministerium erwartet man das schon. Ausgehend von bisherigen Erfahrungen, unterstellt man der Mehrheit der Lehrer (de facto, aber nicht in öffentlichen Kommunikationen, um keine Wählerklientel zu verprellen) Re-

---

12   Im Folgenden wird der Sachverhalt vernachlässigt – wie übrigens analog auch bei „der" Bildungspolitik – dass die Lehrerprofession in recht unterschiedliche „Arten" von Lehrern untergliedert ist. Rekonstruiert wird lediglich ein Argumentationsstrang, der in der Logik professioneller Selbstdarstellung liegt (Klatetzki/Tacke 2005).

formunfähigkeit oder -unwilligkeit. Die politischen Akteure definieren ein zusätzliches Problem: „Wie können wir die Schulen zu Reformen zwingen?"

So wird ein Zirkel wechselseitiger Beobachtung zwischen Lehrerprofession und ministeriellen Akteuren eingeleitet. Beide Seiten richten ihre Erwartungen und Reaktionen zunehmend aufeinander. Strategische Überlegungen, wie man Reformen gegen Widerstände durchsetzt (Politik) bzw. Reformen möglichst unschädlich – also auch: unwirksam – für die eigene Arbeit macht (Lehrerprofession) treten in den Vordergrund, *die Bearbeitung der ursprünglichen Probleme tritt in den Hintergrund*. In gewisser Weise sind beide Akteure auch genötigt, diese ursprünglichen Probleme in den Hintergrund treten zu lassen, weil die Problemdefinitionen beider Akteure völlig unterschiedlich sind: Wollten Politik und Profession anfangen, Probleme *kooperativ* zu bearbeiten statt einander zu blockieren, müssten sie eine *gemeinsam geteilte* Problemdefinition entwickeln.

Ein zweiter Zirkel, der durch die unterschiedlichen Problemdefinitionen und -bearbeitungserwartungen erzeugt wird, besteht in der *wechselseitigen Externalisierung von Verantwortung*. Beide Seiten werfen einander vor, sich gegen die Bearbeitung des „wirklich wichtigen", nämlich aus je egozentrischer Perspektive definierten Problems zu wehren, und stattdessen in unsinnigen, wirkungslosen Aktionismus zu verfallen respektive in starren Blockadehaltungen zu verharren. Den Fehler also machen die jeweils anderen. Selbstkritische Relativierungen des eigenen Standpunktes und die Suche nach einer tragfähigen Verständigungs- oder Kooperationsbasis finden nicht statt – zumal dies beiden Seiten als ein Zusatzaufwand neben der ohnehin schon schwierigen täglichen Arbeit erscheint. Wechselseitiges Misstrauen wird zur Geschäftsgrundlage.

3. Konkurrenz als vorherrschendes Governanceprinzip[13]

Der dritte Faktor bezieht sich auf das Mischungsverhältnis der Grundtypen sozialer Verhaltenskoordination in der untersuchten Sozialität: Solidarität (Gemeinschaft), Konkurrenz (Markt), Autorität/Hierarchie (Staat) und Dissoziation (Zerfall). Wenn diese Typen gemischt sind, also zeitlich, örtlich und funktionsabhängig wechseln, ist Strukturentwicklung erleichtert. Wenn dagegen ein Typ vorherrscht, wie im vorliegenden Modell, werden die institutionellen Strukturen starr und porös.

---

13 Zum Governanceprinzip als Mittel der Analyse vgl. Benz/Lütz/Schimank 2007.

3.1 Exkurs: Akteur Wissenschaft

Gibt es keine Möglichkeit, zwischen differenten Problemdefinitionen, wie sie oben zwischen Schulpädagogen und Bildungspolitikern rekonstruiert wurden, zu vermitteln? Könnte die Wissenschaft nicht helfen, neutrale Symbolisierungen des Faktischen einzubringen, die nicht so stark interessengeleitet und einseitig sind? Genau das ist vermutlich eine Hoffnung, die mit *wissens*basierten Evaluationsarrangements verbunden ist. Aber hier darf man nicht zu viel erwarten.

Denn Wissenschaftlern wird, ähnlich wie Lehrern, zunehmend gesellschaftliches Vertrauen entzogen, ihre Organisationsfähigkeit ist relativ gering und aktuell wird ein starker Reformdruck von europäisch-politischer Seite auf sie ausgeübt. So werden etwa Forschungsgeldbeträge reduziert und die Zugangshürden zu ihnen erhöht, um Wettbewerb zu verschärfen. Als wichtige Evaluationskriterien dienen dabei die Mengen an Absolventen, an Publikationen und an eingeworbenen Drittmitteln.[14] Dies alles, nachdem die Wissenschaft sehr lange eher in Ruhe gelassen worden war und sich an „kampflose" Anerkennung hatte gewöhnen können.

Da Wissenschaftler Privilegienverluste fürchten – beziehungsweise als junge, noch in der langen Ausbildung befindliche Wissenschaftler immer härter darum kämpfen müssen, überhaupt einen Arbeitsplatz im Wissenschaftssystem zu erhalten –, und da sie nicht in der Lage sind, sich als Gegenkraft zu organisieren, wählen sie folgende Strategien: (1) Anpassung an die Mainstream- und Modethemen der jeweiligen Fachwissenschaft. Dies ergibt die höchste Wahrscheinlichkeit, innerfachliche Reputation zu erlangen, und ein bestimmtes Maß innerfachlicher Reputation ist unerlässlich, um sich erfolgreich auf höhere Positionen bewerben und dann selbst publizieren und Forschungsgelder einwerben zu können. (2) Anpassung an die Erwartungen, Bewertungskriterien und Themensetzungen der Institutionen, die Forschungsgelder verteilen. (3) Erhöhung der Menge an Publikationen, mit zurückgestufter Rücksicht auf ihre Qualität und Originalität. (4) Senkung des Schwierigkeitsgrades für Prüfungen, um die Menge der Absolventen zu erhöhen. (5) Verschiebung der Haupttätigkeit auf die werbeförmige *Darstellung* hoher Qualität und Leistung, insbesondere durch Anpassung an jeweils als erfolgreich geltenden Vorbilder und durch Verwendung der

---

14 Man greift auf rein quantitative Evaluationskriterien zurück, um sich nicht dem wesentlich schwierigeren Unterfangen zu stellen, neue Wege zur Bestimmung *qualitativer* Kriterien für qualitativ hochwertige Wissenschaft zu konstruieren. Das systematische Desinteresse an der Entwicklung begrenzt verallgemeinerbarer qualitativer Gütekriterien für Wissenschaft, das auch strukturkonservative Wissenschaftler durch ihre These von der Nicht-Evaluierbarkeit wissenschaftlicher Leistungen erkennen lassen, ist Schützenhilfe für Akteure, die ohnehin nicht an hochwertiger Wissenschaft, sondern an hochwertigen Dienstleistungen für politische und ökonomische Konkurrenzkämpfe interessiert sind.

je aktuellen „Innovations-Sprache"; Fallen lassen schwieriger und langwieriger Projekte, deren Ergebnisse aller Voraussicht nach fachöffentlich oder bei den Geldgebern nicht sofort akzeptiert werden – unabhängig von ihrer Qualität. (6) Verzicht auf Erörterung der wissenschaftlichen Problemstellungen, die unabhängig vom Mainstream-Diskurs zentral sind, und zwar nicht nur in der Außendarstellung, sondern auch auf Fachkongressen und in Fachzeitschriften.

Eine solche Wissenschaft stellt nicht das *uninteressierte* Wissen zur Verfügung, das sinnvolle Evaluationen ermöglichen könnte. Stattdessen produziert sie tendenziell solches „Wissen", das gut zu den Vorannahmen der jeweils einflussreichen Akteure passt.

3.2 Konkurrenz um Wirklichkeitsdefinitionen im Bildungssystem

Wenn also die Wissenschaft kaum als Vermittlerin dienen kann, können dann Akteure „einseitig abrüsten"? Wenn etwa das Ministerium von seinem Standpunkt abrückte und sich stärker auf die Problemdefinition der Schulpädagogen einlassen würde, dann müsste es sich zugestehen, dass die „Probleme vor Ort" mit berufspolitischen Methoden nicht sinnvoll bearbeitet werden können – und damit eine recht weit gehende Ohnmacht. Würde das Ministerium dann aber öffentlich kommunizieren, dass wichtige Probleme eben nicht durch schnelle, öffentlich beeindruckend sichtbare Reformmaßnahmen gelöst werden können – dann hätte es damit zu rechnen, dass oppositionelle politische Akteure und die massenmediale Öffentlichkeit ihm dies als Versagen auslegen würden. Und die pädagogische Profession könnte triumphieren und sich darauf ausruhen, dass sie Recht habe und ihre Arbeit nicht grundlegend überdenken müsste.[15]

Mit anderen Worten: Die Verhaltensweisen beider Akteure werden verständlich, wenn man sie in einem Konkurrenzkampf begriffen sieht. In einem Konkurrenzkampf, in dem es schlicht um Handlungsvermögen und um Wirksamkeit geht – um die Möglichkeit, soziale und institutionelle Strukturen zu gestalten, und zwar auch gegen den Willen der Konkurrenten, und gleichzeitig zu verhindern, dass die eigenen Strukturen (und damit auch etwa die eigene Identität) von anderen gestaltet werden. Wer sich in einem solchen Konkurrenzverhältnis befindet, dem geht es zuerst darum, die Handlungs- und Durchsetzungsfähigkeit zu sichern.

Die beste Voraussetzung für einen Akteur, in Konkurrenzen dauerhaft überlegen zu bleiben, besteht darin, dass andere Akteure glauben, dass das, was jener

---

15 Anders herum geht es der Lehrerprofession genau so. Sie ist nicht in der Lage, der geballten Problemdefinitionsmacht von Politik, Wirtschaft und Massenmedien etwas entgegenzusetzen.

Akteur tut und äußert, richtig ist, ja die einzig mögliche Art zu handeln und zu sprechen. Jene anderen Akteure müssen glauben, dass jener Akteur die *Wirklichkeit richtig definiert*. Deswegen drehen sich gesellschaftliche Auseinandersetzungen um Wirklichkeitsdefinitionen, inklusive Problemdefinitionen und Problembearbeitungspraktiken (u.a. Berger/Luckmann 1969; Bourdieu 1993; Belliger/Krieger 2006), die als erfolgreich gelten (Hasse/Krücken 2005; Powell/DiMaggio 1983). Wer die Wirklichkeit anerkanntermaßen „richtig" definiert, der kann bestimmen, was Akteure zu tun und zu lassen haben, welche Handlungsstrategien angemessen und Erfolg versprechend, und welche nutzlos oder falsch sind. Wer über eine Wirklichkeitsdefinition verfügt (sie gestalten kann), der andere Akteure zustimmen, ohne sie gestalten zu können, der erreicht das Maximum an Handlungsvermögen, die größtmögliche soziale Wirkungskraft.

Versierte Konkurrenten versuchen deshalb, „in der eigenen Sprache auszudrücken, was andere sagen und wünschen, warum sie auf diese eine Weise handeln, wie sie sich mit anderen verbinden: Dies geschieht, um sich selbst als Sprecher einzuführen." (Callon 2006, 169) „Der Übersetzer ist [...] der Sprecher der Entitäten, die er konstituiert. [...] Der Übersetzer drückt ihre Wünsche, ihre geheimen Gedanken, ihre Interessen, ihre Funktionsmechanismen aus." (A.a.O., 181) Und als solcher wird er bald unverzichtbar. (A.a.O., 495) Die anderen Akteure dagegen sind zum Schweigen gebracht. „Für andere zu sprechen bedeutet zunächst, jene zum Schweigen zu bringen, in deren Namen man spricht." (A.a.O., 162; auch Marcuse 1967) Der Übersetzer kann fortan in ihrem Namen sprechen und erscheint dadurch als „größer" als er ist – nämlich als Stellvertreter all jener Akteure, für die er spricht.[16]

Akteure, die gesellschaftlich recht erfolgreich und wirksam waren – die Bildungspolitik und die Lehrerprofession gehören dazu – „hängen" deshalb an ihren Wirklichkeitsdefinitionen, denen bislang so viel andere gesellschaftliche Akteure zugestimmt haben und die ihnen zu so viel Wirkungsmacht, Prestige und Privilegien verholfen haben. Ihre Sicht der Wirklichkeit ist zuinnerst mit ihnen verwachsen, sie ist ein zentraler Bestandteil ihrer strukturellen Integrität, ihrer sozialen und personalen Identität. Und eine Identität krempelt man nicht im Handumdrehen um.

Doch genau das ist es, was Akteure, die in Konkurrenzkämpfen begriffen sind, einander zuzumuten trachten: Der jeweils andere soll Teile seiner kollektiven Strukturen und seiner individuellen Identität umkrempeln, soll anerkennen, dass seine Sicht der Dinge in wesentlichen Hinsichten falsch oder defizitär war

---

16 Zur Stellvertretung als „Figuration" sozialer Macht vgl. auch Paris/Sofsky 1994.

und diese Sicht mehr oder weniger grundlegend verändern, soll Teile seiner Wirksamkeit, seiner gesellschaftlichen Macht, aus der Hand geben.

3.3 Die aktuelle Verschärfung des Konkurrenzkampfes

Die politische Weise, solche Konflikte beizulegen, ist Regelung und Kompromiss. Man legt Verfahren und Regeln fest, die die Konkurrenz rahmen und verhindern, dass sie für alle Beteiligten ruinös wird.[17] Auch das Bildungssystem muss sicherstellen, dass es weiterhin Schüler und Schulverwaltungen *gibt* und dass diese Akteure glauben, aus ihrer Funktionsrolle befriedigende Anteile bzw. Gewinne an sozialem (Handlungs- und Wirkungs-)Vermögen ziehen zu können. Kompromisse sind Vereinbarungen über etwas, dem beide Seiten zustimmen können. Meistens ist dieses „Etwas" ein kleinster gemeinsamer Nenner, der für alle Beteiligten unbefriedigend ist; sie erstreben es, den Kompromiss wieder zu verlassen, sobald sie an Macht gewinnen und sich gegen ihre Konkurrenten durchsetzen können.

Um den Unsicherheiten vorzubeugen, die aus solchen Spielen wechselnder Mehrheiten und Machtkonstellationen entstehen, treffen einflussreiche Konkurrenten (oft die verbandlich organisierten Spitzenvertreter ihrer Akteurgruppe, oft auch einige besonders vermögende Organisationen) typischerweise zusätzlich informelle Übereinkünfte (Kartelle, Klüngel, Koalitionen, Seilschaften), die es ihnen gestatten, ihre relativen Vorteile gegenüber dem „Fußvolk", den weniger einflussreichen Akteuren in ihrem Feld, zu stabilisieren und zu sichern. Solche unausgesprochenen Übereinkünfte, die meist den Charakter von Nichtangriffspakten tragen, begründen eine einigermaßen stabile Koexistenz verschiedener Akteurgruppen ohne wechselseitige Beeinträchtigung.

Im Bildungssystem mit seiner institutionellen Zerklüftung und der daraus resultierenden Vielzahl vermögensschwacher, isolierter Akteure haben aber sowohl verfahrensregulierte Kompromisse als auch informelle Vereinbarungen an Wirkkraft verloren, seit sich mehrere europäische Regierungen (Martens/Wolf 2006) – und damit sehr mächtige Akteure – zusammengeschlossen haben, um ihre nationalen Bildungswesen neu zu strukturieren. Die zersplitterten Akteure der nationalen Bildungssysteme können sich nicht genügend organisieren, um jenen Attacken eigene Strukturinitiativen entgegen zu setzen.[18] Vielmehr gerät jeder einzelne von ihnen, von einzelnen Schülern über einzelne Schulen, regiona-

---

17 Es darf nicht für *alle* ruinös werden, für *einzelne* Beteiligte durchaus: Firmen gehen konkurs, Parteien lösen sich auf, Bildungsverlierer werden produziert.
18 Zur entscheidenden Rolle der Organisationsfähigkeit in Machtbildungsprozessen vgl. Popitz 1976.

le Schulverwaltungen und einzelne Ministerien unter Anpassungsdruck und fürchtet relativen Struktur- und Vermögensverlust. Die Reaktion der Akteure des Bildungswesens darauf ist, Strategien auszubilden, die die eigene Existenz im verschärften Konkurrenzkampf sicherstellen sollen.

3.4 Die verschwiegenen Regeln für Konkurrenzen

Strategien, die man benötigt, um in gesellschaftlichen Konkurrenzkämpfen zu bestehen, werden in der Regel eher verborgen gehalten, denn je weniger sie öffentlich bekannt sind, desto eher verschaffen sie ihrem Anwender Vorsprünge. Wer sich vordringlich um Erfolg in sozialen Konkurrenzen bemüht, befolgt Regeln, die sich (in direkter, handlungsauffordernder Rede) ungefähr wie folgt formulieren lassen:

(1) Überzeuge andere Akteure davon, dass du ihre Interessen besser kennst, besser formulieren und besser vertreten kannst als sie selbst. Dass du besser als sie weißt, welche Maßnahmen zu ergreifen sind, um ihnen Wohlergehen, Erfolg und wichtige Vorteile zu verschaffen – oder zumindest Minderungen zu vermeiden. Nützlich ist es, wenn es dir gelingt, den Glauben an eine Kraft oder Macht zu erzeugen, die die Kräfte aller anderen Akteure übersteigt und die das Wohl aller Akteure potenziell bedroht, und die du allein, mit deinen Methoden und deinem Wissen, kontrollieren und beherrschen kannst.

Sobald andere Akteure meinen, dass sie auf Schutz und Befreiung vor einer Bedrohung, die möglichst alles andere überstrahlt, durch dich, dein Wissen und deine Methoden angewiesen sind, wirst du deine Interessen durchsetzen können (Latour 2006, 120-126). Professionen verfolgen typischerweise diese Strategie, indem sie nachweisen, „dass sie einen unverzichtbaren Beitrag zum Funktionieren von Organisationen und Gesellschaften leiste[n]" (Buer 2006): Sie sorgen für die Gesundheit der Menschen (Medizin/Ärzte), für die Regelung von Konflikten (Recht/Anwälte), für gute Beziehungen zu Gott (Religion/Pfarrer) und für die Versorgung der Gesellschaft mit passender Nachkommenschaft (Pädagogik/Lehrer). Das Ausbleiben jeder einzelnen dieser Leistungen würde jene mächtigen Bedrohungen oder bedrohlichen Mächte erstarken lassen: Massenhafte Krankheiten, eskalierende Konflikte, Gottes Zorn oder den Zusammenbruch der gesellschaftlichen Reproduktion.

(2) Um zu demonstrieren, dass du *exklusiv* über überlegenes Wissen verfügst, und dass dein Wissen *sicher* ist, berufe dich auf Akteure oder Institutionen, die für deine Adressaten Autoritäten darstellen. Idealiter gelten diese Autoritäten übermenschlich/übergesellschaftlich und unabänderlich wie Gott oder die Natur, oder sie sind schwer verständlich und schwer zu ändern wie Recht und

Ordnung, Wissenschaft und ökonomische Gesetzmäßigkeiten (Popitz 1992). Verberge deine interessierten Taten in scheinbar *objektiven*, unhintergehbaren Sachzwängen und Daten, sodass deine subjektiven Interessen hinter ihnen verschwinden (Bourdieu 1993) – etwa wie die Initiatoren der OECD-Studien samt ihren Interessen im öffentlichen Bewusstsein hinter deren Ergebnissen verschwunden sind. Im Zeitalter der steigenden Skepsis gegen „ewige" Autoritäten solltest du auf vergängliche Autoritäten setzen. Das sind erstens Akteure und Verhaltensweisen, die jeweils gegenwärtig als erfolgreich und wertvoll (ferner als modern und zukunftsweisend) wahrgenommen und legitimiert werden. Kopiere die institutionellen Elemente, Strategien und Strukturen der erfolgreichen/legitimen Akteure und Institutionen (Powell/DiMaggio 1983). Nimm gegenüber herrschenden Moden, Meinungen und Autoritäten eine unverbindlich positiv-konforme Haltung ein, damit du in Ruhe gelassen wirst, während du deine Ziele verfolgst. Öffentlich sichtbare Spitzenpositionen bergen das Risiko besonderer Beobachtung; man wird häufiger angegriffen und schneller einmal „abgesägt", sobald sich der Wind dreht (Horkheimer 1951). Als Außenseiter oder Ausgeschlossener dagegen bist du sozial unwirksam und kannst nichts gestalten, also auch nicht für deine Interessen sorgen (zu Wirkungen sozialer Schließung: Mackert 2000; zu Wirkungen der Exklusion: Luhmann 1995; Stichweh 1997, 2000).

(3) Entwerfe zwei mögliche Zukunftsversionen: eine positive, die vorgeblich das Allgemeinwohl sichert oder steigert, sodass jeder vernünftige (das heißt egoistische) Mensch dem Ziel zustimmen muss, sie zu verwirklichen, und eine negative, die das Allgemeinwohl vorgeblich senkt, sodass alle vernünftigen (egoistischen) Menschen die Verwirklichung dieser Vision nicht wollen können. Die erste Vision ist die Verkleidung des Zustandes, der erreicht ist, wenn deine Ziele verwirklicht sind, die zweite ist dadurch gekennzeichnet, dass deine Ziele nicht verwirklicht sind.[19] Formuliere deine Interessen – und die Realitätsdefinition, die ihr dient – generell so, dass sie als allgemeine Interessen, als *volonté générale*, erscheinen. Je besser dies gelingt, desto mehr erscheint es so, als würdest du die Wünsche, Interessen und Funktionsmechanismen aller Akteure korrekt ausdrücken. Niemand wird dir dann mehr widersprechen, da es den Akteuren vorkommt, als verlange ihr inneres Wesen genau nach dem, was du vorgibst (Callon/Latour 2006, 87-89).

Wenn die Bezugnahme aufs Allgemeinwohl allzu unglaubwürdig ist, nimm Bezug auf das Wohl jener mächtigen Akteure, ohne deren Zustimmung du deine Ziele nicht erreichst. Überzeuge deine Adressaten davon, dass du – und nur du – die positive Zukunft herbeiführen kannst. Beschreibe Zustände, die allgemein als

---

19 Dies ist die Grundtätigkeit von Lobbyisten (Klante 2007).

positiv empfunden werden, als Wirkung deiner erfolgreichen Arbeit. Zustände, die als negativ empfunden werden, externalisiere dagegen (Kapp 1979) in das Verantwortungsgebiet deiner Konkurrenten und Untergeordneten, aber ohne Nennung von Namen, um dir nicht unnötig Feinde zu machen. Hast du es mit konkreten Personen zu tun, lobe sie pauschal für ihre fruchtbaren Ideen und ihre gute, verantwortungsvolle, zukunftsweisende Arbeit. Dies öffnet die Personen für deine Belange, sie werden dir dann leichter gedanklich und praktisch folgen können – und wollen.

(4) Schmiede Koalitionen mit Verbündeten und sorge dafür, dass die Einsicht in deine Unverzichtbarkeit „die Wirklichkeit bestimmt, d.h. mit Macht durchgesetzt wird." (Buer 2006, 74)

(5) Lasse dich nie darauf ein, die Weltsicht, Argumente, Wertsysteme und Urteilsmaßstäbe anderer Akteure auch nur ansatzweise in deine öffentlichen Diskussionen einzubeziehen. Andere Akteure sind auf ihren Gebieten besser als du, sie kennen ihre Argumente und ihre Situation besser als deine: wenn du dich einlässt, kannst du nur verlieren. Im Gegenteil: Lasse keine Gelegenheit aus, *deine* Sicht der Dinge, deine Wertmaßstäbe usw. nach außen zu tragen. Wiederhole sie so oft wie möglich, damit sie sich einprägen und zu Orientierungspunkten für andere Akteure werden. Vergiss nicht, alle deine Äußerungen mit Verheißungen gesteigerten Glücks für andere Akteure zu garnieren. Formuliere deine Äußerungen leicht verständlich. Das heißt, baue auf das, was deine Adressaten ohnehin glauben, und benutze dazu scheinklare Darstellungsmuster: (Sprach-)Bilder, Metaphern, Diagramme, Zahlen und modische Schlagworte, die nach Eindeutigkeit aussehen, aber so abstrakt sind, dass jeder Adressat sich darunter individuelle Vorstellungen bilden kann, sodass er glaubt, er habe die objektive Bedeutung jener Muster verstanden, obwohl er bloß seine subjektive Interpretation „verstanden" hat (Latour 2006, 124). Analysiere die Äußerungen anderer ausschließlich unter dem Blickwinkel, wie du sie für dich (und wenn nötig gegen jene anderen) verwenden kannst; vor allem damit du Reaktionen antizipieren kannst. Du kannst Strukturen effektiver umgestalten, wenn du die Antworten und Reaktionen der betroffenen Akteure, Institutionen und Strukturen kennst (Law 2006, 440).

(6) Zeige dich als im Wesentlichen fehlerlos. Denn Fehler werden dir nach wie vor als individuelles Versagen und als Schwäche zugeschrieben. Selbstkritik, um sich zu verbessern, ist nach wie vor gesellschaftlich nicht hoch bewertet. Lasse niemals Debatten über deine Axiome zu: dass du selbstverständlich gute Absichten verfolgst und selbstverständlich gut und gewissenhaft arbeitest. Gestehe niemals Fehler ein, oder nur dann und nur soweit, als es unvermeidbar ist – oder als sie dir wiederum als Stärken ausgelegt werden können („Vielleicht sind wir manchmal zu ehrgeizig"). Zeige niemals Zweifel oder interne Konflikte,

denn sie werden dir als Schwäche ausgelegt, und man wird versuchen, dich anzugreifen. Gestehe niemals reine Macht- oder Geldakkumulation als Motiv deiner Handlungen ein, denn das wirft ein moralisch schlechtes Licht auf dich, und du bist mehr mit Darstellen deiner moralischen Integrität beschäftigt als mit Geld- oder Machtakkumulation.

(7) Vermeide eine Auseinandersetzung mit grundlegenden Problemen, vor allem mit solchen, an deren Reproduktion du beteiligt bist. Denn sowohl deine Beteiligung als auch die Tatsache, dass du diese grundlegenden Probleme in den letzten Jahrzehnten nicht erfolgreich bearbeiten konntest, würde erhebliche Zweifel an Sinn und Qualität deiner Handlungen wecken. Befasse dich stattdessen mit unwichtigen, aber für die Öffentlichkeit attraktiven Problemen, an denen du aber deine Wirksamkeit beweisen kannst.

(8) Verberge deine Praxis. Sonst kommt man dir auf die Schliche: erkennt die Tricks und Kniffe, mit denen du dir das Arbeitsleben leichter machst; erkennt, wie sehr du nur mit Wasser kochst, wie sehr geschönt deine Außendarstellung ist; erfährt, welche Geldquellen du kennst und welche kurzen Dienstwege du nutzt, die andere nicht kennen; sieht, wann du andere Akteure für dich arbeiten lässt und es als deine Leistung auslegst; erkennt auch die zynischen oder indifferenten Anteile deiner Ansicht über deine Klienten; deine halblegalen, illegalen oder illegitimen Methoden. Die beste Möglichkeit, die wirkliche Struktur deiner Arbeit zu verbergen, ist, dass du das Publikum mit einem Leitbild, einer Firmenphilosophie, einem Programm versorgst, das vorgeblich deine Arbeits- und Funktionsweise beschreibt.

(9) Betreibe positive Selbstwerbung. Übertreibe deine Stärken und Leistungen, schaffe Assoziationen des Erfolges und Glücks mit dir und deiner Funktion, auch solche, die du niemals wirst produzieren können. Die *wirkliche* Qualität deiner Arbeit und Güte deiner Leistung sind anderen Akteuren gleichgültig; sie orientieren sich an dem, was du darstellst, nicht an dem, was du wirklich tust – denn sie haben weder Zeit noch Lust, deine alltägliche Arbeit intensiver zu beobachten (was du ohnehin nie zulassen würdest).

4. Verhältnis neu entstehender Symbolisierungen

Aber von Zeit zu Zeit treten neue Probleme auf, die als gewichtig und weit reichend anerkannt werden und deshalb nach einer Reform verlangen. Dann treffen die Akteure, vor allem Politik und Lehrerschaft, in öffentlichen Arenen aufeinander und symbolisieren ihre Wirklichkeitsdefinitionen und Problemsichten. In solchen Phasen werden einige neue reflexive Symbole erzeugt – Ideen, Begriffe, Konzepte, Visionen, Methoden, Embleme, Schlagworte. Sie spielen die Hauptrolle im vierten Faktor transintentionaler Selbstorganisation. Die Frage lautet: Sind die neuen Ideen, Vorstellungen etc. gemeinsam entwickelt (kooperative Strukturentwicklung ist möglich) oder entwickelt jeder Akteur unabhängig von den anderen seine eigenen neuen Ideen, Vorstellungen etc.? Wie im gesamten Modell wird auch hier nur die letztere, Strukturerstarrung befördernde „Pegelung" des Faktors rekonstruiert.

4.1 Politische Symbolisierung

Ein typisches Beispiel für politische Symbolisierung findet sich auf einem Vortragsfoliensatz, der einige Grundsätze des hessischen Bildungsplans für Kinder im Alter bis 10 Jahren wiedergibt.[20] Er setzt sich zum Ziel:

> Überwindung unterschiedlicher Bildungsphilosophien und eines nicht zeitgemäßen Bildungsverständnisses (Folie Nr. 3), Entwicklung einer gemeinsamen Bildungsphilosophie bei Neudefinition von Bildung. (5)

Die Überwindung von Gegensätzen und das Konstruieren einer „gemeinsamen" Bildungs-Philosophie mag eine sympathische Zielsetzung sein. Nähme man sie ernst, würde dies allerdings erfordern, erst einmal genau zu eruieren, weshalb Akteure zu unterschiedlichen Verständnissen von „Bildung" finden. Findet man diese Gründe nicht, wird man es schwer haben, diese Gegensätze zu überwinden. Aber Problemursachen werden gar nicht erst in den Blick genommen. Man denkt lösungsorientiert und veranschlagt ein Leitbild. Kernvorstellung dieses Leitbildes und damit der gemeinsamen Bildungsphilosphie die „Ko-Konstruktion".

> Ko-Konstruktion bedeutet, dass Lernen durch Zusammenarbeit stattfindet. Lernprozesse werden von Kindern und Fachkräften gemeinsam konstruiert. (Folie Nr. 8) Der Konstruktivismus besagt, dass die Kinder aktive Konstrukteure ihres Wissens sind. (11) Der soziale Konstruktivismus [...] betrachtet [...] die soziale Interaktion als den Schlüssel zur Wissens- und Sinnkonstruktion. (12) In ko-konstruktiven Lernprozessen lernen Kinder, wie man gemeinsam mit Erwachsenen in einer „Lerngemeinschaft" Probleme löst, Bedeutungen und ihr Verständnis von Dingen und Prozessen teilt, diskutiert und verhandelt. (17) Durch die Ko-Konstruktion von Bedeutung lernen die Kinder dass: [...] ein Phänomen oder Problem auf viele Weisen

---

20 Hessisches Sozialministerium, Hessisches Kultusministerium: Bildungs- und Erziehungsplan für Kinder von 0 bis 10 Jahren in Hessen. Implementation: Erfahrungen und Perspektiven. Wetzlar, am 18. April 2007. Verfügbar über www.ifp.bayern.de/imperia/md/content/stmas/ifp/vortrag_av18_04_07.ppt.

gelöst werden kann; die gemeinsame Erforschung von Bedeutung zwischen Erwachsenen und Kindern aufregend und bereichernd ist. (18)

Man glaubt hier, bloß durch die Wahl der richtigen, modernen, zukunftsgerichteten „Philosophie" den Schlüssel zur Überwindung jahrzehntelang ungelöster Probleme in der Hand zu haben.[21] Was aber die transintentionalen Mechanismen des Bildungssystems angeht, die verantwortlich sind für das Beharrungsvermögen, das sich schon zahlreichen Reformen in den Weg gestellt hat, ist diese Voraussetzung falsch. Noch ist die Schule als Institution so verfasst, dass sie auch Lebenschancen verteilt, zensiert und zertifiziert: Und für diese entscheidenden Tätigkeiten sind (noch) keine Ko-Konstruktionen zugelassen (und es wäre auch fraglich, inwieweit dies sinnvoll sein könnte). Die Frage, inwieweit solche Orientierungen hilfreich sind, um mit der gesellschaftlichen Realität klar zu kommen – die nicht ko-konstruktiv über Ausbildungsplätze verhandelt, die Probleme nicht löst sondern abschiebt, vermeidet und vertagt, die bestimmte Bedeutungen diktiert und andere ignoriert, die auf Lobbyismus, Seilschaften und Netzwerke setzt – wäre dabei noch zu klären.

Sicher geht es der zitierten Kommunikation nicht darum, Realität zu beschreiben, sondern Ziele und Visionen zu formulieren und als handlungsorientierende Ideen zu veranschlagen. Aber auch eine Kommunikation von Zielen und Visionen darf reale Verhältnisse nicht einfach übergehen. Es hilft wenig, eine Zielvorstellung zu formulieren und dann zu hoffen, dass sie die Realität von selbst verändert. Mit Bildungsvisionen wie der zitierten wird die Widersprüchlichkeit zwischen offiziellen und verborgenen „Lehrplänen" jedenfalls nicht verringert, sondern bestätigt.[22]

4.2 Symbolisierungen der Profession

Wie reagiert die Lehrerschaft auf solche Kommunikationen? In der symbolischen Außendarstellung betont sie *als* Profession ihr *Ceterum censeo*: Die Lehrerschaft sei eine Gruppierung hoch engagierter und verantwortungsbewusster Personen, deren pädagogisches Ethos ihnen ohnehin keine andere Wahl lasse, als

---

21 Sogar soziale Ungleichheiten können damit angeblich überwunden werden, denn für diese Überwindung „ist eine andere ‚Philosophie' im Umgang mit und bei der Bewertung von Differenzen erforderlich." (73)
22 Ich habe gezielt einen Foliensatz ausgewählt, der für eine Veranstaltung vorbereitet wurde, aber nicht für die offizielle politische Kommunikation oder die Veröffentlichung auf einer Webseite eingesetzt wurde, weil hierin die Argumentationsrichtung deutlicher sichtbar zu Tage tritt.

für die bestmögliche Bildung der Schüler zu sorgen; entsprechend sei qualitativ hochwertiger Unterricht der Normalfall an den Schulen. Ein paar schwarze Schafe, die es immer gebe, bildeten die Ausnahme. Folglich muss die schulische Arbeitsorganisation als im Grunde bereits sehr gut eingerichtet gelten. Nötig sind allenfalls hier und da ein paar Ausbesserungen und gewisses Nachsteuern, aber sicher keine radikalen Umstrukturierungen.

Die Profession reagiert typisch verärgert gegen Wissensbehauptungen des Ministeriums. Politische (und wissenschaftliche) Akteure sind, mit den Augen der Profession betrachtet, vorwiegend bloß außen stehende Laien, die von der Praxis vor Ort wenig Ahnung haben. Die professionellen Pädagogen in den Schulen verfügten bereits über das vergleichsweise umfassendste und eingehendste Wissen über die Gestaltung von Lehr-Lern-Situationen und Bildungsprozessen, niemand müsse ihnen *ex cathedra* Einsichten beibringen, die sich oft genug als alte Weisheiten in schicken neuen Verpackungen entbergen würden – man wisse das schon längst und würde auch längst entsprechend handeln.

Diese Reaktion ist nicht bloß Ausdruck des typischen Selbstverständnisses etablierter Professionen, sondern vor allem verständlich eben *als Reaktion* gegen die Vermutung, die Arbeit der Profession sei in bestimmten Hinsichten defizitär und es gebe fachbezogenes Wissen, das sie übersehen hätte. Und diese Vermutung ist in den Reform-Kommunikationen der politischen Akteure durchaus enthalten: Nur wenn das Ministerium *weiß*, dass es Defizite gibt, und wenn es weiß, was getan werden muss, um diese Defizite zu beheben, strengt es eine Reform an – und wenn diese Defizite bislang bestehen und es der Lehrerprofession nicht gelungen ist, sie zu beheben, dann lässt sich dies als Kritik an der Lehrerprofession verstehen.

4.3 Wechselwirkungen

Die Wechselwirkung zwischen Politik und Lehrerprofession, die hier entsteht, folgt einem bekannten Muster: „Wenn ein neuer Beruf das Recht beansprucht, ein Problem zu lösen, das vordem ein anderer Beruf gelöst hat, so kommt dieser Anspruch einer Anklage wegen ‚Inkompetenz' gleich; die Gegenanklage wegen illegitimer Übergriffe lässt dann natürlich nicht lange auf sich warten." (Goode 1972, 401) Nur ist es hier kein neuer Beruf, sondern ein „alter", nämlich die Politik, die beansprucht, ein *ungelöstes* Problem zu beheben – das freilich ihrer Ansicht nach nicht in ihrem ureigenen Gebiet, sondern im Gebiet der pädagogischen institutionellen Praxis erzeugt und reproduziert wird.

Konsequent weist die Lehrerprofession auch die Einmischung in die inneren Angelegenheiten, als die ihr externe Evaluationen der Arbeitsleistungen ihrer

Mitglieder gelten, mit einem Generalargument zurück. Die Komplexität der Lehr-Lern-Situationen, so lautet es, sei dafür verantwortlich, dass Erfolg und Qualität pädagogischer Arbeit nicht prüf- oder messbar sei.[23] Ob und inwieweit pädagogische Förderung von Lernprozessen Wirkung zeige, könne, wenn überhaupt, ausschließlich von erfahrenen Professionskollegen beurteilt werden, und auch nur von solchen, die mit der Situation vor Ort vertraut sind; nur sie könnten die Anforderungen, die sich den Lehrkräften stellen, fair beurteilen. Niemand sonst – weder Schüler, Eltern, Politik, noch die Wissenschaft – verfüge über das zu einer Beurteilung, mithin Evaluation, nötige *Wissen* um die besonderen Umstände einer jeden spezifischen pädagogischen Situation.[24]

An dieser Behauptung der Unmöglichkeit externer Beurteilung halten Professionen sehr bestimmt fest (Rüschemeyer 1972, 168): „Professionelle Berufsgruppen schätzen die ‚Unbestimmtheit' sehr und benutzen sie als wichtiges Argument, um ihre spezifisch ‚privilegierte' Position innerhalb des Beschäftigungssystems zu legitimieren." (Heisig 2005, 42) Eine privilegierte Position aber ist durch ein hohes Maß an sozialen Vermögen gekennzeichnet: Verfügung über hohe finanzielle Beträge, Prestige und Reputation, relativ hohe Wirksamkeit eigener Handlungen bei relativer Unabhängigkeit von Einwirkungen anderer. Und genau darum drehen sich soziale Auseinandersetzungen. Sie einzubeziehen macht verständlich, weshalb die Symbolisierungen der Akteure wie geschildert ausfallen, und warum die Argumente beider Seiten *strukturgleich* sind (beide setzen implizit voraus, zu *wissen*, wie die Realität des Bildungswesens aussieht, und was zu tun wäre, um Probleme zu beheben).

Die genannten symbolischen Kommunikationen der Profession wirken nun ihrerseits auf die politischen Akteure provokativ. Sie nehmen die Haltung der Pädagogen als reine Verweigerungshaltung wahr, die den Erfolg ihrer (im politischen Selbstbild: sachlich stichhaltig begründeten bis unumgänglichen, oft auch moralisch gebotenen) Reformmaßnahmen *de facto* gefährden. Die Provokation steigert sich noch, wenn die Pädagogen deutlich machen, dass sie nicht einsehen, sich evaluieren zu lassen, wenn Politik (und Verwaltung), deren Maßnahmen ja

---

23 Ich weise darauf hin, dass die sachliche Stichhaltigkeit der referierten Argumente hier nicht berücksichtigt wird. Deshalb kurz eine Einschätzung dazu: An den Argumenten aller Akteure ist „etwas dran", das Problem ist nicht, dass sie schlichtweg „falsch" sind, sondern dass sie in sozialen Konkurrenzkämpfen verwendet und durch diese Verwendung einseitig – und dadurch falsch *werden*.

24 Auch mit dieser Symbolisierung steht die pädagogische Profession nicht allein. Goode beispielsweise schrieb schon 1972 über die Ärzteprofession, sie nähme Forschungsberichte, die die Erfolge und Misserfolge ihrer Tätigkeit erheben, systematisch nicht zur Kenntnis (Goode 1972, 410). Die ohnehin wenigen und methodisch meist ungenügenden Versuche, den Erfolg professioneller Arbeit nachzuweisen, zeigten eher „deprimierende" Resultate: Nachgewiesen werde nur ein geringes Maß an Erfolg (a.a.O., 409f.).

aus dem professionell pädagogischen Blickwinkel oft fragwürdig bis kontraproduktiv erscheinen, nicht bereit sind, ihre Arbeitsleistungen einer entsprechenden Aus- und Bewertung unterziehen zu lassen. Politische Akteure aber sehen sich einer unnachgiebigen, „harten" Evaluation unterzogen, und zwar alle vier bis fünf Jahre; das Evaluationsinstrument trägt den Namen „Wahlen". Die Pädagogen, die nicht annähernd solch konsequenzreichen Überprüfungen ausgesetzt sind, müssen politischen Akteuren geradezu als verwöhnt erscheinen.

Die Dynamik der Wechselwirkungen zwischen Politik und Pädagogik zeitigt den Effekt, dass beide Seiten in ihrer Auseinandersetzung *nicht* gemeinsame Symbole, eine gemeinsame Verständigungssprache erzeugen. Vielmehr bleiben auch die neu erzeugten Symbole nach Akteuren getrennt; sie wirken innerhalb einer Akteurgruppe vergemeinschaftend, weil sie Einverständnis erzeugen, aber zwischen den Akteurgruppen trennend, weil sie Missverständnisse erzeugen. Mit dem Auseinanderfallen neu entwickelter Symboliken entfällt eine denkbare Möglichkeit, ergebnisoffene wechselseitige Aushandlungen sinnvoller Strukturinnovationen zu eröffnen. Kooperative Governance ist enorm erschwert.

5. Reflexive Symbolisierungen

Reflexive Symbolisierungen sind ein grundlegender Aspekt alles Sozialen. Sie produzieren soziales *Wissen*. Will man Wissen durch Evaluationen schaffen, dann wäre es wichtig, einigermaßen orientiert darüber zu sein, welche Eigenschaften Wissen und, fast noch wichtiger, die *Produktion* sozialen Wissens hat.

(1) Wer das Verhalten anderer steuern und dauerhafte Herrschaft ausüben will, der muss vor allem eines schaffen: er muss alternative gesellschaftliche Ordnungen, die ohne die Herrschaft jenes Akteurs auskommen, *desymbolisieren*, also undenkbar und unvorstellbar machen (zu den Konzepten reflexiver Symbolisierung und Desymbolisierung Langer 2005).

Zwei Arten typischer Desymbolisierungen sind hier wichtig. Die erste ist der bewusste, gezielte Ausschluss von Öffentlichkeit: Lehrer lassen sich bei der Unterrichtsgestaltung nicht in die Karten schauen und verweigern Hospitationen; Ausschüsse tagen hinter verschlossenen Türen; Unternehmensberater lassen keine externen Praktikanten in ihren teuren Seminaren zu; Gremien vertagen Entscheidungen auf einen Zeitpunkt, an dem potenzielle Gegenkräfte ihre Aufmerksamkeit auf etwas anderes als die Gremien konzentrieren; Lobbyisten ziehen sich aus der Öffentlichkeit zurück, und wenn es sich nicht vermeiden lässt, dass ihre Handlungen und deren Wirkungen an die Öffentlichkeit gelangen, dann versuchen sie, zwischen verursachende Handlungen und ihre Wirkungen lange Zeiträume zu platzieren, sodass später kaum jemand noch diesen Ursache-

Wirkungs-Zusammenhang rekonstruieren kann; Staatspolitik symbolisiert außenpolitische Aktivitäten und Krisen, um von innenpolitischen Phänomenen abzulenken. Diese Art von Desymbolisierung, die zu öffentlichem Verschweigen und Vergessen führt, trifft man vor allem dort an, wo Privilegien erhalten oder beschafft werden sollen; wo Akteure versuchen, sich auf Kosten anderer Akteure Vorteile zu verschaffen oder Nachteile zu vermeiden; zudem überall dort, wo demokratische Transparenz und Teilhabe hintergangen werden soll.

Die andere Art von Desymbolisierung ist nicht-intentional. Akteure haben mit einem Feld zu tun, dessen Eigenschaften und Beziehungen so komplex sind, dass sie es nicht überblicken können. Während sie in solchen Feldern handeln, bilden sie typischerweise *tacit knowledge, implicit knowledge* und *practical knowledge* aus, also eine Form von Wissen-und-Können, das sie zwar anwenden und nutzen, aber nicht verbalisieren können. Fragt man Personen gezielt nach solchen Bereichen, geben sie Antworten wie: „Die Chemie stimmt eben (nicht)", „wir haben ein gutes (schlechtes) Arbeitsklima", „das ist unsere Kultur".

Beide Desymbolisierungspraktiken haben Konsequenzen für die Gestaltbarkeit des Bildungssystems. Erstens: Wer daran arbeitet – auch per wissensbasierter Evaluation –, bislang desymbolisierte Strukturen (informeller) Praxis zu verbalisieren, zu explizieren und damit sichtbar und transparent zu machen, der bewegt sich darauf zu, implizite Machtverhältnisse aufzudecken, die Verteilungslogik von Privilegien zu erkennen, „nicht ganz koschere" Praktiken aufzudecken. Deshalb wird er nachhaltigen Widerstand ernten von all jenen Akteuren, die von den bisherigen Praktiken auf Kosten anderer Akteure privilegiert sind – denn diese wünschen nicht, gewohnte Vorteile aus der Hand zu geben. Nicht nur Manager und Personen in Führungspositionen fürchten regelmäßig Kontrollverluste, wenn sie es zuließen, dass die Strukturen in „ihren" Organisationen einigermaßen getreu und differenziert beschrieben werden, denn sie wissen ja, wie der Hase läuft (und sind auch hin und wieder ganz froh, dass die anderen es nicht so genau wissen). So ist die Wahrscheinlichkeit hoch, dass Evaluationsverfahren, die es „schaffen", institutionalisiert zu werden solche sind, die die Privilegien der mächtigsten Akteure des Bildungssystems nicht mindern. Eine aufgeklärte Evaluationspraxis müsste daher gezielt nach solchen informellen Privilegierungspraktiken und -strukturen suchen.

Die andere wichtige Konsequenz ist die regelmäßige Unterschätzung oder gar Missachtung der „verschwiegenen Vermögen", also jener *practical, implicit knowledge*, die dann nicht durch Reflexion ans Bewusstsein gehoben und für gezielte Strukturentwicklung nutzbar gemacht wird, sondern im Gegenteil manchmal geradezu zerstört wird – indem beispielsweise didaktisch-normative Leitbilder über Lehren und Lernen gesetzt werden, die aus empirisch kaum begründeten Theorien abgeleitet sind, anstatt zu erforschen und dann ausdrücklich und klar zu beschreiben, wie Lehrer im Schulunterricht Lernprozesse behindern und fördern. Freilich würden in diesem Fall nicht bloß verborgene Kompetenzschätze ans Licht gehoben, sondern auch vielfältige Kompetenzen des Tarnens und Täuschens, des So-Tun-als-ob, und Praktiken, die ethischen, pädagogischen oder demokratischen Erwartungen widersprechen.

(3) Symboliken schaffen mit der Distanz zwischen Ereignissen und Verhalten auch einen Freiraum zur Entwicklung neuer Verhaltensmöglichkeiten. Akteure ohne Symbolik – oder Akteure, die es mit Ereignissen zu tun haben, die sie in ihrer Symbolik nicht erfassen (und damit nicht „verstehen") können –, bleiben Reakteure: sobald ein Ereignis eintritt, müssen sie unmittelbar, unwillkürlich darauf reagieren. So werden sie direkt von jenen Ereignissen – beziehungsweise von ihrem eigenen Verhalten jenen Ereignissen gegenüber – kontrolliert, oder, mit Foucault gesprochen, regiert. Instinktives und vollständig institutionalisiertes Verhalten – etwa: sich schicksalsergeben am Unterricht beteiligen ohne weiter darüber nachzudenken, weil man es nicht anders kennt und keine Möglichkeit sieht, aus dem Unterricht auszusteigen[25] – sind zwei Beispiele dafür. Wenn es Akteuren aber gelingt, zwischen Ereignis und Reaktion eine Symbolik einzufügen, so schaffen sie einen Zwischenraum, der für sie zum Freiraum werden kann. Sie eröffnen sich die Möglichkeit, ihr Verhältnis zu diesem Ereignis zu beobachten – statt weiterhin auf die spontane oder routinierte Weise zu reagieren –, genauer zu verstehen und es damit zu beeinflussen, zu gestalten. Im Bereich der symbolischen Kommunikation können sie Ereignisse oder ihre Umgangsweisen damit zunächst probehalber experimentell verändern, ohne das Ereignis *wirklich* herbei zu führen: Man kommuniziert darüber, wie Unterricht anders aussehen könnte, probiert also ohne Praxis, sondern nur in symbolischer Kommunikation, andere Verhaltensweisen aus. Dies Probeverhalten kann dann später realisiert oder normativ erwartet werden; so gewinnen symbolische Kommunikationen eine verhaltensorientierende Funktion.

(4) Es wird selten bedacht, dass formale Strukturen – wie Gesetze, Satzungen, Organigramme, „Philosophien", Leitbilder, Grundsätze – rein *symbolische* Strukturen sind und keine Strukturen der Praxis. Vorschriften sind kein Verhalten. Formale symbolische Strukturen geben nur an, wie Akteure sich Verhalten *sollen*. Zahlreiche Praktiker und Beobachter neigen aber dazu, zu glauben, dass die Praxis so läuft, wie es in den formal-symbolischen Beschreibungen steht – oft selbst dann, wenn sie am eigenen Leib erleben, dass die Praxis völlig anders strukturiert ist als jene symbolisch-formale Beschreibung. Beispielsweise kann man lange Zeit in der Universität verbringen und glauben, dass in den universitätsöffentlichen Sitzungen wichtige Entscheidungen getroffen werden. Tatsäch-

---

25 Vgl. zum Begriff der vollständigen Institutionalisierung Senge/Hellmann 2006.

lich aber werden sie dort häufig nur *pro forma* vollzogen. Gebildet und getroffen werden die Entscheidungen in nicht-öffentlichen, informellen Gesprächsrunden, Telefonaten, Absprachen und so weiter.[26]

Eine weitere Folge der Unterschätzung der praktischen Strukturen (im Verhältnis zu den formalen, symbolischen Strukturen) zeigt sich in einer Erwartung, die in zahlreichen Reformmaßnahmen mitschwingt: Dass die Änderung formaler Strukturen auch die Strukturen der Praxis ändern würde. Dies ist die „Sicker-Hypothese": „Wenn wir die formalen Strukturen ändern, wird das schon in die praktischen Strukturen einsickern". So führt man beispielsweise Bildungsstandards ein und glaubt dann, dass die Schulen ihren Unterricht didaktisch umstrukturieren: neue Lernformen und Unterrichtsmethoden einsetzen, die darauf zugeschnitten sind, *Kompetenzen* bei den Schülern aufzubauen, und nicht mehr darauf, Stoffgebiete auswendig zu lernen. Man rechnet nicht damit, wie widerständig die praktische Struktur ist: Lehrer versuchen, ihren herkömmlichen Unterricht möglichst wenig stören zu lassen und dennoch der geforderten Standard-Orientierung zu genügen, indem sie mit Schülern Aufgaben üben, die in den Standard-Evaluations-Tests vorkommen. Für die Schüler ändert sich nichts, außer dass sie halt einen weiteren Test schreiben, für den sie ungewöhnlich häufig üben und der mit den Inhalten des restlichen Unterrichts nichts zu tun hat. Was immer mit der Setzung von Bildungsstandards beabsichtigt war, erreicht wird, wenn es so läuft – und dafür sprechen erste empirische Ergebnisse[27] – zunächst nur die Konservierung der praktischen Struktur.

Zudem wird oft unterschätzt, dass formal-symbolische Festlegungen individuelle und soziale Identitäten betreffen. Sie legen symbolisch beispielsweise soziale Kategorien fest (etwa: „Schüler", „Integrationsschüler", „Sonderschüler", „verhaltensauffällige Schüler"), die personale, berufliche und Gruppenidentitäten beeinflussen. Sie legen fest, welche Personen welcher Akteurgruppe zuzurechnen sind, wie sich diese Akteure verhalten sollen und, vor allem, wie und als was sie behandelt werden sollen. Dass solche Grenzziehungen und Normen aber *angemessen* sind, ist keineswegs immer gewährleistet. Gerade in dieser Art Festlegungen steckt sozialer Sprengstoff – etwa dann, wenn die formalen Festlegungen den Selbstzuschreibungen und Selbstverständnissen der „festgelegten" Akteure nicht entsprechen. Identitätsbehauptung ist ein zentrales Handlungsmotiv

---

26　Informelle Verhaltensregelungen und Vermögenszuschreibungen sind der Stoff, aus dem die „gläsernen Decken" sind, an die beispielsweise Frauen stoßen, die in Universitäten höhere Positionen bekleiden oder sich darum bewerben, oder aus dem die in Schultheorien beschriebene Mittelschichtsorientierung der Schulen besteht.
27　Vgl. Aiglsdorfer/Aigner 2005; Beer 2007; Freudenthaler/Specht 2006; Freytag 2006; Hölzl/Rixinger 2007; Specht 2006 sowie Altrichter, in diesem Band.

sozialer Akteure (Schimank 2000) und eine starke Quelle des Widerstandes gegen Strukturentwicklungsinitiativen.

6. Separation statt Kombination sozialer Vermögen

Der fünfte Faktor des Mechanismus besteht in der Art, in der die Ressourcen und Kompetenzen der Akteure während der Auseinandersetzung verarbeitet werden. Werden sie auf bislang unbekannte Weise miteinander kombiniert und trauen die Akteure einander bislang ungekanntes Handlungsvermögen zu (Strukturentwicklung)? Oder werden, wie in den folgenden Abschnitten beispielhaft skizziert, je eigene Vermögen unter monopolisiertem Verschluss gehalten – und misstrauen oder ignorieren Akteure damit den Fähigkeiten und Ressourcen der anderen, so dass Strukturen nicht koordiniert modifiziert werden können und erstarren?

6.1 Eine Vision:
Die gezielte Kombination der Vermögen verschiedener Akteure

Wollten die Akteure des Bildungssystems das Vermögen entwickeln, die institutionellen Strukturen „ihres" Systems gezielt zu entwickeln und zu gestalten, so müssten sie eine konzertierte Aktion durchführen, und in einer gemeinsamen Anstrengung ihre sozialen Vermögen auf neuartige Weise miteinander kombinieren, sodass ein kollektives Strukturierungsvermögen entsteht.[28] Dies würde bedeuten, dass politische Akteure mit allen anderen Akteuren des Bildungssystems ihr Vermögen, politisch zu gestalten, zu teilen anfangen – und zwar auch die Aspekte dieses Vermögens, über die man lieber nicht spricht. Gleichzeitig müssten Eltern ihre Erziehungs-Vermögen sowie beruflich erworbene Vermögen, die für eine zielführende Strukturgestaltung von Bildungsinstitutionen und Lehr-Lern-Prozessen relevant sein könnten, auf den gemeinsamen „Tisch" legen. Die Schulverwaltung würde ihre Verwaltungsmethoden und -kompetenzen zur Verfügung stellen, und alle anderen wichtigen Akteure – fürs Schulsystem u.a. noch Schüler, Lehrerbildungsinstitute, relevante Wissenschaften, Lehrerprofession, Schulinspektoren – dergleichen.[29]

---

28 Dies war immer der Fall, wenn neue Formen der Arbeitsteilung oder der Handlungsorganisation eingeführt worden sind. Historisch revolutionär waren in diesem Sinne etwa die Einführung der industriellen Arbeitsorganisation oder des demokratischen Herrschaftssystems.

29 Dass alles auf den Tisch kommen soll, heißt nicht, dass hinterher dann jeder alles können soll, sondern, dass diese Arbeit aufgeteilt und auf neuartige, problembezogenere und funktionalere Weise rekombiniert werden soll.

Alle diese Akteure müssten die Bereitschaft und Fähigkeit entwickeln, die Vermögen der jeweils anderen überhaupt anzuerkennen und mit ihnen zu arbeiten. Dies würde unumgänglich zu einer wechselseitigen Relativierung, aber auch Qualifizierung der „Einzel-Vermögen" führen – das heißt also, dass bspw. die Grenzen der Wirksamkeit etwa politischer Gestaltungsmethoden ebenso sichtbar würden wie diejenigen pädagogischer Gestaltungsmethoden, dass aber andererseits auch die spezifischen Stärken schärfer konturiert und damit deutlicher sichtbar würden. Dies käme einer wechselseitigen Kritik der einzelnen Kompetenzen und Methoden gleich. Für jeden einzelnen Akteur würde das bedeuten, dass seine typische Arbeitsweise einer Kritik unterzogen würde, bei der freilich dann sowohl die Anerkennung besonderer Fähigkeiten als auch die Anerkennung besonderer Schwächen heraus kommen würde. Eine gelingende Kombination der „Einzel-Vermögen" zu kollektiven Gestaltungsvermögen würde dann eine stark gesteigerte Wirksamkeit aller Akteure nach sich ziehen.

Institutionell verwurzelte Probleme wie der Mangel an Konzentrationsfähigkeit bei Schülern, der Mangel an Organisationsbewusstsein und -gestaltungsvermögen bei Lehrern, der Mangel an nachhaltigen Reformstrategien in der Politik könnten nur auf diese Weise Erfolg versprechend bearbeitet werden – nicht zuletzt deshalb, weil der Prozess der Kombination von Vermögen auch dazu führen würde, dass die Akteure des Bildungssystems einander wechselseitig stark aufwerten würden. Zugleich würden sie damit aus sich selbst heraus eine soziale Kraft entfalten, die es ihnen ermöglichte, hörbarer und nachhaltiger in die Öffentlichkeit zu kommunizieren, welche gesellschaftlichen Ursachen für solche Mängel verantwortlich sind, und welche gesellschaftlichen Akteure ihr Verhalten ändern müssten, um qualitative Veränderungen der Institutionen des Bildungssystems zu ermöglichen.

6.2 Dynamik wechselseitiger Indifferenz

Einen solchen Prozess überhaupt nur ins Auge zu fassen wirkt heute, als würde man fantastischen Illusionen nachhängen, so weit ist der aktuelle Zustand des Bildungssystems von ihm entfernt. Heute findet man im Bildungssystem Akteure vor, deren wechselseitige Beziehungen nicht durch praktische Anerkennung in Form von konstruktiver Auseinandersetzung mit den Vermögen der jeweils anderen gekennzeichnet sind, sondern durch deren genaues Gegenteil: wechselseitige Indifferenz.

Die verschiedenen Akteure sind so sehr mit ihrem Alltagsgeschäft befasst, dass sie gewissermaßen nicht nach links und rechts schauen: Lehrer wissen nicht, wie Aufgaben und Leistungen ihrer eigenen Schulleitung aussehen, oder

der Schulinspektoren, oder der Mitarbeiter in der Schuladministration, oder der Eltern; die Aufgaben und Leistungen der Schüler sehen sie nicht auch als Ausdruck eigenständiger sozialer Vermögen, sondern als defizitäres Noch-nicht-Können. Eltern wissen jenseits der begrenzten Schilderungen ihrer Kinder und Klassenlehrer nichts über die Funktionsweisen von Schulen, Lernprozessen oder politischer Gestaltung bildungsinstitutioneller Strukturen. Schüler wissen nichts darüber, wie Lehrer am Schreibtisch arbeiten und was es bedeutet, mit vielen verschiedenen Klassen und Fächern gleichzeitig zu jonglieren, Schulkonferenzen ausgesetzt zu sein, mit vielen einzelnen Eltern klar kommen zu müssen, und ein Kollegium zu haben, das zu kooperativer Strukturgestaltung, zu systematischem, entwicklungsbezogenem Feedback usw. nicht in der Lage ist.

Auch dies könnte man *mutatis mutandis* für alle Akteure durchdeklinieren. Resultat wäre: Alle wissen zu wenig voneinander, von den Schwierigkeiten, denen die jeweils anderen ausgesetzt sind, von der Menge und Verschiedenartigkeit der Aufgaben und Leistungen, die sie erbringen und erbringen sollen. Die Akteure machen es einander auch nicht leicht. Sie tendieren in verschärften Konkurrenzverhältnissen dazu, wichtige eigene soziale Vermögen zu *invisibilisieren*: Wenn man Vermögen besitzt, die einem strategische Vorteile verschaffen oder die es ermöglichen, das Verhalten anderer Akteure im eigenen Sinne zu steuern, so hütet man diese Vermögen vor den Blicken anderer.

Das resultierende Nichtwissen schützt vor der Einsicht, dass gerade strukturelle Veränderungen wesentlich komplexer und schwieriger zu bewerkstelligen sind, als man es sich aus der begrenzten eigenen Sicht vorstellen kann. Dies einzusehen hieße, sich vom lieb gewordenen Glauben an die jeweils eigene „Selbstwirksamkeit" verabschieden zu müssen, von der angenehmen Übung, nicht gar so genau auf das Verhältnis von Misserfolgen und Erfolgen zu schauen. Man müsste nun – auch das noch! – berücksichtigen, wie die anderen Akteure in ihren Situationen „funktionieren" und wie deren Handlungsorientierungen zu Stande kamen. Man müsste zulassen, dass Machtverhältnisse aufgedeckt werden und einige Akteure des Bildungssystems auf Kosten anderer privilegiert sind – wodurch sich die Privilegierten moralische Vorwürfe einhandeln werden.

Akteure kommen so in eine Situation, in der das Eingeständnis kognitiver Defizite einher geht mit der Antizipation höheren Arbeitsaufwands (anstrengender Erforschung und Beobachtung der anderen, statt wegschauen zu dürfen), unsicherer Erfolgsaussichten und Zumutungen der Selbstkritik und Selbstveränderung. Die nahe liegende, fast automatische Reaktion auf solche Zumutungen ist Empörung.

Der Mangel an wechselseitiger Kenntnis und Anerkennung zieht unmittelbar nach sich, dass die Akteure die Leistungen der jeweils anderen nicht wertschätzen *können* und letztlich, dass sie keine gemeinsamen sozialen Vermögen erzeugen können.

6.3 Effekt: Zustand wechselseitiger Abwertung und gemeinsamer Wirkungslosigkeit

Resultat der skizzierten Situation ist: Man erwartet tendenziell nichts mehr voneinander, außer Störungen und Behinderungen der eigenen laufenden oder gewünschten Praxis. Konsequenz: man müsse „alles allein machen", auch das Sorgen um Qualität im Bildungswesen – so glaubt *jeder* Akteur. Diese Erwartungshaltung kapselt die Routinen ein und schützt sie vor Veränderung: Alle Akteure machen im Grunde weiter wie bisher. Sie trauen einander nicht zu, in positiver Weise zur Veränderung der allgemeinen Situation beitragen zu können, oder auch nur die positiven Seiten der gegenwärtigen Situation zu bewahren.

Insofern sie sich weiterhin wechselseitig beobachten[30] und auf dieselbe, abwertende aber erwartete Weise behandeln (oder besser: nicht behandeln), stabilisiert sich die wechselseitige Beziehung. Diese verhilft allen beteiligten Akteurgruppen zu einem Verhältnis relativ friedlicher Koexistenz: Von wem man nichts erwartet, mit dem kommuniziert man nicht mehr viel – und derjenige, mit dem nicht viel kommuniziert wird, kann sich freuen, dass er im Wesentlichen in Ruhe gelassen wird. Damit wird ein Governanceproblem gelöst: Das Verhältnis Schule-Ministerium beziehungsweise Lehrerprofession-Politik wird so geregelt, dass beide bequem existieren können. Eine Form „wildwüchsiger" Strukturentwicklung, ein typischer Fall von *transintentionaler* Governance findet statt. Nur die Qualität der Lehr-Lern-Prozesse bleibt von dieser Entwicklung unberührt.

Theoretisch formuliert wird der Faktor „Wechselseitiger Bezug der sozialen Vermögen verschiedener Akteure" auf „Trennung" gestellt und damit die Chance zur kollektiven, „bewussten" und gezielten (Um-)Gestaltung der Strukturen des Bildungssystems von verschiedenen Seiten verbaut. Die wechselseitige Vermögensabwertung führt zu einer Schwächung *aller* Akteure des Bildungssystems und zur strukturellen Verhinderung des Aufbaus einer gezielten und „bewussten" Selbstorganisationsfähigkeit des Bildungssystems insgesamt (was wiederum anderen mächtigen gesellschaftlichen Akteuren nur recht sein kann).

Die Tendenz zur Abwertung aller anderen ist eine tief verwurzelte gesellschaftlich allgemeine Verhaltensweise, die insbesondere von Elias (Elias/Scotson 1976) und Bauman (1987) eingehend beschrieben worden ist, und die in Studien zum Bildungssystem (Langer 2005, 2006) repliziert werden konnte:

---

30 Vgl. zur wechselseitigen Beobachtung Schimank 2000.

Es kann so gut wie nie beobachtet werden, dass eine jeweils mächtigere Akteurgruppe *freiwillig* auf eine der schwächeren Akteurgruppen zugeht (beispielsweise eine Organisation in Gestalt ihrer etablierten Vertreter auf ihre „Fußvolk"-Mitglieder) und einen Dialogprozess initialisiert und dann *institutionalisiert*, auf Dauer stellt und in den formalen Strukturen, die das Verhältnis beider Akteurgruppen regeln, festschreibt (Wiesenthal 2006, 197-208, hält dies für unumgänglich).

7. Distraktion statt Konzentration kollektiver Kräfte

Die methodische Frage dieses Abschnitts lautet: Bündeln Akteure ihre gemeinsam geteilten Kräfte in begrenzten Zeiträumen auf begrenzte Problematiken und auf die Relationen ihrer Beiträge (wodurch Strukturen flexibler und veränderbar werden) oder zerstreuen sie sie gleichzeitig auf ganz unterschiedliche Probleme und unbegrenzte Zeiträume? Diese Alternative, die Strukturerstarrung hervorruft, ist, wie jetzt kaum noch überraschen wird, im Bildungssystem der Fall: Den Akteuren gelingt es nicht, ihre *kollektiv geteilten* Kräfte auf die Gestaltung eines jeweils *begrenzten* Aspekts ihrer *gemeinsamen* Strukturen zu konzentrieren. Im Bildungssystem sind die Kräfte zerstreut auf die Bearbeitung zahlreicher Aspekte und Probleme. Strukturen werden von Seiten der Lehrerprofession eher als Zwang reflektiert (und zwar deshalb, weil sie selbst an ihrer Gestaltung nicht beteiligt sind; sie erscheinen ihnen deshalb wie Fremdkörper, die ihnen mehr oder weniger enge Freiräume lassen). Konzentriert sind Kräfte momentan höchstens auf die Verteidigung struktureller Grundfesten: Zensurensystem, Zertifizierungsrecht, Klassen altersgleicher Schüler, individualisierte Bewertung und Fehlerzuschreibung einschließlich Unterstützungsverbot bei Prüfungen. Aber die Verteidigung dieser Strukturelemente bröckelt, da sie ihre gesellschaftliche Funktion eingebüßt haben.

Wenn man sich vergegenwärtigt, worauf Akteure des Bildungssystems heute bei einer Reforminitiative gewöhnlich[31] ihre Kräfte konzentrieren, findet man etwa folgendes Bild vor: Eine Schule reagiert auf jede Reformmaßnahme intern mit Diskursen über die Frage der Umsetzung, durchsetzt mit halblauten Unmutsäußerungen über die Mehrbelastung. Sie konzentriert ihre Kräfte (in erster Linie weiterhin auf den laufenden Unterrichtsbetrieb, aber daneben) durchaus hauptsächlich auf die Kopplung der Reformelemente mit der Unterrichtsstruktur: Al-

---

31 Gewöhnlich heißt unter anderem: nicht in den ohnehin wissenschaftlich begleiteten und politisch besonders beachteten Reformschulen; nicht bei begrenzten Pilotprojekten, die intensive politische und wissenschaftliche Begleitung erfahren.

lerdings zunächst unter der Maßgabe, die Unterrichts- und Schulstruktur so wenig wie möglich zu ändern. Schul- und Unterrichtsalltag sollen wie gewohnt fortgeführt werden, die „Störungen" durch die neuen Reformen möglichst gering gehalten werden. Die Reformelemente werden in die alten Strukturen eingepasst – und damit quasi unwirksam gemacht. So deuten aktuelle empirische Ergebnisse darauf hin, dass der computergestützte Unterricht kooperative Arbeits- und Lernformen eher *aus Versehen* in die Schulstrukturen einführt, jedenfalls nicht dadurch, dass Schulen die Einführung von IT durch ein didaktisches Konzept regeln. Mit didaktischen Innovationen, etwa einer Umstrukturierung des Unterrichts unter der Leitlinie, Kompetenzen gezielt aufzubauen, scheint dies in der Regel nicht einher zu gehen (Altrichter et al. 2005; Langer 2007a).

Die Politik dagegen konzentriert ihre Kräfte darauf, das jeweils aktuelle Reformprojekt zu einer öffentlich sichtbaren Erfolgsstory zu machen. Das Projekt wird ausführlich programmatisch beschrieben und öffentlich kommuniziert. Diese Kommunikationen haben dann aber nicht mehr viel mit der anlaufenden Umsetzungspraxis zu tun. Insbesondere wenn Schwierigkeiten auftreten, Verzögerungen, Widerstände, unerwünschte Nebenwirkungen – wenn sich also wieder einmal das robuste Beharrungsvermögen des Bildungssystems und der wahre Komplexitäts- und Verwurzelungsgrad der zu reformierenden Missstände zu erkennen gibt, ist es für politische Akteure leichter, zum Anschub eines nächsten Projekts zu „springen". Dies entspricht sogar der Vorstellung des *New Public Management*, nach der Führungsebenen strategische Ziele setzen, aber nicht in operative Detailfragen „hineinregieren" sollen. Das heißt, *wie* die Ziele erreicht werden, bleibt Sache der Praktiker vor Ort. Die Lehrerprofession wird dies begrüßen, da ihnen in den *Prozess* der Gestaltung von Lehr-Lern-Situationen, in die alltägliche Arbeit vor Ort niemand hinein regiert. Im Effekt werden Ziele überbetont, über Systeme begleitender Unterstützung für die Überwindung von Umsetzungsschwierigkeiten wird dagegen zu wenig nachgedacht.

Um ein effektives Unterstützungssystem einrichten zu können, müsste man evaluieren, weshalb ein Projekt nicht erfolgreich war. Dies liegt aber nicht im Interesse politischer Akteure. Begleitende Evaluation von Projekten würde notwendigerweise Irrtümer, falsche Vorannahmen, Irrwege, falsche Prioritätensetzungen zu Tage fördern. Das gäbe zwar nützliche Hinweise für die Gestaltung bildungsinstitutioneller Strukturen und über die Bedingungen und Konsequenzen von Umstrukturierungsinitiativen, aber es wäre ebenso sehr Gift für die symbolische Politik der Außendarstellung, die etwa kommunizieren müsste: „Wir brauchen mehr Zeit als gedacht, es ist komplizierter als wir uns vorgestellt haben, wir wissen nicht genau, worauf es hinaus läuft, unsere politischen Vorstellungen helfen uns nicht mehr als Leitlinien für das, was wir hier an empirischen Prozessen vorfinden." Die massenmedial vermittelte Öffentlichkeit goutiert so etwas nicht: Ihre Erwartungen sind tendenziell auf (die Verheißung von) einfache(n), schnelle(n) Lösungen gerichtet.

Eine Konzentration *gemeinsamer* Kräfte von Politik, pädagogischer Profession, Wissenschaft, Verwaltung, Eltern und Schülern findet nicht statt. Während jeder Akteur seine Kräfte auf die Bearbeitung der (aus seiner Sicht) jeweils dringlichsten und wichtigsten Probleme konzentriert, wird aus einer Vogelperspektive heraus erkennbar, dass die Kräfte der Akteure insgesamt *distrahieren*: sie beziehen sich auf zahlreiche verschiedene Probleme, werden abgelenkt auf randständige Sachverhalte, reißen Problemaspekte an und lassen sie wieder fallen, wollen flächendeckend etwas bewegen, sind dafür aber zu schwach, mit einem Wort: Sie laufen auseinander und verschwimmen. Der Faktor „Konzentration/Distraktion kollektiver Kräfte" ist also nicht auf die Möglichkeit gezielter, koordinierter Strukturentwicklung gepolt. Vielmehr bewirkt er unkoordiniertes „Wuchern" von Strukturen. Es bleibt so – zwar nicht dem Zufall, aber – den transintentionalen Selbstorganisations-Mechanismen des Bildungssystems überlassen, wie die Lehr-Lern-Prozesse de facto umgestaltet werden.

8. Entkopplung statt Relationierung von Praxis und Symbolik

Der letzte Faktor betrifft das Verhältnis zwischen Praxis („Handeln", informellen Praktiken und Strukturen) und reflexiver Symbolik („Reden", Formalstruktur) während laufender Auseinandersetzungen. Hier stellt sich die Frage: Sind Praxis und Symbolik eng und wechselseitig ermöglichend aufeinander bezogen, so dass Strukturentwicklung erleichtert wird, oder klaffen sie auseinander, so dass daraus Starre resultiert? Im geschilderten Szenario ist letzteres der Fall.

Dieser Faktor ist ein besonderer: Er ist bereits eine Folge der Pegelungsstände der anderen Faktoren, zugleich aber eine dauerhafte Hintergrundbedingung für die anderen Faktoren. Mit ihm wird der hier rekonstruierte Mechanismus rekursiv.

Alle bislang geschilderten Faktoren, die eine gezielte und wirksame Gestaltung institutioneller Strukturen ermöglichen oder verhindern können, sind auf *Verhinderung* gepolt.[32] So können sie einander in derselben Wirkungsrichtung bestärken. Und damit erzeugen sie eine Konstellation, die selbst zu einem Faktor wird: Das zunehmende Auseinanderdriften von Symbolik und Praxis. Es ist als gesellschaftliche Tendenz bekannt, wurde verschiedentlich beschrieben, aber nicht immer in seiner Tragweite begriffen.

---

32 Dies ist eine Tendenzaussage. Es gibt Gegentendenzen, und nicht jeder Faktor ist in jedem Bereich des Bildungssystems gleich stark auf „Verhinderung" gepolt.

In der Literatur begegnet man ihm etwa in Gestalt des Theorems der *Entkopplung von Formalstruktur und Aktivitätsstruktur* (Meyer/Rowan 1977).[33] Es besagt grob gefasst, dass Schulen, um sich den bestandsnotwenigen Zufluss von Ressourcen zu sichern, ihre formale (sprich: symbolische) Struktur so gestalten, dass sie den jeweiligen Reform-Erwartungen entsprechen. Sie übernehmen symbolische Elemente, die gefordert werden oder als erfolgreich gelten: Schulprogramme, Profile, Bildungsstandards. Diese formalen Strukturen sind aber eine Fassade, die dazu dient, sich zu legitimieren und Staat, Wissenschaft und Öffentlichkeit und ihre Evaluatoren zufrieden zu stellen. Die Fassade dient zugleich als Schutzschild: Hinter ihr können die so genannten Aktivitätsstrukturen, sprich: die Strukturen der operativen Praxis, weithin unberührt bleiben. Nach außen deklamiert man sich als innovative, moderne, reformierte Schule, nach innen betreibt man *business as usual*. Initiativen zu strukturellen Änderungen perlen an der Formalstruktur ab, man trägt Reformen bereitwillig mit – symbolisch.

Damit betreibt man *symbolische Politik.* Edelman (1976) bezeichnet mit diesem Begriff die öffentliche Außendarstellung politischer Entscheidungen, etwa Bundestagsreden, Talkshowgespräche, Interviews in Nachrichtensendungen, Wahlplakate und Programmbroschüren. Nach Edelmans Auffassung entkoppelt sich diese symbolische Politik vom faktischen politischen Entscheidungsprozess, der abseits von Kameras und Mikrofonen abläuft. Die symbolische politische Kommunikation gehorche anderen Rücksichten und Gesetzen als die Entscheidungspraxis in der öffentlich intransparenten Sphäre der Ausschüsse, Lobbyismen, Klientelinteressen, Parteitaktiken usw.

In ihrer symbolischen Selbstdarstellung beschreiben sich Akteure als hoch leistungsfähig, beste Absichten guten Gewissens verfolgend, als kenntnisreiche, kompetente ExpertInnen auf ihrem Gebiet (einschließlich verzeihlicher Fehler, die die Glaubwürdigkeit erhöhen). Sie üben sich in der Kunst des Verbergens oder Verleugnens von Misserfolgen, Schadensverursachung und partikular egozentrischen Handlungsmotiven. Wo die eigene Beteiligung an negativ bewerteten Zuständen oder Fehlentwicklungen nicht von der Hand gewiesen werden kann, werden schlechte äußere Bedingungen, unumgängliche Sachzwänge und der Druck, den globale Entwicklungen und externe Akteure erzeugen, verantwortlich gemacht.[34]

Der Gesamteffekt bezogen aufs Bildungssystem ist, dass die symbolische Selbstbeschreibung des Bildungssystems – der gesamte, fragmentierte Diskurs mit Beiträgen aus Wissenschaft, Politik, Massenmedien, Lehrerprofession, Schü-

---

33 Ein klassischer Aufsatz des Neo-Institutionalismus. Das Theorem wurde übrigens prominent an Hand empirischer Untersuchungen des Schulsystems gebildet.
34 Zur Analyse einer völlig ungebrochen positiven Selbstdarstellung vgl. die Analyse der Interessenverbände und Publikationsorgane der Wirtschaft bei Mese (2006).

lern, Eltern, Administration – *viel weniger* eng auf die operative Praxis bezogen ist, als die Akteure selbst glauben. Die Schnittmenge zwischen Handeln und Strukturen im Bildungssystem und dem Wissen der Akteure darüber ist sehr klein. *Trotz* der unendlichen Anzahl von schriftlichen und mündlichen Kommunikationen in ihm und über es.

Dieser Sachverhalt lässt sich im Alltag des Bildungssystems beobachten. Beispielsweise in Gremiensitzungen (Fakultätsrat, Lehrerkonferenz), die eine Sphäre des symbolischen „Talks" erzeugen, gegliedert in monologische Selbstdarstellungs-Sequenzen und in der Regel strikt begrenzt auf formalsymbolische Tagesordnungspunkte. Verhandelt so ein Gremium etwa über Unterricht oder Lehre, dann hat das wenig mit dem zu tun, wie sich derselbe Unterricht (dieselbe Lehre) in den Klassen- und Kursräumen de facto abspielt – wie würden seine Mitglieder reagieren, wenn man Videos dieses Unterrichts/ dieser Lehre abspielte, zwecks gemeinsamer Verständigung über Qualitätskriterien des Lehrens?

Der Glaube ans rhetorisch oder formal Symbolisierte ist der letzte Faktor dafür, dass nachhaltige, gezielte Umstrukturierungen des Bildungssystems in der Regel schon im Ansatz stecken bleiben. Die Akteure orientieren sich bei ihren diesbezüglichen Versuchen an den vorliegenden Beschreibungen des Bildungssystems, beobachten aber nicht systematisch die *Wirkungen, Wechselwirkungen und Nicht-Wirkungen*, die bisherige Praktiken einschließlich Reformversuchen erzeugen. Sie orientieren sich an dem, was sie glauben, statt zu beobachten, was sich wie auswirkt und was nicht. Damit gehen die Akteure ihren eigenen Wirklichkeitsbeschreibungen samt den darin implizit enthaltenen (falschen oder unterkomplexen) Wirkungsannahmen auf den Leim.

9. Zur Möglichkeit von Evaluationen

In diesem Abschnitt werden die Faktoren des Mechanismus institutioneller Selbstorganisation, zusammenfassend rekapituliert, um Konsequenzen für die Möglichkeit von Evaluation aus ihnen zu ziehen.

Faktor „Praktische Problemkonstitution": Ein fragmentiertes Bildungs- und Schulsystem produziert voneinander isolierte Akteure ohne kollektives Strukturierungsvermögen, die von institutionellen Strukturen regiert werden statt gestaltend in sie einzugreifen. Alle Akteure des Bildungssystems tragen dazu bei, jene fragmentierte Struktur zu reproduzieren: Die Lehrerprofession, indem ihre Mitglieder vereinzelt unterrichten und auch nur vereinzelte Modifikationen vornehmen; die Schulpolitik, indem sie sich darauf konzentriert, Handlungsfähigkeit zu demonstrieren und sich über individuelle Reformen zu profilieren;

Wissenschaftler, die im Bemühen, Gelder und Stellen zu erhalten, einander übertrumpfen durch werbeförmig hochgepushte Schein-Originalität und -Innovativität ihrer tendenziell interessenangepassten Ergebnisse, und die damit dem Bildungssystem eine fragmentierte Beschreibung hinzu fügen; Schüler, indem sie sich den Schulstrukturen fügen und sich für sie ansonsten nicht interessieren bzw. aus Mangel an sozialem Vermögen auch gar nicht interessieren können. Die Handlungsorientierungen der Akteure tragen auf *verschiedene* Weise in einer Art transintentionaler Arbeitsteilung zur Reproduktion der institutionellen Fragmentierung bei.

Faktor „Symbolische Problemdefinitionen": Die „bewussten" Problemdefinitionen der Akteure sind ebenfalls verschieden. Während die Bildungspolitik vor allem internationale ökonomische Wettbewerbsfähigkeit zwecks Wohlstandssicherung sichern will, sieht die Lehrerprofession das Hauptproblem darin, Lehrer vor Belastungen zu schützen, die von verschiedenen schulextern produzierten Erschwernissen ihrer Arbeit herrühren. Diese verschiedenen Ausgangspunkte führen, wenn sie aufeinander treffen, in eine Dynamik wechselseitiger Missverständnisse, wechselseitiger Externalisierung von Verantwortung für Missstände, und schließlich wechselseitigen Misstrauens – einschließlich des festen Glaubens, selbst im Recht zu sein und besser als der jeweils andere zu *wissen*, wo die Probleme liegen. Der Kampf gegeneinander wird für die Akteure zur zentralen Handlungsorientierung; die Arbeit an der Qualität von Lehr-Lern-Prozessen, einschließlich der Qualität ihrer institutionellen Rahmenbedingungen, wie sie Politik *und* Schule setzen, leidet darunter.

Folgerung aus den ersten beiden Faktoren für Evaluationen: Die Fragmentierung kann nicht durch Evaluationen überwunden werden, sondern nur durch die *Erzeugung neuer struktureller Vermögen,* die es den Akteuren erlauben, neue, komplexere Problemsichten und neue Weisen der Problembearbeitung zu entwickeln. Solche strukturellen Vermögen entstehen nur gleichzeitig mit einer neuen, strukturelle Grenzen überschreitenden Akteurgruppe, die sich das Einnehmen einer Vogelperspektive (zusätzlich zu ihrer eigenen Interessenperspektive) erarbeitet und die explizite, verfahrensgestützte Integration verschiedener Problemsichten und Interessenlagen betreibt. Ohne die Bildung einer neuen sozialen Kraft, die ihre Mitglieder aus *allen* anderen Akteurgruppen des Bildungssystems rekrutiert, werden Evaluationen tendenziell den symbolischen Problemdefinitionen einzelner, mächtiger Akteure dienen, aber die Praktiken, mit denen bestehende Missstände (und positive Zustände) reproduziert werden, nicht berühren. „Evaluationen" hätten hier den Charakter von „Übersetzungen" verschiedener Akteurperspektiven ineinander; Evaluationskriterien würden aus den dabei gewonnenen Prozessmodellen kollektiven Lernens und Entwickelns abgeleitet. Zwar wird auch eine neue Akteurgruppe ihren Interessen gemäß „evaluieren". Die Chance bestünde aber darin, dass sie offensiv und transparent damit umgeht und die Interessen aller anderen Akteure offen legt und in Struktur gestaltende Initiativen zentral (und nicht alibiartig) einbezieht.

Faktor „Governance-Typ": Der vorherrschende Governancetyp des Bildungssystems, Konkurrenz, wirkt in dieselbe Richtung der zunehmenden *Trennung* der Akteur-Praktiken voneinander. Die politisch initiierte Verschärfung der Konkurrenz führt dazu, dass die Akteure ihr Handeln zunehmend auf das aktuelle Konkurrenzgeschehen konzentrieren und sich darum sorgen, ihre strukturelle Integrität zu verteidigen. Dies führt gerade *nicht* zu einer gezielten, innovativen Auseinandersetzung mit den Strukturen, Prozessen und Leistungsvermögen des Bildungssystems. Hatte man sich in den letzten Jahrzehnten des vergangenen Jahrtausends von aktiver Gestaltung der Lehr-Lern-Prozesse weitgehend verabschiedet (Leschinsky 2005), so übt man sich jetzt in strategischer Kommunikation (Rechenschaftslegung!), Werbung, Lobbying und public relations. Die Tendenz zur Vernachlässigung der Lehr-Lern-Prozesse und ihrer strukturellen Bedingungen bleibt konstant.

Folgerung für Evaluationen: Die grundlegende Konkurrenz ist gesamtgesellschaftlich initiiert. Sie wird durch Evaluationen und ihre Ergebnisse weder aufgehoben noch gelindert. Die neu entstehende Akteurgruppe müsste sich *dissoziieren*, das heißt, so weit es ihr möglich ist, sich aus dieser Konkurrenz heraus halten und dabei auch Vermögensverluste in Kauf nehmen. Die einzige Chance, dabei nicht unterzugehen, besteht darin, dass ihre Ergebnisse sowohl in der Praxis (Schul- und Schülerleistungen) als auch in der Theorie (bessere wissenschaftliche Erfassung des „Funktionierens" institutioneller Mechanismen und Lernprozesse) schnell unbestreitbare Verbesserungen erzeugen.

Faktor „Verhältnis neuer Symbolisierungen": Die neuen Symbole, die die Akteure des Bildungssystems im Zuge ihrer wiederholten Auseinandersetzungen erzeugen, sind nicht miteinander vermittelt, sondern scharf voneinander getrennt; sie gehören je nach Akteur verschiedenen Sinnwelten an. So entsteht keine kollektiv geteilte Symbolik, die es möglich machte, die Vogelperspektive aufs Bildungssystem einzunehmen und erkennen zu können, wie jeder Akteur seinen Teil dazu beiträgt, die bildungsinstitutionellen Strukturen zu reproduzieren. Stattdessen bleiben die Akteure auf die je eigene Perspektive begrenzt. Die Chance, die Symbolisierungen an sich bieten, neue Zusammenhänge herzustellen, werden nicht genutzt.

Faktor „Verhältnis sozialer Vermögen": Die verschiedenen sozialen Vermögen, über die Akteure über die Akteure des Bildungssystems verfügen, werden bei der Auseinandersetzung mit neu erkannten Problemen nicht neu aufgeteilt und kombiniert, um neue Probleme angemessen und gemeinsam bearbeiten zu können, sondern im Gegenteil voneinander abgeschottet. Dynamiken wechselseitiger Indifferenz führen dazu, dass Akteure bloß ihre jeweils eigenen Vermögen als richtig und nützlich aufwerten, die der anderen dagegen als falsch oder unnütz abwerten, missachten oder ignorieren. Die Probleme zeigen ihre Komplexität und Sperrigkeit, und es wird sichtbar, dass die Akteure in ihrer Reproduktion verstrickt sind. Die Letzt-Verantwortung für die Behebung von Problemen schiebt man einander gegenseitig zu.

Faktor „Konzentrationsgrad sozialer Kräfte": Akteure des Bildungssystems können insgesamt ihre *sozialen Kräfte* (Handlungen und Wahrnehmungen; Strukturen, Ressourcen und Kompetenzen; Symboliken/Wissen, Reflexionen und Orientierungen) zur Zeit nicht konzentriert einsetzen. Die Kräfte des Bildungssystems sind „distrakt": zerstreut, abgelenkt und ausgefranst.

Faktor „Symbolik und Praxis": Die formalen Strukturen und die kommunikativen Selbstdarstellungen dienen im gesamten Bildungssystem vorwiegend zur Legitimation und Ressourcensicherung in der allgegenwärtigen Konkurrenz; sie sind nur lose an die – hoch wirksamen aber weniger sichtbaren - informell-praktischen Strukturen gekoppelt, die anderen, verschwiegenen Regeln folgen als es im symbolischen „talk" der Statuten und Reden vorgegeben wird.

Folgerung für Evaluationen: Will man Symbolik und Praxis etwas stärker koppeln, um die Zielgenauigkeit beim Zugriff auf Strukturen zu erhöhen, und will man weiter die sozialen Kräfte verschiedener Akteure konzentrieren helfen, dann ist es sinnvoll, dass verschiedene Akteure in klaren Verfahren an einer neuartigen, begrenzten, gemeinsamen Sache (Aufgabe) arbeiten. Diese Sache oder Aufgabe müsste für alle beteiligten Akteure glaubwürdige Arbeits- und Leistungsverbesserungen erzeugen. Sie muss also selbst in intensiven Diskursen mit den beteiligten Akteuren, gerade auf den operativen „Ebenen" entwickelt werden, sonst werden die Akteure sie nicht tragen. Diese institutionalisierten Diskurse selbst wären dann die Evaluation. Sie müssten über Sicherungseinrichtungen verfügen, die u. a. verhindern, dass mikropolitisch, organisatorisch oder rhetorisch schwache Akteure zum Schweigen gebracht werden, und dass der legitimierende „talk" des Diskurses sich von den alltäglich zu bewältigenden Aufgaben und ihrer qualitativen Verbesserung entfernt. Jedenfalls scheint es wenig sinnvoll zu sein, wenn Evaluationen ein „Extra" darstellen, das neben der „eigentlichen" Arbeit – oder „hinterher" – die Güte einer Zielerreichung abprüft. Sie müssten vielmehr in den Prozess der Produktion eines (qualitativ hochwertigen) Resultats schon eingearbeitet sein, als ständige oder zumindest an „Meilensteinen" begleitende (externe und interne) Reflexion des laufenden Prozesses.

10. Fazit

Im vorliegenden Beitrag wurde ein transintentionaler Mechanismus der institutionellen Selbstorganisation von Bildungssystemen in Grundzügen rekonstruiert. Besonderes Augenmerk lag darauf, gerade jene Wirklichkeitskonstruktionen der verschiedene Akteure im Bildungssystem hervorzukehren (manchmal auch durch Überzeichnung), die auf Struktur-Beharrung oder -Zerstörung ausgerichtet sind – mit der kritischen Absicht, maximale Schwierigkeiten bei der Einführung von evaluationsbasierten Steuerungselementen mehr oder weniger radikal ausleuchten zu können.

Als Methode verwendet wurde die Mechanismen-Analyse, deren Fruchtbarkeit für die Educational Governance-Forschung damit erstmals zur Diskussion gestellt werden sollte, wenngleich ihr Analysepotenzial hinsichtlich einzelner Akteurlogiken und der daraus sich ergebenden Dynamiken von Akteurkonstellationen und ihrer Wirkungen sicher weiter auszuleuchten ist. Jedoch erscheint auch im vorläufigen Stadium der Mechanismen-Analyse die Steuerungspraxis der Evaluation in einer besonderen Weise:

Die Quintessenz, die sich aus mechanismenanalytischer Sicht zum Gedanken der Kopplung von Wissen und Evaluation ziehen lässt, lautet: Die Hinzufügung von Wissen hilft nicht an sich, aus Evaluationen verlässliche Instrumente einer gezielten Strukturierung des Bildungssystems zu machen. Evaluation und Wissen sind nicht in irgendeiner Weise „neutral", sondern immer schon in bestehende Wirklichkeitskonstruktionen eingefügt. Durch Evaluationen erzeugtes Wissen wird nicht die Konkurrenz um Realitätsdefinitionen beenden, die eine nachhaltige Steuerung des Bildungssystems gegenwärtig praktisch verunmöglicht. Wissensbasierte Evaluationen führen nicht aus diesen Auseinandersetzungen hinaus, sondern fungieren selbst als Instrument in diesen Auseinandersetzungen. Sie sind Mittel zur Verteilung sozialer Vermögen (Wirksamkeiten, Einflusschancen) im Bildungssystem und zur „Auf- und Abwertung von Standpunkten und Meinungen" (Soeffner/Tänzler 2003, 7). Sie unterscheiden und bezeichnen, was als wichtig und wertvoll gelten soll und was nicht. Realitätsdefinitionen und Bewertungs-Kriterien legitimieren und ermöglichen bestimmte Handlungsweisen, andere Handlungsweisen aber delegitimieren sie und machen sie – moralisch oder faktisch – unmöglich. Und die Frage, welche Handlungsweisen für wen möglich und erlaubt sein sollen und welche für wen nicht, sind sozial umstritten.

In diesen Streit wird die – künftig weiter auszubauende und zu spezifizierende – Analyse von Mechanismen der Educational Governance verwickelt werden.

Literatur

Aiglsdorfer, Bettina/Aigner, Maria (2005): Implementierung nationaler Bildungsstandards in Österreich. Untersuchung zur Einführung der nationalen Bildungsstandards an ausgewählten Hauptschulen der Pilotphase II. Unv. Diplomarbeit. Linz, Johannes Kepler Universität.
Altrichter, Herbert/Prexl-Krausz, Ulrike/Soukup-Altrichter, Katharina (Hg.) 2005: Schulprofilierung und neue Informations- und Kommunikationstechnologien. Bad Heilbrunn: Klinkhardt.
Balog, Andreas/Cyba, Eva (2004): Erklärung sozialer Sachverhalte durch Mechanismen. In: Gabriel, Manfred (Hg.): Paradigmen der akteurszentrierten Soziologie. Wiesbaden: VS, 21-42.
Bastian, Johannes/Rolff, Hans-Günter 2003: Abschlussevaluation des Projekts Schule & Co. O. J., o. O. URL: http://www.schule-und-co.de.
Bastian, Johannes/Combe, Arno/Langer, Roman (2003): Feedback-Methoden. Weinheim/München: Beltz.
Bauman, Zygmunt (1987): Vom Nutzen der Soziologie. Frankfurt a.M.: Suhrkamp.
Beck, Ulrich (1986): Risikogesellschaft. Frankfurt a.M.: Suhrkamp.
Beck, Ulrich (1992): Die Erfindung des Politischen. Frankfurt a.M.: Suhrkamp.
Beer, Rudolf (2007): Bildungsstandards. Einstellungen von Lehrerinnen und Lehrern. Münster: Lit.
Belliger, Andrea/Krieger, David J. (Hg.) (2006): ANThology. Ein einführendes Handbuch zur Akteur-Netzwerk-Theorie. Bielefeld: transcript.
Berger, Peter L./Luckmann, Thomas (1969): Die gesellschaftliche Konstruktion der Wirklichkeit. Frankfurt a.M.: Fischer.
Benz, Arthur/ Lütz, Susanne/ Schimank, Uwe (2007): Handbuch Governance. Wiesbaden: VS.
Bittlingmayer, Uwe (2001): Spätkapitalismus oder Wissensgesellschaft? In: Aus Politik und Zeitgeschichte 36, 15-23.
Bourdieu, Pierre (1987): Die feinen Unterschiede. Frankfurt a.M.: Suhrkamp.
Bourdieu, Pierre (1993): Sozialer Sinn. Kritik der theoretischen Vernunft. Frankfurt a.M.: Suhrkamp.
Bourdieu, Pierre (1998): Praktische Vernunft. Zur Theorie des Handelns. Frankfurt a.M.: Suhrkamp.
Buer, Ferdinand (2006): Gefährdet Organisation Profession? In: Organisationsberatung – Supervision – Coaching, Heft 1/06, 65-85.
Callon, Michel (2006): Einige Elemente einer Soziologie der Übersetzung: Die Domestikation der Kammmuscheln und der Fischer der St. Brieuc-Bucht. In: Belliger, Andrea/Krieger, David J. (2006). ANThology. Ein einführendes Handbuch zur Akteur-Netzwerk-Theorie. Bielefeld: transcript, 135-174.
Callon, Michel/Latour, Bruno (2006): Die Demontage des großen Leviathans: Wie Akteure die Makrostruktur der Realität bestimmen und Soziologen ihnen dabei helfen. In: Belliger, Andrea/Krieger, David J. (2006): ANThology. Ein einführendes Handbuch zur Akteur-Netzwerk-Theorie. Bielefeld: transcript., 75-102.
DiMaggio, Paul J./Powell, Walter W. (1983): The Iron Cage Revisited. Institutional Isomorphism and Collective Rationality in Organisational Fields. In: American Sociological Review 48, 147-160.
Döbert, Hans (2002): Trends in Bildung und Schulentwicklung. Deutschland und Europa. URL: www.dipf.de/publikationen/tibi/trends/doebert_1.pdf
Edelman, Murray (1976): Politik als Ritual. Die symbolische Funktion staatlicher Institutionen und politischen Handelns. Frankfurt a.M./New York: Campus.
Edling, Christofer/Hedström, Peter (2005): Analytische Soziologie in Toquevilles „Über die Demokratie in Amerika". In: Berliner Journal für Soziologie 4, 511-522.
Elias, Norbert (2001): Symboltheorie. Frankfurt a.M.: Suhrkamp.
Elias, Norbert/Scotson, John L. (1976): Etablierte und Außenseiter. Frankfurt a.M.: Suhrkamp

Festenberg, Moritz v. (2006): Das Bild der Universität in Bundestagsdebatten. Eine empirische Analyse von Bundestagsreden zur Hochschulpolitik. Diplomarbeit. Unveröffentlicht. Hamburg.
Freudenthaler, Harald H./Specht, Werner (2006): Bildungsstandards: Der Implementationsprozess aus der Sicht der Praxis. Graz: ZSE.
Freytag, Andrea (2006): Bildungsstandards – Sichtweisen der Lehrer/innen an den Wiener Pilotschulen im Volksschulbereich. Eine empirische Untersuchung. Unv. Diplomarbeit. Universität Wien.
Goode, William J. (1972): Experten und Scharlatane. In: Luckmann, Thomas/Sprondel Walter M. (Hg.): Berufssoziologie. Köln: Kiepenheuer & Witsch, 401-418.
Habermas, Jürgen (1981): Theorie des kommunikativen Handelns. 2 Bde. Frankfurt a.M.: Suhrkamp.
Hartmann, Michael (1987): Reprofessionalisierung – eine wahrscheinliche Zukunft für die Anwaltschaft? In: Zeitschrift für Rechtssoziologie 8, 285-297.
Hasse, Raimund/ Krücken, Georg (2005): Neo-Institutionalismus. Bielefeld: transcript.
Hedström, Peter/Swedberg, Richard (Hg.) (1998): Social Mechanisms. An Analytical Approach to Social Theory. Cambridge: Cambridge Univ. Press.
Heisig, Ulrich 2005: Professionalismus als Organisationsform und Strategie von Arbeit. In: Pfadenhauer, Michaela (Hg.) (2005): Professionelles Handeln. Wiesbaden: VS, 27-54.
Hölzl, Lother/Rixinger, Georg (2007): Implementierung von Bildungsstandards in Österreich – das zweite Jahr. Dokumentation des Entwicklungsprozesses der Pilotphase II in zwei österreichischen Hauptschulen. Unv. Thesenpapier. Johannes-Kepler-Universität Linz.
Horkheimer, Max (1951): Lehren aus dem Faschismus. Zitiert nach: Ders. 1970: Gesellschaft im Übergang. Frankfurt a.M.: S. Fischer, 36-59.
Horkheimer, Max/Adorno, Theodor W. (1967): Dialektik der Aufklärung. Frankfurt a.M.: Suhrkamp.
Hülst, Dirk (1999): Symbol und soziologische Symboltheorie. Untersuchungen zum Symbolbegriff in Geschichte, Sprachphilosophie, Psychologie und Soziologie. Opladen: Westdeutscher Verlag.
James, Patrick (2004): Systemism, Social Mechanisms, and Scientific Progress: A Case Study of the International Crisis Behavior Project. In: Philosophy of the Social Sciences 34, 352-370.
Joas, Hans (1992): Die Kreativität des Handelns. Frankfurt a.M.: Suhrkamp.
Kapp, William S. (1979): Soziale Kosten der Marktwirtschaft. Frankfurt: Fischer.
Klante, Ulrike (2007): Lobbyismus – informelle Formen und Methoden der politischen Einflussnahme. Ein kapitalbasiertes Tauschzyklusmodell des Lobbyismus auf der Grundlage einer empirischen Analyse der Airbus-Werkserweiterung (2001-2004) in Hamburg. Diplomarbeit. Unveröffentlicht. Hamburg.
Klatetzki, Thomas/Tacke, Veronika (Hg.) (2005): Organisation und Profession. Wiesbaden: VS.
Kleining, Gerhard (1982): Umriss zu einer Methodologie Qualitativer Sozialforschung. In: Kölner Zeitschrift für Soziologie und Sozialpsychologie 34, 224-253.
Klemperer, David (2006): Vom Paternalismus zur Partnerschaft – eine Profession im Wandel. In: Pundt, Johanne (Hg.): Professionalisierung im Gesundheitswesen. Positionen – Potenziale – Perspektiven. Bern: Huber, 61-75.
Köhler, Michael/v. Lüde, Rolf/Moldt, Daniel/Rölke, Heiko/Valk, Rüdiger (2007): Socionic Multi-Agent Systems based on Reflexive Petri Nets and Theories of Social Self-Organisation. In: Journal of Artificial Societies and Social Simulation, 1/2007.
Kron, Thomas (2005): Für ein mechanistisch-soziologisches Erklärungsmodell. In: Schimank, Uwe/Gresshoff, Rainer (Hg.): Was erklärt die Soziologie? Münster/Hamburg: Lit, 170-203.
Kurtz, Thomas (2005): Das professionelle Handeln und die neuen Wissensberufe. In: Pfadenhauer, Michaela (Hg.): Professionelles Handeln. Wiesbaden: VS, 243-251.

Langer, Roman (2005): Anerkennung und Vermögen. Eine Analyse von Selbstorganisationsprozessen in Bildungsinstitutionen. Bd. I: Methodologie und Sozialtheorie. Bd. II: Empirie und Theorie bildungsinstitutioneller Selbstorganisation. Münster: Monsenstein & Vannerdat.
Langer, Roman (2006): Hinter den Spiegeln universitärer Governance. Dynamiken informeller Selbstregulierung in der Universität. Münster u.a.: Lit.
Langer, Roman (2006a): Transintentionale Mechanismen sozialer Selbstorganisation. In: Schmitt, Marco/Florian, Michael/Hillebrandt, Frank (Hg.): Reflexive soziale Mechanismen. Von soziologischen Erklärungen zu sozionischen Modellen. Wiesbaden: VS, 65-104.
Langer, Roman (2007) Zur Konstitution des Terrorismus. In: Krohn, Thomas/Reddig, Melanie (Hg.): Soziologische Analysen des transnationalen Terrorismus. Wiesbaden: VS, 374-422.
Langer, Roman (2007a): Zur Einführung von Computern in den Schulunterricht. Erscheint in: Erziehung und Unterricht.
Latour, Bruno (2006): Gebt mir ein Laboratorium, und ich werde die Welt aus den Angeln heben. In: Belliger, Andrea/Krieger, David J. (Hg.): ANThology. Ein einführendes Handbuch zur Akteur-Netzwerk-Theorie. Bielefeld: transcript, 103-134.
Law, John (2006): Notizen zur Akteur-Netzwerk-Theorie: Ordnung, Strategie und Heterogenität. In: Belliger, Andrea/Krieger, David J. (2006): ANThology. Ein einführendes Handbuch zur Akteur-Netzwerk-Theorie. Bielefeld: transcript, 429-446.
Leschinsky, Achim (2005): Vom Bildungsrat (nach) zu PISA. Eine zeitgeschichtliche Studie zur deutschen Bildungspolitik. In: Zeitschrift für Pädagogik 51 (6), 818-839.
Luhmann, Niklas (1984): Soziale Systeme. Frankfurt a.M.: Suhrkamp.
Luhmann, Niklas (1990): Die Wissenschaft der Gesellschaft. Frankfurt a.M.: Suhrkamp.
Luhmann, Niklas (1995): Inklusion und Exklusion. In: Luhmann, Niklas: Soziologische Aufklärung 6: Die Soziologie und der Mensch. Opladen: Westdeutscher Verlag, 237-264.
Luzio, Gaia di (2005): Professionalismus – eine Frage des Vertrauens? In: Pfadenhauer, Michaela (Hg.): Professionelles Handeln. Wiesbaden: VS, 69-86.
Mackert, Jürgen (2000:) Nationalstaat, Staatsbürgerschaft und Immigration: zur Analyse der Mechanismen interner Schließung. In: Allmendinger, Jutta (Hg.): Gute Gesellschaft? Verhandlungen des 30. Kongresses der Deutschen Gesellschaft für Soziologie. Teil B. Opladen: Leske + Budrich, 643-664.
Mackert, Jürgen (2003): Reorganisation und Stabilisierung. Soziale Mechanismen in Emile Durkheims politisch-soziologischen Schriften. In: Berliner Journal für Soziologie 13, 415-433.
Marcuse, Herbert (1967): Der eindimensionale Mensch. Studien zur Ideologie der fortgeschrittenen Industriegesellschaft. Darmstadt: Luchterhand.
Martens Kerstin/Wolf, Klaus-Dieter (2006): Paradoxien der Neuen Staatsräson Die Internationalisierung der Bildungspolitik in der EU und der OECD. In: Zeitschrift für Internationale Beziehungen. 13 (2), 145-176.
Mead, George H. (1968): Die vokale Geste und das signifikante Symbol. In: Ders.: Geist, Identität und Gesellschaft. Frankfurt a.M.: Suhrkamp, 100-158.
Mead, George H. (1977): Eine Verhaltenstheoretische Erklärung des bedeutungsvollen Symbols. In: Hager, Frithjof: Die Sache der Sprache. Beiträge zu einem sozialwissenschaftlichen Verständnis von Sprache. Stuttgart: Metzler, 7-14.
Mead, George H. (1980): Soziales Bewusstsein und das Bewusstsein von Bedeutungen. In Joas, Hans (Hg.): George Herbert Mead. Gesammelte Aufsätze Bd. 1. Frankfurt a.M.: Suhrkamp, 210-221.
Mese, Ayse (2005): Das Gesellschaftsbild der Wirtschaft. Eine empirische Untersuchung zu Verantwortung, Staat, Bildung und Arbeitslosigkeit aus der Perspektive der Wirtschaft in der Bundesrepublik. Diplomarbeit, Hamburg.
Meyer, John W./Rowan, Brian (1977): Institutionalized Organizations: Formal Structures as Myth and Ceremony. In: American Journal of Sociology 83, 340-363.

Opp, Karl-Dieter (2004): Erklärung durch Mechanismen: Probleme und Alternativen. In: Kecskes, Robert/Wagner, Michael/Wolf, Christof (Hg.): Angewandte Soziologie. Wiesbaden: VS, 361-380.

Paris, Rainer (2001): Machtfreiheit als negative Utopie. Die Hochschule als Idee und Betrieb. In: Schimank, Uwe/Stölting, Erhard (Hg.): Die Krise der Universitäten. Leviathan Sonderheft 20/2001, 194-222.

Paris, Rainer/Sofsky, Wolfgang (1994): Figurationen sozialer Macht. Frankfurt a.M.: Suhrkamp.

Pettenkofer, Andreas (2002): Mythischer Diskurs / Symbolische Form. Zur Unvollständigkeit des ‚cultural turn' in der Politischen Soziologie In: Zeitschrift für Soziologie 31, 451-471.

Popitz, Heinrich (1976): Prozesse der Machtbildung. Tübingen: Mohr.

Popitz, Heinrich (1999): Phänomene der Macht. Tübingen: Mohr.

Prenzel, Manfred/Baumert, Jürgen/Blum, Werner/Lehmann, Rainer/Leutner, Detlev/Neubrand, Michael/Pekrun, Reinhard/Rolff, Hans-Günter/Rost, Jürgen/Schiefele, Ulrich (Hg.) (2004): PISA 2003. Der Bildungsstand der Jugendlichen in Deutschland – Ergebnisse des zweiten internationalen Vergleichs. Münster, u.a.: Waxmann.

Rüschemeyer, Dietrich (1972): Ärzte und Anwälte: Bemerkungen zur Theorie der Professionen. In: Luckmann, Thomas/Sprondel Walter M. (Hg.): Berufssoziologie. Köln: Kiepenheuer & Witsch, 169-181.

Sawyer, R. Keith (2004): The Mechanisms of Emergence. In: Philosophy of the Social Sciences 34 (2), 260-282.

Schimank, Uwe (2000): Handeln und Strukturen. München/Weinheim: Juventa.

Schimank, Uwe (2005): Die akademische Profession und die Universitäten: „New Public Management" und eine drohende Entprofessionalisierung. In: Klatetzki, Thomas/Tacke, Veronika (Hg.): Organisation und Profession. Wiesbaden: VS, 143-164.

Schmid, Michael (2005:) Soziale Mechanismen und soziologische Erklärungen. In: Aretz, Hans-Jürgen/Lahusen, Christian (Hg.): Die Ordnung der Gesellschaft. Festschrift zum 60. Geburtstag von Richard Münch. Frankfurt a.M., u.a.: Peter Lang, 35-82.

Schmid, Michael (2006): Die Logik mechanismischer Erklärungen. Wiesbaden: VS.

Schütz, Alfred/Luckmann, Thomas (1990): Strukturen der Lebenswelt. Bd. 2. Frankfurt a.M.: Suhrkamp, 178-200.

Senge, Constanze/Hellmann, Kai-Uwe (2006): Einführung in den Neo-Institutionalismus. Wiesbaden: VS.

Soeffner, Hans-Georg/Tänzler, Dirk (2003): Figurative Politik. Prolegomena zu einer Kultursoziologie politischen Handelns. In: Cheung, Chan-Fai/Chvatik, Ivan/Copoeru, Ion/Embree, Lester/Iribarne, Julia/Sepp, Hans Rainer (Eds.): Essays in Celebration of the Founding of the Organization of Phenomenological Research. Web-Published at www.o-p-o.net.

Specht, Werner (2006): Von den Mühen der Ebene. Entwicklung und Implementation von Bildungsstandards in Österreich. In: Eder, Ferdinand/Gastager, Angela/Hofmann, Franz (Hg.): Qualität durch Standards? Münster, u.a.: Waxmann, 13-37.

Steel, Daniel (2004): Social Mechanisms and Causal Interference. In: Philosophy of the Social Sciences 34 (1), 55-78.

Stichweh, Rudolf (1997): Inklusion/Exklusion, funktionale Differenzierung und die Theorie der Weltgesellschaft. In: Soziale Systeme 3, 123-136.

Stichweh, Rudolf (2000): Systemtheorie der Exklusion. Zum Konflikt von Wohlfahrtsstaatlichkeit und Globalisierung der Funktionssysteme. In: Ders.: Die Weltgesellschaft. Frankfurt a.M.: Suhrkamp, 85-102.

Tichenor, Philipp J./Donohue, George A./Olien, Clarice N. (1970): Mass Media Flow and Differential Growth in Knowledge. Public Opinion Quarterly 34: Colombia University Press.

Wiesenthal, Helmut (2006): Gesellschaftssteuerung und gesellschaftliche Selbststeuerung. Wiesbaden: VS.

Ute Albert

Portfolio im Kontext von Evaluation

Einführung

Im internationalen und im europäischen Raum erscheinen Evaluationen mittlerweile als fast selbstverständliche Strategien. Man verbindet mit ihnen dabei weniger „Kontrolle mit dem Ziel der Sanktion, sondern Ergebnisklärung (‚Controlling') und Organisation eines Feedback mit dem Ziel des Lernens" (Lange 2003) oder sucht – allgemein gesehen „Belege dafür [...] (Evidenz), dass die ‚Bildungsproduktion' erfolgreich ist" (Böttcher 2006, 7). Der Verweis auf Lernstrategien – die sich auf mikrosoziale Aspekte des Handelns beziehen lassen und die Ebene des Organisationslernens berühren – sowie der Hinweis auf Effizienzstrategien – die sich zwar nicht ausschließlich, aber doch auch auf der Makroebene verorten lassen – deutet an, dass Evaluationen jedwede Ebene von Bildungssystemen berühren. Zudem finden sich die Einsatzgebiete auf der übergreifenden Ebene der europäischen Politik ebenso wie bei bildungspolitischen Maßnahmen für einzelne Schulen als den pädagogischen Handlungseinheiten. Im europäischen Raum sind Evaluationen insbesondere Teil der so genannte „Lissabon-Strategie" (Europäischer Rat 2000), die in ihrem Programm darauf abzielt, die EU zwischen 2000 und 2010 zu einem wettbewerbsfähigen wissensbasierten Wirtschaftsraum auszubauen. Grundlage für diese Entwicklung sind die Humanressourcen der einzelnen Staaten. Die Förderung lebenslangen Lernens bedeutet eine Investition in eben dieses Humankapital.

Folgerichtig verfolgt die europäische Bildungspolitik das Ziel, das Bildungssystem zu verbessern, lebenslanges Lernen zu fördern und die Mobilität europaweit zu erhöhen. Dies ist ein vielschichtiger Prozess, mit dem verschiedene Aufgaben verbunden sind, unter anderem die Taxierung der Bildungssysteme und die gegenseitige Anerkennung von Bildungsabschnitten und Abschlüssen. Daraus folgerte die Europäische Kommission auch die Ermöglichung von individuellen Zugängen zu Aus- und Weiterbildung. Doch favorisiert wird in der deutschen Bildungspolitik eine andere Strategie, die der Normierung. Der Status quo des Bildungswesens soll festgestellt und bewertet werden. Dafür werden zunächst Infrastrukturen gebraucht, die in der Lage sind harmonisierte und vergleichbare Daten hervorzubringen. So sorgen zentrale Prüfungen und modularisierte Bildungswege für eine Gleichartigkeit der Ausbildungsinhalte, die eine Vergleichbarkeit gewährleistet. Damit verknüpft werden Zugangsberechtigungen zu weiteren Stufen formaler Bildung. Solcherart vorbereitet, dienen Evaluationen zur Überprüfung der Leistungsfähigkeit des Bildungssystems. Flächendeckende Evaluationen auf der nationalen Ebene der Schulpolitik binden sich an entsprechende Strategien auf der europäischen Ebene an und sind Basis für Bildungsplanung, Schulentwicklung und für eine Rechenschaftslegung (accountability) gegenüber der Öffentlichkeit.

Lokale Evaluationen werden für den Schulentwicklungsprozess eingesetzt. Die angestrebten Bildungsziele sind jeweils der Ausgangspunkt und die Grundlage für die Planung der Evaluation an sich, die Bestimmung der Evaluationsbereiche, der Bewertungskriterien, der Entwicklung von Evaluationsfragen und der Auswertung. Damit liegt zunächst eine Datensammlung vor, die die Basis für weitere Entscheidungen bilden kann. Die Daten sollen Aufschluss darüber geben, welche Leistungen auf dem evaluierten Gebiet erbracht werden und wo Defizite, gemessen an vorgegebenen Standards, vorliegen. Damit ist immer auch die Absicht verbunden, die Systementwicklung und die Entwicklung der Einzelschule (oder anderer Handlungseinheiten) gleichzeitig voranzubringen (van Ackeren 2003). Analog formuliert zum Beispiel Burkard (1998, 131f.) stichwortartig folgende Funktionen von Evaluationen, die teils die System-, teils die einzelschulischen Entwicklungen berühren:

- das Wissen über die eigene Schule zu erweitern,
- eine Basis für Verständigung zu bieten,
- eine Planungs- und Entscheidungshilfe zu erstellen,
- Beteiligung und Mitwirkung an der Gestaltung von Schule, zum Beispiel für Schüler und Eltern,
- Zurechtrücken der Ansprüche an die eigene Arbeit,
- Erhalt von Bestätigung,
- Legitimation und Rechenschaftslegung.

Wie die Diskussion von Rückkopplungssystemen zeigt (Kuper/Schneewind 2006) besteht damit die Möglichkeit, aber noch keine Gewissheit, dass das Feedback, welches eine einzelne Schule aufgrund von Evaluationen erhält, auch ihre Qualitätsentwicklung positiv beeinflusst. Rückkopplungsmechanismen verlaufen weder unproblematisch, noch selbstverständlich. Insbesondere bei flächendeckenden Evaluationen haben die Ergebnisse einen solch hohen Interpretationsbedarf, dass empfohlen wird, den Schulen kompetente Berater an die Seite zu stellen, um ihnen zu helfen, Testresultate zu deuten (Rolff 2001, 349). Dazu weist Rolff darauf hin, dass ein System bereit zur Entwicklung sein muss, damit die Evaluationsergebnisse Relevanz für dessen Qualitätsentwicklung bekommen.

Diese Entwicklungsbereitschaft ist besonders dann nicht als selbstverständlich voraussetzbar, wenn Schulen mit einem schlechten Ergebnis abschneiden. Doch selbst Schulen mit Entwicklungsbereitschaft stehen vor dem Problem, dass sie mit dem Evaluationsbefund im Idealfall ihre messbaren Stärken und Schwächen gespiegelt bekommen, allerdings ein Wissen um eine notwendige Verbesserung noch nicht mit dem Wissen, wie diese denn erreicht werden kann, gleichzusetzen ist. Die Situation ist vergleichbar mit der eines Schülers, der nicht mangels Anstrengung, sondern einfach wegen unpassend gewählten Lernstrategien ein schlechtes Zeugnis bekommt und nun zwar weiß, dass er seine Bemühungen verstärken muss, damit aber noch keine neuen Lernstrategien kennt, die ihn zum Ziel führen. Weinert (2002, 360) weist daraufhin, dass diese Problematik der Mikroebene nicht durch vergleichende Leistungsmessungen gelöst werden kann, sondern diese lediglich „eine Grundlage für pädagogische und didaktische Reflexionen" seien. Offensichtlich sind Evaluationen in manchen Fällen primär Messinstrument und können nicht per se Aufschluss über die Ursachen der erhobenen Befunde geben.

Auch die Investitionen in das „Humankapital" sind durch Evaluationen noch nicht gesichert. Stattdessen besteht die Gefahr, dass Messen und Beurteilen eine unheilvolle Allianz eingehen und Diskriminierung und Diskreditierung der Beurteilten (durch deren Reduzierung auf ein Messergebnis) verstärken, was dem Fördergedanken und der Qualitätsentwicklung diametral entgegensteht.

In diesem Zusammenhang stellt sich die Frage, ob es nicht Strategien der Leistungsmessung gibt, die von vornherein an der Mikroebene ansetzen, das heißt an der eigentlichen Leistungsebene von Bildungssystemen, also den Interaktionen zwischen Lehrkräften und SchülerInnen. Anders gesagt geht es um die Frage, ob nicht zuerst Prozesse des Förderns und Entwickelns angeregt werden können, die dann auch evaluiert werden, was zweifelsohne eine andere „Schaltung" und bildungspolitische Priorisierung berührt. Vielleicht würde dies gleichzeitig sogar das Rückkopplungsproblem der Evaluationen abmildern, sofern die Qualitätssicherung direkt an den Ort des Entwicklungsgeschehens verlagert wird.

Es mag erstaunlich sein, in diesem Kontext den Portfoliogedanken anzuführen, der gemeinhin allenfalls mit einer Leistungserfassung in einzelnen Bildungseinrichtungen (auf der Mesoebene), vor allem mit Lern- und Entwicklungsgedanken für einzelne Bildungsnutzer (Mikroebene), jedoch kaum mit der Systemebene in Zusammenhang gebracht wird. Dennoch ist es erstaunlich, dass vor allem in Deutschland eine solche Sichtweise unterlegt wird, während Portfolios im Ausland durchaus mit Überlegungen in Verbindung stehen, eine Methode zur Weiterentwicklung der Lehr-Lern-Qualität zu konzipieren, die an der Mikroebene des einzelnen Handelns ansetzt und von da aus auch Bedürfnisse der Evaluation auf der Meso- und Makroebene befriedigen kann.

Entsprechend werden in diesem Beitrag Portfolios einmal in einem anderen Zusammenhang gesehen, nämlich als eine verpasste Möglichkeit der Bildungspolitik, innerhalb ein und derselben Strategie eine Praxis der Rechenschaftslegung *und* der Entwicklung zu praktizieren. Es wird somit auf eine Wissensform verwiesen, die in Deutschland ein Nischendasein fristet und in der einige Probleme der Evaluation umgangen zu sein scheinen. Portfolios werden dabei im vorliegenden Beitrag explizit nicht *als* Mittel der Evaluation gesehen, jedoch *im Kontext* von Problemen der Evaluation vorgestellt.

1. Was ist ein Portfolio?

1.1 Geschichtliches

Der Begriff Portfolio kommt anglisiert aus dem italienischen „portafoglio", von „portaren" (tragen) und „foglio" (Blatt). Analog zum Sprachgebrauch der Broker wird er im pädagogischen Umfeld benutzt für eine Mappe, die, wie Rupert Vierlinger sagt, die „kulturellen ‚Wertpapiere'" der Studierenden enthält (Vierlinger 2006, 41). Rupert Vierlinger (ebd.) nannte diese Mappe auch „Direkte Leistungsvorlage", da sie Belegstücke für Lernfortschritte und Leistungen enthält und somit die Leistungsbewertung, im Gegensatz zu einer Bewertung durch Noten, jederzeit nachvollziehbar bleibt.

Grundlagen für Portfolioarbeit finden sich bereits in der Reformpädagogik und in der „progressive education". Ovide Decroly (1871-1932) wählt für seine Beurteilungspraxis „Beleghefte", denen er die individuelle Bezugsnorm zugrunde legt. Bei Peter Petersen findet sich neben einer verbalen Fremdbewertung eine integrierte Eigenbewertung und die „pädagogische Rückschau" (Bohl 2005). Häcker weist auch auf „die Arbeitsmappen" Fritz Karsens (1885-1951) hin. Dieser ließ Schüler ihre nach ihrem eigenen Ermessen wertvollsten Arbeiten in einer Mappe zusammenstellen und ergänzte damit das Ziffernzeugnis, welches er als Leiter eines Realgymnasiums zu vergeben gezwungen war (Schicke 2005). Unabhängig davon tauchte zur selben Zeit auch in den USA die Portfolioidee auf. Hier knüpften alternative Schulen an die Praxis der „progressive education" an. Die Begriffe „Direkte Leistungsvorlage" und „Portfolio" werden in der Literatur häufig synonym gebraucht, unterscheiden sich jedoch in ihren Schwerpunktsetzungen. Während Vierlinger sie explizit als eine neue Bewertungsform versteht, liegt bei der Portfolioidee das Gewicht auf einer Verbesserung der Lehr- Lernqualität.

1.2 Merkmale

Portfolioarbeit ist eine Technik zur Beschreibung und Dokumentation von Fähigkeiten. Dabei wird ein konkret umrissener Arbeits- oder Bildungsabschnitt in Planung, Inhalt, Durchführung und Ergebnis projektiert, beschrieben und beurteilt. Paulson definiert ein Portfolio als

> „eine zielgerichtete Sammlung von Arbeiten, welche die individuellen Bemühungen, Fortschritte und Leistungen der/des Lernenden auf einem oder mehreren Gebieten zeigt. Die Sammlung muss die Beteiligung der/des Lernenden an der Auswahl der Inhalte, der Kriterien für die Auswahl, der Festlegung der Beurteilungskriterien sowie Hinweise auf die Selbstreflexion der/des Lernenden einschließen" (Paulson et al. 1991, 60; zit.n. Häcker 2006, 36).

Nach Häcker kann der Begriff Portfolio „je nachdem eine besondere Methode der Leistungsbeurteilung bezeichnen und/oder ein umfassenderes Unterrichtskonzept" (Häcker 2006, 36). Die Haltung hinter der Portfolioidee entspricht den Überzeugungen der pädagogisch/psychologischen Konzepte der 1960er Jahre (Tausch/Tausch 1963) sowie der Theorie des Konstruktivismus.

Eine Möglichkeit, die Variationen bezüglich Verständnis und Einsatz der Portfolioarbeit zu unterteilen, besteht für den Schulbereich in der Unterscheidung von Portfolioverständnis als innerer Haltung und demgegenüber als Methode zu unterrichten, als Technik. Als dritte Variante (gerne an Universitäten eingesetzt) gibt es Portfolioarbeit als Methode der Evaluation von Lehr- und Lernprozessen (teaching portfolio). Im ersten Fall steht im Zentrum eine Veränderung des Unterrichts in Richtung auf erhöhte Lernförderlichkeit und Schülerorientierung, im zweiten Fall akzentuiert der Begriff stärker die Frage der angemessenen Leistungsbeurteilung (Häcker 2006). In der dritten Variation geht es primär um Leistungsdarstellung, wobei Prozess und Produkt berücksichtigt werden. Außerdem bietet sich Portfolioarbeit als Entwicklungsinstrument für innerschulische Kooperation an. Die Grundlage für diese Kommunikation bildet jeweils die Selbstreflexion, in der, als Teil jeden Portfolios, Lernprozess und Lernprodukt reflektiert werden.

Im Portfoliokonzept ist maßgebend, Fähigkeiten zu entwickeln, sie darzustellen, fähig zu werden, die eigenen Lernprozesse zu steuern und grundlegende Lerntechniken zu erlernen.

1.2.1 Praktische Ziele

Sacher beschreibt als allgemeines Bildungsziel die Entwicklung der Lernenden zu „‚Metapersonen', d.h. sie sollen

- aktiv und eigenständig lernen,
- reflektierende Denker und Lerner sein,
- interne Kontrolle über ihre Lern- und Denkprozesse ausüben,
- sich um strategisches Denken und gezielten Einsatz von Lern- und Denkstrategien und -techniken bemühen" (Sacher 1997, 12).

Eben diese Betonung der Reflexivität und der Selbstständigkeit findet sich auch im Konzept der Portfolioarbeit. Deren konkrete Ziele sind:

Verbesserung der Lehr-Lern-Qualität: Durch den beständigen Dialog mit Studierenden, Kollegen und Eltern über Leistung und bedingt durch die Transparenz der Leistungsbeurteilung müssen sich Lehrkräfte mit ihren Beurteilungskriterien und ihrem Unterrichtsverhalten auseinandersetzen. Erstere müssen sie vor Studierenden, Eltern und Kollegen rechtfertigen, und mit den Ergebnissen ihres Unterrichts werden sie durch die Schülerportfolios konfrontiert, welche ihrerseits die Unterstützung der Studierenden durch die Lehrkraft spiegeln. Sie werden so aus der Routine des Schulalltags auf eine Metaebene versetzt, von der aus sie gezielt an einer Qualitätssteigerung arbeiten können. Im Hochschulbereich enthalten „teaching-portfolios" der ProfessorInnen unter anderem auch Beurteilungen durch die StudentInnen, wodurch die Stärken und Schwächen der Lehre offensichtlich werden. So bilden sie die Grundlage für eine weitere Qualitätsverbesserung. Zudem kann Portfolioarbeit durch Ermutigung und Eingehen auf Studierendenbedürfnisse zur Verbesserung des Lernklimas beitragen, was sich seinerseits positiv auf die Effizienz des Unterrichts auswirkt (Sacher 2005, 32; 1997, 17).

Stärkeorientierung: Ermutigung und Stärkeorientierung sind zentrale Kennzeichen der Portfolioarbeit nach dem Motto ‚Nichts ist so erfolgreich wie der Erfolg'. Die Studierenden sollen dahingehend unterstützt werden, dass sie am Ende Lernprodukte veröffentlichen können, auf die sie selber stolz sind und die sie für vorzeigbar halten. Daher wächst die Chance sich „von der beste Seite" zeigen zu können (Häcker 2006, 16f.). Einlagen können so oft nachgearbeitet werden, bis sie präsentabel sind und den Bewertungskriterien genügen. Außerdem können in einem Portfolio Kompetenzen ihren Niederschlag finden, die sonst in einer Beurteilung mit Noten nicht berücksichtigt werden. Beispielsweise können praktische Fähigkeiten, die sonst nicht zum Tragen kommen, auf diese

Art und Weise präsentiert werden und dadurch sonst kaum erreichbar scheinende Perspektiven eröffnen (Irle 2005, 96).[1]

Kritische Analyse von Lernsituationen: Zentrales Element der Portfolioarbeit ist die verstärkte Wahrnehmung vieler mit dem Lernprozess zusammenhängenden Aspekte. Diese Wahrnehmung bildet die Basis für eine kritische Analyse der Lernsituation, die ihrerseits Ausgangspunkt für weiteres Lernen wird (Häcker 2006, 17). Dies nutzt das amerikanische ‚National Board for Professional Teaching Standards' (NBPTS), das in der Lehrerfortbildung gezielt Unterrichtssituationen dokumentiert, analysiert und sie an zuvor festgelegten Standards für guten Unterricht misst.

Sichtbarmachen von „soft skills" und „higher order cognitive skills": Nicht alle Fähigkeiten finden ihren Niederschlag deutlich ablesbar im Notenzeugnis. Schlüsselkompetenzen wie Empathie, Kommunikationsfähigkeit, Teamfähigkeit, Frustrationstoleranz, Durchhaltevermögen und viele andere werden nur am konkreten Handeln sichtbar. Im Portfolio, insbesondere im digitalen Portfolio können diese Handlungen und damit die Kompetenzen auch durch Bilder oder Videos dokumentiert werden, was in Klassenarbeiten nicht möglich ist. Auch nicht allein am Fachwissen ablesbare und abfragbare „higher order cognitive skills" lassen sich im Portfolio darstellen.[2]

1.2.2 Einsatzbereiche

Portfolioarbeit wird im Primarbereich bereits ab der ersten Klasse (Easly 2003), in der Sekundarstufe I (Brunner u.a. 2001), in der Sekundarstufe II (Iwan 2003), im Hochschulbereich (Richter 2006), darüber hinaus im Übergang zum Berufsleben (Irle 2005) sowie im privaten Bereich eingesetzt. Auch im Kindergartenbereich findet man sie (Grace/Shores 2005). Portfolios variieren entsprechend in ihrem Reflexionsgrad, dem Formalisierungsgrad und in dem Grad der nötigen Lenkung. In Deutschland haben Schulen Portfolioarbeit nur in Einzelfällen in den Unterricht integriert.

Für den tertiären Bereich beschreibt die Temple University, Philadelphia (USA) die unterschiedlichen Einsatzmöglichkeiten digitaler Portfolios, wie in Tabelle 1 dargestellt.

Inzwischen spielt Portfolioarbeit in der LehrerInnenfortbildung eine größere Rolle (Bessoth 2006). In Deutschland wurden Portfolios in der zweiten Phase der

---

1 DaimlerChrysler vergab mehrfach, trotz schlechter Zeugnisse, aufgrund der Präsentation ihrer Portfolios Ausbildungsplätze an Schüler (Irle 2005).
2 Ein gutes Beispiel dafür zeigen die student portfolios der Truman University/USA (http://assessment.truman.edu/history.htm).

Tabelle 1: Temple University, Verwendungsmöglichkeiten digitaler Portfolios

Student e-portfolios	Learning, academic guidance, and career planning
Faculty e-portfolios	Instruction and research, professional development
Institutional e-portfolios	Accreditation and certification, college rankings, recruitment and retention

LehrerInnenausbildung eingeführt. Nachdem im Rahmen des QuiSS-Programms der Bund-Länder-Kommission 2000 die „Modellregion Frankfurt" gegründet wurde, wurde im Rahmen des Teilprojekts 4 „Selbstverantwortung und Kooperation in der II. Phase" Portfolioarbeit zunächst im Modellversuchsprogramm erprobt. Seit Herbst 2005 legen in Hessen alle ReferendarInnen ein Portfolio an. Den angehenden Lehrkräften wird dadurch eine Möglichkeit formativer Leistungsbeurteilung anvertraut, die ihnen nicht nur selber hilft ihre Lernprozesse zu gestalten, sondern auch ihre Vorstellungen von gutem Unterricht zu reflektieren. Ausgehend von Merkmalen guten Unterrichts und Unterrichtsdokumentationen der fortzubildenden Lehrkräfte werden Portfolios eingesetzt, um die Reflexion anzuregen und Portraits guten Unterrichts zu erstellen (Garner 2006, 249; NBPTS 2007). Der Europarat entwickelte das europäische Sprachenportfolio (ESP) als didaktischen Weg für effektives selbst gesteuertes Lernen und vor allem als grenzüberschreitende Form einer differenzierten Leistungseinstufung (Europarat 2000). Außerdem dienen „Schulportfolios" als Grundlage für lokale Schulevaluationen (Landesinstitut für Schulentwicklung 2006).

Zudem bietet sich Portfolioarbeit als Entwicklungsinstrument für innerschulische Kooperation an, da, sobald mehrere KollegInnen in die Arbeit involviert sind, neben der Leistung an sich auch Standards und Beurteilungskriterien thematisiert werden. Insofern regt sie den Dialog über und die Entwicklung von gemeinsamen Indikatoren für gute Leistungen und Standards an (Jervis 2006). Diese gemeinsame Kommunikation über fachliche Faktoren führt zu einer sachlichen Verständigung über Lernziele und unterstützt die Entwicklung der Schule hin zu einer Interessenorganisation, die alle vorhandenen Ressourcen für das gemeinsame Ziel „gute Schule" bündelt.

2. Theoretischer Hintergrund

2.1 Leitbilder

Positivität: Kompetenzorientierung und Stärkeorientierung sind die Schlüssel zu Portfolioarbeit. Es geht darum den Blick von den Defiziten weg und hin zu den vorhandenen Stärken zu richten.

Die Normierung bezüglich des Wissenskanons übergeht vorhandene Ressourcen der Lernenden. Im der Individualisierung verpflichteten Portfoliokonzept geht es darum die vielfältigen Fähigkeiten zu entdecken, zu würdigen und auszubilden. Der enge abfragbare Wissenskanon reicht nicht aus um das vorhandene breite Spektrum an Fähigkeiten abzubilden. In die Portfolioarbeit können neben dem schulischen Wissenskanon auch die Kenntnisse, die im Privat- und Freizeitbereich erworben wurden, miteinbezogen werden. Das erhöht die Sicherheit und minimiert Versagensängste, die, wie es in Prüfungen häufig sichtbar wird, die Gehirnfunktionen blockieren und Lernen hemmen. Auch bei schwachen Schülern erzielt daher Portfolioarbeit gute Ergebnisse. Sie beweist ihnen, dass sie selbst dann etwas können, wenn der Vergleich mit den Klassenkameraden in vielen Fällen zu ihren Ungunsten ausfällt. Desgleichen können überhöhte Ansprüche, an fachlichen Kriterien gemessen, dezimiert werden und den Ausgangspunkt für eine angemessenere Anerkennung für vielfältige Leistung bilden.

Vertrauen: Portfolioarbeit basiert auf einer Haltung, wie wir sie aus der humanistischen Psychologie (Tausch/Tausch 1977) kennen. Achtung, Wärme und Rücksichtnahme sind die entscheidenden Vokabeln. Hier bilden sie den Ausgangspunkt für einen vertrauensvollen Dialog über Leistung. Ohne diese Grundlage wird Portfolioarbeit zur Farce, da sie nicht gewinnbringend ohne Arbeit an der Vertrauensbasis möglich ist, weil sich das Spannungsverhältnis innerhalb der Rolle der Lehrkräfte als WissensvermittlerInnen und BeurteilerInnen üblicherweise in gewissen Vorbehalten den Lehrkräften gegenüber niederschlägt (Winter 2002). Das Portfoliokonzept basiert auf eigenständiger Arbeit und besonders auf dem Lernen aus Fehlern, die als Lerngelegenheiten gelten, reflektiert werden und die Grundlage für den weiteren Lernprozess bilden (Winter 1991, 161). Das Vertrauen der Lehrkräfte ermutigt die Studierenden zu weiterem Lernengagement und dazu sich selber etwas zuzutrauen.

Selbständigkeit: BefürworterInnen eines Portfolios sind häufig auch Anhänger des erkenntnistheoretischen Konstruktivismus, der Lernen dann für effektiv hält, wenn die Lernenden ihren Lernprozess umfassend selbst steuern können. Dieser Theorie zufolge weiß jeder selbst am besten, wie er effektiv lernen kann. Allerdings setzt dieses Wissen eine Methodenkompetenz voraus, die erst erworben werden muss. Daher sollen Lehrkräfte als LernprozessberaterInnen fungieren, sich eher im Hintergrund halten, Lernangebote schaffen, Wissensquellen bereitstellen und den Lernprozess beobachten. Schüler sollten „Kulturtechniken" sowie konstruiertes Wissen in offenen Unterrichtssituationen verfestigen, um es später abstrahieren zu können.

2.2 Die Konzeption der Portfolioarbeit

Die tragenden Prinzipien der Portfolioarbeit sind Wahrnehmung, Kommunikation, Transparenz und Partizipation (Häcker 2006). Es ist eine Haltung, welche die Förderung der Schüler in ihrer individuellen Persönlichkeit zum Ziel hat und in welcher Lehrkräfte die Potentiale der Studierenden erforschen, im Bemühen diese zur vollen Entfaltung kommen zu lassen.

Wahrnehmung: Grundlage für jede Reflexion, dem zentralen Element der Portfolioarbeit, ist die Wahrnehmung des Leistungsproduktes und des Lernprozesses. Dazu gehört die unzensierte Wahrnehmung der gewählten Strategie, der inneren und äußeren Widerstände, des Geglückten, der Fehler, der nötigen Hilfen und der möglichen weiteren Schritte. Die Reflexion dient zunächst als Aufforderung an die Studierenden all dieses selber wahrzunehmen. Sie fördert dadurch deren Selbstwahrnehmung und öffnet den Blick für Teilleistungen. Selbst in Situationen in denen die Gesamtleistung gemessen an der Vergleichsgruppe nicht ausreicht, können sie möglicherweise auf Teilleistungen stolz sein, weil sie einen großen individuellen Fortschritt bedeuten. Ebenso erhalten die Lehrenden eine vertiefte Wahrnehmung vom Lernprozess und seiner Effektivität, aufgrund der sie Unterricht und Lernumgebung optimieren können. Die Lehrkraft lernt anhand der offenbar werdenden Schwierigkeiten der Studierenden, wo diese Hilfen brauchen. Sie bekommt ein umfassenderes Bild von den Lernenden und ein tieferes Verständnis sowohl von ihrer Persönlichkeit, als auch von Leistungsstand und Lernverhalten. Dies reduziert auch die Gefahr von Fehleinschätzungen und Projektionen, die leicht Sozialklima und Beurteilungen negativ beeinflussen und erhöht die gegenseitige Akzeptanz.

Kommunikation: „Portfolios wirken auf die Gesprächskultur in einer Schule wie Hefe bzw. wie ein Katalysator", schreibt die Amerikanerin Kathe Jervis und schildert den Dialog als die wichtigste Bedingung dafür, im Klassenzimmer voranzukommen (Jervis 2006, 47). Nach Ruf und Gallin (in Ruf/Ruf-Bräker 2002) ist Lernen ohnehin ein dialogischer Prozess, doch Kommunikation über Leistung muss gelernt werden. Peerkonferenzen bieten ein gutes Übungsfeld dafür. Die Studierenden müssen nicht nur lernen Leistung an bestimmten festgelegten Kriterien zu messen, sondern sie müssen darüber auch sprechen können. In Peerkonferenzen, in denen sie die eigene Arbeit mit dem Mitschüler austauschen und bewerten, lernen sie etwas über die eventuell anderen Strategien, die der Mitschüler für sein Vorgehen gewählt hat, und sie lernen mit ihm darüber ins Gespräch zu kommen.

Transparenz: Die Transparenz der Beurteilungskriterien ist für Portfolioarbeit zentral. Während der Portfolioarbeit selber gibt diese Transparenz den Studierenden die Möglichkeit in jedem beliebigen Moment ihrer Arbeit diese mit den Kriterien vergleichen zu können. Sie sorgt damit für eine erhöhte Validität und Objektivität bei der Bewertung (Bohl 2006, 173). Auch bietet sie einen gewissen Schutz vor willkürlichen Beurteilungen aufgrund von Antipathien, Sympathien oder anderen Faktoren. Da die Bewertungskriterien auch im Portfolio dokumentiert sind, bleiben sie noch im Nachhinein nachvollziehbar. Das bedeutet für Studierende, dass sie diese als Nachweis ihrer individuellen Stärken nutzen können, ohne der für sie möglicherweise ungünstigen sozialen Bezugsnorm des Ziffernzeugnisses zu unterliegen. Für Lehrende bedeutet diese Transparenz die Reflexion und Kommunikation der eigenen Beurteilungspraxis zu intensivieren.

Partizipation: Die Schüler sollen lernen sich selber Lernziele zu setzen, Beurteilungskriterien zu entwickeln und anzuwenden und Selbstbeurteilung zu lernen (Winter 2004). Parallel wird damit der Grundstein für eine tendenziell symmetrische Kommunikation zwischen Lehrkräften und Studierenden gelegt.

2.3 Portfoliobeurteilung

Portfolios sind eine Möglichkeit rein formativer Leistungsbeurteilung. Im Portfolio enthalten sind grundsätzlich einerseits Selbstbeurteilungen der Studierenden selber, andererseits Fremdbeurteilungen durch Lehrkräfte oder andere Experten. Ihre Bewertung sollte anhand von fachlichen, kriterialen und individuellen Bezugsnormen erfolgen. Sie bedarf sowohl der Kooperation zwischen allen Beteiligten, als auch der Entwicklung gemeinsamer Standards. Da diese fehlen, gibt es einen hohen Kommunikationsbedarf um sie auszuhandeln. So ist die Kommunikation über Leistungsanforderungen und Bewertung auch im Kollegium zentral.

Die Beurteilungskriterien werden nach Möglichkeit gemeinsam mit den Studierenden erarbeitet. Dieser Prozess hat zum einen die angestrebte Transparenz der Kriterien zur Folge und führt zum anderen zu deren Verständnis und Akzeptanz durch die Studierenden. Gleichzeitig bietet diese Transparenz ihnen eine Sicherheit über die erwartete Leistung. Mit Hilfe von Portfoliogesprächen wird die Bewertung in den Arbeitsprozess integriert. Sie sollten fortlaufend in kürzeren Abständen stattfinden und dienen der Reflektion und der Kontrolle des Fortschrittes sowie der Planung des weiteren Lernweges, insofern aufgezeigt wird, wo noch weiterhin zu arbeiten ist, was vertieft werden kann und wo gut gearbeitet wurde. Die Bewertung bietet so eine Gelegenheit inne zu halten und neben dem Lernfortschritt das eigene Lernen zu reflektieren.

3. Variationen von Portfolios

Abhängig von ihrer Bestimmung variieren Portfolios in ihrem Einsatzort, in ihrem Formalisierungsgrad, in den berücksichtigten Lernzeiträumen und in der Art der Einlagen und werden dementsprechend unterschiedlich benannt. Es gibt eine Vielzahl von Portfolios, deren Funktionen sich im Spektrum zwischen Entwicklungs- und Leistungsbeurteilungsinstrument bewegen.

Der Form nach kann ein Portfolio sowohl konventionell als Mappe, als auch als digitales bzw. e-Portfolio angelegt werden. Letzteres bietet insbesondere den Vorteil der platzsparenden Lagerung.

3.1 Kompetenzenportfolio

Ein Kompetenzenportfolio dient der Darstellung formell, informell und nonformal erworbener Kompetenzen im Lebenslauf und hat einen anderen Einsatzbereich als die Lernprozess- und Abschlussportfolios. Es ist zunächst ein rein privates Portfolio, dem allerdings zu Bewerbungszwecken Einlagen entnommen werden können. Das Grundkonzept besteht in der Auffassung von lebenslangem Lernen und dementsprechend werden im Kompetenzenportfolio die Kompetenzen, die innerhalb einer Biographie erworben wurden, sowie die Entstehung dieser Kompetenzen dargestellt. Es geht jeweils darum zu dokumentieren auf welche Weise, in welchem Zusammenhang, in welcher Ausprägung die Kompetenzen entwickelt wurden. Ein Kompetenzenportfolio lässt damit einen roten Faden im Lebenslauf sichtbar werden. Durch den möglichen positiven Blick auf Kompetenzen und ihre Entstehungsgeschichte wird Selbstbewusstsein aufgebaut. Daher eignet sich dieses Portfolio als Hilfsmittel in biographischen Umbruchsituationen, bei Arbeitslosigkeit oder bei einem Neueinstieg in einen Beruf (Effe 2001).

In Einzelfällen kann dieses Portfolio (in Verbindung mit einem Assessment) als Befähigungsnachweis einen anderen formalen Abschluss ersetzen. So erhalten beispielsweise die StudentInnen des Ita-Wegman-Berufskollegs in Wuppertal die Möglichkeit im Rahmen ihrer Ausbildung zum Heilerziehungspfleger ein Kompetenzenportfolio zu erstellen, das zusammen mit einem Assessment ein

Äquivalent zu einem Bachelorabschluss darstellt, der an der Universität in Plymouth als Grundlage für einen Zugang zum Masterstudium anerkannt wird.[3]

In der Schule kann diese Art des Portfolios erst in den höheren Klassen sinnvoll eingesetzt werden, auch dort jedoch ein Äquivalent zu einem formalen Abschluss darstellen. Im Zuge des „Lissabon-Prozesses" wurde die Möglichkeit zur Individualbeurteilung (Validation des Acquis/Admission sur Dossier) geschaffen, und so wurde das Portfolio bereits im Einzelfall als Äquivalent zum Abitur anerkannt und schuf die Grundlage für einen individuellen Zugang zum Hochschulstudium an einer deutschen Universität.

3.2 Lernprozessportfolio

Ein Lernprozessportfolio zeichnet sich dadurch aus, dass es Lernprozesse dokumentiert und sichtbar macht. Es wird zum Zweck der Diagnose eingesetzt, dann, wenn es darum geht, eine vertiefte Wahrnehmung von der Art und Weise des Lernens zu erhalten, sowie um eine Wahrnehmung des individuellen Fortschritts. Daher eignet es sich hervorragend dazu strategisches Wissen aufzubauen und zu reflektieren. Bei diesen Portfolios wird die Bewertung nicht etwa unterlassen, sondern in den Lernprozess integriert und für ihn fruchtbar gemacht. Es werden Lernplateaus eingeplant, die gezielt einen Rückblick auf das bereits Geleistete ermöglichen, so zur Reflexion einladen. Deren Erkenntnisse bilden dann die Basis für den weiteren Lernprozess. Jede Bewertung hat hier Konsequenzen, indem sie sich in der Planung der nächsten Lernschritte niederschlägt. Teilweise bilden Lernjournale oder Lerntagebücher die Grundlage für diese Art von Portfolio (Winter 2002).

Dieses Portfolio orientiert sich primär an der individuellen Bezugsnorm und enthält demgemäß sowohl schwache als auch hervorragende Arbeiten. Dadurch, dass für ein Portfolio zu verschiedenen Zeitpunkten des Lernprozesses Einlagen nach bestimmten fachlichen Kriterien ausgewählt werden müssen, wird ein Lernfortschritt im Vergleich mit eigenen früheren Arbeiten deutlich sichtbar. Damit kann Stolz auf die eigenen Leistungen unabhängig vom Fortschritt und Können anderer entstehen. Die Studierenden vergleichen sich mit sich selbst und können die eigene Weiterentwicklung wahrnehmen.

---

3   Diese Möglichkeit entstand durch eine Absprache der Initiative für Praxisforschung (ipf) mit der Universität in Plymouth. Ein Experte von ipf entscheidet jeweils über die Äquivalenz anhand von Portfolio und Assessment zum B.A.

3.3 Abschlussportfolio

Ein Abschlussportfolio ist an externen Anforderungen orientiert. Hier geht es darum die besten Arbeiten darzustellen. Diese Art von Portfolios wird z.B. gerne nach Projekten oder Praktika erstellt. Es kann dann zur Vorlage bei Bewerbungen benutzt werden, da das Können in dem gewünschten Bereich unabhängig von Noten an den Einlagen sichtbar wird. Den AdressatInnen wird so ein anschauliches Bild von der Fähigkeitsstruktur der BewerberInnen vermittelt.

Besonders bei ansonsten schlechten Noten haben SchulabgängerInnen dadurch doch noch eine Chance, auf dem Arbeitsmarkt eine Lehrstelle zu finden (Irle 2005, 97).

4. Anwendungsbeispiel

Das Beispiel der Truman University in Kirksville (USA), ehemals Northeast Missouri State University, mag den sinnvollen Einsatz von Portfolios im Bildungssektor verdeutlichen. Sie werden hier zur Rechenschaftslegung und zu Qualitätssicherung und -verbesserung eingesetzt. Dafür werden Daten aus verschiedenen Bereichen erhoben und ausgewertet. Die Universität führte 1988 Portfolios als Methode für ein lokales Assessment der Curricula der „liberal arts and science"[4] ein. Für alle Studierenden, die sich seit 1999 eingeschrieben haben, ist die Vorlage eines Portfolios Bedingung für das Erreichen eines Abschlusses (Truman University 2007). Nachweisen sollen sie nicht primär Fachwissen, sondern Kompetenzen, und zwar mithilfe von Arbeiten, die sie während ihres Studiums erstellt haben. Außerdem werden Studierende um Rückmeldung über verschiedene Einflussfaktoren, die die Universität betreffen, gebeten.

Der Prozess: Die Studierenden des „senior year" sollen mit den auszuwählenden Einlagen nicht Fachwissen, sondern ihre Kompetenz in „critical thinking and writing, interdisciplinary thinking, historical analysis, scientific reasoning, and aesthetic analysis" nachweisen. Die Bewertungskriterien und deren Indikatoren sind ihnen vorab bekannt. Beispielportfolios von ehemaligen StudentInnen helfen bei der Abklärung von Erwartungen. Aus welchen Fachbereichen die Einlagen zum Nachweis der Kompetenzen stammen, bleibt den Studierenden überlassen. Auch Nachweise aus dem privaten Bereich sind zugelassen. Diese Nachweise werden ergänzt durch einen Bericht oder ein Artefakt, der nicht bewertet wird, über die „most personally satisfying work or experience" und einen

---

4 Die „liberal arts and science" umfassen verschiedene Grundstudien, die allgemeine Fähigkeiten ausbilden und spezialisierten Studien vorgeordnet sind.

"cover letter", in dem die Studierenden ihren Werdegang und ihre Zeit des Studiums in Truman reflektieren. Sie werden gebeten darin folgende Aspekte zu berücksichtigen:

- den Prozess des Verfassens ihres Portfolios sowie die damit verbrachte Zeit,
- das Lernergebnis des Prozesses,
- ihre Haltung zu Portfolioprüfungen und Prüfungen in Truman im Allgemeinen,
- ihre Meinung zu ihrer Ausbildung in Truman,
- ihre Ideen, Stellungnahmen und Vorschläge bezüglich ihrer studentischen Erfahrung in Truman,
- ihre Pläne für die Zeit nach Verlassen von Truman.

Auswertungen: Die etwa 1000 Portfolios werden jeweils innerhalb von zwei Wochen im Mai durch ca. 45 Mitglieder der Fakultäten und des Assessment Centers der Truman University gelesen und ausgewertet. Die Ergebnisse daraus werden als Überblick im „Assessment Almanac" veröffentlicht, detaillierte Daten sind durch Nachfragen beim Portfolio Director zugänglich.

Neben der Bewertung der Inhalte, die in einer Skalierung von 0-4 erfolgt, werden sie nach Art der ausgewählten Einlagen den unterschiedlichen Fachbereichen zugeordnet. Dadurch erhält die Universität Einblicke in die Wirksamkeit der unterschiedlichen Seminare, da die Studenten in der Regel Ergebnisse aus diesen präsentieren. Außerdem werden die Daten nach den Studiengängen der Studierenden sortiert und verglichen.

Gebrauch der Daten: Die Informationen, die so auf der Mikroebene erhoben wurden, werden nun für die Mesoebene der Organisationsentwicklung nutzbar gemacht und dienen gleichzeitig der Rechenschaftslegung gegenüber der Makroebene.

Die Portfolios geben einen tiefen Einblick in die Leistung und Haltung der Studierenden (Mikroebene) und bilden den Ausgangspunkt für eine Weiterentwicklung der Universität (Mesoebene). Durch die offenen Fragen, die im „cover letter" Berücksichtigung finden erhält die Universität gleichzeitig Rückmeldung über ihre Organisation und Durchführung des Studiums. Indikatoren für die Leistungen der Universität sind die Leistungen der Studierenden sowie deren Zufriedenheit. Andere spezifische Informationen ergeben sich aus dem „cover letter" und der Frage nach der „most personally satisfying experience". Die erhobenen Daten bilden die Grundlage, um einen Rechenschaftsbericht für eine Rechenschaftslegung gegenüber der „Higher Learning Commission" vorzubereiten (Makroebene). Die Fakultäten, die Verwaltung und der studentische Senat nutzen die Daten für eine Weiterentwicklung von Curricula und Methoden und um Workshops, Foren etc. zu planen.

Denjenigen, die die Portfolios gelesen haben, liegt eine valide Quelle für ihre persönliche professionelle Weiterentwicklung vor, da die Leistungen der Studierenden als Maßstab für die Qualität von Lehre und Rahmenbedingungen verstanden werden. Portfolios vereinigen damit in einem Arbeitsgang eine Bewertung der Leistungen der Studierenden, eine dezidierte Rückmeldung über die Wirksamkeit der Arbeit der Lehrenden und Verbesserungsvorschläge der Studierenden.

Im Übrigen wird durch das Lesen und die Auswertung der Portfolios die Kommunikation sowohl über Leistungsstandards, als auch über Lehrziele intensiviert. Wie die Reflektionen zum Portfolioprozess ergeben, profitieren auch die Studierenden davon, indem sie sich einerseits in Reflexion üben und ganz besonders, indem sie ihre eigenen Fortschritte wahrnehmen und bedenken. Nebenbei haben sie damit eine Mappe erstellt, die sie für spätere Bewerbungszwecke zumindest in Auszügen nutzen können. Anzumerken bleibt, dass die Studierenden hier nicht punktuell geprüft werden, sondern die Gelegenheit haben, in Ruhe ihre Leistungsbelege zusammenzustellen, so dass eine Irritation der Ergebnisse durch Prüfungsstress entfällt und die gewonnen Daten an Validität gewinnen.

5. Fazit

Mit dem Portfoliokonzept steht ein hochgradig wirksames, niedrigschwelliges Instrument zur Qualitätsentwicklung und Leistungsmessung zur Verfügung. Beides findet unmittelbar vor Ort statt, indem Lernprozesse und Lernsituationen laufend kritisch analysiert und in eine Verbesserung der Lehr- Lernqualität umgesetzt werden. Gleichzeitig, im selben Arbeitsgang, werden die Informationen für eine Rechenschaftslegung und Legitimation gegenüber Meso- und Makroebene erhoben.

Vergegenwärtigt man sich noch einmal die Ziele einer Evaluation und vergleicht diese mit den Ergebnissen der Portfolioarbeit, so ergibt sich eine auffällige Kongruenz:

1. Das Wissen über die eigene Schule wird mittels der Rückmeldungen erweitert.
2. Auch der Erhalt von Bestätigung wird durch die Rückmeldung über die Wirksamkeit der Arbeit erreicht.

3. Eine Basis für Verständigung bieten die Portfolios selber. Sie bilden eine Grundlage für einen sachlichen Dialog über Leistung und damit für eine alle Ebenen umfassende Verständigung.
4. Eine Legitimation und Rechenschaftslegung für die Makroebene erfolgt aufgrund der erhobenen Daten.
5. Ein Zurechtrücken der Ansprüche an die eigene Arbeit geschieht durch das Abgleichen von Selbstbild und Fremdbild.
6. Eine Beteiligung und Mitwirkung an der Gestaltung von Schule (z.B. für Schüler und Eltern) wird über die Förderung einer dialogischen Haltung (Sozialklima), die gemeinsame Erarbeitung von Beurteilungskriterien und die Einbeziehung nicht schulischer Inhalte in die Leistungsbewertung unterstützt.
7. Eine Planungs- und Entscheidungshilfe zu erstellen erübrigt sich, da diese in die Portfolios bereits integriert ist und Institution und Lehrkräfte über die Wirksamkeit ihrer Arbeit zeitnah und vor Ort Feedback erhalten, an dem sie ihre Pläne ausrichten können.

Die bei Evaluationen auftretende Rückkopplungsproblematik ist minimiert, da im Portfoliokonzept nicht das Messen, sondern die Qualitätsentwicklung im Vordergrund steht. Das relativ schmale Spektrum an in Evaluationen abbildbaren Fähigkeiten wird deutlich erweitert und selbst Teilleistungen können Berücksichtigung finden.
Eine Irritation der Ergebnisse und indirekte Diskriminierung durch Prüfungsstress und Versagensängste der Lernenden werden weitgehend vermieden.

Gleichzeitig werden die Einzelnen in ihrer Entwicklung gefördert und schaffen mit ihrem Portfolio ein Artefakt, auf das sie stolz sein können und welches auch später jederzeit die Grundlage für sachliche Kommunikation über Leistung bilden kann.

Ausblick
Systemisch betrachtet ist das Bildungsprodukt Portfolio Ergebnis einer Wechselwirkung aller Einflussfaktoren, wozu alle Akteure, die sich mit Bildung befassen, gehören. Für eine Qualitätsentwicklung ist es im optimalen Falle so, dass alle ihre jeweiligen Stärken in das gemeinsame Ziel einbringen. Lange charakterisiert das Arbeitsergebnis der Schule als ein kollektives Produkt aller Beteiligten und verweist auf die Bedeutung von Kooperation innerhalb eines Kollegiums als wesentliche Bedingung für Schulqualität. Schulqualität lasse sich nicht durch äußere Innovationen erzeugen (Lange 2003, 145).

Das bedeutet Abhängigkeit der Bildungspolitik von den Akteuren der Mikroebene und führt gewissermaßen zu einem umgekehrten Machtverhältnis. Während auf der Makroebene über die Rahmenbedingungen von Bildungsprozessen entschieden wird, ist die Mikroebene in bedeutendem Maße für die Qualität des Ganzen bestimmend. Hier im Klassenzimmer, in der Interaktion zwischen Lehrkräften und Studierenden, wird letztendlich über Qualität entschieden.

Nun ist innerhalb eines Mehrebenensystems immer mit größeren Widerständen bei der Einführung von Innovationen zu rechnen. Dies gilt umso mehr, solange die Ziele nicht übereinstimmen und die Kräfte aller Beteiligten nicht nach Art einer Interessengemeinschaft gebündelt sind. Und so können auch die Ergebnisse von Evaluationen und ihre Interpretationen nicht bruchlos in Wirkungen übersetzt werden. Wissen bedeutet eben noch nicht Steuerung und Veränderung. Diese Rückkopplungsproblematik wäre möglicherweise geschickt zu umgehen durch ein Anschließen an bereits existierende Initiativen reformwilliger Akteure in Schule und Hochschule. Diese haben in der Regel bereits mit dem Gleichheitspostulat[5] der Lehrerschaft gebrochen und haben großes Interesse an neuen Kooperationsformen hervorgerufen.

Wie Evaluationen haben auch Portfolios die Qualitätsentwicklung und -sicherung zum Ziel. Im Gegensatz zur Evaluation setzen sie jedoch nicht bei der Feststellung des Status quo, sondern direkt bei Veränderungen an. Sie sind in der glücklichen Position nicht auf top-down Maßnahmen warten zu müssen, sondern in der Komplexität der Gegenwart, in der Interaktion im Klassenzimmer oder auf Schulebene flexibel reagierend Verbesserungen durchführen zu können.

Diese Art zu arbeiten kollidiert jedoch teilweise mit den gegebenen Rahmenbedingungen (Berechtigungswesen) und den Erfordernissen flächendeckender Evaluationen. Individuelles Arbeiten bedarf einiger Freiheiten, die der Tendenz zu Normierung diametral entgegenstehen. Evaluationen, welche Informationen für die Feststellung des Status quo liefern, fördern dagegen tendenziell ein ‚teaching to the test'.

Eine unvermeidbare Nebenwirkung von Evaluation liegt in der Gefahr eines linear kausalen Denkens, welches den Durchführungsbedingungen (Messbarkeit) entspringt. Den beobachteten Wirkungen (Leistungen) werden, um sie nutzbar zu machen, Ursachen zugeschrieben. Das bedeutet, dass notwendigerweise die Komplexität der Wirklichkeit auf zielgerichtete Intentionen und deren Wirkungen reduziert wird. Abweichungen, wie z.B. nicht geplante Antworten, aber auch neue Entdeckungen und Erfindungen, die nicht dem vorgegebenen Schema entsprechen, unterliegen der Gefahr, tendenziell als Störfaktoren angesehen zu werden bzw. unerkannt zu bleiben. Diese Problematik scheint mithilfe der Portfo-

---

5 Das Gleichheitspostulat kaschiert Qualitätsunterschiede der Lehrkräfte nach dem Motto „alle sind gleich" und dient dem Zusammenhalt des Kollegiums so wie dem Schutz der einzelnen Lehrkraft vor möglichen Angriffen von außen.

liomethode umgehbar zu sein. Wie an den Beispielen sichtbar wurde, sind sie eine valide Quelle, um in einem Vorgang Informationen über Kontextbedingungen und Leistungserbringung zu erhalten. Der Aufwand dafür ist durch die parallele Befriedigung der Bedürfnisse von Mikro-, Meso- und Makroebene denkbar gering, gleichzeitig führt die hohe Reflexivität zu einer Qualitätsentwicklung aller beteiligten Akteure.

Es gibt damit eine Alternative zu der Kombination von Leistungsnormierung, -messung und -kontrolle, wie wir sie derzeit in Evaluationen finden. Ohne Rechenschaftslegung zu vernachlässigen, kann dem Entwicklungs- und Förderaspekt oberste Priorität eingeräumt werden, können vorhandene Ressourcen auf ihre Ausbaufähigkeiten und Einsatzmöglichkeiten hin ausgelotet und sinnvoll weiterentwickelt werden. In beiden Fällen werden Daten erhoben, wird Leistung gemessen und Rechenschaft abgelegt. Die Chance, darüber hinaus individuelle Kapazitäten auch zu fördern ist in der zweiten Variante jedoch ungleich stärker ausgeprägt. Es verwundert, dass die Portfoliomethode in den deutschen Debatten als alternative Form der Evaluation dennoch nicht einmal einer Erörterung für würdig befunden wird.

lteratur

Bessot, Richard (2006): Portfolios und Dossiers von Lehrpersonen. In: Pädagogische Führung 2006 (4), 229-234.

Böttcher, Wolfgang/Holtappels, Heinz Günter/Brohm, Michaela (Hg.) (2006): Evaluation im Bildungswesen. Weinheim: Juventa.

Bohl, Thorsten (2005): Leistungsbeurteilung in der Reformpädagogik. Analyse und Gehalt der Beurteilungskonzeptionen. Weinheim: Beltz.

Bohl, Thorsten (2006): Kernfragen der pädagogischen Diagnostik, bezogen auf die Portfolioarbeit. In: Brunner, Ilse et al. (Hg.): Das Handbuch Portfolioarbeit. Seelze-Velber: Kallmeyer bei Friedrich, 171-178.

Brunner, Ilse/Schmidinger, Elfriede (2001): Leistungsbeurteilung in der Praxis. Linz: Veritas.

Brunner, Ilse/Häcker, Thomas/Winter, Felix (Hg.) (2006): Das Handbuch Portfolioarbeit. Konzepte Anregungen Erfahrungen aus Schule und Lehrerbildung. Seelze-Velber: Kallmeyer bei Friedrich.

Burkard, Christoph (1998): Schulentwicklung durch Evaluation. Europäische Hochschulschriften. Frankfurt a.M.: Lang.

Easley, Shirly-Daly/Mitchell, Kay (2004): Arbeiten mit Portfolios. Schüler fordern, fördern, fair beurteilen. Mülheim: Verlag an der Ruhr.

Effe (espace de femmes pour la formation et l'emploi) (2001): Kompetenzen. Portfolio – von der Biographie zum Projekt. Bern: h.e.p.-Verlag.

Europäischer Rat (2000): http://www.bmwa.gv.at/NR/rdonlyres/2327D88E-1ED4-4CAE-9C7C-B67053C66DBC/0/SchlussfLissabon2000.pdf vom 23.5.07

Grace, Cathy/Shores, Elizabeth (2005): Das Portfolio-Buch für Kindergarten und Grundschule. Mülheim: Verlag an der Ruhr.

Garner, Betty (2006) Portfolios: Portraits guten Unterrichtens. Das Lehrportfolio als Instrument professioneller Entwicklung. In: Brunner, Ilse et al. (Hg.): Das Handbuch Portfolioarbeit. Seelze-Velber: Kallmeyer bei Friedrich, 249-254.

Häcker, Thomas (2006): Vielfalt der Portfoliobegriffe. In : Brunner, Ilse et al. (Hg.): Das Handbuch Portfolioarbeit. Seelze-Velber: Kallmeyer bei Friedrich, 33-39.

Iwan, Rüdiger (2003): Ansätze zur Entwicklung einer neuen Oberstufengestalt. Stuttgart: Verlag Freies Geistesleben.

Irle, Mathias (2005): Was Noten verschweigen. In: brand eins 7 (5), 96-97.

Jervis, Kathe (2006): Standards: Wie kommt man dazu? In: Brunner, Ilse et al. (Hg.): Das Handbuch Portfolioarbeit. Seelze-Velber: Kallmeyer bei Friedrich, 46-52.

Kuper, Harm/Schneewind, Julia (Hg.) (2006): Rückmeldung und Rezeption von Forschungsergebnissen. Zur Verwendung wissenschaftlichen Wissens im Bildungsbereich. Münster, u.a.: Waxmann

Landesinstitut für Schulentwicklung (Hg.) (2006): Anforderungen an ein Schulportfolio. In: Pädagogische Führung 2006 (4), 236-240.

Lange Hermann (2003): Schulaufsicht zwischen normativen Anforderungen und faktischen Wirkungsmöglichkeiten. In: Zeitschrift für Pädagogik 49 (47.Beiheft), 137-155.

National Board for Professional Teaching Standards (2007): www.nbpts.org

Richter, Annette (2006): Portfolios im universitären Kontext: wann, wo, wie. In: Brunner, Ilse et al. (Hg.): Das Handbuch Portfolioarbeit. Seelze-Velber: Kallmeyer bei Friedrich.

Rolff, Hans-Günter (2001): Was bringt die vergleichende Leistungsmessung für die pädagogische Arbeit in Schulen? In: Weinert, Franz Emanuel (Hg.): Leistungsmessungen in Schulen. 2. Aufl., Weinheim: Beltz, 337-352.

Ruf, Urs/Ruf-Bräker, Regula (2002). Von Ort zu Ort – Dialogisches Lernen durch fachliche Herausforderungen und durch Austausch mit anderen. In: Winter, Felix (Hg.): Leistung sehen, fördern, werten. Bad Heilbrunn, Obb.: Klinkhardt, 67-90.

Sacher, Werner/Poschardt, Dieter (1997): Beiträge zur schulischen Selbstständigkeitserziehung. Schulpädagogische Untersuchungen. Nürnberg: Universität, Lehrstuhl für Schulpädagogik.

Sacher, Werner (2005): Deutsche Leistungsdefizite bei PISA. Bedingungsfaktoren in Unterricht, Schule und Gesellschaft. In: Frederking, Volker/Heller, Hartmut/Scheunpflug, Annette (Hg.): Nach PISA. Konsequenzen für Schule und Lehrerbildung nach zwei Studien. Wiesbaden: VS, 22-50.

Schicke, Christiane (2005): Leistungsbewertung und Portfolio. http://www-public.tu-bs.de:8080/~y0021278/sachen/portfolio.pdf

Tausch, Reinhard (1977): Erziehungspsychologie. 8. Aufl., Göttingen: Hogrefe.

TemplePaperwork (2006): http://sfsworld.temple.edu/cs/isc/services/how-to/how_to_docs/eportfolio/Masterfile%20How-To%20Guide%202006.pdf.

Truman University (2007): http://assessment.truman.edu/history.htm.

Vierlinger, Rupert (2006): Direkte Leistungsvorlage. Portfolios als Zukunftsmodell der schulischen Leistungsbeurteilung. In: Brunner, Ilse et al. (Hg.): Das Handbuch Portfolioarbeit. Seelze-Velber: Kallmeyer.

Winter, Felix (1991): Schüler lernen Selbstbewertung. In: Europäische Hochschulschriften: Reihe 11, Bd. 480. Frankfurt a.M: Lang.

Winter, Felix (Hg.) (2002): Leistung sehen, fördern, werten. Bad Heilbrunn, Obb.: Klinkhardt.

Winter, Felix (2004): Leistungsbewertung. Eine neue Lernkultur braucht einen anderen Umgang mit den Schülerleistungen. Grundlagen der Schulpädagogik, Bd. 49, Baltmannsweiler: Schneider-Verlag Hohengehren.

Uwe Schimank

Nichtwissen und funktionaler Antagonismus: Nachtgedanken eines nachdenklichen Schulpolitikers

1. Einleitung

„Denk ich an Schule in der Nacht/Dann bin ich um den Schlaf gebracht ... ." So könnten, Heinrich Heine abwandelnd, nicht nur viele Lehrer, sondern auch Schulpolitiker derzeit seufzen. Spätestens nach TIMMS und PISA hatte der ruhige Schlaf der Gerechten ein Ende. Seitdem sehen sich Schulpolitiker unter massivem Druck, angesichts der ja doch wohl offenkundigen Leistungsdefizite deutscher Schulen und Lehrer grundlegende Reformen auf den Weg zu bringen – wobei es sich durchaus, wie in der Politik nicht selten, teilweise um einen bestellten Druck handelt.[1] SchülerInnen-Leistungstests haben vorgeblich unabweisbare Beweise dafür geliefert, dass an den deutschen Schulen etwas zutiefst im Argen liegt. Hier wird also mit Evaluationen Politik gemacht. Ihre Ergebnisse werden als Begründungen für Reformen herangezogen, die man bis dato nur durch vage Ahnungen rechtfertigen konnte oder sogar aus ganz anderen Gründen voranzutreiben versucht hat.

Zwar halten die Lehrer kräftig mit ganz anderen Deutungen und Schuldzuschreibungen dagegen; doch in der Interpretationskonkurrenz mit den Schulpolitikern sind diejenigen, die erst einmal schlecht dastehen, in der schwachen Position derer, denen man nichts anderes zutraut, als sich rausreden zu wollen. Hinzu kommt, worauf Fritz Bohnsack (1995, 318) bereits vor einiger Zeit hinwies: „[...] viele LehrerInnen balancieren auf dem schmalen Grat zwischen Überlastung und Unzufriedenheit mit ihren Unterrichtsergebnissen. Das Fatale heute ist, daß beides zugleich, die Unzufriedenheit und die Belastung, zunimmt"; und das führt oft zu einer paradoxen Mischung aus Selbstzweifeln und „Widerstand von Lehrern gegen Innovationen in der Schule".

---

1   Siehe auch Martens/Wolf (2006) zu PISA als trojanischem Pferd in Frankreich und den USA.

In konfrontativ gewordenen Auseinandersetzungen wie der über die Reformbedürftigkeit der deutschen Schulen bleiben nachdenkliche Stimmen bald auf der Strecke. Entweder werden nachdenkliche Vertreter auf beiden Seiten ebenso fanatisiert wie die anderen, oder sie können dem zwar widerstehen, verfallen dann aber ins Schweigen, weil ihnen sowieso keiner mehr zuhört oder ihnen sogar im Gestus der entschlossenen Tat bedeutet wird, nun sei nicht die Zeit für Zwischentöne. Die soziale Dynamik des Konflikts lässt also das sachlich gebotene abwägende Urteil immer weniger zu. Es wird als Verrat an der Sache der jeweiligen Seite gewertet. Ein Schulpolitiker, der noch Nachfragen zu Reformen, deren Notwendigkeit und Dringlichkeit, und zu Leistungsevaluationen, deren Anlage und Nutzung stellt, gilt als Ewiggestriger – so wie ein Lehrer, der die begonnenen Reformen im Allgemeinen und die Evaluationen im Besonderen nicht in Bausch und Bogen verdammt, als Überläufer angesehen wird.

Mein Beitrag steuert, ähnlich wie der von Peter Wehling, eine Außenperspektive auf diese Auseinandersetzung bei. Salopp gesagt: Meine Überlegungen sind durch keinerlei Sachkenntnis über Schulen und deren Evaluationen getrübt. Allerdings verfüge ich über einige praktische Erfahrungen und empirische Kenntnisse – Letztere sowohl aus eigenen Forschungen als auch aus einschlägigen Studien anderer – bezüglich der Evaluation von Hochschulen. Generell bestehen zwischen Veränderungen der Governance von Schulsystemen auf der einen Seite und Hochschulsystemen auf der anderen Seite, wie ich in früheren Diskussionen feststellen konnte, große Ähnlichkeiten. Genau deshalb ist es lohnend, einen durch die Analyse von Hochschulsystemen geprägten Außenblick auf Schulsysteme zu werfen, der einerseits hinreichend viel wiedererkennt, um mit seinen Einschätzungen nicht ganz daneben zu liegen, andererseits aber auch manche Fixierungen des Blicks derer, die sich immer schon Schulsysteme angeschaut haben, vielleicht etwas lockern kann.

So möchte ich meinen Beitrag auch verstanden wissen: als Lockerungsübung, die hoffentlich anregend wirkt, aber in keinem Punkt, was Schulsysteme betrifft, gesicherte Aussagen zu machen vermag. Notgedrungen werde ich mit meinen Reflexionen oftmals auch relativ abstrakt bleiben, weil mir konkretes Wissen über Schulen fehlt. Weil die meisten anderen Beiträge dieses Bandes eher die kritischen Aspekte der Leistungsevaluationen von Schulen betonen, sich insofern – wenn auch keineswegs völlig unkritisch – auf die Seite der Lehrer als Profession schlagen, will ich mich hier in die Situation der Schulpolitiker hineinzuversetzen versuchen.[2] Wie man sehen wird, läuft das aber auf keine unkriti-

---

2   Die Erziehungs- bzw. Bildungswissenschaft ist, differenzierungstheoretisch betrachtet, die Reflexionstheorie des Bildungssystems. Als solche unterliegt sie bei ihrer theoretischen und empirischen Analyse des Bildungsgeschehens spezifischen Beobachtungsbedingungen, die sich insbesondere in einer gewissen Neigung zur Parteinahme für die zentralen Leistungsrol-

sche Apologetik derzeitiger Reformen hinaus, sondern soll die Reformer gerade nachdenklich stimmen – ohne sie in ihrer grundsätzlichen Absicht, Dinge ändern zu wollen, zu beirren. Auch wenn die Chancen, dafür Gehör zu finden, derzeit vielleicht nicht sehr groß sind, will ich Schulpolitikern – also den Proponenten von Governance-Reformen, die auch Evaluationen beinhalten – zwei Dinge zu bedenken geben: erstens, wie wenig sie wissen, und zweitens, dass die Perspektive der andere Seite, ganz vorsichtig gesagt, vielleicht nicht völlig von der Hand zu weisen ist. Beides lässt es vernünftig erscheinen, Reformen vorsichtig und nicht im Hauruck-Verfahren anzugehen.

2. Die Wissenslücken der Prinzipale

Evaluationen sind ein integraler Bestandteil der „audit society" (Power 1997), die sich nicht erst seit TIMMS und PISA auch in nationalen Schulsystemen ausbreitet. Hinter dem Aufkommen der „audit society" steht ein aus verschiedenen Entwicklungen heraus seit den 1970er Jahren aufgekommenes Misstrauen der Gesellschaft gegenüber den Professionen.[3] Dieses Misstrauen hat dann die staatliche Politik aufgegriffen und bemüht sich seither, den Professionen genauer auf die Finger zu schauen. Evaluationen ihrer Leistung sind dabei ein wichtiges Instrument. Dahinter steht auf Seiten der Politik nicht nur der Verdacht, dass sich die Professionen bei ihrer Leistungserbringung zu wenig um den gesellschaftlichen Leistungsbedarf kümmern und diesen sozusagen zu selbstherrlich vordefinieren. Zu diesem Verdacht einer partiellen Ineffektivität dessen, was u.a. Schulen – gemessen vor allem an dem, welches Wissen und welche Fertigkeiten später tatsächlich in der Berufswelt gebraucht werden – leisten, kommt hinzu, dass im selben Zeitraum eine bis heute andauernde chronische Finanzknappheit des Staates eingetreten ist, wodurch dieser sich gezwungen sieht, verstärkt auch auf die Effizienz der Verwendung von Steuergeldern zu achten.

---

lenträger des Bildungssystems manifestieren (Kieserling 2004). Als diejenige Sozialwissenschaft, die keine Reflexionstheorie eines bestimmten gesellschaftlichen Teilsystems darstellt, vermag sich die Soziologie von solchen Parteinahmen frei zu halten; auch wenn ihr das faktisch längst nicht immer gelingt, gibt es zumindest keinen strukturell angelegten Parteinahme-Reflex. Mehr noch: Die Soziologie kann Parteinahmen strategisch variieren, je nach dem, wie ein ansonsten einseitiger Diskurs ausbalanciert werden sollte. Diese Möglichkeit nutze ich hier.

3 Siehe dazu, für die akademische Profession, Schimank (2005a). Dieses Misstrauen spiegelt sich nicht zuletzt in einer damit einhergehenden zunehmend kritischen Professionssoziologie wider, die ganz anders als zuvor Talcott Parsons (1968), die hohen Autonomieansprüche der Professionen nicht länger als funktional begründete, sondern als erfolgreich lancierte Schutzbehauptungen zur Privilegiensicherung begreift (Friedson 1970; Larson 1977; Child/Fulk 1982).

Sieht man sich als Schulpolitiker als Prinzipal, dem die Lehrer als Agenten gegenüberstehen, erkennt man zunächst einmal, dass man vor ganz üblichen, auch in vielen anderen Prinzipal-Agent-Beziehungen vorkommenden Steuerungsproblemen steht.[4] Man will von den Agenten – im Rahmen ihres Leistungsvermögens und des bezahlten Leistungsumfangs sowie vor dem Hintergrund exogener Determinanten des überhaupt Leistbaren – ein Maximum an Effektivität und Effizienz. Doch die Agenten könnten es sich aus vielerlei vorstellbaren Gründen einfach machen, also weniger als das Leistbare liefern wollen. Das liefe auf Ineffizienz des Einsatzes an Manpower und Geld hinaus. Oder die Agenten könnten eigensinnig auf ihren Effektivitätsvorstellungen beharren – wiederum deshalb, weil ihnen eine so zugeschnittene Leistung leichter fällt, oder deshalb, weil sie überzeugt davon sind, dass sie besser wissen, wie eine sachgerechte Leistung auszusehen hat. Wenn solche – aus der Sicht des Prinzipals betrachtet – Leistungsdefizite der Agenten eintreten, kann er diesen nur dann entgegenwirken, wenn er erstens zeitnah darüber erfährt und zweitens über geeignete Einflusspotenziale verfügt, mit denen er die Agenten zum Abstellen der Leistungsdefizite bewegen kann. Dabei ist davon auszugehen, dass die Agenten die Leistungsdefizite zu verheimlichen trachten und Beeinflussungsversuchen Widerstand entgegensetzen werden.

Hier soll es vor allem um das Wissensproblem des Schulpolitikers gehen. Dabei muss man sich klar machen, dass eine Verheimlichung existierender Leistungsdefizite durch die Agenten nicht nur so aussehen kann, dass der Prinzipal gar nicht merkt, dass mehr und Besseres möglich wäre. Selbst wenn er bestehende Leistungsdefizite registriert, können die Agenten sie ihm so darzustellen versuchen, dass entweder niemand etwas daran ändern kann oder dass jedenfalls sie nichts tun können – etwa wegen unbeeinflussbarer exogener Determinanten.

Mit folgenden Dimensionen von Nichtwissen ist der Schulpolitiker konfrontiert:

- Was geht im Unterricht vor? Dies ist ein Nichtwissen über den Prozess der schulischen Leistungsproduktion.
- Was haben die Schüler gelernt? Dieses Nichtwissen bezieht sich auf das Ergebnis der schulischen Leistungsproduktion.
- Warum haben die Schüler nicht mehr und Besseres gelernt? Dieses Nichtwissen betrifft die Ursachen gegebenenfalls festgestellter Leistungsdefizite, setzt also die Beseitigung des zuvor angesprochenen Nichtwissens voraus.

---

4 Generell zu dieser Perspektive siehe Moe (1984), Ebers/Gotsch (1993), speziell auf Lehrer und Schulpolitiker angewandt Kussau/Brüsemeister (2007, 155-220).

- Was sollten die Schüler lernen? Hiermit ist das Nichtwissen über sachgerechte Zielsetzungen der schulischen Leistungsproduktion angesprochen.

Wie hilft nun angesichts dieses dimensional aufgefächerten Nichtwissens Evaluation?[5] Die erste Dimension von Nichtwissen, die mangelnde Beobachtbarkeit der Agenten bei ihrer Leistungserbringung, trifft auf viele Berufe zu – auch in der bei Lehrern vorliegenden zugespitzten Variante, dass nicht einmal die Kollegen mitkriegen, was einer tut oder nicht tut. Schließt sich mit Unterrichtsbeginn die Klassenzimmertür, ist jeder Lehrer allein mit seinen Schülern – die man zwar prinzipiell darüber befragen könnte, wie der Unterricht abläuft, deren Auskünfte aber mit strukturell bedingten Unzuverlässigkeiten hinsichtlich dessen, was andere Agenten oder den Prinzipal interessiert, behaftet sind. Allenfalls begrenzt ließe sich so diese Dimension des Nichtwissens beseitigen.[6]

Oftmals benötigt ein Prinzipal freilich dieses Prozesswissen gar nicht, weil ihn nur das Ergebnis interessiert – egal, wie es zustande gekommen ist. Dieser Hoffnung geben sich derzeit auch die Schulpolitiker hin: Wenn sie durch Evaluationen ihr Nichtwissen bezüglich der Ergebnisse der schulischen Leistungsproduktion beseitigen können, kann ihnen – so meinen sie – ihr Nichtwissen über die Prozesse egal sein. Geradezu gläubig greifen die Schulpolitiker auf Evaluationsergebnisse zurück – weil sie endlich einmal vermeintlich „belastbare Daten" in der Hand haben, die noch dazu ihre bisherigen Verdachtsmomente bestätigen.

In Wehlings Kategorien muss man hier allerdings von einem unerkannten Nichtwissen in Gestalt vermeintlichen Wissens sprechen. Zunächst einmal sollte eigentlich jedem klar sein, dass Beschreibungen von Tatbeständen („Die deutschen Schüler sind schlecht") keine Aussagen über Ursachen entnehmbar sind; das Gleiche gilt für statistische Zusammenhänge („Die Leistungen der Schüler korrelieren mit dem Bildungsniveau ihrer Eltern"). Nichts spricht hier für sich, worauf auch Ute Albert in ihrem Beitrag hinweist; und dennoch spricht alles – so legen es die Schulpolitiker aus – für ihre Reformvorstellungen. Es scheint geradezu ein Vorteil der Datenberge zu sein, die Evaluationen produzieren, dass große Interpretationsspielräume für Ursachenzuschreibungen gelassen werden. Da kann sich dann im schlimmsten – leider nicht bloß hypothetischen – Fall das „Bauchgefühl", um nicht gleich vom Stammtisch zu reden, austoben. Prinzipiell

---

5 Zur Auseinandersetzung über die Evaluation von Schulen siehe nur eher befürwortende Stimmen in Böttcher et al. (2006) sowie eher kritische Beiträge von Heitger et al. (2004).
6 Mit den heutigen technischen Möglichkeiten wäre freilich denkbar, jedes Klassenzimmer mit einer Videoüberwachung auszustatten, die im Schulministerium erlaubte, jederzeit in jedes gerade ablaufende Unterrichtsgeschehen hineinzuschauen. Ein solcher – mit Michel Foucault (1975) gesprochen – „panoptischer" Blick des Prinzipals würde scheitern aber natürlich an dessen viel zu kleiner Kontrollspanne, die ihm nur winzigste Stichproben erlauben würde, aus denen dann wiederum keine verlässlichen Schlüsse zu ziehen wären.

sollte die Schulforschung mit ihren Ergebnissen solches Dampfplaudern – von „brainstorming" zu reden wäre zu viel der Ehre – zwar in seine Schranken verweisen. Aber so weit scheint sie in diesen Fragen noch lange nicht zu sein – und selbst wenn sie es wäre, müsste sie sich erst einmal Gehör verschaffen, was im parteipolitischen Gezänk nicht eben einfach ist.

Unterstellt, man könnte tatsächlich von nachweisbaren Leistungsdefiziten der deutschen Schulen sprechen – möglichst nicht bloß pauschal, sondern spezifiziert im Hinblick auf Fächer, Schularten, Regionen etc.: Dann müsste die allererste Frage sein, welchen Anteil die Lehrer daran haben. Sind sie die Hauptursachen? Gehören sie zu den gewichtigen Ursachen? Oder rangieren sie unter Ferner liefen? In den öffentlichen Debatten wird Vieles gehandelt – das meiste irgendwie plausibel, doch es kann ja nun nicht alles wichtig sein. Neben den Lehrern, also ihrer Art und Weise des Unterrichts, wird der Lehrermangel angeführt, des Weiteren die generelle finanzielle Misere des Schulsystems; die Eltern, die sich um die schulischen Belange ihrer Kinder zu wenig kümmern, sind als Ursachenfaktor auch nicht von der Hand zu weisen; sehr häufig wird der Anteil der Migrantenkinder mit schlechten Deutschkenntnissen, die insbesondere in Hauptschulen einen geregelten Unterricht kaum möglich machen, für schlechten Unterricht verantwortlich gemacht; und die durch die Medien und das Internet ausgelöste Bildungsferne vieler Kinder leuchtet Kulturpessimisten sehr ein.

Wenn sich im Zusammenwirken all dieser und vermutlich vieler weiterer Faktoren (Warum sollte eigentlich das Klima und heutzutage der Klimawandel nicht auch eine Rolle spielen?) nach langwierigen, national und international vergleichenden Ursachenforschungen herausstellen sollte, dass die Lehrer – was ja durchaus nicht überraschend wäre – eine wichtige Determinante dessen sind, was gegebenenfalls schief läuft, wäre die nächste zu stellende Frage: Und was genau machen die Lehrer falsch? Spätestens hier müsste man sich mit Unterrichtsforschung doch wieder Prozesswissen verschaffen – zwar nicht flächendeckend, so doch repräsentativ. Auch das wird bereits betrieben, Teilergebnisse liegen vor – aber viele Fragen sind sicher noch offen. Hier muss es ja darum gehen, eine Mikrofundierung dessen, worauf Korrelationen z.B. von Lehrergenerationen oder Schulformen auf der einen und SchülerInnenleistungen auf der anderen Seite hinweisen, zu leisten, also etwa generationenspezifische, durch Ausbildung erworbene Unterrichtsstile zu ermitteln und in ihren Wirkungen nachzuweisen. Ich greife hier bewusst in die Wundertüte dessen, was man sich als Soziologe so alles denken könnte, um die Selbstgewissheit derjenigen Schulpolitiker, die meinen, sie wüssten schon bestens Bescheid, und die von den Evaluationsergebnissen kein bisschen überrascht sind, zu erschüttern.

Natürlich ist in all diesen Fragen damit zu rechnen, dass die Lehrer Defizite ihrer Leistungsproduktion, die sie nicht abstreiten können, anderen Ursachenfaktoren in die Schuhe zu schieben versuchen. Wer täte das nicht – gerade Politiker müssten dafür insgeheim Verständnis haben! Das Problem ist, dass man als Schulpolitiker zwar abstrakt weiß, dass man mit einer Melange aus Bemühungen um sachdienliche Hinweise auf der einen und interessengeleiteten Ablenkungsmanövern auf der anderen Seite konfrontiert ist – aber welche Behauptungen konkret welcher Natur sind, und ob sich das selbst auf der Ebene einzelner Argumente überhaupt auseinanderhalten lässt, vermag man nicht einzuschätzen. Eine Art des Nichtwissens, die Sozialwissenschaftlern altbekannt ist!

Damit nicht genug: Die fundamentalste Wissenslücke der Schulpolitiker, an der das durch Evaluationen lieferbare Wissen überhaupt nichts zu ändern vermag, habe ich noch gar nicht angesprochen. Wissen wir eigentlich, wie guter Unterricht aussieht und was er vermittelt? Jede Evaluation unterstellt, dass wir das wüssten, weil sie schließlich Indikatoren misst, die für bestimmte Leistungsdimensionen stehen. Der Einfachheit halber sei unterstellt, dass die Operationalisierung der Leistungsdimensionen durch die Indikatoren problemlos sei – was ganz und gar nicht so ist: Wie zweifelsfrei sind die Leistungsdimensionen? Sind sie vollständig und in Relation untereinander richtig gewichtet?

Warum sollten Evaluationen schulischer Leistungsproduktion in dieser Hinsicht die Fehler vermeiden, die die Evaluationen wissenschaftlicher Forschungsleistungen ständig aufs neue begehen? Bei letzteren Evaluationen weiß man, dass die gemessenen Leistungskriterien das, was im jeweiligen Fach als Leistung gilt, nur unvollständig und verzerrt abbilden – und dass sich die Forscher dem strategisch anpassen (Gläser et al. 2008). Es macht z.B. einen großen Unterschied, ob man Forschungsleistungen anhand eingeworbener Drittmittel misst, was wegen der leicht zugänglichen Zahlen unter Wissenschaftspolitikern beliebt ist, oder anhand der Anzahl von Publikationen, oder anhand der Zitationen, oder der Doktoranden – alles gängige Indikatoren. Indizes, die mehrere dieser oder anderer Indikatoren gewichtet kombinieren, sind ebenso im Umlauf – irgendwann will man's jedem recht machen und landet, wie in einer Vorstufe der Leistungsbilanzen der österreichischen Hochschulen, bei einer dreistelligen Anzahl von Indikatoren, die in eine Riesenformel eingegangen wären, hätte man den Wahnsinn nicht doch noch rechtzeitig bemerkt. Aber egal, wie einfach oder komplex der schließlich gewählte Leistungsindex aussieht: Auf ihn hin richtet sich die künftige Forschung, von den Themen und Geldgebern bis hin zur Publikationspraxis aus. Und damit prägen sich die Einseitigkeiten der Bewertung der Leistungsproduktion ein.

Bei schulischen Leistungstests geht es um standardisierte Prüfungen, in denen ein einheitliches Set von Prüfungsaufgaben alle relevanten Leistungsdimensionen im jeweiligen Fach in angemessener Gewichtung abbilden muss. Auch hier müssen Fragen erlaubt sein: Ist die fachspezifische Didaktik so weit, in nicht mehr als einer Handvoll Aufgaben das Spektrum der Lernziele eines ganzen Schuljahrs ausgewogen zu operationalisieren? Will man wirklich, was offenbar notgedrungen schon zu praktizieren versucht wird, den Unterricht auf ein Auf-die-Prüfung-hin-lernen trimmen (Lange 2003, 181; Albert in diesem Band)? Und wo bleiben die latenten Sozialisationseffekte des Schulunterrichts, wie sie klassisch Robert Dreeben (1968) angesprochen und sogar als gesellschaftlich wichtiger als die manifesten Curricula eingestuft hat? Aus den messbaren Prüfungsleistungen geht jedenfalls nicht hervor, ob einer Schülerin so ganz nebenbei z.B. auch noch Kooperationsfähigkeit vermittelt worden ist oder nicht. Vielleicht bringt das Auf-die-Prüfung-hin-lernen, auf das die Lehrer – weil es um ihr standing, vielleicht bald auch um ihr Gehalt und ihre Karrierechancen geht – verfallen, asoziale Kurzfristmaximierer hervor, die das, was sie „geschafft" haben, möglichst schnell vergessen, um Platz für neues prüfungsrelevantes Wissen zu schaffen?

Auch hier beziehe ich keine Standpunkte, sondern will lediglich Zweifel bei denjenigen säen, die meinen, gesicherte Standpunkte zu haben. Zweifellos ist es in diesem Punkt am schwierigsten, als Schulpolitiker Zweifel auszuhalten und zuzugeben, weil man sich dem geballten professionellen Anspruch der Lehrer auf ein Definitionsmonopol gegenübersieht und darauf – strategisch fast zwingend – erst einmal genauso Kontra gibt. Wer hier Selbstzweifel hegt, hat schon verloren! Zugleich können die Agenten in dieser Dimension des Nichtwissens am leichtesten und wirksamsten dafür sorgen, dass man ihnen das Leben nicht zu schwer macht: indem sie keine zu schwierig erfüllbaren Leistungsziele setzen, sondern solche – von wem sie auch stammen – mit geballter professioneller Kompetenz abzuschmettern versuchen. Gerade weil man als Schulpolitiker Grund hat, das, was die Lehrer als machbar und vernünftig ausgeben, nicht für bare Münze zu nehmen, fällt es einem um so schwerer, es unvoreingenommen zu reflektieren.

Insgesamt könnte sich ein nachdenklicher Schulpolitiker klar machen, dass er sich, wenn es darum geht, Konsequenzen aus Evaluationsergebnissen zu ziehen, in einer Entscheidungssituation befindet, die sachlich durch gravierende Wissensdefizite gekennzeichnet ist, die sich sozial nochmals dadurch zuspitzen, dass man sie sich selbst und der anderen Seite nicht zugestehen darf. Man täuscht sich Wissen vor, wo man eigentlich keines hat; man täuscht es anderen vor; und die andere Seite macht es genauso. Versucht man, wenigstens sich selbst gegenüber ehrlich zu sein, muss man zugeben, dass man nicht genau weiß, wie stark und wo man richtig bzw. falsch liegt. Das wäre kein Problem, wäre man ein handlungsentlasteter Schulforscher – im Gegenteil: Man hätte eine wunderbare Begründung dafür, dass weitere Forschung erforderlich ist. Als Schulpolitiker steht man hingegen unter Handlungsdruck, kann sich also nicht bis zu einer vermutlich noch sehr lange dauernden definitiven Klärung der Angelegenheit zurücklehnen. Also: Was tun?

3. Besser kleine Brötchen statt fataler Illusionen

Mir scheint, dass sich diejenigen Schulpolitiker, die sich nicht an dem – zweifellos oftmals wertvollen – Wissen, das sie aus Evaluationen schöpfen, berauschen, sondern sich die verbleibenden, mutmaßlich großen skizzierten Wissenslücken mehr oder weniger eingestehen, dann oftmals dennoch dreierlei Arten von Illusionen hingeben, wie sie trotz der Wissenslücken handlungsfähig werden im Sinne einer auf Verbesserung der schulischen Leistungsproduktion ausgerichteten Steuerung.

Die erste Illusion besteht darin, dass seine eigene Erfahrung dem Schulpolitiker dazu verhilft, diese Wissenslücken zu schließen. Diese Illusion wird aus einem oder mehreren von drei Argumenten genährt. Zunächst sagt sich der Schulpolitiker, dass er sich schließlich schon lange Jahre oder gar Jahrzehnte mit Schulen befasse und allmählich gelernt habe, wie sie funktionieren. Im Übrigen – so weiter – seien Schulen grundsätzlich nur Organisationen wie andere auch. Was man also über das Funktionieren von Schulen nicht wisse, könne man sich aus dem entsprechenden Wissen über Hochschulen, Krankenhäuser, Verwaltungen oder auch Unternehmen erschließen; und die wenigen Besonderheiten von Schulen seien bekannt und könnten daher einkalkuliert werden. Schließlich haben durchaus nicht so wenige Schulpolitiker ein Lehrerstudium, ein Referendariat und eine mehr oder weniger lange Lehrertätigkeit hinter sich; zumindest sie dürften doch wohl wirklich wissen, wovon sie reden.

Ich werde keine Worte darauf verschwenden, warum diese Argumente schwach sind. Sie sprechen auch so hinreichend gegen sich. Kein Schulpolitiker gibt sich explizit der auf ihnen beruhenden Illusion hin. Doch als unartikuliertes und unreflektiertes Hintergrund-Selbstvertrauen, nicht übermäßig stark, aber in Kombination mit anderem durchaus von Gewicht, kommt sie nicht selten vor. Man achte etwa auf Redewendungen wie: „Ich weiß doch, wovon ich rede ..." oder „Mir kann man da nichts vormachen ...".

Eine zweite Illusion ist schwerer erschütterbar. Sie besteht darin, dass sich ein Schulpolitiker das ihm fehlende Wissen von Verrätern beschafft. Die gibt es überall, auch in jeder Profession, auch unter Lehrern. Die starke Moralisierung, die hier in der Bezeichnung des Verhaltens – neutraler wäre: Informant – zum Ausdruck kommt, ist nur halb ironisch gemeint. Denn es existieren in jeder Profession Normen, die unter der Generalnorm der Kollegialität darauf hinwirken, dass möglichst nichts Schlechtes nach außen dringt – am besten dadurch abgesichert, dass man bereits unter sich Leistungsdifferenzen, insbesondere Defizite, taktvoll nicht anspricht (Schimank 2004). Doch viele der Verräter geben ihr Insider-Wissen guten Gewissens und auch nicht heimlich an die Politik weiter – nicht zuletzt, um die Arbeitsbedingungen der Kollegen verbessern zu helfen und den wenigen schwarzen Schafen, die den Ruf der ganzen Profession schädigen, Verwarnungen zu erteilen. Jeder Lehrer und auch jeder Bildungswissenschaftler, der als Berater oder Mitwirkender an Leistungsevaluationen beteiligt ist, ist ein solcher Verräter.[7]

Für das von Verrätern erhaltene Wissen, wie für das Wissen aus Evaluationen, gilt, dass sich Schulpolitiker geradezu daran klammern. Was bei Evaluationsergebnissen der Nimbus von Zahlen – bis auf zwei Stellen hinter dem Komma genau! – ist, macht hier der Nimbus des Insiders aus, der exklusiv Geheimnisse lüftet. Dabei kann man sich leicht klar machen, dass die Vertrauenswürdigkeit dessen, was Verräter berichten, begrenzt ist. Nicht nur Geheimdienste wissen das aus immer wieder leidvoller Erfahrung. Wie will der Schulpolitiker wissen, wie gut die Wissensbasis des Verräters ist? Zwar zieht man dafür gerne erfahrene und möglichst auch in der Profession reputierte Personen heran. Aber Erfahrung, wenn man sich dabei zu sehr auf Alter als Ersatzindikator verlässt, kann auch darin umgeschlagen sein, dass jemand längst einer von gestern ist, der das, was heute in der Profession geschieht, nicht mehr richtig mit bekommt; und allgemeine kollegiale Anerkennung kann auch demjenigen gezollt werden, der als harmlos gilt und nicht weiß, was gespielt wird. Noch wichtiger: Wie will der Schulpolitiker wissen, dass ihm das Insider-Wissen ohne Verzerrung durch Eigeninteressen berichtet wird? Nicht nur, dass uneigennütziges Handeln generell eher selten vorkommt! Gerade turbulente Zeiten, wie sie durch Reformbemühungen geschaffen werden, evozieren verstärkt Eigeninteressen. In solchen Zeiten intensivierter innerprofessioneller Mikropolitik liegt es nahe, die Verräterrolle dazu zu nutzen, mit Unterstützung von außen die eigene Position in der Profession zu stärken oder die eigene Vorstellung davon, wie die Profession aussehen sollte, voranzubringen. Am unzuverlässigsten dürften wohl diejenigen Verräter sein, die das meiste genuine, nicht etwa bloß strategisch vorgetäuschte Verständnis für die Sicht der Schulpolitiker aufbringen. Denn diese Verräter sind zu Überläufern geworden. Sie sind als Informanten insbesondere hinsichtlich des Wissens darüber, was Maßstäbe einer guten Leistungsproduktion sind, wertlos, weil sie sich bereits die Brille der Politik aufgesetzt haben. Doch solange sie den Nimbus genießen, genuine Vertreter ihrer Profession zu sein, wird das von ihnen

---

7 Ich bin es, was die Hochschulen anbetrifft, auch, und ich weiß, dass Kollegen mir Manches übel nehmen, was ich als Verräter tue.

gelieferte Wissen geglaubt – und dass sie die Sicht der Politik verstehen, bestärkt diesen Glauben an sie fatalerweise nur noch.

Je dürftiger, aber wichtiger Informationen sind, desto mehr verlässt man sich auf das Wenige, was man hat. Auf diese Formel lassen sich die ersten beiden Illusionen bringen. Doch selbst ein Schulpolitiker, der beide Illusionen durchschaut und seine Wissens- oder besser Nichtwissensbasis realistisch einschätzt, kann noch einer dritten Illusion verfallen. Er kann hoffen, dass sein Steuerungshandeln, das er von vornherein als fehlerträchtig im Sinne der erheblichen Wahrscheinlichkeit des Auftretens verfehlter Absichten und ungewollter Nebenwirkungen einstuft, diese Fehler wenigstens schnell genug sichtbar werden lässt, so dass er direkt aus ihnen lernen, also sich an ein besseres Steuerungshandeln heranzutasten vermag, und auch das, was jeder Fehler anrichtet, im Rahmen bleibt und gleich beseitigt werden kann.

Das Illusionäre dieses auf den ersten Blick gar nicht unvernünftig klingenden Vorgehens besteht darin, zu glauben, dass Interventionen in komplexe Systeme wie etwa ein Schulsystem zuverlässig erstens schnelle und zweitens unüberhörbare Alarmsignale auslösen, wenn etwas schief geht. Natürlich schlagen bei Reformmaßnahmen immer viele sofort laut Alarm. Doch das sind die strategischen Fehlalarme der Status-quo- und Besitzstandswahrer, wie jeder Reformer weiss. Auf sie gibt er mit Recht nichts; aber in ihrem Lärm können echte Alarmsignale untergehen. Selbst wenn er es sich abstrakt klar macht, kann ihm das dennoch leicht unterlaufen. Genauso problematisch ist die sich oft erst längerfristig offenbarende „Logik des Misslingens" (Dörner 1989). Fehler kumulieren dann längere Zeit unsichtbar und schleichend, und wenn sie schließlich zum Vorschein kommen, können sie Bemühungen, sie zu beheben, eine hartnäckige Standfestigkeit entgegensetzen.

Ein schulpolitisches Steuerungshandeln, das einer oder sogar mehreren dieser drei Illusionen unterliegt, kann fatale Folgen für die schulische Leistungsproduktion haben. Illusionen sind Selbsttäuschungen und stellen damit wiederum nicht-gewusstes Nichtwissen in Gestalt vermeintlichen Wissens dar. Weil die Illusionen sich mit dem durch Evaluationen gewonnenen Wissen verbinden, das als unbestreitbares Fundament angesehen wird, wirken sie noch vertrauenswürdiger. Aus diesen Kombinationen können regelrechte sich selbst erfüllende Prophezeiungen hervorgehen, die eine nochmals festgefügtere Form vermeintlichen Wissens sind. Wenn ein Schulpolitiker beispielsweise davon ausgeht, dass SchülerInnenleistungen hauptsächlich von der Leistung des Lehrers abhängen, tatsächlich aber – so sei hier angenommen – die finanzielle Ausstattung der Schule, von der u.a. die Klassengröße und die Lehr-Infrastruktur abhängen, der entscheidende Faktor ist, und der Schulpolitiker weiterhin dem vermeintlichen Erfahrungssatz folgt, dass Organisationen durch finanzielle Anreize zu höherer Leistung motiviert werden können, wird er finanziell gut ausgestattete Schulen durch weitere Finanzmittel dabei fördern, noch besser zu werden, schlecht ausgestattete hingegen, indem er ihnen diese Zulagen vorenthält, daran hindern, auch besser werden zu können. Für ihn sieht es allerdings so aus, dass er die guten Lehrer belohnt und die schlechten bestraft, und der eintretende Effekt bestärkt ihn in seiner Fehldeutung. Hätte er hingegen die Schulen mit den schlechten SchülerInnenleistungen finanziell unterstützt, wären diese Schulen leistungsmäßig zu den bereits guten aufgeschlossen. Insbesondere wären so die knappen Finanzmittel effizient eingesetzt worden, während sie entsprechend der dem Steuerungshandeln zugrunde gelegten Fehldeutung verschwendet worden sind. Denn die guten Schulen mussten gar nicht noch besser werden, und die schlechten blieben so schlecht, wie sie waren.

Bei diesem hypothetischen Beispiel ineffizienten Steuerungshandelns infolge festgefügten vermeintlichen Wissens will ich es hier belassen, um aufs Neue zu fragen: Was tun? Die nunmehr illusionslose Antwort lautet: Kleine Brötchen backen! Ich kann dazu, da ich ja von Schulen nichts verstehe, hier nur das abstrakte entscheidungstheoretische Prinzip vorstellen, das als Inkrementalismus oder „science of muddling through" (Lindblom 1959) bekannt ist (Schimank 2005b, 237-306).

Dabei ist diejenige Komponente dieser Entscheidungsstrategie hervorzuheben, die dem Inkrementalismus das Etikett „Politik der kleinen Schritte" eingebracht hat. Charles Lindblom (1959, 163f.) fasst die wesentlichen Vorteile eines solchen Vorgehens so zusammen:

> „Policy is not made once and for all; it is made and re-made endlessly. Policy-making is a process of successive approximation to some desired objectives in which what is desired itself continues to change under reconsideration. Making policy is at best a very rough process. Neither social scientists, nor politicians, nor public administrators yet know enough about the social world to avoid repeated error in predicting the consequences of policy moves. A wise policy-maker consequently expects that his policies will achieve only part of what he hopes and at the same time will produce unanticipated consequences he would have preferred to avoid. If he proceeds through a succession of incremental changes, he avoids serious lasting mistakes in several ways. In the first place, past sequences of policy steps have given him knowledge about the probable consequences of further similar steps. Second, he need not attempt big jumps towards his goals that would require predictions beyond his or anyone else's knowledge, because he never expects his policy to be a final resolution of a problem. His decision is only one step, one that if successful can quickly be followed by another. Third, he is in effect able to test his previous predictions as he moves on to each further step. Lastly, he often can remedy a past error fairly quickly […]."

David Collingridge (1992, 4-7) sieht Inkrementalismus entsprechend als Variante von „trial-and-error learning" an. Dabei ist es wichtig, dass „[...] errors should be kept to a minor nature [...]", weshalb „[...] it is important not to change too much at once." Weiterhin sollte gewährleistet sein, dass „[...] lessons are learned quickly [...]", also schnelle Rückmeldungen über den relativen Erfolg einer Entscheidung eintreffen. Schulpolitiker hätten sich also auf dauerhafte Lernbereitschaft einzustellen – anstatt einen „großen Sprung vorwärts" zu versuchen, nach dem dann erst mal wieder für längere Zeit auf Ruhe gehofft wird, was freilich wiederum eine Illusion darstellt. Defizite der schulischen Leistungsproduktion werden inkrementalistisch also langsam angegangen, was im Vergleich zu einer genialen schnellen Reform schlecht wegkommt. Das Risiko allerdings, das sich der vermeintliche Geniestreich als große Pleite herausstellt, ist überwältigend groß – und schon braucht eine „Politik der kleinen Schritte" keinen Vergleich mehr zu scheuen.

Eine „Politik der kleinen Schritte" hat aber noch einen ganz anderen, ebenso wichtigen Vorzug. Sie versetzt niemanden in Panik und ruft deshalb keine beinharten Abwehrreflexe hervor. An dieser Stelle komme ich nun doch kurz auf das Durchsetzungsproblem zu sprechen, das jeder Prinzipal neben seinem hier im Vordergrund der Betrachtung stehenden Wissensproblem hat. Selbst wenn er durch göttliche Eingebung genau die richtigen Reformmaßnahmen wüsste, wäre damit noch gar nichts gewonnen, wenn seine Einflusspotenziale gegenüber den Agenten nicht ausreichen, um diese Maßnahmen umzusetzen. Die Einflusspotenziale, die ein Prinzipal gegenüber Mitgliedern einer Profession hat, sind immer sehr begrenzt. Denn er kann ja eben, was auch Jürgen Kussau in seinem Beitrag betont, das, was die Profession tun soll, nicht selbst erledigen; und meist hat er auch keine Möglichkeit, Professionsmitglieder gegeneinander auszuspielen. Deutsche Schulpolitiker haben gegenüber Lehrern nochmals begrenztere Einflusspotenziale. Denn die Kündigungsdrohung als „last resort" (Emerson 1981) zur Erreichung von „compliance" (Etzioni 1961) entfällt beim Gros der verbeamteten oder auch als Angestellte nach einer gewissen Zeit nicht mehr kündbaren Lehrer; und allzu viele Anreize zur „compliance" hat ein finanziell chronisch klammer Staat seinen Dienern auch nicht zu bieten. Wer einflussschwach ist, muss aber nicht nur mit seinem knappen Potenzial haushalten; er sollte sich auch klar machen, dass weniger oft mehr bewirkt.

Wenn ein Schulpolitiker mit großspurigen Reformmaßnahmen auftritt und die Lehrer entsprechend unter Anpassungsdruck setzt, wird er entsprechenden Gegendruck ernten. Wer dann den eigenen Druck aufgrund seiner Einflussschwäche nicht mehr weiter erhöhen kann, hat verloren. Denn wenn seine Macht und sein Geld an ihre Grenze gestoßen sind, kommt er nur noch mit Überzeugung weiter. Soviel haben etliche Schulpolitiker inzwischen bereits realisiert:

dass sie die Lehrer, die sie als Implementationsagenten der Reformmaßnahmen brauchen, in der Sache gewinnen müssen. Aber dem ist nichts abträglicher als eine zuvor aufgebaute Druck-Kulisse. Denn wer sich unter Druck gesetzt fühlt, ist selten bereit, sich offen anzuhören, was die andere Seite eigentlich von ihm will. Er blockiert und wird geradezu in eine dogmatische Abwehrhaltung hineingetrieben. Ob die dann die Gestalt des offenen Widerstands, der heimlichen Sabotage oder des klammheimlichen „Diensts nach Vorschrift" annimmt, bleibt sich im Ergebnis gleich. Andersherum: Wem „kleine Schritte" als Versuchsballons angekündigt werden, die gegebenenfalls auch wieder revidierbar sind, wem diese Maßnahmen erläutert und begründet werden und wessen Meinung dazu gefragt ist: Der fühlt sich mitgenommen und hat keinen legitimen Grund mehr zur Blockade, die ihm entsprechend schwerer fällt und gemacht wird.

4. Der heilsame Widerstand der Agenten

Bis hierher habe ich dem reformfreudigen Schulpolitiker schon viel zugemutet: Er weiß wahrscheinlich – ich spekuliere hier ja nur – viel weniger, als er zu wissen meint, und jedenfalls viel zu wenig; er sollte deswegen, obwohl er doch unter Druck steht, schnelle Reformerfolge vorweisen zu können, vorsichtig vorgehen; und er sollte die Lehrer mitnehmen, obwohl er sie häufig genug nur als unbelehrbare Sturköpfe erlebt. Aber damit nicht genug: Nun soll er auch noch erwägen, ob der dem seinen diametral entgegen gesetzte Standpunkt dieser Sturköpfe nicht vielleicht auch seine sachliche Berechtigung hat.

Mir scheint, dass die gegenwärtigen Auseinandersetzungen zwischen staatlicher Politik auf der einen Seite, den Professionen der Lehrer, Hochschullehrer und Ärzte – um nur diese drei großen Beschäftigtengruppen des öffentlichen Dienstes zu nennen – auf der anderen Seite als Manifestationen eines funktionalen Antagonismus gesehen werden können, der diesen Konstellationen immer schon innegewohnt hat, aber nun deutlicher erkennbar wird. Ich nehme mit dieser Betrachtungsweise explizit eine funktionalistische Perspektive ein, wobei Bezugspunkt für Aussagen über Funktionalitäten und Dysfunktionalitäten die Leistungsproduktion der Schulen ist. Ein funktionaler Antagonismus heißt dann in doppelter Hinsicht so: Er beinhaltet zum einen ein antagonistisches Gegeneinander von zwei gleichermaßen funktional erforderlichen Wirkungsgrößen; und zum anderen ist dieser Antagonismus funktional und nicht etwa, wie man erst denken würde, dysfunktional.[8]

---

8   Siehe zu diesem Konzept, mit unterschiedlichen Anwendungsfällen, Schimank (1994; 2005b: 446-460).

Um dies zunächst am sicher prominentesten Fall eines funktionalen Antagonismus zu explizieren: dem von Unternehmen und Gewerkschaften in der kapitalistischen Marktwirtschaft. Einerseits gibt es bis jetzt keinen effizienter und responsiver die Bedürfnisse der Konsumenten befriedigenden Akteur als das unter Konkurrenzzwängen agierende kapitalistische Unternehmen. Andererseits neigt dieses Unternehmen dazu, seine Beschäftigten hemmungslos auszubeuten, obwohl dadurch die Unternehmen einander die für ihr Prosperieren erforderliche Kaufkraft der Konsumenten – was die Beschäftigten ja in Personalunion sind – entziehen. Die Rolle der Gewerkschaften als Antipoden der Unternehmen besteht in diesem Zusammenhang, wie etwa Eduard Heimann (1929) oder Karl Polanyi (1944) sehr klar herausstellen, genau darin, durch Schutz der Beschäftigten vor den Unternehmen diese vor sich selbst zu schützen. Funktionaler Bezugspunkt ist hier also die unternehmerische Leistungsproduktion für die Konsumenten. Die Optimierung dieser Leistungsproduktion hat – neben weiteren – zwei einander entgegenstehende funktionale Erfordernisse: dass die Unternehmen möglichst geringe Lohnkosten und dass die Arbeitnehmer möglichst hohe Einkommen haben. Auf Ersteres achten die Unternehmen, auf Letzteres die Gewerkschaften. Beide wünschen sich, dass die je andere Seite keinerlei Durchsetzungsstärke für ihr Anliegen hätte. Aber für die uneingestandene gemeinsame Sache ist es heilsam, dass jede Seite sich einem starken Gegner gegenüber sieht.

Zurück zum Schulpolitiker: Seine gemeinsame Sache mit den Lehrern ist eine möglichst effektive und effiziente schulische Leistungsproduktion. Er pocht angesichts knapper Mittel auf Effizienz; und er pocht auf Effektivität im Sinne außerpädagogischer, aus den Qualifikations- und Charakteranforderungen anderer gesellschaftlicher Teilsysteme herrührender Erziehungsziele. Über Evaluationen versucht er, diese Maßstäbe an die schulische Leistungsproduktion anzulegen – bis hin zu einer, wie es Kussau in seinem Beitrag pointiert ausdrückt, „Verpflichtung der Lehrerinnen zur Präferenzidentität mit der Politik". Die Lehrer halten dem ihre professionellen Maßstäbe gegenüber. Sie beharren, wie auch Kussau betont, darauf, dass Erziehung als „people processing"-Interaktion ein nicht behebbares „Technologiedefizit" (Luhmann/Schorr 1982) hat – besser: individuelle situative Flexibilität des Lehrers erfordert – und deshalb inhärent indifferent gegen Effizienzerwägungen sein muss; und sie können jede Art von fremdreferentiellen Ansprüchen an ihre Erziehungsleistungen nur so akzeptieren, wie diese Ansprüche in pädagogischer Autonomie rekonstruiert worden sind. Entsprechend skeptisch sind sie gegenüber solchen Evaluationen, die über beide Aspekte hinweggehen.[9]

---

9 Siehe etwa nur die vehemente Stellungnahme Jörg Ruhloffs, die Wehling in seinem Beitrag (Fußnote 5) wiedergibt.

Beide Seiten können gleichermaßen gute Gründe für ihre Sicht der Dinge anführen. Effizienz ist überall wichtig, wo Knappheit herrscht – und die ist ein Konstituens der conditio humana. Dass eine funktional differenzierte Gesellschaft darauf beruht, dass alle Teilsysteme Leistungen für ihre gesellschaftliche Umwelt erbringen und sich nicht nur um sich kümmern, versteht sich ebenfalls von selbst. Genauso grundlegend gilt aber auch, dass die ausdifferenzierten Teilsysteme nur dann gut funktionieren, wenn sie ihre je eigene Handlungslogik autonom entfalten können – die abschreckenden Beispiele politisch an die Kandare genommener Wissenschaft, Justiz, Wirtschaft oder auch Bildung in den Ländern des real existiert habenden Sozialismus sollten gerade Politikern, also auch Schulpolitikern, zu denken geben. Niemand kann das sachliche Spannungsverhältnis, das zwischen der von der Profession hochgehaltenen pädagogischen Autonomie auf der einen Seite, den Effizienz- und Effektivitätserwartungen der Schulpolitik auf der anderen Seite besteht, auflösen; und das ist nur gut so, denn es bleibt unaufgelöst am produktivsten: je mehr Lehrer auf der einen, Schulpolitiker auf der anderen Seite auf den Widerstand der anderen Seite stoßen. Jede Seite mahnt an, was die andere vergisst. Eigentlich müssten beide Seiten einander dankbar sein, doch tatsächlich ärgern sie sich immer wieder nur darüber, dass der je andere ihnen sein „Bis hierher und nicht weiter!" entgegenhält.

Ob diese theoretische Figur des funktionalen Antagonismus die Wirklichkeit der Schulreformen trifft oder nicht: Auch das weiß heute niemand. Vielleicht ist es ja nur die fixe Idee eines harmoniesüchtigen soziologischen Konflikttheoretikers. Wieder Nichtwissen! Aber das hieße auch wieder: Man sollte besser vorsichtig sein, also davon ausgehen, dass die eigene Sicht der Dinge nicht die ganze Wahrheit ist. Und so schwer es auch fallen mag: Man sollte sich vielleicht bietende Gelegenheiten, die andere Seite „klein zu kriegen", nicht rücksichtslos nutzen. Denn man könnte die andere Seite – und zwar gerade auch deren Widerstand! – noch brauchen.

5. Schluss

Ich habe in diesem Beitrag nicht viel mehr tun können, als Fragen aufzuwerfen. Obwohl ich mir, wie schon eingangs betont, darüber im Klaren bin, dass derzeit in der Schulpolitik keine Fragestunde angesagt ist, sondern Frauen und Männer der Tat den Ton angeben, hoffe ich dennoch darauf, dass wenigstens einige Schulpolitiker soviel Selbstbewusstsein aufbringen, dass sie sich gelegentlich – es muss nicht nachts sein – selbst in Frage stellen. Noch einmal: Es geht nicht darum, ihren Tatendrang völlig auszubremsen, sondern darum, vielleicht dessen Wirkungsgrad verbessern zu können.

Literatur

Böttcher, Wolfgang/Holtappels, Heinz Günter/Brohm, Michaela (Hg.) (2006): Evaluation im Bildungswesen. Weinheim/München: Juventa.
Bohnsack, Fritz (1995): Widerstand von Lehrern gegen Innovationen in der Schule. In: Thomas Brüsemeister/Eubel, Klaus-Dieter (Hg.): Zur Modernisierung der Schule. Bielefeld, 2003: transcript, 318-325.
Child, John/Fulk, Janet (1982): Maintenance of Occupational Control: The Case of Professionals. In: Work and Occupations 9, 155-192.
Collingridge, David (1992): The Management of Scale: Big Organizations, Big Decisions, Big Mistakes. London: Routledge.
Dörner, Dietrich (1989): Die Logik des Mißlingens. Strategisches Denken in komplexen Situationen. Reinbek: Rowohlt.
Dreeben, Robert (1968): Was wir in der Schule lernen. Frankfurt a.M.: Suhrkamp.
Ebers, Mark/Gotsch, Wilfried (1993): Institutionenökonomische Theorien der Organisation. In: Kieser, Albrecht (Hg.): Organisationstheorien. Stuttgart: Kohlhammer, 193-242.
Emerson, Richard M. (1981): On Last Resorts. In: American Journal of Sociology 87, 1-22.
Etzioni, Amitai (1961): A Comparative Analysis of Complex Organizations. On Power, Involvement, and their Correlates. New York: Free Press.
Foucault, Michel (1975): Überwachen und Strafen. Frankfurt a.M.: Suhrkamp.
Friedson, Eliot (1970): The Profession of Medicine. New York: Dodd.
Gläser, Jochen/Lange, Stefan/Laudel, Grit/Schimank, Uwe (2008): Evaluationsbasierte Forschungsfinanzierung und ihre Folgen. In: Neidhardt, Friedhelm/Mayntz, Renate/Weingart, Peter/Wengenroth, Ulrich (Hg.): Wissen für Entscheidungsprozesse. Bielefeld: transcript (in Vorbereitung).
Heimann, Eduard (1929): Soziale Theorie des Kapitalismus – Theorie der Sozialpolitik. Frankfurt a.M., 1980: Suhrkamp.
Heitger, Marian et al. (2004): Kritik der Evaluation von Schulen und Universitäten. Würzburg: Ergon.
Kieserling, Andre (2004): Die Soziologie der Selbstbeschreibung: Über die Reflexionstheorien der Funktionssysteme und ihre Rezeption der soziologischen Theorie. In: Kieserling, Andre: Selbstbeschreibung und Fremdbeschreibung. Frankfurt/M.: Suhrkamp, 46-108.
Kussau, Jürgen/Brüsemeister, Thomas (2007): Governance, Schule und Politik. Zwischen Antagonismus und Kooperation. Wiesbaden: VS.
Lange, Hermann (2003): Qualitätssicherung in Schulen. In: Thomas Brüsemeister/Eubel, Klaus-Dieter (Hg.): Zur Modernisierung der Schule. Bielefeld: transcript, 175-183.
Larsson, Magali Sarfatti (1977): The Rise of Professionalism. Berkeley: University of California Press.
Lindblom, Charles E. (1959): The Science of Muddling Through. In: Public Administration Review 13, 79-88.
Luhmann, Niklas/Schorr, Karl-Eberhard (1982): Das Technologiedefizit der Erziehung und die Pädagogik. In: Luhmann, Niklas/Schorr, Karl-Eberhard (Hg.): Zwischen Technologie und Selbstreferenz: Fragen an die Pädagogik. Frankfurt a.M.: Suhrkamp, 11-40.
Martens, Kerstin/Wolf, Klaus Dieter (2006): PISA als Trojanisches Pferd: die Internationalisierung der Bildungspolitik in der OECD. Vortrag, Arbeitskreis „Politische Steuerung", DVPW-Kongress Münster.
Moe, Terry M. (1984): The New Economics of Organization. In: American Journal of Political Science 28, 739-777.
Parsons, Talcott (1968): Professions. In: International Encyclopedia of the Social Sciences 12, 536-547.

Polanyi, Karl (1944): The Great Transformation. Frankfurt a.M., 1978: Suhrkamp.
Power, Michael (1997): Audit Society – Rituals of Verification. Oxford: Oxford University Press.
Schimank, Uwe (2005a): Die akademische Profession und die Universitäten: „New Public Management" und eine drohende Entprofessionalisierung. In: Klatetzki, Thomas/Tacke, Veronika (Hg.): Organisation und Profession. Wiesbaden: VS, 143-164.
Schimank, Uwe (2005b): Die Entscheidungsgesellschaft – Komplexität und Rationalität der Moderne. Wiesbaden: VS.
Schimank, Uwe (2004): Leistungsbeurteilung von Kollegen als Politikberatung – Am Beispiel von Evaluationen im Hochschulsystem. In: Schützeichel, Rainer/Brüsemeister, Thomas (Hg.): Die beratene Gesellschaft. Zur gesellschaftlichen Bedeutung von Beratung. Wiesbaden: VS, 39-56.
Schimank, Uwe (1994): Autonomie und Steuerung wissenschaftlicher Forschung. Ein gesellschaftlich funktionaler Antagonismus. In: Derlien, Hans-Ulrich et al. (Hg.): Systemrationalität und Partialinteresse. Festschrift für Renate Mayntz. Baden-Baden: Nomos, 409-431.

Die AutorInnen

Albert, Ute, Beraterin für Kompetenzmanagement; utealbertgm@t-online.de

Altrichter, Herbert, Prof. Dr., Johannes-Kepler-Universität Linz, Sozial- und Wirtschaftswissenschaftliche Fakultät, Institut für Pädagogik und Psychologie; herbert.altrichter@jku.at

Berkemeyer, Nils, Dipl.-Päd.; 1. und 2. Staatsexamen für das Lehramt für die Primarstufe, Projektleiter „Schulen im Team" am Institut für Schulentwicklungsforschung Dortmund; berkemeyer@ifs.uni-dortmund.de

Fritzsche, Bettina, Dr., Gastprofessorin TU Berlin, Institut für Erziehungswissenschaft, Mitarbeit im Forschungsprojekt „Lernkultur- und Unterrichtsentwicklung an GanztagsSchulen" (LUGS); bettina.fritzsche@tu-berlin.de

Kiener, Urs, freiberuflicher Sozialwissenschafter in Winterthur (Schweiz). Arbeitsschwerpunkte: Hochschulen, Bildungslaufbahnen, Bildungspolitik, Wissen/Wissensgesellschaft; ukiener@ksfw.ch

Kuper, Harm, Prof. Dr., Freie Universität Berlin, Fachbereich Erziehungswissenschaft und Psychologie, Arbeitsbereich Weiterbildung und Bildungsmanagement; Harm.Kuper@fu-berlin.de

Kussau, Jürgen, Dr., Konstanz; selbständiger Sozialwissenschaftler in den Bereichen Schulpolitik und Schulverwaltung; juergenkussau@foni.net

Langer, Roman, Dr., Johannes-Kepler-Universität Linz, Sozial- und Wirtschaftswissenschaftliche Fakultät, Institut für Pädagogik und Psychologie; roman.langer@jku.at

Reh, Sabine, Prof. Dr., TU Berlin, Fachgebiet Allgemeine und Historische Erziehungswissenschaft im Institut für Erziehungswissenschaft, Leitung des Forschungsprojektes „Lernkultur- und Unterrichtsentwicklung an GanztagsSchulen" (LUGS); sabine.reh@tu-berlin.de

Rosenmund, Moritz, Prof. Dr.; Soziologe an der Pädagogischen Hochschule Zürich. Arbeitsschwerpunkte: Bildungsdiskurs, Kontrolle/Steuerung von Schule, International vergleichende Lehrplanforschung, Bildungslaufbahnen; moritz.rosenmund@phzh.ch

Rürup, Matthias, Dr., Bergische Universität Wuppertal, Fachbereich G – Bildungs- und Sozialwissenschaften, Zentrum für Bildungsforschung und Lehrerbildung; ruerup@uni-wuppertal.de

Schimank, Uwe, Prof. Dr., FernUniversität Hagen, Fakultät für Kultur- und Sozialwissenschaften, Institut für Soziologie, Soziologie II/Handeln und Strukturen; uwe.schimank@fernuni-hagen.de

Tillman, Klaus-Jürgen, Prof. Dr., Fakultät für Pädagogik der Universität Bielefeld, Wissenschaftlicher Leiter der Laborschule; klaus.tillmann@uni-bielefeld.de

Wehling, Peter, PD Dr., Universität Augsburg, Philosophisch-Sozialwissenschaftliche Fakultät, Lehrstuhl für Soziologie; p.wehling@t-online.de

Educational Governance

Herbert Altrichter / Thomas
Brüsemeister / Jochen Wissinger (Hrsg.)
Educational Governance
Handlungskoordination und Steuerung
im Bildungssystem
2007. 261 S. Br. EUR 28,90
ISBN 978-3-531-15279-0

In den Bildungssystemen Europas sind gravierende Umbauten institutioneller Regelungsstrukturen zu verzeichnen: In den Schulen werden beispielsweise im Kontext von PISA schulische Gestaltungsspielräume erhöht, Bildungsstandards und externe Evaluations- und Beobachtungsverfahren eingeführt. Diese Veränderungen der Steuerungs- und Koordinations-Praxis führen in jüngster Zeit zu einer Reihe von wissenschaftlichen Beiträgen, die mit dem Governance-Begriff analytisch arbeiten, um die institutionellen Umbauten nachzuvollziehen, ihre vielfältigen Wirkungen zu erfassen und Orientierungswissen zu bieten.

Martin Heinrich
Governance in der Schulentwicklung
Von der Autonomie zur evaluationsbasierten Steuerung
2007. 350 S. Br. EUR 39,90
ISBN 978-3-531-15339-1

Der Band rekonstruiert den Paradigmenwechsel von der Autonomie zur evaluationsbasierten Steuerung anhand aktueller Reformprogramme und empirischer Analysen zur administrativ verordneten Schulprogrammarbeit. Die sozialwissenschaftliche Basis für diese Analysen bildet ein im Rahmen dieser Arbeit entwickeltes Konzept der School-Governance.

Jürgen Kussau / Thomas Brüsemeister
Governance, Schule und Politik
Zwischen Antagonismus und Kooperation
2007. 337 S. Br. EUR 34,90
ISBN 978-3-531-15278-3

Aus der Perspektive sozialwissenschaftlicher Governanceforschung werden in diesem Band ausgewählte Teilthemen der Beziehung zwischen staatlicher Politik und Schule untersucht. Diese Beziehung wird als antagonistisch und doch kooperativ verstanden und entsprechend auf der Grundlage des sozialwissenschaftlichen Modells der antagonistischen Kooperation untersucht.

Matthias Rürup
Innovationswege im deutschen Bildungssystem
Die Verbreitung der Idee „Schulautonomie" im Ländervergleich
2007. ca. 423 S. Br. EUR 39,90
ISBN 978-3-531-15596-8

Thomas Brüsemeister /
Klaus-Dieter Eubel (Hrsg.)
Evaluation, Wissen und Nichtwissen
Anschlussfragen an evaluationsbasierte Steuerung
2007. ca. 220 S. Br. EUR 29,90
ISBN 978-3-531-15586-9

Erhältlich im Buchhandel oder beim Verlag.
Änderungen vorbehalten. Stand: Juli 2007.

www.vs-verlag.de

Abraham-Lincoln-Straße 46
65189 Wiesbaden
Tel. 0611.7878-722
Fax 0611.7878-400

Neu im Programm Bildungswissenschaft

Bernd Dollinger
Klassiker der Pädagogik
Die Bildung der modernen Gesellschaft
2006. 376 S. Br. EUR 26,90
ISBN 978-3-531-14873-1

Von Rousseau bis Herbart, über Diesterweg, Natorp, Nohl und Mollenhauer bis Luhmann werden in diesem Band die Grundlegungen der Pädagogik der modernen Gesellschaft dargestellt.

Marius Harring / Christian Palentin / Carsten Rohlfs (Hrsg.)
Perspektiven der Bildung
Kinder und Jugendliche in formellen, nicht-formellen und informellen Bildungsprozessen
2007. 310 S. Br. EUR 29,90
ISBN 978-3-531-15335-3

Hans-Rüdiger Müller /
Wassilios Stravoravdis (Hrsg.)
**Bildung im Horizont
der Wissensgesellschaft**
2007. 256 S. Br. EUR 29,90
ISBN 978-3-531-15561-6

Christian Palentien / Carsten Rohlfs /
Marius Topor (Hrsg.)
Kompetenz-Bildung
Soziale, emotionale und kommunikative Kompetenzen von Kindern und Jugendlichen
2008. ca. 280 S. Br. ca. EUR 28,90
ISBN 978-3-531-15404-6

Norbert Ricken
Die Ordnung der Bildung
Beiträge zu einer Genealogie der Bildung
2006. 383 S. Br. EUR 39,90
ISBN 978-3-531-15235-6

Dass Bildung und Macht miteinander zusammenhängen und einander bedingen, ist offensichtlich; wie aber das Verhältnis beider genauer justiert werden muss, ist weithin umstritten und oszilliert meist zwischen Widerspruch und Funktionsbedingung. Vor diesem Hintergrund unternehmen die Studien zur Ordnung der Bildung eine machttheoretische Lektüre der Idee der Bildung und eröffnen einen irritierenden Blick in die Macht der Bildung.

Erhältlich im Buchhandel oder beim Verlag.
Änderungen vorbehalten. Stand: Juli 2007.

www.vs-verlag.de

VS VERLAG FÜR SOZIALWISSENSCHAFTEN

Abraham-Lincoln-Straße 46
65189 Wiesbaden
Tel. 0611.7878-722
Fax 0611.7878-400